# 《武汉地方法治发展史》编委会

# 武汉地方法治发展史

## 新中国卷

主编／胡绪鹍
副主编／李卫东 周 玉
周 昕 冯 玥／编

人民出版社

# >> 序（一）<<

胡绪鹍

八年书长卷，卷卷苦心成。由人民出版社出版的《武汉地方法治发展史》系列著作终于面世了。据悉，在我国地方法治史研究中，尤其作为大城市法治专史系列研究，此乃开先河之举。作为《武汉地方法治发展史》的编著者，我们在忐忑之余，亦甚感欣慰。

《武汉地方法治发展史》由武汉市法学会、江汉大学主持编撰，旨在通过对武汉地区 3500 多年法律制度和法律实施的回顾研究，从中梳理出历史长河中武汉法治萌芽、生长、发展的脉络与规律，借鉴历史，服务现实，开启未来，助推新时代武汉法治城市建设。

《武汉地方法治发展史》丛书，由通史和专业史两大系列组成，共 12 卷。其中，通史系列从商代盘龙城时代至 2018 年，分 6 卷；公安、检察等专业史系列从 1840 年鸦片战争或 1861 年汉口开埠至 2018 年，分 6 卷。丛书内容丰富，史料翔实，不少是新发掘的鲜见资料，向世人展示了一幅波澜壮阔、跌宕起伏的武汉地方法治发展历史画卷。

## 一

编纂《武汉地方法治发展史》动议于 2014 年初，由武汉市法学会集思广益酝酿提出。推动开展这项研究，源于中央全面依法治国战略的实施和武汉一流法治城市建设的理论与实践探索，源于武汉在我国法律制度建设和法律治理中的重要历史地位，也凝聚和显示了武汉地区法学法律工作者的历史使命和责任担当。

武汉历史悠久，是国家历史文化名城，楚文化的重要发祥地，城市文明可追溯到3500年前的盘龙城。明末清初，汉口以商业大镇卓立华中，成为“楚中第一繁盛处”。武汉也是中国近代工业的发祥地之一和辛亥革命首义之城。新中国成立后，特别是改革开放使这座文明古城焕发新的活力。武汉不断丰富发展的历史文明，本身蕴含着博大精深的法治思想、法治实践、法治文化。改革开放以来，武汉经济社会快速发展，建设国家中心城市和现代化国际性超大城市，离不开法治的保障和促进，也同样需要与其地位相适应的良法善治环境。

武汉法治建设生生不息的生动实践，为开展“武汉地方法治发展史”研究奠定了坚实基础。武汉作为中国古代法律制度发展比较完善、现代法治建设较早发生和发展的地区，自商朝盘龙城时代开始就有地方法律运行体制和法律实践活动；1861年汉口开埠，更使武汉成为近代中国地方法制较为完备的城市之一。晚清张之洞督鄂开启封建法律制度改革。亚洲第一部民主共和性质的宪法性文件《鄂州约法》在武汉诞生。大革命时期武汉是中国共产党早期开展司法实践的地方。抗战时期武汉一度成为战时立法中心。新中国成立，特别是改革开放以来，武汉较早提出依法治市战略。近年来，全市认真贯彻落实中央全面依法治国一系列决策部署，深入贯彻习近平法治思想，坚持依法治市、依法执政、依法行政共同推进，法治城市、法治政府、法治社会一体建设，取得显著成就。历史和现实的地方法治建设实践，成为我们开展“武汉地方法治发展史”研究的“富矿”和用之不竭的鲜活资源。

区域法治是国家法治的地方化和具体化，区域法治文化对加强和推动区域法治建设具有特殊功能和作用。多年来，许多专家学者对武汉历史上产生的法律制度、法律实践进行研究，取得丰硕成果，但至今尚无较为系统完整的武汉地方法治史方面的专门著述。组织力量全面系统地开展武汉地方法治发展史研究，已成为摆在武汉法学法律工作者面前的一项紧迫任务。

作为我国法学研究重镇的武汉，法学法律资源丰厚，为武汉地方法治发展史研究提供了重要智力支撑。武汉地区高校有数十个法学院（系），拥有一批全国知名的法律史学专家学者，研究实力雄厚。除此之外，我们还创造条件，通过多种途径和方式，邀聚了一批国内相关方面的专家学者，他们都给予武汉地方法治发展史编撰以极大关注和鼎力支持。前些年，中共武汉市委政法委主持编撰了《武汉政法志》，也积累了宝贵的史志编撰经验，凝聚了一批骨干力量。这些都为开展武汉地方法治发展史研究奠定了坚实基础。

## 二

《武汉地方法治发展史》从创意到出版，历时八载。面对这项具有开创性的法治文化研究工程，我们始终怀有审慎敬畏之心，仅酝酿时间就达两年。

现在回过头来看，磨刀不误砍柴工，长时间的酝酿对丰富和完善顶层设计非常必要。它确立了研究中的若干关键问题，使整个研究工作始终在正确轨道上运行。

酝酿主要在三个问题上展开：

第一，关于立题

立题，是法治史编撰最先绕不开的话题。围绕武汉法制史或武汉法治史，我们先后在武汉、北京、杭州等地，分别邀请数十位法律、法学、政治、地方志、党史、历史等学科的专家学者，组织了十多场咨询论证会。与此同时，我们还采取登门求教等方式，博采众长。2015 年初，我们获悉中国社会科学院法学研究所的知名法制史专家杨一凡先生正在武汉大学讲学，编委会一行数人专程前往拜访。杨一凡先生不吝赐教，如醍醐灌顶，在最关键之时给我们以指导与支持。

2016 年 1 月，正值北京隆冬时节，寒风凛冽，而中国社会科学院法学研究所的百年红楼里却温暖如春，群贤毕至。来自北京大学、清华大学、中国人民大学、中国政法大学等北京地区诸多法学法律界的专家学者，在法学所主持下，正在为“武汉地方法治发展史”课题研究把脉问诊。同年 3 月，春暖花开，在杭州师范大学鼎力支持下，我们邀请以沪杭为主的华东地区法学界、史学界知名专家学者进行咨询论证。通过咨询、研讨、专访等多种形式征求意见，最终形成的共识是：开展地方法治史研究，正当其时，且具有多重积极意义，是一项极具开创性的工作。与此同时，专家学者们也提出了许多宝贵的意见和建议。

我们认真梳理、消化，逐一研究专家学者们的意见，最终将课题名称确定为“武汉地方法治发展史”。在国家及地方漫长的法律制度及法律治理变迁中，始终蕴含着法治元素的痕迹和朴素的法治思想、法治方式以及形态各异的法律治理实践。而且这些实践伴随着社会发展从低级到高级不断推进，需要用马克思主义辩证和发展的观点进行梳理，为当今武汉法治建设提供借鉴。

第二，关于时间跨度和区域空间

关于武汉地方法治发展史涉及的时间跨度，开始有三种意见：第一种是立足中华人民共和国成立以来的研究。第二种是从 1840 年鸦片战争或 1861 年汉口开埠开始，研究近代以来包括中华人民共和国成立以来的武汉法治进程。第三种是上溯到 3500 年前武汉建城时，以此为起点延伸到中华人民共和国成立以来的武汉法治建设研究。

我们认为，这些意见都有其合理性。经过专家论证和编委会反复研究，确定研究的时间跨度从 3500 年前商朝盘龙城亦即武汉城市之根萌发时开始至 2018 年，研究重点放在中华人民共和国成立以来武汉法治建设的历史。

关于区域空间。在史学研究中必须明确历史上武汉的地域范围。现今武汉管辖的地域范围，历史上不是统一的行政区划，曾分属不同地方行政管辖，且经历无数次调整变更。对历史上武汉区域空间的界定，应以当前武汉所辖区域为基础，上溯到这些区域各个历史时期的行政管辖沿革。也就是说，“武汉地方法治发展史”的研究区域，不囿于当今武汉行政区域的硬性边界，而是以武汉为中心，以此为基点伸缩。先秦时期，则应把武汉放在楚国的大区域里来研究。

第三，关于课题研究必须把握的几个关系

通过反复斟酌，结合专家学者的建议和在编撰中可能遇到的实际问题，我们明确提出应注重把握以下几个关系：

在总体设计中，注重把握好法制与法治的关系。突出法治主线，以研究法律制度为基础，重点研究法律的执行和实施，把法治元素视为一个长期的不断发展的过程，力求反映出武汉各个历史时期不同类型法治元素呈现的实际状况和历史特征，在时间纵向维度上把握从散见的法治元素到当前全面依法治市的发展脉络。用发展的眼光，贯通、连接武汉各个历史时期的法律制度和法律施治，探寻法治元素生长的轨迹。关于这个问题，李卫东教授在本书“序（二）”中有较为详细的阐述。

在研究内容上，注重把握好国家法律治理整体与武汉地方局部的关系。即以国家、省（郡、州）法律法规制定、实施为背景，重点研究国家、省（郡、州）制定的法律法规在武汉的施行，以及武汉自身的地方立法实践活动。

在研究方式方法上，注重把握好统一规范与开放创新的关系。在统一大纲的基础上，不搞规定模板，鼓励各课题组根据不断挖掘搜集的资料开展创新研究，取得最新成果。各课题组成员采取开放式组合，不以地域设限，还可由课题组委托第三方编撰。

在此基础上，2014 年 12 月，武汉市法学会、江汉大学联合向武汉市依法治市（普法）领导小组正式提出关于开展该项研究的报告。12 月 22 日，市依法治市（普法）领导小组批复同意课题立项。随后，武汉市社会科学工作领导小组将“武汉地方法治发展史”列为 2016 年社科基金第一批重点课题，最终成果为《武汉地方法治发展史》。

《武汉地方法治发展史》课题从初始酝酿到立项实施，凝聚了社会各方面的悉心呵护和倾力关爱。尤其是武汉市委市政府及市委政法委时任主要领导同志阮成发、唐良智、万勇、胡曙光、曹裕江等，分别对此项工作作出批示，认为做好武汉法治史研究，对于促进依法治市、建设法治城市意义重大，要求全市各有关方面大力支持。

## 三

《武汉地方法治发展史》编撰的关键环节是课题研究团队和项目主持人（主笔）选择。为此，我们颇费了一番功夫。在信息化和大数据时代，行之有效的传统课题研究方式需要传承，适应新形势的编撰组织形式更要创新。目的是千方百计确保史书编撰质量。

我们最先实施的重大措施是课题面向国内外公开招标，择优组建研究团队。2016 年 4 月 27 日，经过认真研究和准备，我们通过《光明日报》《长江日报》，分重点课题、一般课题，同时向国内外发布招标公告。公开招标得到国内高校和科研机构的积极响应。我们本着公平、公正、公开的原则，最终确定由中南财经政法大学、华中师范大学、湖北经济学院、江汉大学、武汉市委党校 5 个研究团队，分别承担先秦、秦至唐、宋元明清、晚清、民国、中华人民共和国 6 个历史分期的法治发展史研究课题；另外确定 12 项专题研究课题由其他高校和研究机构的学者分别承担；同时，根据一些专家和法律实务部门同志关于扩展法治史研究范围，推动专业部门加强自身专史研究的建议，新增武汉公安史、武汉检察史、武汉法院史、武汉司法行政史、武汉仲裁史、武汉律师史等专业史课题。各有关部门高度重视，精选本系统研究骨干或聘请专家学者，提供良好工作环境，精心组织编撰。

《武汉地方法治发展史》编撰真正动笔，是在2016年的下半年，而专业史部分则稍晚一些。从各课题组和作者的撰写过程看，编撰总体上科学严谨，打磨凝心聚力，各课题组精诚合作，资源共享，克难攻坚。在充分搜集、占有资料的基础上，精心编制大纲，专家和业内权威人士反复论证大纲；力求在整体结构、章节内在逻辑、历史发展脉络、重大事实等方面有完整而科学的再现。编撰中去伪存真，以史料、史实说话，力求还原当时真实景况。在形成初稿后，各课题组反复校核史料，邀请专家学者和业内权威人士，广泛征求意见，不断修改完善。如武汉市委党校课题组承担的新中国武汉地方法治发展史卷，曾先后自下而上，由内及外，邀请多批专家学者从大纲至各章节，逐项修改，两年内提出修改意见数百条，课题组按照修改意见不断补充资料，充实完善，前后进行20余次大的修改。先秦至清朝部分根据专家学者意见先后做了10余次包括结构、内容方面的修改。武汉公安史卷在搜集数百万字史料的基础上反复研究，推敲取舍，先后数易其稿。从编委会掌握的情况看，丛书每一卷大的修改都在数次以上。一些承担课题的同志深有感触地说，这次法治史研究最大的收获就是丰富了研究资源，拓宽了研究视野，创新了研究方法，提升了研究能力。

编撰质量的基础是课题团队和撰稿人素养。法治史编撰全程借智借脑，自始至终邀请国内众多法学法律专家学者作为学术智力支撑，通过其对课题跟进贴身把脉指导，成为我们为编撰质量把关的关键一招。2018年12月22—23日，武汉市法学会、江汉大学、武汉市委党校联合再度赴京，在中央党校政法部、中国社会科学院法学研究所分别召开部分研究成果评审会，对不同历史时期的部分样稿进行逐一评审。来自中央党校政法部，中国社科院法学研究所、近代史研究所，北京大学法学院，清华大学法学院，中国政法大学等各方面的专家学者，对研究的初步成果给予积极评价，对进一步深化课题研究提出具体意见建议。这次成果评审会起到了把脉问诊、指点迷津的“体检”作用。

为了统一《武汉地方法治发展史》书稿编写要求和技术规范，编委会提出了编撰各时段必须具备的内容框架和遵循的技术标准。在各卷完成初稿、审稿期间，我们及时将《人民出版社学术著作出版规范》送发各课题组，明确要求各课题组依照遵循。

《武汉地方法治发展史》的编撰是一项系统工程，所涉历史时空跨度大，文史资料卷帙浩繁，参与团队和课题承担人员众多，因此做好组织协调服务工作至关重要。从制定每年编撰计划，明确阶段重点，适时组织工作推进，到成立编务组、学术组，不断加强工作调度和学术指导。围绕编撰总体目标，重点把握三个环节：一是大纲编写，做好顶层设计。二是全程跟踪，贴近服务。三是重点督导，分类推进。对重点课题直接上门听取研究情况，与执笔人面对面磋商，根据不同进度情况，分门别类提出具体推进意见和建议。

我们对书稿在报送出版社前的审读、修改、送审等制定了严格具体的规范程序。在各课题组对研究成果开展自下而上、自上而下的自审自评基础上，编委会学术组、编务组对初稿的政治性、重要史实、历史沿革、总体框架及基本体例等八个方面进行初审把关，分别提出意见，归纳整理后反馈给课题组进行修改。重点历史分期的研究课题，由编委会与课题单位共同邀请专家学者和法律实务工作者共同修改。书稿基本成型后，进入终审程序，由课题组及所在单位、专家评审委员会、编委会审核通过，方能进入报送出版程序。

## 四

法治是人类文明的重要成果之一。学习借鉴古今中外优秀法治文明成果，不断丰富和发展符合中国实际、具有中国特色，体现社会发展规律的社会主义法治文化，助力法治武汉建设，乃我们编撰《武汉地方法治发展史》之初心和追求。

编撰初始，大家都知道这是件难事，但知其难，却不知其这般难。难在何处？

2020年，是《武汉地方法治发展史》的收官之年。正值集中攻关的关键时刻，武汉遭遇突如其来的新冠肺炎病毒的肆虐和戕害。在党中央的坚强领导下，武汉与全国人民一道，用众志成城、坚韧不拔书写了令世人瞩目的抗疫史诗。《武汉地方法治发展史》的编著者，协力同心、共克时艰、笔耕不辍，确保了法治史编撰工作逆境前行。

编撰地方法治发展史无先例可循，一切均需拓荒探路，从零做起。编撰体例一段时间确定不了，只得打破现有编史体例，综合运用不同史书体例编撰。史料搜集和梳理运用难度更大：一方面，清以前有关武汉地区的史料，尤其是法制（治）方面的史料匮乏，成为研究瓶颈；另一方面，晚清以来的史料浩如烟海，如何梳理又成为困扰编撰的突出问题。课题研究团队分布四面八方，隶属不同地区、单位和部门，统一编写体例、进度，邀请专家学者审核修改、规范文稿等，组织协调难度不小。面对这样一个浩大的系统工程，只有持续用心用情用力，知难而纪，克难而书，始得推进。

纪史的最低要求是还原本真。鉴于各历史分期史料占有不尽相同，我们坚持实事求是，章、节、目不搞统一模板，力求客观记录不同历史时期的法律制定、法律治理活动及发展过程。编撰工作坚持以可靠史料作支撑，经得起历史检验。为了还原历史，许多课题组在查阅大量档案资料、相关研究学术成果的同时，还进行实地调研、走访；还有的课题组对同一事件多个版本进行细致比对，去粗取精，去伪存真；一些参与修改、统稿的专家学者对有的史实、观点反复核实、论证，作出最后结论。先秦课题组还十分注重吸收运用最新考古成果。正是坚持立足客观史实和严谨的编撰学风，《武汉地方法治发展史》各卷基本反映了武汉法治发展各个历史时期的客观面目。

编撰的过程，也是我们对地方法治发展史不断深化认识的全新过程。由此追本溯源，“研究我国古代法制传统和成败得失，挖掘和传承中华法律文化精华，汲取营养、择善而用。”[①] 也是我们编撰《武汉地方法治发展史》的初衷。

人民群众是法治最广泛、最深厚的基础。民惟法本，是我们编撰法治史感悟至深之处。我国的法律民本思想源远流长，从“民惟邦本”的价值基点，到“抑强助弱”的公平精神，崇尚“以和为贵”，主张重民、利民、裕民、养民、惠民。马克思指出，不是人为法律而存在，而是法律为人而存在。[②] 在全

① 中共中央文献研究室编：《习近平关于全面依法治国论述摘编》，中央文献出版社 2015 年版，第 32 页。

② 马克思：《黑格尔法哲学批判》，载《马克思恩格斯全集》第 1 卷，人民出版社 1956 年版，第 281 页。

面依法治国的伟大实践中，法律不是统治和奴役民众的工具。坚持人民主体地位，真正体现“以人民为中心”；坚持法治为了人民、依靠人民、造福人民、保护人民。这些都应当作为衡量法治成败得失的根本标准。

法治兴则城市兴。法治是城市规划、建设、管理的重要标志，也是城市治理的理想境界。我国历史上普遍重视城市法律的制定和施行，除在综合性法典中专列有关城市管理的篇章，还颁行有专门或主要运用于城市管理的单行法规。尽管历史演进和城市兴衰历经不同时代，甚至于战乱和灾害，但如果没有这些法律规范，很难想象城市能够长期有序承续。当今我国城市已进入新的发展时期，现代化城市治理的理念和方式较之先人和历史早已有天壤、本质之别，法治已成为城市的核心竞争力之一。历史和现实表明，当代城市尤其是如武汉这样超大城市的高质量可持续发展，需要不断与时俱进完善城市法律制度并保持稳定性，贯彻依法治城，运用法治手段营造良好城市环境，使法治成为城市发展的重要保障，在法治轨道上推进城市治理体系和治理能力现代化。

“天下之事，不难于立法，而难于法之必行。”[①] 我们从武汉地方法治发展史中深刻感悟到，良法善治的辩证统一，方能激发社会活力，促进社会进步。晚清重臣张之洞在汉创设的城市公共建设制度、官办企业制度、教育与文化法律等一系列制度，成为当时全国制度的典范。其身体力行极力推进“善治”，践行这些“良法”，使武汉成为我国近代工业和近代教育的发祥地之一。《武汉地方法治发展史》记载了武汉治理百年城市痼疾“麻木”[②] 的范例：2003年，武汉市委、市政府秉持“依法行政、有情操作”的理念治理城市管理顽疾，受到市民拥护支持，成功解决了城市治理的老大难问题，被誉为全国依法治城的典型。当然，不同历史时代“良法善治”的内涵本质和表现形式不尽相同。建设现代化法治城市，不仅应注重制定体现广大人民意志、符合本地实际和时代要求、可以“护航”“导航”的良法，更应防止“立法如林、执法如零”和简单粗暴执法。建立高素质的司法执法队伍，把保障人民利益放在首位，运用法治思维和法治方式深化改革、推动发展、化解矛盾、维护稳定、防范风险。

---

① 张居正：《请稽查章奏随事考成以修实政疏》，载《张文忠公全集》（上），中华书局1935年版，第40页。

② 武汉人俗称的“麻木”指的是人力三轮车、正三轮摩托车和残疾人专用车（代步车改为营运）。

中华文化历史悠久，中华法治文明博大精深。从某种意义上讲，《武汉地方法治发展史》作为一个缩影和窗口，“挖掘民为邦本、礼法并用、以和为贵、明德慎罚、执法如山等中华传统法律文化精华，根据时代精神加以转化，加强研究阐发、公共普及、传承运用，使中华优秀传统法律文化焕发出新的生命力。”① 还有全人类优秀的法治文明成果，都需择善而为，弘扬光大。法治发展的历史进程，也是伴随人类社会从无至有、从不自觉到自觉、从低级到高级，不断深化认知和实践的渐进过程；法治社会是人们对法治理想的一种向往和追求，这个过程远未完结；不同历史时期，不同经济基础，不同社会制度，会呈现不同的法律体系和施治方式；法治发展史反映的时代性、不平衡性和多样性特征，也是人类社会发展客观规律的必然反映。武汉地方法治发展史是中华法治文明的一部分。我们尝试立足历史长河中武汉区域这个点，与读者共同领略中华法治文明的无限风光，追逐古往今来人们为着法治中国、法治社会、法治城市不懈奋斗的足迹。

① 《关于加强社会主义法治文化建设的意见》，人民出版社 2021 年版，第 9—10 页。

# >> 序（二）<<

李卫东

从考古发现看，早在史前时代，中国已产生一大批具备城市形制的聚落，如石峁、城头山、良渚古城等。早期城市的出现，不仅标志着社会财富和权力向中心聚落集中，同时说明当时的社会已具备较强的动员能力，意味着建立在城市这种聚落上的规则和秩序出现，“城市法”开始萌芽。进入文明社会后，历代君主纷纷修筑城池维护自己的统治，即所谓“筑城以卫君，造郭以守民”①。城市建设和管理的法律和规范更加完备，《周礼》中的《考工记》和《司市》对此都有十分详尽的记载。中国古代大部分城市是在政府主导下，自上而下建立和发展起来的，城市的法律也以政府管制和治理为主要出发点，通过城市规划与营造立法、市政管理立法、城市治安管理与防灾立法、城市商业与经济管理立法、城市人口与社会管理立法等，构成一套具有中国特色的“城市法”体系。

## 一

研究城市地方立法及法律治理，自然不能回避“城市法制”与“城市法治”这两个概念。对于“法制”，我国社会主义法制开创者董必武曾下了一个十分简洁明了的定义，他说：“我们望文思义，国家的法律和制度，就是法制。”② 从这个意义上讲，法制（Legal System）特指法律制度，是与经济制度、政治制度等相对应的概念。“法制”内涵丰富，它不仅包括国家法律及

① 张觉校注：《吴越春秋》卷二，载《吴王寿梦传第二》，岳麓书社2006年版，第16页。

② 董必武：《论社会主义民主和法制》，人民出版社1979年版，第153页。

其相关机构，而且还包括完整的法律运行和法律监督等程序、活动及过程等。广义的“法制”还有很多扩张性解释，包括更多内容，比如把非正式的法律制度如政策、指令、习惯等也纳入“法制”之中。城市作为国家和区域的统治中心，是各类法律制度、规则和习惯产生、推行和实施的地方。城市自身的管理也依靠大量的法律和其他规则进行，没有这些规则和制度，城市无法正常运行。可以说“法制”是城市的重要组成部分，没有“法制”就没有城市。“法治”是相对于“人治”的一个概念，又称法律之治，涉及城市治理和社会生活的方方面面，大到城市治理结构、政府行为，小到邻里关系、个人言行，均需在法律思维的指引和法律规范的约束下，在法律的框架内运行。

首先，相对于法制，“法治”是一个动态过程和发展的概念，有其阶段性和时代性，需用历史发展的眼光看待。“法治”这一概念早在春秋战国时期已经在我国产生，如《商君书·任法》中有“任法而治国”，《管子·明法》中有“以法治国”等。这里的“法治”（The Rule by Law），是与“礼治”相对应的概念，即用“法”这种新的规则体系代替过去以“礼”为中心的规则体系。是与“刑不可知，则威不可测”“议事以制，不为刑辟”的奴隶主贵族专制，儒家思想崇尚的圣人和贤人之治，以及建立在宗法等级秩序上的“礼治”等相区别的一种新的国家和社会治理的观念和方法。秦行商鞅之法，将法家思想作为治国之策，此后经历汉唐一系列改造融合之后，最终确立了礼法并重的国家治理格局。至近代，西法东渐，此时的“法治”同民主与科学等观念一起，成为民主革命者反抗专制主义的思想武器。但自清末法律改革，到辛亥革命，再到民国创立及此后几个阶段，完全意义上的资产阶级民主“法治”始终没有在中国建立起来。新中国成立，特别是改革开放以后，中国特色社会主义法治建设得到空前重视，全面依法治国成为坚持和发展中国特色社会主义的基本方略。中国特色社会主义法治有着明确的内在性。习近平同志指出：“走什么样的法治道路、建设什么样的法治体系，是由一个国家的基本国情决定的。……全面推进依法治国，必须从我国实际出发，同推进国家治理体系和治理能力现代化相适应，既不能罔顾国情、超越阶段，也不能因循守旧、墨守成规。”① 显然，当今我们追求的

① 中共中央文献研究室编：《习近平关于全面依法治国论述摘编》，中央文献出版社 2015 年版，第 31 页。

“法治”在内涵和外延上与中国历史其他阶段所追求的“法治”，以及西方的“法治”都是不同的。对于“法治”这一观念在中国历史上的发展和演进，李贵连在《法治是什么——从贵族法治到民主法治》中指出，中国经历了“由贵族法治转为君主法治/帝制法治/专制法治/官僚法治，再转为民主法治”的发展阶段，目前我们正在建设社会主义法治国家。①

其次，与法制一样，“法治”既不是某种特定的政治和社会制度的专用概念，也没有固定的模式，应根据其核心价值来理解和把握。法治很难有个统一的衡量标准，城市法治更没有模板可以复制。如果简单地用西方那些建立在自己城市发展基础上的“法治”理论来观照中国城市发展中的法律现象，只会有两种结果。要么无法对中国城市史上的法律现象进行正确的解读和说明，并对中国城市历史上存在的法律治理和法制运行得出否定的结论。要么附会西方法治理论和标准，无视中国城市发展的独特性，选择或裁减史料，穿凿附会，发潜阐幽，脱离时空地“发现”或“构建”出不符合实际的中国城市法治发展的历史进程和模式。只有不拘泥于西方城市法治理论，研究者才能立足中国文化与价值观念的自身特质，构建与描绘出中国古代城市“法治”的内容。

最后，“法治”是规则之治、制度之治和程序之治，中国历史上的“法治”虽从属于专制之治，但同时也是对“人治”和“专制之治”的约束和限制，具有相对进步性。诚然，中国古代的“法治”主要体现当权者的权力，而不是普通民众的权利，法律的权威不是来自所有人对法律的信仰，而是来自民众对权力的敬畏。虽然如此，我们依然不能否认它的存在价值。因为在特定的历史条件下，这种规则之治强调法律、法规的权威作用，在一定程度上是对人治的约束，比随意性的专制要好。中国古代城市作为区域性政治中心，管理者为君主委派的地方官员。大量历史研究成果表明，他们对城市的管理不是随意的，必须遵守相应的法规，依法行事，并随时受到监察机构和官员的监督、约束。这种“法治”所蕴含的对权力的约束和监督，以及官员在治理地方中所遵循的“先教后刑”“教法兼行”“正身守法”“明正赏罚”“扶弱抑强”“慎杀恤刑”和重视民事调解与预防犯罪等思想，

① 参见李贵连：《法治是什么——从贵族法治到民主法治》，广西师范大学出版社2013年版，第9页。

与当今法治思想有共同之处。

综上，“法治”是一个动态发展的概念，主要针对“人治”而言，城市法制与城市法治这两个概念并不矛盾和相互排斥，二者既有区别又有联系，不能用先后、优劣来区分二者。“法制”与“法治”，二者的研究对象不同，内涵与外延也有差异。如果说前者主要表现在制度层面，那么后者则更多地表现在价值层面，更强调法律对城市市民各种权利的保护，以及将城市管理机构的权力运行纳入法治轨道中，受到权力的制衡、权利的约束和程序的限制。如果说，城市法制主要是指城市产生和运行的基本法律和制度，那么城市法治则更强调城市依法治理的理念，法律和制度的运行方式、程序和过程，以及在这一过程中公共权力受到的规范和制约、市民权利得到充分保障等。良好的法律制度和理念是城市法治实施的基础和前提，城市法治建设必须要有完备的城市法制，所以城市法治必然包含大量城市法制内容，其内涵更丰富一些。

## 二

根据城市法制和城市法治的区别与联系，城市法制史主要研究与城市形成和发展相关的法律制度，城市内部的管理法规、管理制度，以及相关组织机构的发生、发展和演变规律等。城市法治史则主要研究法律在城市形成和发展中的作用和地位，城市治理的理念和方式，城市市民的法律意识，市民的权利保障等。如果说，城市法制史比较侧重于静态的法律制度，那么城市法治史则更强调城市动态的运行模式，以及各种权力的行使方式和程序。一方面，城市“法治”的重要基础是城市法制，因此城市法治史研究不能离开城市法制史的研究。另一方面，历史上城市的“法治”也是广义城市法制史研究的内容，在此意义上，对城市“法治”的研究又是城市法制史的重要工作，二者具有同一性。

作为一个复杂的巨系统，城市内部事务繁多，社会分工细密，社会各阶层和各种社会组织关系极为复杂。处理、协调这些复杂的关系和事务，除了依靠基本的法律和规范以外，还要有良好的城市管理体制和机制，综合运用包括民间习惯、行业规范，甚至社会舆论等在内的各种力量，保证城市社会的稳定和谐、城市机体的有序运行。这些问题往往超过了“法制”所能涵盖的内容，研究城市法治史能更全面地反映城市治理的基本情况。“法治”的类型及发展水平的高低，更能体现城市发展的阶段特征，是我们判断一个城市发展阶段和发展水平的一个重要考量点。

就中国历史上城市起源和发展的特点，以及中国传统城乡关系而言，古代中国的管理体制是“城乡一体”。如果这个“一体”是通过国家统一“法制”来确定的，那么单从“法制”的视角研究城市，不利于我们对城市治理的独特性进行研究。“法制”虽然也有地方性，但与“法治”相比，法制还是偏向于强调一致性，强调国家或地方规范的统一实施。但事实上，城市一定不同于乡村。此外，中国历代城市众多，因为地域文化传统的不同，城市功能的不同，以及发展水平与规模的不同，城市面貌多种多样。比如，历史上地处江南的商业中心扬州与远在塞外的军事重镇代州，虽然都是名城，因其所在区域和城市功能的不同，在城市管理体制和城市治理方式上显然不一样。就算是同在一个地域，因为城市功能的不同，城市的治理方式和结构也可能完全不同。如历史上的武昌和汉口，虽隔江相望，但二者是完全不同的两个城市，城市管理体制和方式各有特色。武昌的城市管理更多体现了王朝政权自上而下的管理体制，城市功能分区明确，政治和军事色彩明显，传统教化和国家法律规范在城市社会中占主导作用。而汉口的城市管理，主要是依靠商业力量自发产生的，自治性的商业组织如“会馆”“公所”在城市发展与城市社会管理中发挥了重要作用，传统教化的影响较小，受国家法律法规的约束也没有武昌明显。在汉口，协调人与人的关系，处理各种矛盾和纠纷的方式与规则，更多来自民间习惯、商事规则和行会帮规等。那么，研究城市治理过程中特殊的规则，以及这些规则如何发挥作用，更需要我们用“城市法治”这样的概念揭示中国城市自身的运行规律。

鉴于我们将“法治”视为一个动态的概念，加之发展的眼光与视角，因此相对于城市“法制史”，城市“法治发展史”更能全面反映城市治理特色和时代特征。突破“法制”的藩篱，以“法治发展”的视角研究城市，更能全面揭示城市治理和发展的历史。

## 三

历史经验表明，城市化过程往往与法治化同步，法治不仅是城市社会治理的最好方式，同时也是城市现代化发展水平的重要参照。在全面依法治国的今天，总结和梳理我国城市发展史上“法治”建设的成败得失，对于我们总结历史经验，更好地开展法治城市建设有着积极的意义。

首先，认识“法治”在中国城市发展与治理中的功能和作用，有助于从历史的维度连接传统法律观念与现代法治精神。“对古代法治文明在批判性继承的基础上进行创造性转化、创新性发展，是法治发展的普遍规律之一。”① 研究一个城市的法治发展状况和历史脉络，不仅能帮助我们更好地认识这座城市的治理方式和精神特质，而且能深刻认识城市法治生长的条件和发展路径。中国是一个后发现代化国家，按照现代法治的一般原则和标准，中国传统城市法治发展的程度总体不高，在过去绝大多数时期内只有部分法治或法治的萌芽，或仅仅在某些领域具备一些法治的色彩。尽管如此，我们依然不能否认在中国城市发展历程中，相关法律、制度以及法的观念对于城市发展的积极意义。比如自《周礼》开始确立的各种城市规划和营建法律规范，形成了中国独特的城市建设格局和空间形制，促进不同社会阶层和职业的城市居民在城市内和谐共生。这些规范所包含的天人合一、公平公正等思想恰恰是当代城市法治建设的重要精神和文化资源。

其次，可以观照当代城市法治建设。历史学家克罗齐曾说：“一切历史都是当代史（Contemporary history）。”这句话表明，我们对任何历史问题的研究，都离不开对现实的关怀。当今我国已经进入新一轮城市化时代，人口、产业，以及其他各种要素和资源都迅速向城市聚集，城市也因此成为各类社会矛盾的集聚区和焦点，进而变成国家治理的重心和难点。最好的治理模式是法治，城市治理现代化离不开法治的力量和法治的保障。为此，各级政府纷纷制订法治城市建设方案并付诸实施。在理论界，一大批学者也对法治城市建设的理论、路径和指标体系等开展研究。每座城市都有自己的文化和历史，有法律运行的实践经验和市民对于依法治理的共同认识。“任何一种法治都诞生于地方，每个城市的法治起源都具有或然性。”② 如果脱离这些谈城市法治，这个“法治”也只能存在于理论之中，停留在规划之上。研究历史上的城市“法治发展”，就是为了汲取历史文化资源，促进当代城

① 张文显：《习近平法治思想的理论体系》，《法制与社会发展》2021 年第 1 期。

② 李乾：《中国城市法治发展可比性研究》，华南理工大学博士学位论文，2016 年。

市法治建设。

最后，揭示国家法治与地方法治之间的互动关系。中国是一个传统的大一统国家，中央政府对地方拥有绝对的权力和权威，地方完全听令于中央政府，并在上级组织领导下统一执行中央政府的政策和法令。一方面，法治的统一性是必要的，法治不统一，主权也随之分裂。另一方面，我们也要认识到在幅员辽阔的中国，各地社会经济发展程度不同、民俗风情不一致，在落实国家法治方面必然会有差异，简单地用国家法治的统一性来否定地方法治的重要性显然是不对的。同时法治不是纸面上的纯粹理性设计，具有很强的实践性，是源自基层实践的体系构建，具有经验主义的特性。国家法治的具体内容既来自地方实践的需要，又需要通过地方法治的实践去落实。国家在法治建设过程中遇到的问题，也需要用地方法治所形成的经验去解答。因此，地方法治的发展不仅是国家法治重要组成部分，更是推动国家法治进步的基础和源泉。

城市作为新思想、先进生产力最集中的区域，不仅是现代法律意识和法治思想最早萌芽的地方，同时还是现代法治最先开始实践的场所。城市也是地方法治问题最集中的地方，与国家整体法治建设关系最密切。作为法治建设创新之地，城市在国家法治建设中具有引领作用。在共同的法治建设总目标追求下，不同城市的法治建设实际上是一种竞合关系，并进而形成特色不同的城市法治。这些丰富多彩的城市法治建设是国家总体法治建设源源不绝的地方资源。开展城市法治史研究，把国家法治建设过程中各城市“地方性知识”和“地方性经验”加以总结，构建地方性知识与全国性知识的转化关系与交流模式，有助于我们充分理解国家法治深层次动因和基础。

# >> 序（三）<<

杨一凡

多年来，学界对中国传统法律制度和法律思想的研究取得了重大进展，研究领域不断拓宽，研究水平不断提升，在许多方面取得可喜的学术突破。这些对于我们全面了解古代法制面貌、法治发展，吸收传统法律文化精华具有重要意义。

当然，若要更为科学地阐述中国古代法律发展的历史，还有许多新领域和重大课题需要继续探索。比如，绝大多数法律文献尚未整理和研究；历代以各种法律形式表述的行政、经济、军政、民事、文化教育等诸方面的制度，有待深入和系统地探讨；对古代地方立法形式及立法成果的探索，也才刚刚开始。重新认识和全面、客观地阐述中国法律史，是当代学者肩负的重大历史责任，需要学界同人不懈努力，为实现这一学术目标作出贡献。

## 一

在中国古代法律体系中，既有朝廷颁布的法律，也有地方官府颁布的大量地方法规和政令法令。朝廷立法与地方立法并存，共同组成一个完整的法律体系。地方立法是国家法律体系的有机组成部分，内涵丰富，且具有不同地域的特色。地方法规、政令等是为实施朝廷法律而制定的，发挥着补充和辅助国家法律实施的功能。只有把朝廷立法与地方立法结合起来研究，才能揭示中国古代法律体系的全貌，并对当今法治建设提供参考与借鉴。到目前为止，这方面的研究还极其薄弱，需要予以特别关注。

从城市发展的角度看，武汉地区的城市形成于东汉末年以后，城市发展也经历了从“双城对峙”到“三镇鼎立”，再到“三镇合一”的历史过程。

尽管历史上的夏口、武昌、汉口等都是有影响的城市，但武汉真正具有现代城市的功能和特质，是在 1861 年汉口开埠以后。《武汉地方法治发展史》以“武汉”为研究空间，是用现代的思维回望古代，但视角是“发展”的。这种写法，有两层观照：

一是古代国家法律与地方立法之间的关系问题，涉及国家与地方法律制度的互动。国家与社会的二元研究，一直是法律史、社会史以及经济史的研究热点，这种分野，重在考察国家秩序与基层秩序的传递与相互影响。

二是传统农业社会的法律体系向现代商品社会法律体系的转变问题，涉及近现代法律的转型。中国古代法律，特别是吏政、礼制、刑事、民事类法律，受儒家纲常礼教影响颇深，贵贱有等，尊卑有序，伦理色彩浓厚。现代法律以“权利”为本位，宪法、民法、刑法等法律以“人”为中心。古代农业社会流动性低，呈现“熟人社会”的形态，现代商品社会交易频繁，“陌生人社会”是主要表现。

这两个方面，都需要我们将其置于中国历史发展长河中观察和剖析。

另外，对于“法治”一词的使用，不能简单地理解为“rule of law”。如果用此英文单词对照古人论述的法家“法治”、贵族“法治”，内涵大相径庭。“法治”是治理国家的一种方式，也存在一个发展过程，古代的可以认为是“古典法治”，现代的则是“民主法治”，二者的性质、内容、功能既有质的区别，又有一定的传承关系。基于上述认识，《武汉地方法治发展史》的定名，采用了“法治”一词，意在用发展的眼光看待法治的历史进程。

## 二

地方立法在中国古代出现较早，也经历了漫长的发展过程。《睡虎地秦墓竹简》中的《语书》，即是南郡太守腾给县道啬夫的文书，说明在战国时期就存在地方长官发布政令的做法。汉代时，条教、书、记是地方法令、政令的重要载体。唐、宋、元时期，各级地方官府和长官以条教、条约、约束及榜文、告示等形式，发布了大量的地方性法规法令和政令。这在《武汉地方法治发展史》中也能得到印证。因时间久远，地方法律文书大多失传，今人只能看到较少的文字记录。

明代以后，地方立法出现了繁荣的景象，法律的形式更加多样化，数量也远远超过前代。除各级地方长官发布了大量的政令，以及制定地方法规外，朝廷派出巡察各地的官员针对地方时弊，以条约、告示、檄文、禁令等形式，颁布了不少地方性法规。

清代地方立法较明代又有新的进展。“条约”是清代前期地方立法的重要形式，“章程”“省例”是清代中后期地方立法的重要载体。清朝地方立法内容广泛，几乎涉及行政、经济和社会生活管理的各个方面。“省例”的撰辑、刊印，标志着中国古代地方法制建设进入了比较成熟的阶段。

地方立法的高潮出现在清末。面对西方列强的入侵、社会动荡和国家政局的变化，各地方出于救亡图存，维护基层政权和社会治安的需要，积极推进法制变革，制定了一系列专门性的单行地方法规。在《武汉地方法治发展史》中，可以看到张之洞督鄂时期的系列主张，也可以看到城市在现代转型中的种种变化。

中国古代的地方立法，是伴随着社会的进步和立法变革的进程不断发展完善的。不同历史时期，地方立法的内容和编撰水平差异甚大。现存的古代地方法律文献汗牛充栋，这些文献记载了大量的地方治理特别是乡治的法律措施和成功经验，闪烁着古人的智慧光芒。要客观地揭示古代不同历史时期地方立法的本相，借鉴其精华古为今用，必须重视地方法律文献的整理和研究。撰写地方法律史，无论是对于开拓法史研究，还是挖掘中华法文化的优良传统，都有积极的推动作用。

研究地方立法以及法治的发展，有助于深入了解影响地方法律制度的诸种因素，以及它们之间的互动关系，也有助于改变在地方法律史尤其是民事管理法律制度研究的落后状态，正确地解释民事法律制度、民刑关系研究中存在的争议问题。最重要的是，把古代朝廷立法与地方立法结合研究，有助于对地方执法中存在的各种社会问题进行理论分析和解释。

## 三

以往的地方法律研究，多利用文书、州县档案，解释的范围重在“乡村社会”，对于作为“城”或者“市”所属区域的地方法律关注不够。无论是传统意义上的“城”“市”，还是近代形成的城市，城市内部社会构成、社会组织和社会管理均与乡村地区有很大不同。不是简单地人口从乡村转移到城市，而是形成新的生活方式、组织方式和管理方式，故城市治理方面的地方立法，面临许多新的问题，包括市场经济、财政税收、教育、环境、治安、用水、消防、公共交通、社会保障诸多的公共事务。武汉作为中国历史上知名的区域性城市，以及近现代中国最有影响力的城市之一，可以作为一个范例，展示城市地方法律的制定与运行，以及传统法律体系向现代法律体系的转变。在《武汉地方法治发展史》中，可以看到早期地方城市中的法律，以及汉口开埠以来的城市变化，武昌首义以后地方政治与法治的各种交融，民国时期的市政建设，以及新中国的革新转变等。

城市治理法规的出现，是一种新的“人”的社会关系的建立，是从法律上评价和看待“人”的存在，而不是通过其他认识，比如常有的是血缘或宗教，这是近代社会或现代文明的象征。在熟人社会，缺乏经济对价交换的广泛，人们固定在特定地域，相互熟悉。只有在社会交换活动超出地域范围时，面对不特定的交换者，才能构成对“人”的概念的一般性的评价，这种评价是对对方交易资格与履行资格的考察，也包括对财产权的承认，对交易者地位平等的看待。

乡村的熟人社会，“人”的评价相对减弱，对于交易资格、履行资格、财产权的考虑相对不明显。“陌生人”的城市，对于交易资格、履行资格、财产权的评价更为强烈，契约、法律则作为一种显现规则呈现出来。另外，城市的兴起和功能的转变，以及对公共事务的需求，又要求大量的“个人”通过契约组成团体，实现公共服务，政府也作为后盾进行补充，法律的市民化才更为成熟。

城市法律史的研究，是今后法律史研究的一个崭新而又不可缺少的领域。加强这一领域的研究，将会继续为传统法律向现代法律转型研究输送营养，落脚点也在探索中国传统法律文化、文明规则的现代继承与融合。

## 四

在中国这样有几千年人治传统的国度里，从人治走向法治，任重道远。在《武汉地方法治发展史》里，也看到“法治”在地方的步履蹒跚。依法治国，是人类文明发展的必然趋势，也是社会主义市场经济和民主政治的基本要求。国家的长治久安和兴旺发达，主要依靠法治。为此，我们要坚守“全面依法治国”的理念，按照“宪法至上”的原则，实现依宪执政和依法行政；不断完善宪法实施和监督制度，彰显法的权威和生命力；保障公民的权利，以“权利”为本位，彻底清除以“管控人民”为执法出发点的“工具主义”法律观；坚守“以法控权”，让公务活动切实服务于实现公民的实质权利；做到“司法公正”，进而对社会公正具有重要的引领作用；强调“良法善治”，要求法律成为一个符合社会正义观的内部有序、自治的体系；立法必须切合国情实际，既要吸收和借鉴发达国家的成功经验，也要重视吸收中国传统法文化的积极成分。

《武汉地方法治发展史》作为研究地方法律史的系列丛书，是中国传统法文化研究的一项重要成果。它由武汉市法学会、江汉大学主持编撰，历时八年，旨在通过对武汉地区 3500 多年法律制度和法律实施进行回顾研究，从中梳理出悠久历史中的地方法治发展的脉络与规律。

武汉这座城市，位于长江与汉水交汇处，在九省通衢的地理位置上，近代以来极其重要，可谓人杰地灵。今天，武汉是我国法学研究的重地，法学资源丰厚，培养了大批的法学以及法律人才。撰写、出版《武汉地方法治发展史》，是武汉法律人为当代中国法学事业和法治建设作出的又一新的贡献。

在本丛书写作过程中，课题组从选题、招标、广泛听取专家建议、编写写作大纲，到组织高校教师以及专业的人员进行写作、审稿、修改、校对，做了大量的工作，完成此鸿篇巨作，实属不易。由于部分史料搜集困难等原因，该成果也存在一些不足，各历史时期的研究深度也不均衡，有待进一步提高和完善。然而，该丛书作为一部以城市法治发展为主要论述对象的法律史著作，具有开创意义，应予以肯定和支持。

是为序。

# 目　录

# >> 第一章　武汉人民民主政权的建立与法制建设的新开端 <<

1949年5月16日，汉口解放；5月17日，汉阳、武昌相继解放；大武汉揭开了崭新的时代篇章。武汉解放后，中国人民解放军武汉市军事管制委员会、武汉市人民政府、中共武汉市委员会在中共中央和华中局的领导下相继成立。新成立的中共武汉市委员会和市人民政府密切配合军管会全面接管城市，彻底摧毁了国民党在武汉的党政军警机构，建立各级人民政权；改造旧法政机构，建立了人民民主专政的政法机关。

新中国成立之初，中国共产党重视加强人民民主法制建设，注重运用法律与政策相结合的方式治理国家与社会。国家以具有临时宪法性质的《中国人民政治协商会议共同纲领》为基础，先后制定了中央人民政府组织法及地方各级人民政府和司法机关的组织通则，以及工会法、婚姻法、土地改革法、惩治反革命条例、惩治贪污条例等一系列法律法令，运用立法手段巩固革命胜利成果，建立新民主主义的政治、经济、社会与法律秩序，保障各项社会民主改革运动的顺利进行。而这一时期先后开展的镇压反革命、土地改革、抗美援朝、贯彻婚姻法、“三反”（反贪污、反浪费、反官僚主义）、“五反”（反行贿、反偷税漏税、反盗骗国家财产、反偷工减料、反盗窃国家经济情报）、司法改革等一系列重大社会变革运动，对于在逐步实现国家制度根本性变革的基础上重建国家与社会的基本法律秩序起到了重要作用，全面开启了社会主义法制建设的序幕。

## 第一节　城市接管与第一届各界人民代表会议召开

### 一、城市接管

武汉解放后，根据中共中央在1948年6月向全党发出的关于“在新占领城市实行短期军事管理制度”的指示，1949 年 5 月 22 日，武汉市军事管制委员会宣告成立，它是新生人民政权的过渡机构。谭政任主任，陶铸任副主任。[①] 23 日，军管会颁发布告：“在前汉口市、武昌市、汉阳城区等所辖区内实行军事管制”。参加接管武汉的干部主要由东北局、华北局、中原局、华中局抽调派遣，武汉市军事管制委员会、中共武汉市委、武汉市人民政府主要领导人和主要机构负责人由中国人民革命军事委员会确定，这为接管武汉提供了有力的组织保障。[②]

5 月 24 日，武汉市人民政府成立。同日，发布第一号布告，宣布奉中国人民革命军事委员会及中原临时人民政府电令：划前汉口市、武昌市和汉阳城区所辖地区成立武汉市人民政府，吴德峰任代市长。[③] 武汉行政区划体制由此发生了重大变化，成为名副其实的“三镇合一”大城市。

5 月 25 日，中共武汉市委员会成立，张平化任书记。武汉市委员会成立后，相继建立了市直属机关党委、企业党委、学校文化党委和市郊区党委等组织机构。

5 月底，新成立的武汉市人民政府和中共武汉市委员会密切配合军管会开始了全面接管城市的工作，参加军事接管的还有武汉市警备司令部兼防空司令部、公安系统等。

11 月 15 日，随着许多大中小城市相继解放，中共中央发出《关于军事管制问题》的指示，明确规定对城市实行军事管制的九项任务：肃清反革命的一切残余势力；接受一切公共机关、产业和物资；恢复并维护社会秩序；收缴一切隐藏在民间的反动分子的武器及其他违禁品；解散一切反动党团组织；逮捕战争罪犯和罪大恶极的反革命分子；建立革命政权；建立可靠的群众组织；整理、建立党的组织。该文件还指出：“必须在上述各项工作以及其他若干工作做好以后，才能依靠城市中的党和人民政府及群众团体进行统治，取消军事管制委员会。”[④]

参加武汉接管的全体人员都参加了短期整训。整训内容首先是思想转变

① 参见《档案大观》第 415 期，2009 年 5 月 15 日。

② 参见武汉地方志编纂委员会：《武汉市志・政权政协志》（1840—1985），武汉大学出版社 1998 年版，第 55 页。

③ 参见武汉市档案馆：《武汉解放》，武汉出版社 1996 年版，第 22 页。

④ 武汉市档案馆：《武汉解放》，武汉出版社 1996 年版，第 36 页。

教育。通过学习毛泽东1949年3月在中共七届二中全会上的报告，增强对党的工作重心从农村转移到城市的思想认识，并认真学习有关接管城市的方针、政策。当时，中共中央和中原局、东北野战军等专门为接管武汉而制定的政策、方针并不多，但在接管北方诸大中城市实践中已经积累了丰富而宝贵的经验。中共中央和东北局据此形成了一系列较完整的接管政策和方针，包括《中国人民解放军布告》(《约法八章》)、《关于接管沈阳的经验》《天津市军事管制委员会工作纲要》《关于接管工作中几个原则问题的决定》《接管注意事项》《移交守则》《接管江南城市的指示》等。中原局社会部在中共地下组织工作的配合下，先后汇编了三本《城市保卫工作须知》，除集中了有关城市保卫工作的指示、政策、法规、条例、工作经验等文件资料之外，还编入了制订的《武汉工作队进入武汉前后的工作计划》《搜捕反革命分子计划草案》《国民党特务登记计划草案》等。[①] 接管人员通过对上述文件的认真学习和讨论，明确了接管武汉的政策和纪律。5月22日前后，各路接管干部进入武汉城区。

根据中央的有关政策方针，武汉市军事管制委员会规定保护全体人民和外国侨民的生命财产安全；保护民族工商农牧业；没收官僚资本；除怙恶不悛的战争罪犯和罪大恶极的反革命分子外，凡属国民党各级政权的大小官吏以及警察等，凡不持枪抵抗，不搞阴谋破坏者，一律不加俘虏，不加逮捕，不加侮辱；除停征少数捐税外，旧有各种税收，照旧征收；采取“按照系统，整套接收，调查研究，逐步改造”的接管方针。[②]

为严肃接管纪律，武汉市军管会根据中央制订的城市纪律，又制定了一系列具体的规章制度：进入城市不许随便发言与自作主张，负责干部应细心研究党对城市各项政策，遵照办事，丝毫不得逾越；特别在外交问题，如被国民党政府所承认之外交机关、外交人员及外国教堂、外国侨民及其财产等问题上，以及与涉及人民的人权、财权问题上，任何机关与个人不得擅自处理；全体干部与入城人员，必须保持朴素刻苦作风；对接管资财，只有清理保护责任，没有私自处理与动用的权利；不得接受被接管机关任何公私馈赠；不经批准不得随便请客送礼；在初进城市，秩序尚未完全恢复之前，凡

① 参见武汉市档案馆：《武汉解放》，武汉出版社1996年版，第37页。
② 参见《武汉市军事管制委员会通令》，《长江日报》1949年5月26日。

属军管会工作人员，不得个人私自进出娱乐场所；按时办公，未经请假不得擅离职守；在作风上应平易近人，对群众尤应亲切和气，不得沾染官僚习气等。[①] 这些规章制度的制定与严格执行，对顺利接管武汉起到了极为重要的作用。

武汉解放前夕，中共武汉（地下）市委以及各级城工部为解放武汉、接管武汉做了大量艰难的调查研究工作，对国民党在汉的政权机构及官僚资本也做过摸底，并对许多档案、宗卷、物资、器材和账册初步登记，大体上掌握了国民党党政军系统及官僚资本在武汉的基本状况。接管工作从实际出发，有的单位是先了解情况后接管，有的单位是先接后管，有的单位是一面接管一面工作（如税收、防汛、防疫等部门不宜停顿下来）。市军管会对国民党政权机构的接管，采取了既坚定又审慎的政策，彻底摧毁国民党政权机构，对原来人员进行必要的调整，大部分留用，少数人通过学习另行安排或遣散；彻底摧毁国民党警察机构，对国民党警察人员区别对待、分别处理，清洗了少数反动骨干分子，有条件地留用了多数人员。对官僚资本经济机构，则不是打碎它，而是改变它的生产关系，保护和发展其生产力，实行党制定的“原职、原薪、原制度”的“三原”政策。[②]

接管工作采取三个步骤：第一步是召开被接管单位全体员工的动员大会，讲明接管的有关事项和要求，根据接管的力量，自上而下指定各科、室、股、车间的临时负责人；第二步是了解情况，掌握分工、人员编制、实有人数及工作情形，直到准备工作基本成熟才进行接管；第三步是成立物资清点委员会，按科、室、车间、班组清查物资、造册登记、完整接收。先接收档案和物资，逐步办完手续后，再进行实际管理，然后按照党的政策调整安排原有人员，大部分留用。[③]

武汉市的军事接管工作，仅用 3 个多月的时间就胜利完成。按照分工，军政接管部接管了国民党中央政府各部在武汉直属的行政机构与海军、空军、陆军军事部门及军事教育机关等，按军事、政权两处分别接收。军事处

---

① 参见武汉地方志编纂委员会：《武汉市志 · 政权政协志》（1840—1985），武汉大学出版社 1998 年版，第 69 页。

② 参见武汉市档案馆：《武汉解放》，武汉出版社 1996 年版，第 40 页。

③ 参见武汉地方志编纂委员会：《武汉市志 · 政权政协志》（1840—1985），武汉大学出版社 1998 年版，第 71 页。

接收了国民党海军系统的炮艇 5 艘，海军工厂、电台、第十补给站、第一仓库各 1 个，及其所属 28 个单位；接收空军 1 个飞机修理工厂。政权处接收华中军政长官公署、两湖考铨处、两湖监察委员会行署以及流亡来汉的河南省政府、豫陕考铨处、豫鲁监察委员会行署等 6 个部门，共计 35 个单位。物资接管部分 8 个部门，分别接管了国民党在汉的工业、财粮、金融、海关贸易、农林水利、房产、卫生以及后勤等系统的机关、工厂、仓库。根据财粮、工业、后勤、房产等 4 个部门的统计，共接管国民党中央和省、市政府在汉的财经机关 39 个，官僚资本工厂企业 26 个，官僚资本房地产单位 278 个，后勤供应单位 44 个。交通接管部按铁路、航运、公路、邮政、电讯 5 个系统进行接管。据这 5 个系统的不完全统计，共接管大小单位 170 多个。文化接管部接管了 144 个单位。其中教育系统的专科以上学校有国立武汉大学、国立湖北师范学院、国立武昌体育师范专科学校共 3 所，中等学校 23 所，小学 96 所；新闻出版系统有报馆 5 家（武汉日报、华中日报、和平日报、新湖北日报、汉口报）、通讯社 2 个（中央通讯社、中国经济通讯社）、书店 3 家（正中书局、文化服务社、建国书局）、印刷厂 1 个（民生印刷厂）、广播电台 1 个（汉口广播电台）；文艺社教系统有电影院 3 个、图书馆 1 个、教育馆 1 个、公园及其他娱乐场所 5 个。[①] 除 4 个接管部的接管范围之外，属国民党武汉警备司令部与宪兵十二团系统的部门，则由中国人民解放军武汉警备司令部政治部接收。

武汉市人民政府于 1949 年 6 月派出接管工作组接管了原旧政权国民党汉口市政府、武昌市政府和汉阳城区区公所等 26 个区（镇、乡）公所。此后，随着城、郊经济的恢复和发展、社会民主改革和民主建政的进行，市人民政府对城、郊政权体制和行政区划进行了多次调整和变更。1950 年 7 月行政区划调整为：武昌为第一区，汉口划分为第二、三、四、五区，汉阳为第六区；各城区建立人民政府、区人民法院及市工会、团委、妇联的区办事处等相关机关。[②]

市公安总局接管国民党在汉的 3 个警察局、2 个消防队、30 个分局、48 个驻所、27 个防护区团，以及国民党党部、军统和中统各特务机关。市职

① 参见武汉市档案馆：《武汉解放》，武汉出版社 1996 年版，第 25 页。

② 参见武汉地方志编纂委员会：《武汉市志・政权政协志》（1840—1985），武汉大学出版社 1998 年版，第 78 页。

工总会筹委会接收了国民党各官办工会的房产、码头业职工会及各公营工厂的职工福利事业。

市军管会、市政府还根据党的政策，对外国在汉经营的文化教育、出版、医疗卫生及慈善救济事业，如武昌花园山天主教育婴堂、天主堂医院、普爱医院、同仁医院等，自 1950 年始至 1952 年陆续接办。[①]

采取区别对待的方针处理旧职人员，对于分化瓦解国民党，争取全国胜利早日到来，具有重要意义。所以，对旧职人员的安置、处理和教育改造，成为贯穿整个接管过程的一项十分细致的工作。市军管会于 1949 年 6 月 18 日制订《关于旧职员的处理办法》，确定了处理国民党原有人员的基本原则和方法。各接管部认真执行党的政策，按照此《办法》对旧职员进行全面的分析研究，并作了较为妥善的处理。

经过对旧职人员的具体分析研究，市军管会实行了“三个区别对待”的办法：把主管人员与一般职员区别开来；把技术人员与行政管理人员区别开来；把一般遣送人员与遣送的科、局长以上主管人员和军警宪特分子区别开来，前者只办一般遣送手续，后者先清理其罪恶大小，防止过早遣送，留下隐患，给社会带来危害。市公安系统接管组则对各警察局、分局、驻所等国民党警察系统中的督察处、刑事处、人事室、机要室等重要部门的人员一律精简，个别无大的问题而又熟悉业务情况者，慎重留用；特务分子及科长以上或重要部门股长以上的旧警人员，一律送到集训队审查处理；对有改造前途的，继续留用，其余的发给遣散费予以遣散。老弱病残、拿钱不做事的挂名人员和一些难以改造的旧警人员，一律遣散。[②]

1949 年 8 月 16 日，鉴于接管工作大体结束，武汉市军事管制委员会对内停止办公，对外仍保持军管制度。9 月初，接管任务胜利完成。接管工作的完成彻底摧毁了国民党政府在武汉统治人民的各级政权机关，逐步建立了新的民主政权管理机构，使已停顿的工厂、企业陆续恢复了生产与经营，将没收的官僚资本全部改造成国营经济，为日后大规模的社会主义经济建设奠定了基础。

---

① 参见武汉地方志编纂委员会：《武汉市志 · 政权政协志》（1840—1985），武汉大学出版社 1998 年版，第 80 页。

② 参见武汉地方志编纂委员会：《武汉市志 · 政法志》（1840—1985），武汉大学出版社 1998 年版，第 38 页。

### 二、武汉市第一届各界人民代表会议召开

1949年9月5日至9日，经中央批准，武汉市第一届各界人民代表会议召开。出席会议代表158人，列席代表160人。会议代表由社会各界推荐，武汉市军事管制委员会、市人民政府协商聘请。会议围绕“支援战争、支援农村”“恢复生产、扫除残敌”和“建立人民民主新秩序”等中心议题组织研究并审议相关工作。会议听取武汉市军事管制委员会副主任陶铸作的《关于武汉解放三个月来工作》的报告；听取武汉市人民政府代理市长吴德峰作的《关于武汉市人民政府三个月来工作》的报告和中共武汉市委书记张平化作的《支援战争、支援农村，巩固与建设人民民主新武汉》的报告。同意设立财政经济研究委员会、劳资关系研究委员会、市政建设研究委员会和码头问题研究委员会；同意实施《关于劳资争议暂行办法》及《关于劳资订立集体合同暂行办法》。①

1949年11月28日至12月6日，武汉市第一届各界人民代表会议第二次会议召开。会议围绕“进一步沟通城乡关系，促进工商业的恢复发展”等中心议题组织研究并审议相关工作。武汉市人民政府代理市长吴德峰向大会报告《武汉市第一届各界人民代表会议第一次会议协议事项实施情况》。会议选举产生武汉市第一届各界人民代表会议协商委员会。武汉市各界人民代表会议协商委员会是武汉市各界人民代表会议闭会期间的常设协商机关，简称武汉市协商委员会，即政协武汉市委委员会的前身，武汉市协商委员会由16个界别组成，选出协商委员会员52名。②

## 第二节　新生人民政权的巩固

### 一、挖潜反特与镇压反革命运动

武汉市在新中国成立前夕是帝国主义和国民党长期盘踞、经营和控制的重点地区，新中国成立前夕，又有一大批反动分子潜伏下来。这些敌特分子以颠覆新生人民政权为目的，组织地下反动武装疯狂进行刺探情报、暗杀、

---

① 参见武汉地方志编纂委员会：《武汉市志·政权政协志》（1840—1985），武汉大学出版社1998年版，第82页。

② 参见武汉地方志编纂委员会：《武汉市志·政权政协志》（1840—1985），武汉大学出版社1998年版，第91页。

爆炸、纵火等各种破坏活动。

面对严重敌情，市公安机关抓紧搜捕土匪、特务，并进行反动党、团员和特务的初步登记。特别是针对国民党特务机关在汉的潜伏活动及各种现行破坏活动，及时开展了挖潜反特斗争，破获了多起现行特务案件与地下反动武装案件。

武汉的挖潜反特斗争给反动势力以重大打击。但由于过分强调教育改造，存在着“破案虽多，镇压不够”的问题，对有的反革命分子“几擒几纵”，故土匪、特务、恶霸等残余反革命分子仍然十分猖獗。

1950 年 10 月 10 日，中共中央发出《关于镇压反革命活动的指示》，要求各级党委纠正过去对反革命分子“宽大无边”的偏向，切实抓好对反革命分子的逮捕和审判工作。武汉市镇压反革命运动（以下简称“镇反运动”）自此大张旗鼓地开展起来。

党中央的“双十指示”下达以后，武汉市委成立以张平化书记为首，有市委副书记、市长、副市长及有关负责同志参加的“镇反委员会”，各区委、大单位也成立“保卫委员会”或“镇反学习委员会”。市委结合武汉市的实际情况，检讨了过去对反革命镇压不够的偏向，并对现有案犯和材料，重新作了清查；责成政法机关（特别是公安部门）抓紧对敌情材料进行综合研究和整理，制定搜捕对象名单。市委对搜捕名单进行了严格审查，并组织力量于 1950 年 11 月 17 日至 19 日三天分头行动，逮捕危害极大的现行反革命分子 336 人，其中属于反革命地下武装的反革命分子 85 人。这次行动，处理了一批重要的反革命案件，处决了胡某民等主要反革命分子 20 余人。[①] 1952 年 2 月，武汉市又逮捕、镇压了一批有严重罪行的反革命分子。这一阶段主要是“行政镇反”，存在的一个突出问题就是神秘主义和关门主义，没有很好地宣传发动群众。

1951 年 2 月 20 日，中央人民政府又颁布了《中华人民共和国惩治反革命条例》，为镇压反革命提供了更明确、更具体的法律依据。市委即以宣传贯彻这个《条例》为动力，广泛地组织宣传、学习活动，还决定把“抗美援朝、镇压反革命”作为 1951 年“五一节”前后的中心任务。各

---

① 参见武汉地方志编纂委员会：《武汉市志·政法志》（1840—1985），武汉大学出版社 1998 年版，第 81 页。

区、各系统和较大的单位，分别开展了群众性检举控诉活动，一般由身受其害的群众控诉罪大恶极的大特务、大恶霸、大流氓，然后转到各工厂、各车间、各街道分头控诉直接危害群众的特务、匪首、恶霸、把头。截至1951年4月底，全市共召开了大小控诉会650余次，参加控诉会的群众36万多人次。通过这一阶段大张旗鼓地发动群众镇压反革命，使运动出现了新局面。群众对镇反运动，由赞成拥护到积极参加，由一般控诉到指名道姓地具体控诉，由秘密检举到公开当场检举，直至协助公安机关侦察和逮捕案犯。

镇反运动形成高潮以后，取得了很大成效，自1950年11月开始的镇反运动，到1951年5月底，共逮捕反革命骨干分子4440多人。这时开始出现一些问题，反革命分子逃跑自杀的增多了；在镇反工作中也出现了粗糙草率现象，随意捕人及逮捕的材料证据不足与不实的情况也时有发生。为了防止出现偏差，党中央决定及时进行收缩。1951年5月第三次全国公安会议，及时提出了“收缩”“严肃与谨慎相结合”的方针。5月8日，进一步提出“死刑缓期二年”的政策，即对于没有血债或民愤不大而又罪该处死的，可以采取判处死刑，缓期二年执行，强迫劳动，以观后效的政策。市委认真学习和贯彻中央指示及第三次全国公安会议决议，及时发出了《关于暂行停止捕人杀人，总结经验的通知》，规定：“为了防止草率现象，防止偏差，暂行停止捕人杀人，已批准未执行者，亦暂缓执行。”① 同时，严格捕人的批准权限，市委文件规定：“群众检举或密告的反革命分子，须经区委审查（公安分局局长必须到场）后由公安分局报告总局，由总局局长提出名单，报市委批准，然后发动群众控诉，公开逮捕，未经这些手续，不得草率捕人。”5月召开的市委第五十二次会议再次明确规定：“凡批准逮捕的反革命分子，都要由公安机关按规定手续执行逮捕，其他非执行机关不得逮捕。”特别是结合当时的形势，根据党中央规定的政策，着重强调只能杀那些非杀不可的、罪大恶极的反革命分子，可杀可不杀的一定不能杀，杀了就是犯错误；只能逮捕那些非捕不可的，可捕可不捕的一定不能捕，捕了就是犯错误。在镇反运动已形成高潮的时候，遵照党中央的指示，收缩一段时间，并

---

① 武汉地方志编纂委员会：《武汉市志·政法志》（1840—1985），武汉大学出版社1998年版，第82页。

检查落实政策情况，对及时防止头脑发热和粗糙草率，保证运动健康发展，发挥了重要作用。[①]

从 1951 年 12 月开始，因开展了声势浩大的“三反”“五反”运动，镇反作为运动形式相对停止。在贯彻“收缩”方针和运动相对停止期间，国内外阶级敌人又有所抬头。海外敌特机关加剧派遣活动；内地的残余反革命分子，有的不服从管制，有的又进行破坏活动。特别是尚未取缔的反动会道门及镇反不彻底的地区，反革命活动又开始嚣张。根据这些情况，遵照党中央指示，武汉市委决定从 1952 年 12 月开始，在全市继续进行镇反运动，夺取全胜。根据当时对敌斗争特点，市委强调工作应该更加深入细致，要切实做好调查摸底工作。公安部门为此专门组织干警学习了关于判别和对待残余反革命骨干分子的政策界限，并用了两个多月的时间，对残余反革命分子的情况逐一分析审查，分类排队。这一阶段的镇反运动，到 1953 年 10 月底基本结束，重点是取缔反动会道门。此外，完成了镇反不彻底的地区，如水上、未进行土改的郊区和一些单位的镇反补课工作，均取得了很大成绩。

为了使运动胜利结束，从 1953 年 11 月开始，武汉市用两个月时间，检查了“三错”（错捕、错判、错杀）的情况，并对全市管制的反革命分子对象进行了最后的镇反判定。由公安部门负责，抽调干部，先集中全市材料，按反革命分子的方面、系统、分布地区，进行了清理排队；然后，分区、分所、分街、分村、分单位（机关、工厂、企业、学校）逐人核对，并召开必要的群众积极分子会议，进行了调查、对证。通过检查判定，取消了一些不该管制的；撤销了一些已经得到了改造的；并新确定了一些应予管制的；比较系统地、彻底地清理了本市原有的和外地潜来的反革命分子的情况，并结合处理一部分遗留问题，总结了经验教训。清理的情况表明，全市对残余的反革命骨干分子的打击是基本彻底的，已打击数占应打击数的 98.78%；[②]通过反动党、团、特务分子的悔过坦白登记与对反动会道门的取缔、道众的退道运动，其组织也得到了摧毁。

此次“镇反”运动对反革命分子的处理，基本上坚持了“镇压与宽大

---

① 参见武汉地方志编纂委员会：《武汉市志·政法志》（1840—1985），武汉大学出版社 1998 年版，第 82—83 页。

② 参见武汉地方志编纂委员会：《武汉市志·政法志》（1840—1985），武汉大学出版社 1998 年版，第 90 页。

相结合”的方针，基本上做到了“首恶必办，胁从不问，立功受奖”。在具体处理上，对解放后怙恶不悛、继续进行反革命活动的特务间谍分子，从严处理；胁从分子和解放前虽曾参加反革命活动，但罪行不大，解放后又确已悔改的分子（特别是已为人民立功的分子）从宽处理；罪行重大的反革命分子，除了对不杀不足以平民愤的少数人坚决予以镇压外，其他都实行劳动改造，给予重新做人的机会。到1953年底，历时约3年（中间经历“三反”“五反”运动）的镇反运动胜利结束。

## 二、稳定金融物价斗争

武汉解放初期，党和新生的人民政权面临的一个严重局面是物价狂涨，市场混乱。1949年5月25日到7月初，武汉物价曾两次陡涨。第一次是在5月25日以后，以银元带头，各种商品价格上涨，到6月17日达到最高峰。[①] 第二次是在7月初，物价总指数比5月中旬上涨近3倍。物价暴涨，使人民群众的正常生活受到严重的威胁。因此，一场平抑物价、稳定市场的斗争迫在眉睫。这一斗争大体经历了三个回合。

第一个回合：从1949年5月下旬到7月初。市委、市政府配合军管会从实际出发，合理规定银元与人民币的比价；在全市正式发行中国人民银行钞票；明令禁止中州农民银行钞票和伪金圆券在本市流通。6月下旬，又及时地发动群众，开展拒用银元、拥护人民币的群众运动。在采取强大政治攻势的同时，还采取了紧缩通货，抓紧税收，抛售物资，组织缉私等措施。

在强大政治攻势和各项有力措施配合下，城市物价暴涨的趋势得到了控制，人民币币值上升，12种重要商品的零售价格指数平均下降50%。[②]

第二个回合：从1949年7月到8月。此时解放军云集在武汉及其周围，使用着大量的人民币，而乡间则使用银元，因而人民币大量流入武汉。银元黑市价也急剧上升，而且银元黑市活动大都转入秘密交易，金店、银楼改头换面，进行更隐蔽的投机。针对以上情况，党和政府采取了以下对策：

首先，把经济措施同行政手段结合起来。一方面紧缩货币，按照原定期限收清第2期所得税，厉行节约，反对浪费，团结群众，渡过难关。另一方面，采取行政手段，打击银元投机活动。7月13日，在市军管会领导下，

① 参见武汉地方志编纂委员会：《武汉市志·金融志》（1840—1985），武汉大学出版社1998年版，第39页。

② 参见《当代武汉》编委会：《当代武汉》，武汉出版社1989年版，第7页。

成立了打击银元联合指挥所，贯彻“重点破案，打击首犯”的方针，依法判处了一批严重违法的投机商人，使银元黑市再次萎缩，使物价下跌。其次，发挥国营市场的主渠道作用，不断增加社会商品供给量，逐步缓解供需矛盾。再次，城乡结合，开展经济战线的斗争。迅速恢复被破坏而中断的交通，由商业部门组织商人下乡，并发展进出口贸易，改变对敌占区封锁、设卡限制进出口的做法。这样城乡结合，协同行动，使金融、市场趋向稳定。

稳定市场、金融、物价斗争第二个回合的胜利，使人民币的信誉和地位得到进一步巩固，物价基本平稳。

第三个回合：1949 年 11 月到 1951 年底。1949 年 10 月下旬起，武汉物价又徐徐回升，到 11 月初，又出现了一股暴涨风。为此，党和政府除继续大力恢复、发展生产，组织物资供应，加强宣传教育，统一财经工作外，更进一步加强了对金融、市场、物价的管理和对投机活动的打击。1950 年查获金银黑市案件 503 起。1951 年上半年又连续破案 89 起。① 1951 年 10 月，出现了银元黑市价低于政府规定牌价的局面，② 人民币作为唯一的货币稳固地占领了武汉市场。

党和政府一次又一次地刹住了涨价风，保障了人民群众的切身利益，促进了国民经济的恢复与发展，给投机商以沉重的打击。专做投机买卖的 102 家金银首饰店、33 家纱号、8 家保险公司、9 家珠宝店全部垮台；只有房产而无足够资金的私营银行、钱庄也垮了一部分；做转手批发的盐商也纷纷停业或转为自运自销；国营商业在市场上逐步成长和发展起来，为建立统一的新民主主义市场奠定了基础。③

### 三、安置失业游民

1950 年 6 月 7 日，在全市召开的第一次失业工人代表会议上，市长吴德峰报告了失业工人救济的有关精神，并指出救济办法要合理化，救济程序要简单化。大会明确提出，对失业工人采取介绍就业、以工代赈、转业训练、生产自救、还乡生产、发放救济粮等多种形式救济。6 月 12 日，武汉

---

① 参见《当代武汉》编委会：《当代武汉》，武汉出版社 1989 年版，第 7 页。

② 参见武汉地方志编纂委员会：《武汉市志・金融志》（1840—1985），武汉大学出版社 1998 年版，第 41 页。

③ 参见武汉地方志编纂委员会：《武汉市志・金融志》（1840—1985），武汉大学出版社 1998 年版，第 42 页。

市成立了“武汉市失业工人救济委员会”。委员会下设失业工人救济处，办理救济工作一切日常行政事项。

这时，中央人民政府政务院发布了《关于救济失业工人的指示》和《救济失业工人暂行办法》。市委和市政府贯彻中央的指示，从政府部门选派得力干部到救济处担任领导工作，并抓紧在全市 18 个产业工会成立救济分会，及时公布《武汉市失业工人救济各项工作细则》和《武汉市失业工人救济处关于整顿工赈组织改变工资制度的规定》等政策法规，及时指导武汉市失业工人救济工作的开展。

首先，进行失业登记。1950 年 6 月，全市开始第一期失业工人登记，一面登记，一面进行救济，原则上以原在各国营、私营工商业与码头的工人和职员以及从事文化艺术教育事业的工作人员，在解放以后失业，至登记时尚无工作或其他收入者为限。从 1950 年 6 月至 1952 年 8 月，全市先后共登记失业人员 59579 人。经过一段时间的失业救济工作，通过各种渠道，解决 34146 人的安排问题。其中由劳动介绍所统一介绍工作的 19506 人，其他人员或是自己找到工作或由政府协助还乡生产。

其次，发放救济。在发放救济时，向失业人员说明“我们的救济事业不是恩赐，而是人民的互助，是要使失业工人永远摆脱苦难”。发放的办法，是各区公所组织救济工作组，各公安分局干警密切配合，紧紧依靠各街道的积极分子进行。发放救济的标准是：失业工人本人，每月发给 45 市斤大米，其在本市居住由本人供养的直系亲属，每人每月发给 15 市斤大米。市政府为了救济失业人员，在全市范围内开展了征集失业工人救济基金工作和捐助运动。

再次，以工代赈。1950 年 6 月 17 日，武汉市政府在汉口中山公园举行以工代赈动工典礼。从动工典礼之日起到 8 月底为第一阶段，参加工账工程的有 8000 多失业工人。1952 年 4 月，市总工会和市失业工人救济委员会，组织 7718 名失业人员奔赴荆江分洪的南线黄山头工地，他们克服了重重困难，完成了修堤任务。市政府组织失业工人参加这样大的工程，是解放初期失业工人救济工作的壮举。不仅解决了大批失业工人的实际生活困难，而且通过参加工程建设，提高了失业工人的思想觉悟，从而使他们热爱新的社会制度。

由于武汉经济形势好转，社会上就业门路增多，以工代赈的救济办法至

1952 年下半年逐渐停止。市救济委员会开始举办失业工人转业训练班，经过短期政治、文化或技术训练，帮助失业工人创造就业条件；同时组织生产自救，由失业工人自己筹办或由劳动部门指导工人自行组织，政府以及各方面给予支持。同年武汉市劳动就业委员会成立，失业工人由劳动部门统筹安置就业。1953 年，国家开始实施“一五”计划，开展大规模经济建设，失业工人纷纷走上新的工作岗位。

**四、调整劳资关系**

武汉解放后，各行各业劳资关系矛盾问题仍然没有从根本上解决，有的甚至更加激化。因此，正确处理劳资关系中的一些问题，建立新的劳资关系，以充分调动劳资两方的积极性、主动性，恢复与发展武汉工商业，是新生人民政权一项艰巨的任务。

为了加强对劳资关系工作的领导，中共武汉市委决定建立劳资政策委员会，陈秀山任书记。1949 年 9 月，武汉市第一届各界人民代表大会决定建立劳资关系研究委员会，同意实施《关于劳资争议暂行办法》和《关于劳资订立集体合同暂行办法》。1950 年 1 月，武汉市第一届各界人民代表大会协商委员会第一次会议讨论通过了《武汉市劳资关系暂行处理办法》。接着，武汉市总工会又成立了私营企业工作委员会（不久改称私营企业部）。

这些组织通过对劳资关系进行调查研究，找出了劳资关系紧张产生的原因：一是不少资本家对共产党保护私营工商业的政策不太了解，心存疑虑，意志消沉，对经营缺乏积极性。而武汉工人阶级因长期遭受剥削压迫，一旦得到解放，对改善工资待遇与劳动条件难免提出一些过高要求，有偏激的情绪。二是新中国虽已成立，私营企业内长期形成的一套陈规陋习还未破除，新的制度还未建立。针对这种情况，市政府、市工会和有关组织积极开展工作。①

武汉市总工会多次召开私企职代会、座谈会，宣讲党的“发展生产、繁荣经济、公私兼顾、劳资两利”的方针。经过宣教，劳资两方对党的政策逐步了解接受，态度转变，这为下一步调整劳资关系打好了思想基础。

1949 年 6 月，市劳动局成立。这是一个按“劳资两利”的原则公平合

① 参见武汉地方志编纂委员会：《武汉市志 · 工业志》（1840—1985），武汉大学出版社 1998 年版，第 60 页。

理调解与仲裁劳资纠纷的机构。当劳资有争议时，第一步劳资双方互相协商解决，由工会以劳方代表的资格与资方商谈。第二步向劳动局申诉，由劳动局召集双方进行调解与仲裁，这是最重要的一个步骤；如果有一方不服，可向法院申诉，依法办理。劳动局成立后，处理了一批劳资纠纷，取得了较好效果。①

签订劳资集体合同是具体执行“劳资两利”政策的最好方式。1949 年 9 月 19 日，武汉市人民政府颁布《武汉市私营工商业劳资双方商订集体合同暂行办法》和《关于私营企业劳资争议调处程序暂行办法》。前者第一条规定各行各业劳资双方，根据平等自愿协商原则，签订集体合同，明确规定劳资双方权利义务及劳动条件，实现“发展生产、劳资两利”的目的。后者第六条第四款规定劳资双方发生争议后，在协商调解仲裁未成立前，双方均应维持生产原状；在法院未判决前，双方应遵守劳动局仲裁之决定。12 月，市政府又制定了《关于劳资关系暂行处理办法》。上述一系列措施及 3 个地方性法规的实行，对于武汉劳资双方关系的调整发挥了重要作用。②

集体合同签订后，劳资双方都感到需要有组织来促使合同执行和协商解决执行中的问题，于是自发地建立了劳资座谈会、工作调整委员会、工作研究改进委员会、工作促进委员会和协商小组等组织。1950 年 1 月，武汉市人民政府公布《武汉市私营企业劳资协商会议实施办法草案》。3 月，劳资协商会议得到全国劳动局长会议的肯定。年底，43 个行业和 44 个厂店建立了劳资协商会议。1953 年，全市建立劳资协商会议 208 个。③

劳资协商会议是劳资双方平等协商的组织。由劳资双方各选等量的代表组成，双方轮流主持会议。劳资双方都有提出议案的权利，凡有关企业生产、经营、职工生活待遇等方面的问题，都可以提到会议上协商解决。协商程序一般是：会前，互通准备协商的问题，征求各自代表的群众意见；开会，对要协商的问题按秩序逐一进行研究，达成协议后双方代表在《协议书》上签字，该《协议书》一式 3 份，劳资双方各 1 份，另 1 份送劳动局

① 参见武汉地方志编纂委员会：《武汉市志・工业志》（1840—1985），武汉大学出版社 1998 年版，第 61 页。

② 参见武汉地方志编纂委员会：《武汉市志・工业志》（1840—1985），武汉大学出版社 1998 年版，第 61 页。

③ 参见武汉地方志编纂委员会：《武汉市志・工业志》（1840—1985），武汉大学出版社 1998 年版，第 62 页。

备案；会后，双方各在所代表的群众中传达，贯彻执行。建立劳资协商会议后，劳资关系中的问题，95%以上通过协商得到解决。

党的“劳资两利”方针的宣传贯彻，劳资集体合同的签订和劳资协商会议的建立，使劳资关系由压迫与被压迫、剥削与被剥削的关系，开始转变为平等的两利关系。这是武汉劳资关系史上的重大转变。新的劳资关系的建立，调动了劳资双方的积极性。经过劳资双方共同努力，生产迅速恢复与发展。

## 第三节　人民民主专政政法机关的设立

新中国成立后，新生人民政权的一个重要任务是“强化人民的国家机器，这主要地是指人民的军队、人民的警察和人民的法庭，借以巩固国防和保护人民利益”[①]。武汉的公安机关在接管旧政权在汉警察队伍基础上进行了改造与重建，检察机关、审判机关也相继建立。

### 一、公安机关的改造与重建

#### （一）接管旧政权在汉警察队伍，组建武汉市公安总局

新中国成立前，国民党的司法机构、警察队伍是支持反革命内战、镇压革命力量的工具。[②] 接管国民党武汉警察机构，是接管武汉整个工作的重要组成部分。在华中局（原中原局）社会部和武汉市军事管制委员会的领导下，接管人员经过充分准备，认真贯彻执行党的方针、政策，通过紧张而复杂的斗争，在较短的时间内，接管并废除了国民党武汉警察机关。

1949 年 6 月 2 日武汉市人民政府公安总局成立，统一汉口、武昌、汉阳三镇警务。下辖汉口公安分局（14 个分局）、武昌公安分局（4 个分局）、汉阳公安分局、水上公安分局（2 个分局）。

1952 年 9 月 2 日，武汉市人民政府公安总局更名为武汉市人民政府公安局，原各分局裁撤合并，按照行政区划设立武昌、硚口、江汉、江岸、汉

① 《毛泽东选集》第四卷，人民出版社 1991 年版，第 1476 页。

② 参见中共武汉市委党史研究室：《中国共产党武汉历史（1949—1978）》，中共党史出版社 2009 年版，第 116 页。

阳、水上、郊区、机场 8 个分局。[①]

（二）公安工作的全面展开

1. 公安治安行政管理

新中国成立后，武汉市人民政府公安总局行政处负责治安管理。1950 年，行政处更名为治安处。

鸦片、毒品、赌博、娼妓以及封建迷信组织，是败坏社会风气、毒害人民身心的“恶瘤”。新中国成立后，为移风易俗，建立良好的公序良俗，武汉市人民政府公安总局治安处对这些旧社会遗留的毒瘤进行了彻底根治。

一是禁烟禁毒。新中国成立后，人民政权迅速开展禁毒行动，1949 年 6 月，市警备司令部、市人民政府公安总局联合颁布《关于禁毒禁赌的布告》，对贩运、出售鸦片、毒品者从严从厉惩处，对吸食毒品、鸦片者以违法论处。[②] 1950 年，武汉市成立禁烟禁毒委员会制订了《禁烟禁毒暂行办法》。1951 年底，市公安总局查出三镇贩运毒品者 1371 人，共贩运吗啡、海洛因 147665 两，鸦片 109474 两。1952 年 6 月，武汉市人民政府发布公告，提出禁运、禁贩、禁制、禁吸的全面禁绝政策。以禁运、禁贩为重点，采取“过去从宽、今后从严，坦白从宽、抗拒从严，严厉惩办与教育改造相结合”的方针。对大贩毒犯、主犯、惯犯绳之以法，对偶犯、小犯、从犯严厉查究，交群众管制，对吸食毒品者由群众监督戒绝。市公安机关在 8 月逮捕了两批烟毒罪犯，于 9 月召开公判大会，两名烟毒首犯被判处死刑，给烟毒犯罪分子以严厉震慑。9 月中下旬着手发动群众，开展检举揭发，号召坦白自首，清查漏网的烟毒犯，并开展禁烟禁毒教育宣传活动，采用公开宣判、现身说法、集训烟犯、文艺宣传等方式，使广大人民群众深刻认知烟毒对国家民族的危害以及运、售、制、藏、吸食烟毒为人民政府法律所不容的观念。经过全面禁绝政策，一个半世纪内屡禁不绝、祸国殃民的烟毒在武汉基本禁绝或者彻底禁绝。

二是禁赌。武汉解放后，人民政府雷厉风行地下令禁绝一切赌博活动。在市警备司令部、市人民政府公安总局联合发布的《关于禁毒禁赌的布告》

① 参见武汉地方志编纂委员会：《武汉市志・政法志》（1840—1985），武汉大学出版社 1998 年版，第 102 页。

② 参见武汉市档案馆编：《武汉解放》，武汉出版社 1996 年版，第 350—351 页。

中，规定“赌场一概取缔，今后查获赌场、赌博者，均分别按情节轻重，予以惩处”，明令禁止一切赌博活动。[①] 武汉市赌场纷纷关闭，兴盛多年的赌风大大收敛。1953 年 1 月，武汉市警备司令部、市人民政府公安局再次联合发布禁赌告令，并在全市开展宣传教育活动，对屡教不改的赌头、赌棍予以查处。这一年汉口查处赌博案 2455 件、赌头 7451 人。此后，赌风平息。[②]

三是管理娼妓。武汉解放伊始，市人民政府公安总局即公布《娼妓管理办法》7 条，规定妓院不准接待学生、少年，不准当街拉客，严禁虐待妓女等，对娼妓、乐户的行为进行一般性限制。1951 年 7 月，市人民政府制订“严格限制，逐步缩小，准备条件，最后消灭”的方针，采取“斩断来源，管制老板，教育妓女，麻烦嫖客”的措施，对乐户进行限制改造。1952 年 5 月，市人民政府公安总局发布《武汉市乐户妓女管理暂行办法》，规定乐户不得再买卖妓女，不得增加妓女，不得阻拦妓女从良，不得迁移地址，不得虐待妓女等。

四是解散迷信组织。武汉解放前夕，三镇迷信职业人员登记在册的有 1000 余人。解放后，市人民政府公安总局公布《武汉市迷信职业管理办法》，对迷信职业从业人员进行了约束：（1）不得借符咒邪术医伤治病；（2）不得制造符咒图谶预言或散布此类文字图画；（3）不得印刷或贩卖传播迷信书籍、传单、图画；（4）不得设立社坛供奉鬼神、降鸾扶乩、举行迎神赛会；（5）不得宣传邪教、开堂惑众；（6）不得假托神权迷信，从事其他非法活动和秘密结社等。同时，要求迷信职业者向当地公安机关登记，使迷信职业者的活动有所收敛。从 1952 年开始，人民政府进一步进行宣传教育，解散迷信行帮，组织安置就业，迷信职业者的活动基本消除。[③]

2. 公安户政管理

武汉解放后，武汉市公安总局设立户口科，户口户籍管理采取管段制，平均每管段管理 560 户，每管段配置一名户籍警察，负责户政业务，当时全

---

① 参见武汉市档案馆编：《武汉解放》，武汉出版社 1996 年版，第 350—351 页。

② 参见武汉地方志编纂委员会：《武汉市志・政法志》（1840—1985），武汉大学出版社 1998 年版，第 103 页。

③ 参见武汉地方志编纂委员会：《武汉市志・政法志》（1840—1985），武汉大学出版社 1998 年版，第 103 页。

市共有户籍警察395人，负责管理本市各项户口事务。1950年启用户口备查簿，各公安分局设置户口股，1952年后改为户口科。

1949年6月武汉市公安总局发布《关于户口管理的布告》，规定本市市民，凡解放前在汉口市警察局、武昌省会警察局、汉阳县警察局领有国民身份证、户口簿、门牌、船牌的，可携带所有证件，到该辖区公安机关申报登记户口。① 1949年12月，又制订《市民申报户口暂行规则》共13条，规定市民出生、死亡、结婚、离婚、分居、失踪、认领、收养、迁出、迁入以及商店开业、歇业，职工雇用、解雇等申报登记办法，简化申请审批手续，方便居民群众。

3. 公安交通管理

武汉解放后，市公安总局行政处行政科设交通组，各分驻所设交通班，管理全市交通。1950年2月，市公安总局治安处成立交通科，6月各分驻所的交通班改为交通队。1951年3月，江岸、江汉、硚口、武昌4个区分局成立交通大队，汉阳区分局设交通班。此后，市公安局统一全市交通管理机构，交通科改为武汉市公安局交通大队，仍属治安处领导；原属各区分局管理的交通大队，改为交通中队，受交通大队和区分局双重领导。并成立交通大队直属中队，作为交通警卫、路面管理的机动力量。

整顿交通秩序是交通管理的重要内容，市人民政府对交通秩序进行了多次整顿。从1950年开始，市公安、工交、城建、工商、市容交通整顿办公室和武汉警备区、驻汉部队以及区、街政府等部门联合组织了专门班子，对全市交通秩序进行集中整顿。

1950年12月至1951年2月，组织动员5000余人，整顿人力黄包车；对机动车、非机动车规定单行线、双行线和禁行线；规划人行横道线70处；协助新辟公共汽车行驶路线4条；确定各种车辆停车场地；纠正各种行车违章、行人乱穿马路、挖掘占道等违章现象。通过对全市交通秩序进行集中整顿，武汉市交通秩序有效恢复。②

4. 公安消防管理

武汉解放后，人民政府接管了汉口市警察局消防总队和湖北省会警察局

① 参见武汉市档案馆编：《武汉解放》，武汉出版社1996年版，第353—354页。

② 参见武汉地方志编纂委员会：《武汉市志·政法志》（1840—1985），武汉大学出版社1998年版，第116页。

消防队，成立武汉市公安总局消防大队，由公安总局行政处行政科领导，共有5个分队。1951年，消防大队改由治安处直接领导，增设1个直属小队，原5个分队改为中队。1952年8月，消防大队改称武汉市公安总局消防处，辖武昌、汉阳、硚口、江汉、江岸5个消防中队和2个直属中队。

5. 公安水上治安

武汉作为长江、汉江两江交汇处，航运发达，沿江两岸码头密布，汉口地区又是近代中国的商业重镇。繁忙的商业活动和派系林立，使水上治安问题成为武汉治安的一大难题。

武汉解放时，武汉市共有243个码头，5万多名码头工人，码头治安因此成为武汉水上治安的一项重要内容。人民政府接管了原三镇码头管理机构“码头管理所”和“码头工会”，于1949年9月22日成立了武汉市码头管理处。11月15日人民政府发布布告，规定了不许坐地分肥，不许敲诈勒索，不许打架斗殴的三项禁令。12月15日又公布实施《武汉市码头管理暂行办法》，规定：法定码头工人均应服从码头管理处管理；在限期内举行码头工人总登记；码头管理处应配合公安机关，严厉禁止码头斗殴事件；清查破坏工人团结及压迫、剥削工人分子，区别其罪恶大小，予以淘汰或移交人民法院惩处。1950年1月21日，武汉市搬运工会成立工人纠察队，协助维护码头治安秩序。4月20日，市人民政府根据政务院《关于各地设立搬运公司废除封建把头制度的决定》，组成武汉市码头工人工作委员会，发动群众，整顿码头治安。1950年11月，在镇压反革命运动中，结合码头民主改革，对盘踞在码头的恶霸、反革命分子、把头等，根据其情节轻重，分别依法进行了杀、关、管和教育、监督改造。①

武汉解放时，湖北省水上警察局在汉共有警员385人，巡艇2艘。1949年5月26日，中国人民解放军武汉市军事管制委员会派军管小组进驻湖北省水上警察局和在汉的4个分局。6月8日，成立武汉市公安总局水上局，下辖汉阳、武昌2个水上分局及四官殿、分金炉2个直辖所。1950年9月，武汉市码头改革基本结束，水上局撤销2个分局，成立鲇鱼套、鲍家巷、泉隆巷、四宫殿、海军仓库、鹦鹉洲、徐家棚、皇经堂8个分驻所和1个巡防

① 参见武汉地方志编纂委员会：《武汉市志·政法志》（1840—1985），武汉大学出版社1998年版，第118页。

队，负责长江上至荒五里，下到五通口，汉水的舵落口至小河口共约 85 千米的两岸码头、水面及东湖、马沧湖、后湖的治安工作。1951 年 3 月，水上局改为水上分局，各分驻所改为派出所。1953 年后随着城市建设的发展，水上治安管理机构时有调整。1953 年 6 月 2 日，水上公安局以派出所为单位成立治安保卫委员会，每个码头设治保员 1 名，负责码头治安工作。此时，长江航运管理局公安局成立，负责长航武汉港务局所属客货运输和专用码头的治安。[①]

6. 经济文化保卫工作

武汉大型工厂、企业、仓库等的保卫工作，解放初由解放军驻汉部队担任。1950 年驻军撤离后，工厂、企业组织工人纠察队武装担任保卫任务。武汉市公安总局于 1950 年 10 月成立保卫处（后更名为经济保卫处），负责全市机关、企事业单位内部安全保卫工作。1952 年，各区公安分局设立经济保卫科。1953 年 4 月，市公安局增设文化保卫处。随着武汉大规模重点工程的兴建和各项事业的发展，10 月又增设基本建设保卫处。

## 二、检察机关初步设立

1949 年 10 月 1 日，中华人民共和国中央人民政府委员会第一次会议任命罗荣桓为最高人民检察署检察长。1949 年 10 月 22 日，最高人民检察署举行第一次检察委员会会议，宣布最高人民检察署成立。1949 年 11 月 2 日，最高人民检察署举行第二次检察委员会议，议定了《中央人民政府最高人民检察署试行组织条例》。1949 年 12 月 20 日，该条例经中央人民政府主席毛泽东批准颁布试行。这是新中国第一部关于检察制度的单行法规，对检察机关的职权、领导体制以及内部管理制度等作了明确规定。该条例为全面建立中国检察制度提供了基本法律依据，武汉各级检察机构在这一大背景下开始设立。

### （一）武汉市人民检察署成立

武汉市人民检察署于 1950 年 5 月组建，7 月 14 日正式行文启用“武汉市人民检察署”印鉴。[②] 设立侦查和检察两个组，一个月后又根据工作需要

① 参见武汉地方志编纂委员会：《武汉市志 · 政法志》（1840—1985），武汉大学出版社 1998 年版，第 120 页。

② 参见中共武汉市委政法委《武汉政法志》编纂委员会：《武汉政法志 · 第三卷 · 检察卷》，武汉出版社 2011 年版，第 6 页。

改为民事、刑事与行政三个组，1951年扩大为刑事处、检察处和办公室。办公室下设秘书科、人事科、总务科。

1952年“三反”运动结束后，精简机构，两个处改为两个科。刑事科办理反革命案件、重大刑事、民事案件及监所检察工作，检察科办理国家机关及其工作人员的违法犯罪案件。办公室缩编为秘书室，所设各科改为组。①

1955年1月，武汉市人民检察署更名为武汉市人民检察院，江汉、武昌、汉阳等城区检察院相继成立。②

（二）检察机关的侦查工作与侦查监督工作

新中国成立以后，检察机关自行侦查的职权范围经历了一个逐渐明确和局部调整的过程。1949年12月制定的《中央人民政府最高人民检察署试行组织条例》规定检察机关“对刑事案件实行侦查，提起公诉”。1951年9月，中央人民政府通过的《最高人民检察署组织通则》规定，检察机关“对反革命及其他刑事案件，实行检察，提起公诉”。当时，还未将检察机关的侦查工作与侦查监督工作加以区分。“实行检察”，既包括检察机关的侦查工作，也包括检察机关对公安机关侦查的反革命案件和其他刑事案件的审查、监督工作。

市检察署成立后，曾试行办理自行侦查案件和上级交办案件中应追究刑事责任的起诉及公安、法院移送的个别重大案件的起诉。

1951—1953年，开展“镇压反革命”和“三反”“五反”“禁烟禁毒”等运动。市检察署的起诉工作围绕中心，集中打击反革命和制造、贩运毒品的刑事犯罪分子和不法资本家的“五毒”行为，受理公安机关移送审查起诉的案件。在打击反革命方面，“二七惨案”凶手赵某被公安机关侦查终结后，市检察署向市法院提起公诉，副检察长吴杰出庭支持公诉，赵犯被判处死刑。③ 在打击“五毒”行为方面，市检察署根据不法资本家偷税漏税严重的情况，会同税务部门抽查私营工商业，对数额巨大、情节严重的依法起

① 参见武汉地方志编纂委员会：《武汉市志·政法志》（1840—1985），武汉大学出版社1998年版，第129页。

② 参见中共武汉市委政法委《武汉政法志》编纂委员会：《武汉政法志·第三卷·检察卷》，武汉出版社2011年版，第7页。

③ 参见中共武汉市委政法委《武汉政法志》编纂委员会：《武汉政法志·第三卷·检察卷》，武汉出版社2011年版，第105页。

诉，追究刑事责任。如“国际贸易行”不法资本家韩某，内外勾结，偷漏税收4.8亿元（本章涉及金额为旧币，旧币1万元等于1955年后发行的新币1元），[①] 起诉到法院后，判处韩某有期徒刑5年，追缴全部税款，并登报揭露其罪行。

1. 职务犯罪侦查

一是贪污贿赂侦查。武汉市人民检察署建立后，把查处国家工作人员的贪污、贿赂等经济犯罪案件作为重要任务。

自1950年10月至1951年4月底，市检察署共办理贪污贿赂案件299件，犯罪者以营业员、税务员、采购员、保管员、会计、出纳、事务员、押运员等职务为多，他们中的多数人旧思想严重，受不法商人的引诱，以致政治上蜕化，生活上腐化，堕落成为犯罪分子。结合办理案件，市检察署向全市机关、团体、企事业单位发出案情通报与防止贪污贿赂的建议。[②]

1952年，全国开展“三反”“五反”运动，市检察署在运动初期，通过在报纸上发表文章、在全市各电影院放映幻灯、印发传单、办黑板报、设置检举箱、在机关工厂企事业单位聘请检察通讯员、在各街道组织检察联络员等形式，宣传“三反”“五反”运动的重大意义和检察机关的职能。运动普遍展开后，全署抽调70%的干部，分赴财经、税务、银行、合作、贸易、建筑等单位，与单位领导和群众一起深挖犯罪活动。

二是渎职侵权检察。查办渎职侵权犯罪（法纪）案件，是国家法律赋予检察机关的重要任务，也是法律监督的重要职责。新中国成立初期，武汉市检察机关未专门设立法纪检察工作机构，法纪检察案件由相关部门受理。检察机关主要是查办侵权犯罪案件，包括侵犯公民人身权利、民主权利的刑讯逼供、诬告陷害、非法拘禁、非法搜查、非法侵入住宅、报复陷害、侵犯公民通信自由等案件。

2. 刑事检察

1950年武汉市成立人民检察机关以后，刑事检察的主要职能包括审查公安机关侦查终结、提请检察机关批准逮捕和移送起诉的刑事犯罪案件，也

---

① 参见《国务院关于发行新的人民币和收回现行的人民币的命令》，1955年2月21日发布，自1955年2月21日起施行。

② 参见中共武汉市委政法委《武汉政法志》编纂委员会：《武汉政法志·第三卷·检察卷》，武汉出版社2011年版，第110页。

包括检察机关出席法庭支持公诉的刑事案件，即侦查监督和审判监督。

1950 年 7 月，武汉市人民检察署建立后，只担负少数反革命和刑事案件的审查批捕任务，多数由公安机关和人民法院自行逮捕。

3. 监所检察

武汉市人民检察署根据法律、法令的规定，履行监所检察职能。当时因未设专门机构，未配专职人员，需检察时，临时从署内各业务部门抽派干部担任。

一是看守所检察。1950 年，市检察署即开始试行看守所检察。1952 年，根据《逮捕拘留条例》的规定，市检察署对全市看守所关押的人犯进行检察，其中仅市法院和硚口、江汉区法院羁押的 354 名未决犯中，羁押时间二年以上 2 人，一年以上 77 人，半年以上 100 人，三个月以上 50 人，超时羁押占人犯总数 64.68%。有的犯人因长期关押，染上严重疾病。检察后，向市、区法院提出纠正意见，久押不决问题得到缓解。[①]

二是监狱（劳改）劳教检察。从 1950 年开始，市、区检察院（署）每年进行一至二次劳改劳教检察。方法是由检察机关单独进行，或会同公安、法院联合进行，发现违法问题及时提出纠正意见。

1952 年，市检察署开始办理罪犯服刑期间抗拒改造、重新犯罪的案件。

三是监外执行检察。对人民法院刑事判决、裁定执行情况的检察自 1950 年市人民检察署建立后即行开展。当年武汉市人民法院在劳改人犯中实行“乐捐假释”，即以捐献款（物）多少作为假释条件，共计违法假释劳改犯 193 名。市检察署会同中南人民监察委员会、最高人民检察署中南分署组成检察组，进行了检察纠正。

4. 控告申诉检察

市人民检察署成立后即开始接待群众控告申诉（来信来访）。1951 年 6 月政务院颁布《关于处理人民来信和接见人民来访工作的决定》后，由办公室派专人负责。检察机关重建以后，市院成立信访科、各区（县）院均配备专职信访干部并相继建立信访接待室，接待人民群众来信来访。

一是受理来信来访。1952 年，为配合各项政治运动并开展检察工作，

---

① 参见中共武汉市委政法委《武汉政法志》编纂委员会：《武汉政法志 · 第三卷 · 检察卷》，武汉出版社 2011 年版，第 112 页。

在全市设置检举箱，市检察署内建立接待室，接待群众来信来访，并通过街道、工厂、企业、机关向群众宣传设置检举箱和接待室的作用，动员人民群众向检察机关检举地、富、反、坏分子和他们的破坏活动。

二是办理刑事申诉（赔偿）案件。市检察署成立初期，对人民群众的控告、申诉案件大部分转请有关部门查处，自办案件较少。1952 年后，对控告、申诉案件由承办人提出处理意见，经科长审核决定自办或转办；转有关单位查处的案件以电话联系、催办单、派人前往三种形式催办，并要求答复处理结果，办理结束后分类归档备查。全市检察机关为保证办案质量，采用“回头看”的方法，即每月和每季回头检查办案情况，发现批准逮捕和起诉处理不当的及时予以纠正。

## 三、审判机关初步设立

### （一）武汉市人民法院成立

1949 年 6 月 22 日，武汉市人民政府法院正式成立。[①] 同日，开始受理人民群众初审刑民诉讼。7 月 1 日，成立武昌审判分庭，审判长（主任推事）下设推事室和书记处。次日，成立汉阳审判组，组长下设推事室和撰状室。因案件少，1950 年 1 月汉阳审判组撤销。[②]

1950 年初，武汉市人民政府法院改名武汉市人民法院，推事室改称审判庭，推事改称审判员。设刑事审判庭、民事审判庭和秘书室。刑民审判庭依案件类别划分审判组。同年 7 月，市法院在汉口设立工作组，下设刑事、债务、房地、婚姻组和秘书室，为市法院派出机构，就近受理一审案件。1951 年 4 月，市法院在第二区增设工作组，兼辖第六区。[③]

1951 年 7 月，在武昌审判分庭的基础上成立区级法院，分别在武昌、硚口、江汉区成立第一、二、三区人民法院，区人民法院设审判庭和秘书室，审判庭下分刑事组、民事组。同年 8 月，市人民法院开始受理区人民法院上诉第二审案件，过渡为二审法院。同年，为支持土地改革，在汉口郊区、武昌郊区、汉阳郊区和青山、三店、滠口、王家店共成立 7 个人民法

① 参见中共武汉市委政法委《武汉政法志》编纂委员会：《武汉政法志 · 第四卷 · 法院卷》，武汉出版社 2011 年版，第 16 页。

② 参见武汉地方志编纂委员会：《武汉市志 · 政法志》（1840—1985），武汉大学出版社 1998 年版，第 151 页。

③ 参见武汉地方志编纂委员会：《武汉市志 · 政法志》（1840—1985），武汉大学出版社 1998 年版，第 152 页。

庭。人民法庭设审判长、审判员、书记员，审判长由各区区长兼任。1952年8月，第一、二、三区人民法院分别更名武昌、硚口、江汉区人民法院。10月，又成立江岸、汉阳两个区级人民法院。区人民法院设审判庭、秘书室，审判庭下分刑事审判组、民事审判组。[①]

（二）刑事审判机制

1. 刑事一审案件

武汉解放初期，市人民法院受理的反革命案件主要是恶霸、盗匪案件。1950年11月镇压反革命运动开展后，人民法院进一步配合码头改革和民主改革、土地改革、镇压反革命活动开展工作，并对原判刑过轻或处理不当的案件加以改判。

1951年3月，对码头恶霸案件进行清理，并与公安局、检察署、码头改革工作委员会合作，运用公审、公开宣判或集体宣判，结合发动群众控诉的审判方式，以肃清反革命及封建残余分子在码头上的统治，保障码头改革顺利进行。

同年6月，民主改革运动在工厂和码头、驳划、建筑、粪便四行业以及街道渐次展开，人民法院运用司法力量，配合发动群众，担当全部民主改革案件审理工作。

1949年7月至1953年底，人民法院共审结特务、土匪、恶霸、反动会道门头子、破坏土改等各类反革命案（包括镇反运动案件），共1875件。[②]

武汉解放至1953年，市、区人民法院在镇压反革命、土地改革、码头改革、民主改革、“三反”“五反”和禁烟禁毒、贯彻新婚姻法等社会改革斗争中，在镇压反革命、惩处破坏国家经济犯罪的同时，运用法律手段，对严重危害社会秩序和人民生命财产安全的严重刑事犯罪分子亦予以打击。在此期间：审结强盗抢劫案83件；审结拐卖妇女案39件；审结强奸案721件；审结杀人案656件；审结盗窃案2041件；审结烟毒案1218件。[③]

① 参见武汉地方志编纂委员会：《武汉市志·政法志》（1840—1985），武汉大学出版社1998年版，第152页。

② 参见中共武汉市委政法委《武汉政法志》编纂委员会：《武汉政法志·第四卷·法院卷》，武汉出版社2011年版，第35页。

③ 参见中共武汉市委政法委《武汉政法志》编纂委员会：《武汉政法志·第四卷·法院卷》，武汉出版社2011年版，第36—37页。

2. 刑事二审案件

武汉解放初期，新的人民审判机关和审判制度处于组建和试行阶段。武汉市人民政府法院及其派出机构（审判分庭、审判组、工作组）同为第一审级，当事人对初审判决不服，仍由市法院复审，以尊重当事人诉讼权利和保证案件质量。1950 年 1 月《武汉市人民政府法院办理刑事案件暂行办法（草案）》中规定：不服本院判决者，应于收受判决书 10 日以内，以书状叙明理由，向本院申请复审。1950 年 10 月最高人民法院中南分院成立，武汉市人民法院受其管辖和监督，上诉案件多数移送中南分院审理。1951 年 7 月，武汉市各区级人民法院开始建立，为第一审级审判机关，市人民法院过渡为第二审级审判机关，对区人民法院进行业务指导，实行审判监督，基本执行三级二审制。市法院受理不服区法院判决上诉案件，同意一审判决时，驳回上诉；不同意一审判决时，提出意见，发还重审或改判。当事人对市法院二审裁决不服，亦可上诉于最高人民法院中南分院。1954 年 12 月，中南分院撤销，市法院上诉案件改送湖北省人民法院审理。①

刑事二审案件有如下典型案例。

（1）萧某反革命案。东华染厂技术员萧某，原审以反革命破坏罪判处徒刑 15 年，经二审查实，认为被告历史问题已作交待，不应再追究；造谣破坏，事实不实；发生事故，有一定过失责任，并非有意破坏，改判训诫。

（2）李某反革命案。原审以反革命破坏罪判处李某有期徒刑 8 年，二审认为被告解放后被留用，历史问题已作交待，贪污问题作过处理，后来表现较好，曾两次被评为先进工作者，不应再算老账，改判无罪释放。

（3）何某盗窃案。何某利用在食堂工作之便，偷取肉、油、面、碗和木柴等物，原审以盗窃罪判处徒刑 3 年；二审认为系一般偷摸行为，不构成犯罪，改判教育释放。

3. 刑事案件复查

1950 年开始，市人民法院对已审结的刑事案件时有复查，主要是针对政治运动中审结的案件，集中时间和力量进行复查。不论当事人或亲属申诉与否，均按规定范围进行，本着实事求是、有错必纠的原则，依据政策和法

① 参见武汉地方志编纂委员会：《武汉市志・政法志》（1840—1985），武汉大学出版社 1998 年版，第 155 页。

律规定，对错处案件予以改判纠正。

1952 年 10 月至 1953 年 2 月武汉市司法改革运动期间，为清除旧法观点和作风，对市、区人民法院已审结的各类案件进行检查。全市人民法院自开始受案至司法改革运动前，共判处 37321 案，经查卷、查狱和群众检举，查案 19607 件，其中刑事案件全部经过检查，共改判 143 件。[①]

刑事案件复查中有如下典型案例。

（1）余某杀妻案。1950 年 4 月 2 日晚余某妻子被杀，经公安局捕讯，余某解释不清，承认杀妻；4 月 12 日移送市法院受理，余某供认：因妻卧病数年，为治病将家财变卖一空，生活无着，遂起杀害之念。审判认为，被告供认不讳，念被告出于家贫，无奈杀妻，情有可原，于 5 月 22 日从轻判处有期徒刑 5 年。1951 年 11 月检查贯彻执行《婚姻法》情况，以余某虐杀妇女，判刑过轻，提请复判。复审认为，余某先后口供一致，事实无疑；前审认定余某杀人动机系出于家贫，是替被告辩护，是右倾观点。调查中，又偏信不利于被告的反映：余某无子，欲纳妾，被妻拒绝，妻死后又宿娼。遂断定余为纳妾杀妻，在 1952 年“三八”妇女节大会上宣判余死刑，告知其可上诉于最高人民法院中南分院。司法改革中，查狱组发现余上诉 7 月尚未结案，经调阅原卷，深入群众调查，并从武昌公安分局 1950 年破获的盗窃案卷中，证实余妻系被土匪所杀。1952 年 11 月 6 日，改判余某无罪释放。市司法改革办公室负责人、市法院院长及刑庭庭长和承办人亲至余家，并召集当地居民大会，公开对余某表示道歉和慰问，给予生活补助费 200 万元（旧人民币）。

（2）曾某、沈某、黎某殴打工人案。此案是在“五反”期间，错将独立劳动者或其他成分的劳动者当作不法资本家“反扑”，予以打击后错判。曾某历史上当过旧警察，平时以独立劳动为生，1952 年以 50 万元（旧人民币）资本加入工力玻璃厂，任生产组长，与该厂资方殴打工人无联系，仅以单位送案材料和《长江日报》登载“曾某一贯压迫侮辱工人，这次殴打工人也是由其操纵主使”为据，断定曾某主犯，判处徒刑 2 年。复查后改判曾某无罪并释放，公开对曾某表示道歉和慰问。

---

① 参见中共武汉市委政法委《武汉政法志》编纂委员会：《武汉政法志·第四卷·法院卷》，武汉出版社 2011 年版，第 47 页。

（3）韩某敲诈案。此案是在1951年民主改革运动初期，发动群众斗争后错判。韩某在解放前当过旧职员、小报社广告主任，解放后在汉中市场做袜子摊贩，被选为管理主任。民主改革运动中，偏信检举人对证，对有利于被告的人证、物证不予注意，以敲诈勒索罪判处徒刑3年。复查后改判韩某无罪并释放，公开对韩某表示道歉和慰问。

（三）民事审判机制

1. 民事一审案件

（1）离婚案件。1949年6月至1950年4月，人民法院对婚姻案件按照婚烟自主、男女平等和一夫一妻制的原则进行审理。1950年5月1日，《中华人民共和国婚姻法》开始施行。新的《婚姻法》废除了封建主义婚姻制度，禁止重婚、纳妾、童养媳和干涉寡妇婚姻自由。人民法院审理离婚案件，按照男女婚姻自由、一夫一妻、男女平等、保护妇女和子女合法权益的原则，首先进行调解，如调解无效时，再行判决。从婚姻法施行之日起至1951年9月底止，全市法院共审结离婚案2967件。在1953年贯彻《婚姻法》运动中，全市法院共审结一审离婚案5969件，大多数是妇女为原告，要求解除封建主义婚姻关系的案件。①

（2）抚养、扶养、赡养案件。1949年7月至1950年，市人民法院审结的一审婚姻家庭案件中，子女（抚养）、扶养、生活费纠纷共242件，其中生活费纠纷最多，有202件。1950年《婚姻法》颁布实施后，1951—1952年全市法院共审结一审父母子女及扶养纠纷133件。②

（3）房屋案件。1949年7月至1950年，人民法院共审结一审房屋案1901件，其中，租金纠纷854件，迁让纠纷744件，所有权、买卖、典当、拆屋还基、争租、排除侵害及返还不当得利等各类纠纷303件；调解结案1135件，判决结案607件，终止、撤诉等159件。1951—1952年，全市法院共审结一审房屋案2526件，其中房屋租赁、迁让1825件，房屋所有权125件，房屋买卖典当94件，其他房屋纠纷482件。③ 审理中，主要依照中

① 参见武汉地方志编纂委员会：《武汉市志·政法志》（1840—1985），武汉大学出版社1998年版，第164—165页。

② 参见中共武汉市委政法委《武汉政法志》编纂委员会：《武汉政法志·第四卷·法院卷》，武汉出版社2011年版，第78页。

③ 参见中共武汉市委政法委《武汉政法志》编纂委员会：《武汉政法志·第四卷·法院卷》，武汉出版社2011年版，第81页。

南军政委员会1950年12月15日颁布的《关于中南区城市房产权的几项原则规定》、1951年5月25日颁布的《关于解决城市房荒的几项原则规定》，以及武汉市人民政府1950年11月4日颁布的《武汉市房地产租赁暂行办法》等法规精神，贯彻“公私兼顾，主客两利”的原则进行处理。①

（4）债务案件。1949年7月至1952年，全市法院共审结一审债务案5078件，其中借贷1981件，买卖欠账1266件，物品交付736件，租赁84件，其他1011件。此时期的债权债务关系多系解放前形成。审理中，主要依照中央人民政府政务院1950年10月20日颁布的《新区农村债务纠纷处理办法》的规定精神处理。

（5）赔偿案件。1949年7月至1952年，全市法院共审结一审赔偿案440件，主要系他人行为直接或间接导致其权益受到损害而要求他人赔偿的诉讼。审理中，在查明事实、分清是非责任、核实人身或财产的受害情况的基础上，予以调解或判决，由侵权人对受害人进行赔偿。

（6）继承案件。1950年至1952年，全市人民法院共审结一审继承案74件。案件多系兄弟姐妹之间，或同父异母、同母异父兄弟姐妹之间为继承父母遗产引起的纠纷。依照《中国人民政治协商会议共同纲领》有关“保护工人、农民、小资产阶级和民族资产阶级的经济利益及其私有财产”的精神，对作为民族工商业者的生产资料，包括机械、厂房、商行、原料资金等均视为私有财产，允许继承；对农民享有的土地、耕畜、农具、房屋等私人财产，允许继承。审理中，主要依照1950年《婚姻法》关于“夫妻有互相继承遗产的权利”“父母子女有互相继承遗产的权利”“非婚生子女享有与婚生子女同等的权利”和“男女权利平等”的规定精神进行处理。

（7）经济案件。武汉解放后，人民法院受理的经济纠纷案件与其他民事案件一起审理。解放初至1952年国民经济恢复时期，人民法院受理的经济纠纷案件主要是工商业纠纷。1949年至1950年，审结工商业纠纷案件1862件，其中清算账目82件，合伙纠纷192件，运输66件，经纪5件，承揽19件，契约72件，存款44件，交货290件，给付价金517件，返还财物530件，返还不当得利7件，排除侵害37件。1951年至1952年，审结工

① 参见中共武汉市委党史研究室：《中国共产党武汉历史（1949—1978）》，中共党史出版社2009年版，第120页。

商业纠纷 1235 件，其中清算账目 127 件，合伙纠纷 317 件，买卖纠葛 246 件，运输 293 件，包工、合同、承揽 202 件，其他 50 件。[①]

2. 民事二审案件

市人民法院建立初期，对民事案件作一审管辖。当事人不服初审裁决，仍由市人民法院复审。1950 年 3 月，《武汉市人民法院办理民事案件暂行办法草案》规定：当事人不服判决时，得于接到判决之日起 5 日内申请复审，申请复审应用书状说明不服之理由。复审前，先由原审判员就申请理由审核，提出书面意见交审判委员会研究，或由院长审核，认为显无理由者予以批驳，有理由者予以复审。复审改由其他审判员或由 3 人组成的合议庭审判，当事人对复审判决不得再请复审。1950 年至 1951 年 6 月，市法院共审结民事复审案 189 件。1951 年 7 月以后，区级人民法院相继建立，一般民事案件由区法院作一审管辖；市人民法院除对重大复杂的民事案件和涉外民事案件作一审管辖外，主要任务是审理不服区人民法院裁决的上诉二审案件。[②]

民事审判中有如下典型案例。

（1）武汉联合商业银行诉东成杂货号等案。东成杂货号等于 1951 年向武汉联合商业银行信用贷款 400 万元，请德厚昌百货号及东成西号作保。逾期，东成号等拒不还本付息。诉讼中，法院根据双方约定，判决德厚昌百货号及东成西号负连带责任，共同偿还银行本息。

（2）朱某诉韩某债务案。韩某 1950 年向朱某借人民币 17 万元，约定连同利息以黄金 2 钱偿还，后韩某又找朱某借金饰 4 钱 1 分 7 厘，2 项共计黄金 6 钱 4 分 7 厘；另外，韩某代朱某将 1 两 8 钱 5 分 7 厘黄金以黑市价出售后，将款挪用。法院审理认为，借用的人民币及金饰属于合法债权，应予保护，判决按人民银行牌价折算人民币 222650 元偿还；黑市出售黄金违反金融管理办法，判决追缴没收。

### 四、司法改革运动

随着人民政权建设和城市建设事业的发展，公安、检察、法院、行政司

---

① 参见武汉地方志编纂委员会：《武汉市志·政法志》（1840—1985），武汉大学出版社 1998 年版，第 168—169 页。

② 参见武汉地方志编纂委员会：《武汉市志·政法志》（1840—1985），武汉大学出版社 1998 年版，第 171 页。

法四个部门的机构逐步健全，紧密围绕党的中心任务，结合土地改革、民主改革、镇压反革命等运动，在稳定社会秩序、保卫生产建设、巩固新生的人民政权等方面都发挥了重要作用。但同全国其他地区一样，在“三反”“五反”运动中也非常显著地暴露出武汉司法工作，特别是各级人民法院政治上、思想上、作风上的严重不纯。其重要原因是新中国成立初期，新政权自身极度缺乏专业司法人员，同时也为了更好地团结大量国民政府留下的司法工作人员，服务于政权建设，所以采取了“包下来”和“量才使用”的政策。[①] 据统计，市、区人民法院留用的旧司法人员占市、区法院审判部门全体成员的57.9%，旧人员中参加国民党、三青团及其他反动组织的占75%以上。[②] 这些旧司法、旧警察留用人员，旧法观念和旧司法作风十分浓厚，在处理案件时，遵循的往往还是国民党统治时期的六法全书或者是封建的宗法观点，一味强调法律是“超政治的”，借口“司法独立”，滥用职权，损害国家和人民利益，造成严重后果和恶劣影响。部分参加革命多年的干部或参加工作不久的新干部，也存在着政治和政策观念模糊，新旧法律界限不清，业务水平不高，官僚主义、形式主义和衙门作风等问题。

1952年6月，中共中央批准，中央政治法律委员会召开全国政法干部训练会议，针对已暴露出来的问题，提出在全国司法系统开展彻底的司法改革运动，从政治上、组织上、思想作风上全面整顿司法工作。8月13日，政务院审议通过司法部《关于彻底改造和整顿各级人民法院的报告》；8月17日，《人民日报》发表《必须彻底改革司法工作》的社论，要求组织开展司法改革运动，以“彻底改造和整顿各级人民司法机关”，重塑审判工作模式，为新中国司法制度提供“人民属性”，并尝试建设“政治维度”“人民维度”“法律维度”和谐共生的新型司法制度。[③]

1952年9月，遵照中央关于开展司法改革运动的指示，武汉市人民政府第九次会议通过开展司法改革运动的方案。10月3日成立司法改革委员会，下设司法改革办公室，各区成立区司法改革办公室，从中南、武汉各机关及武汉大学政法系抽调干部、学生229人参加司法改革工作。司法改革运

---

① 参见中共中央文献研究室编：《建国以来重要文献选编》第三册，中央文献出版社1992年版，第317页。

② 参见武汉市档案馆：《武汉解放》，武汉出版社1996年版，第92页。

③ 参见《必须彻底改革司法工作》，《人民日报》1952年8月17日。

动贯彻思想改造与组织整顿相结合的方针，由内到外发动群众，开展检查，批判旧法观点和旧法作风，解决人民法院组织不纯、思想不纯和作风不纯的问题，使人民司法制度逐步建立和健全。对检查发现的问题，按照“检查从严，处理从宽；审判工作人员从严，一般工作人员从宽；抗拒从严，坦白从宽；惩办少数，教育多数；惩办与教育相结合，严肃与宽大相结合”的原则处理，对旧司法人员一般都作为人民内部矛盾问题解决。

司法改革运动第一步为宣传动员，内外合力发动群众，揭发检举，结合进行查案、查狱，在市、区共设立 8 个接待室、20 个检举箱，负责接待处理有关司法改革揭发检举告发等材料。[①] 除广泛召开各种代表性会议，进行深入动员外，还印发公告 3000 份，张贴于市、郊各地，号召人民群众揭发检举。在进行查案的同时，市司法改革委员会还成立狱政检查组，分赴市法院看守所、武昌区法院看守所和蔡甸劳改队、琴断口劳改队进行查狱。市人民法院内部司法改革运动亦于 10 月 3 日进行动员，6 日成立市法院司法改革委员会，11 日转向学习与查案相结合，20 日发出《武汉市人民法院公告》，登报 3 天，欢迎全市各界人民大胆检举揭发和控告本市各级人民法院工作人员的违法乱纪行为。

司法改革运动第二步为领导带头，层层检查，开展思想批判，同时携卷下街，通过群众查案办案，进行改判处理。1952 年 10 月 29 日，《长江日报》发表社论《认真地发动群众，把司法改革运动深入地开展起来》，在全市宣传普及司法改革工作的重要意义。[②] 11 月 8 日，市政府发出取缔黑律师、讼棍的布告。运动中召开重点改判大会，结合内部工作检查和自我批评，向群众进行阶级教育和法纪教育。11 月 11 日，在汉口中山公园体育场召开各机关团体居民及法院全体人员大会。公开改判过去以旧法观点错误判处的案件。11 月 20 日，武汉市人民检察署发出《武汉市人民检察署关于对市人民法院违法判决案件提起抗诉的公告》，列出完全错判冤狱案 2 件，重罪轻判案 5 件，放纵反革命案 1 件，提请市人民法院改判。同日，武汉市司法改革委员会举行全市改判大会。将 8 案分别予以改判，并发出《武汉市

---

① 参见中共武汉市委党史研究室：《中国共产党武汉历史（1949—1978）》，中共党史出版社 2009 年版，第 120 页。

② 参见《认真地发动群众，把司法改革运动深入地开展起来》，《长江日报》1952 年 10 月 29 日。

司法改革委员会为贯彻司法改革进行改判大会公告书》，号召全市人民行动起来，彻底肃清旧法观点、旧法作风，巩固人民民主专政。参加改判大会的有13000余人，当场收到检举材料144份。会后开展查案查狱，共查案19607件，占市、区法院司法改革前全部刑民案件结案数的52.54%，其中发现有问题的2196件。对必须改判的坚决改判，可改可不改的原则上不改，属于思想作风问题的提供给承办人检讨，依靠群众处理。共改判143件，其中冤狱5件，完全错判30件，轻罪重判46件，重罪轻判40件，漠视妇女及子女利益12件。在改判过程中，收到人民群众检举材料1138件。对典型错判案件，由法院负责人公开检讨道歉，挽回政治影响。[①]

司法改革运动第三步为整顿组织，调整机构，建立人民司法工作制度。从12月10日开始，对个别利用职权为非作歹的坏分子依法惩治；对恶习甚深不堪改造的旧司法人员予以清除；对旧司法人员原则上调离审判工作岗位，旧法警原则上全部撤换。解放前虽做过或学过司法工作，但参加过爱国民主运动的人，不以旧司法人员看待。经过整顿组织，调离、清除、法办的旧法院人员共62人，调进新干部、工农干部65人，取缔黑律师218名。[②]

1953年2月2日，市司法改革委员会在人民广场（今汉口解放大道696号）召开司法改革总结改判处理大会，宣布司法改革运动结束。[③]

## 第四节　土地改革与城市社会改造

新中国成立初期是我国社会的一个重要转型时期。中共武汉市委、市人民政府认真贯彻《中华人民共和国土地改革法》，领导郊区农民开展土地改革运动，废除了几千年的封建土地所有制，解放了农村生产力。在进行土地改革的同时，由于旧中国的武汉不仅遗留下了诸如烟毒、娼妓、游民乞丐等城市顽疾，而且还将失业、通货膨胀、劳资冲突等社会问题传给了新社会，

① 参见中共武汉市委党史研究室：《中国共产党武汉历史（1949—1978）》，中共党史出版社2009年版，第121页。

② 参见中共武汉市委党史研究室：《中国共产党武汉历史（1949—1978）》，中共党史出版社2009年版，第121页。

③ 参见中共武汉市委党史研究室：《中国共产党武汉历史（1949—1978）》，中共党史出版社2009年版，第121页。

在城市接管和城市管理中又出现贪污、浪费现象和官僚主义的严重问题，市委、市政府领导人民群众开展了城市民主改革等一系列工作，尽可能妥善解决这些突出的城市社会问题，巩固新生政权。

## 一、开展土地改革运动

土地改革在新中国成立初期，同抗美援朝、镇压反革命并称为三大运动。

1950 年 6 月 30 日，中央人民政府委员会通过和颁布了《中华人民共和国土地改革法》。《土地改革法》第一条总则就是："废除地主阶级封建剥削的土地所有制，实行农民的土地所有制，借以解放农村生产力，发展农业生产，为新中国的工业化开辟道路。"《土地改革法》规定了土地改革的总方针，即依靠贫雇农，团结中农，有步骤有分别地消灭封建剥削制度，发展生产。根据全国解放后的新情况，《土地改革法》还将过去征收富农多余土地财产的政策，改变为保护富农经济的政策。《土地改革法》第六条明确规定，保护富农所有自耕和雇人耕种的土地及其他财产，不得侵犯。富农所出租的小量土地，亦予保留不动；只在某些特殊地区，经省以上人民政府的批准，才能征收其出租土地的一部或全部。为保证土地改革的顺利进行，中央人民政府政务院于 7 月至 11 月先后公布了《农民协会组织通则》《人民法庭组织通则》和《城市郊区土地改革条例》，把农民协会和人民法庭作为改革土地制度的合法执行机关和司法机构，并对城市郊区土地处理办法作出明确规定。

1951 年 3 月 5 日，武汉市成立了郊区土地改革委员会。9 日，市郊土改委员会召开首次会议，确定稳步进行土改的方针，郊区分批进行土改试点。1951 年底以前，整个市郊土地改革处于试点摸索阶段，先在惠济区塔子乡和岱山区兴隆乡试点，接着在每个区选择一个乡共 7 个乡继续试点，随后在 13 个乡开展土改。到 1952 年，市郊土改工作全面铺开。[①]

解放初的武汉市，辖武泰、洪山、挹江、岱山、长丰、惠济、福城 7 个郊区，拥有 3.5 万多农户，15 万多人口，可耕地 17.1 万亩。土改前夕，市郊不到总户数 4%的地主，占有市郊土地 28%。而且，市郊地主 90%左右是

① 参见武汉地方志编纂委员会：《武汉市志·农业志》（1840—1985），武汉大学出版社 1998 年版，第 55 页。

地主兼工商业者，其土地由“二地主”经营。既要消灭封建土地所有制，又要保护民族工商业，市郊土改显然具有特殊性。①

为了夺取土改斗争的胜利，市委、市政府采取了一系列措施。1950 年 7 月 1 日，市委号召全市人民为彻底实现《土地改革法》而斗争。1951 年 1 月，市委作出《关于郊区土改问题的指示》，全面部署土地改革工作。同年 2 月，成立了城乡联络委员会，负责处理城乡、工农关系。3 月，市政府又成立了武汉市郊区土地改革委员会。在此期间，市、区还成立了审判委员会和人民法庭，负责审判各种罪犯。此外，市委、市政府还从各条战线、各个部门抽调 2000 多名干部，于 1951 年 3 月组成土改工作队，分赴市郊参加土改。②

武汉市郊的土改工作大致经历了四个阶段。

第一阶段：发动群众。这一阶段，主要采取访贫问苦、扎根串连的办法，开展轰轰烈烈的清匪反霸斗争，一方面鼓舞城乡人民的斗志，另一方面也强烈地震慑了阶级敌人。与此同时，市郊乡村普遍建立了贫雇农组织，阶级队伍初步形成。

第二阶段：划分阶级。土改工作队全面发动群众，贯彻落实《土地改革法》关于依靠贫雇农，团结中农，中立富农，消灭封建制度的总路线和总政策，在分清阶级阵线的基础上完成了划分阶级的工作。

第三阶段：没收地主的生产资料、多余的生活资料和分配土地。这一阶段，土地等生产资料回到农民手中，彻底摧毁了封建剥削制度。同时，按照“填坑补缺，满足贫雇”，适当照顾贫苦工人、渔民、中农及其他劳动人民的精神，合理分配生产生活物资，从而保护和发展了农村生产力。据统计，整个市郊共没收土地 10. 64 万亩，远郊人均分得田地 2. 5—3 亩，近郊人均分得菜地 0. 4—1 亩。1952 年 6 月，市郊农村普遍颁发了土地证。

第四阶段：复查总结。土地改革是一场推翻两千余年封建统治的伟大革命。在这场斗争中，由于从事这项具体工作的同志多数经验不足，加上时间也比较紧，因此不可避免地出现了一些问题。为了巩固已取得的成绩，克服

① 参见武汉地方志编纂委员会：《武汉市志 · 农业志》（1840—1985），武汉大学出版社 1998 年版，第 56 页。

② 参见武汉地方志编纂委员会：《武汉市志 · 农业志》（1840—1985），武汉大学出版社 1998 年版，第 57 页。

工作中的缺点，从1952年8月起进行了土改复查，纠正了一些错划的阶级成分，年底复查全面完成。历时一年零九个月的土地改革运动在武汉市郊胜利结束。

**二、开展民主改革运动**

同土地改革和镇压反革命相配合，党和政府还放手发动群众，在工厂、交通、建筑、搬运等行业中开展了以反封建把头压迫剥削为主要内容的民主改革运动。

武汉全市规模的工厂、行业反对封建残余势力的民主改革运动是在大张旗鼓地镇压反革命的基础上开展起来的。中共中央中南局1951年5月召开的城市工作与工矿工作会议，集中讨论了在工厂、矿山、交通企业及城市各行业与街道的民主改革问题。同年6月23日，市委书记张平化在市二届一次各界人民代表大会上作了《为贯彻民主改革而斗争》的报告。大会通过了相应决议，成立了武汉市民主改革委员会。①

7月，民主改革运动先在较大型的42个工厂展开。随后，一些中小工厂，以及与市政建设、城乡关系密切的几个行业（除搬运在1949年8月已进行过反封建残余势力的斗争，1950年3月结束外），建筑、驳划、粪便（肥料）业，也相继展开。

根据中南局指示精神，结合武汉市的情况，中共武汉市委专门出台民主改革的政策：反封建，不反资本；反封建，不反技术；反封建首要，不反一般。斗争对象，仅限于特务恶霸、封建把头、流氓打手、帮派会道门的某些反动首领，及其他有血债或严重劣迹的反革命分子和封建残余分子，超经济剥削的封建把头、不劳而获的头佬及靠会道门敲诈敛财为职业的封建首领。对于一般小手工业、小作坊中的师徒矛盾，特别是对职工群众中被迫参加封建性小团体，结兄弟，拜姐妹的，坚持进行正面教育，促其自我提高认识。②

根据市委规定的政策，应打击者只是极少数。由此决定运动的工作路线是：坚决依靠工人群众，团结改造技师、职员，争取一切同情与赞助这个改

① 参见武汉地方志编纂委员会：《武汉市志·政权政协志》（1840—1985），武汉大学出版社1998年版，第55页。

② 参见武汉地方志编纂委员会：《武汉市志·政权政协志》（1840—1985），武汉大学出版社1998年版，第56—57页。

革运动的力量，组成一个有强大群众基础的统一战线，有步骤、有区别地清除残余封建反动势力。

遵照上述一系列方针政策，武汉市总工会按照市委的统一部署，积极领导各级工会组织，放手发动工人群众，开展了民主改革运动。

全市工厂行业的民主改革运动，一般分反封建的民主斗争、组织劳保登记、实行民主团结、进行民主建设四个阶段进行。

一是民主斗争。要解决的主要问题是广大人民群众与反动封建残余势力的矛盾。一般是根据民愤大小、罪恶大小、是否参加劳动三条原则，确定斗争对象性质，区别对待。

二是劳保登记。1951 年 2 月政务院公布了《中华人民共和国劳动保险条例》（以下简称《劳保条例》），这是工人阶级政治经济生活中的一件大事，它关系到广大职工群众的切身利益，具有鲜明的政治性。《劳保条例》明确规定：（一）被剥夺了政治权利者不能享受；（二）一些待遇的多少，与职工工龄的长短成正比。通过登记，分清了职工与非职工的界线，将混在职工队伍中的封建残余势力划了出去。这就为下一步的“民主团结”工作奠定了政治基础。

三是民主团结。这是民主改革中的一个职工群众自我教育、自我改造的过程，是整个运动的思想建设阶段。主要是运用批评与自我批评的武器，消除、减轻工人阶级内部因反动封建残余势力或官僚主义影响所造成的历史成见与隔阂，促进新老工人之间，普工与技工之间，工人与技职人员之间，工人群众与领导之间的团结，巩固民主斗争、劳保登记的成果。

四是民主建设。这是整个运动的结束阶段。它的基本要求是：发动职工群众总结民主改革以来的收获，在提高认识的基础上，进行组织建设、制度建设、整顿改选工会和其他有关组织，建立一套新型的、依靠工人阶级的管理体系。武汉市工厂行业的民主改革运动，摧垮了反动封建残余势力，分清了阶级阵线，提高了广大职工群众的政治觉悟，密切了党与工人阶级的联系，解放了生产力。总的来说，达到了预期目的，收到了较好效果。

武汉解放初期，市人民政府派出工作组，接管国民党各区区公所，成立新的区公所，维持各所段的治安秩序。1949 年 6 月，市政府明令废除保甲制度和停止使用旧保甲人员。1950 年 7 月，各城区成立区委、区人民政府，但街道基层政权机构一时还来不及组建，由市公安局在街道建立的公安分驻所设民政干事，以及依靠街道居民中的积极分子开展工作。[①]

街道事务繁重，一两个民政干事忙得团团转，难以开展工作，街道积极分子负担也过重，顾此失彼，党和人民政府的各项方针政策难以贯彻下去，居民群众思想比较混乱。在开展镇压反革命运动的过程中，虽然镇压了一批罪恶昭彰的反革命分子，但是街道中反革命势力和封建残余势力的社会基础并没有彻底摧毁。广大街道居民群众要求人民政府彻底干净地镇压反革命，尽快派人来街道领导居民进行民主改革。

1951 年 6 月，武汉市第二届各界人民代表会议第一次会议作出了《为贯彻民主改革而斗争》的决议。与此同时，武汉市民主建政委员会发布《关于街道民主改革和民主建政工作计划》，于是街道民主改革很快在各城区拉开了序幕。

一是大张旗鼓宣传党的方针政策，充分发动群众。各区派出工作队进入街道开展工作，分头摸底寻找街道积极分子，向他们讲明城市民主改革是城市人民对反革命及封建残余势力的一场激烈的阶级斗争，培养了一批积极靠拢党组织、政治热情较高的积极分子。工作队按照规定的条件，发展了一批民主改革组员，建立民改组，成为对敌斗争的一支骨干力量，继而再将民改组中的先进分子组成民主改革委员会，作为运动的领导机构，为民主改革和民主建政打下基础。

街道民主改革委员会建立起来后，工作队随即以公安驻所管段为单位，召开群众性的民改动员大会，讲清民改的必要性和重要性。经过这一系列的深入发动工作，广大居民在思想上对民改有了较明确的认识，对敌斗争的情绪十分高涨。

二是积极展开民主斗争。工作队大力协助公安司法机关，把反革命分子的罪恶材料整理好，呈报司法部门，各城区街道召开公审公判大会，广大居民群众愤怒揭发控诉罪大恶极的特务、恶霸、汉奸、反革命分子的罪行。通过民主斗争，该杀的杀了，当判的判了，该管的管制起来，扫清了民主改革和民主建政的障碍，广大居民扬眉吐气。

三是加强民主团结。经过民主斗争斗倒了阶级敌人，敌我矛盾解决后，

① 参见武汉地方志编纂委员会：《武汉市志·政权政协志》（1840—1985），武汉大学出版社 1998 年版，第 59 页。

如何解决好人民内部矛盾成为当时的重要问题。通过座谈、交心谈心等工作方式，争取相互谅解与团结。这是一个细致的反复的思想教育过程。民主团结进一步加强了人民政府与人民群众的联系，改善了警察与群众、政府工作人员与群众、积极分子与群众的关系，使干部和警察逐步树立密切联系群众的工作作风，干群关系发生深刻变化，上下团结一致，为街道民主建政创造了良好条件。

1952 年 11 月，中共武汉市委发出《全市街道民主改革进行情况和今后工作的安排》。这个《安排》传达了中共中央中南局关于街道民主建政工作指示的精神，指出“街道以贯彻民主建政，改进居民工作为动员群众的口号”，“强调建政是贯彻运动始终的中心目的，其他一切工作都是为民主建政服务”。各城区成立民主建政委员会，由建政委员会组织工作队员和街、所负责人以及积极分子认真学习市委的《安排》，在提高对民主建政重要意义认识的基础上，发动群众，共同努力搞好街道政权建设。①

为更好地开展工作，各街成立民主建政筹备委员会，由建政工作队、街、所负责人和积极分子以及民主人士组成，街长为主任委员，派出所所长为副主任委员，另一名副主委由群众代表担任，筹备委员会下设若干工作组。街道临时机构建立后，便着手按管段的居民居住情况建立居民组（每组 20 户至 30 户或 30 户至 50 户），再按居民小组酝酿选举街人民代表 1 人。② 选举前，筹委会指定派出所及工作组成员进行审查公民和清查户口，落实享有法定的选举与被选举权利的人数。凡有公民权的张红榜，凡被剥夺公民权的张黄榜。

居民群众非常关注选举街人民代表和建立街人民政府委员会。全市各条街道在物色人民代表候选人的过程中，严格遵循社会主义民主的原则，充分相信群众，让每个公民行使自己的权利。各街选举代表时，群众像办喜事一样，披红戴花，高高兴兴，他们以投票或丢豆子等表决方式选举自己信得过的人当代表。在选举产生的人民代表中，既有汉族也有少数民族代表，妇女代表也占一定的比例。

---

① 参见武汉地方志编纂委员会：《武汉市志·政权政协志》（1840—1985），武汉大学出版社 1998 年版，第 60—61 页。

② 参见武汉地方志编纂委员会：《武汉市志·政权政协志》（1840—1985），武汉大学出版社 1998 年版，第 61 页。

民主建政历时5个月的时间，全市各街相继成立了街人民政府。在各街成立政府这一天，广大居民穿上节日的盛装，街道里欢声笑语，喜气洋洋，街政府张灯结彩，锣鼓喧天，欢庆街政府成立。各街政府按照辖区地域，成立妇女联合会和共产主义青年团支部，建立治安、调解、优抚、文教、卫生五个委员会，从而统一了基层居民组织，改变了过去组织名目多、领导头绪多，积极分子兼职多的状况，更加密切了区政府和街道居民群众的联系，更有利于党的方针政策和各项任务的贯彻，人民民主专政得到进一步巩固。1952年底，全市街道民主改革民主建政胜利完成任务。①

1954年，根据《中华人民共和国宪法》和《城市街道办事处组织条例》规定，街人民政府改为街道办事处，作为区人民政府的派出机关，街道不再设人民代表会议，街道组织建设臻于完善。1954年12月31日，第一届全国人民代表大会常务委员会第四次会议通过的《城市居民委员会组织条例》规定：城市居民委员会是群众自治性的居民组织。它的任务是：办理有关居民的公共福利事项；向当地人民政府或者它的派出机关反映居民的意见和要求；动员居民响应政府号召并遵守法律；领导群众性的治安保卫工作，调解居民间的纠纷等。居民委员会由居民选举产生，每届任期一年。居民应当遵守居民委员会关于公共利益的决议和公约。居民委员会进行工作的时候，应当根据民主集中制和群众自愿的原则充分发扬民主，不得强迫命令。

### 三、依法管理码头

新中国成立前，两江交汇的武汉其实也是一座码头城市。沿岸码头林立，有大量的码头工人在此讨生活。码头的地盘和组织，一直为封建把头所操纵。他们使用各种名义对工人进行剥削，无论哪个码头的头佬都把码头作为自己的领地。后来，军阀、官僚、特务看到码头业务量大，收入多，也插手码头，与封建头佬狼狈为奸，形成一股封建与官僚相结合的势力。

1949年5月底，武汉市军事管制委员会派出工作组，接管了旧码头管理所，成立了码头工作组中共党支部。武汉市职工总会筹备委员会接管了旧码头职业工会，成立了工会工作组中共党支部。他们从调查入手，对各码头

① 参见武汉地方志编纂委员会：《武汉市志·政权政协志》（1840—1985），武汉大学出版社1998年版，第56页。

的情况进行了摸底，工作队员深入基层，广泛地与码头工人交朋友，做码头改革的发动工作。1950 年 1 月，码头工会成立，广大工人踊跃参加工会，在工会的教育帮助下，会员们积极投身码头民主改革运动。

1949 年 9 月 5 日，武汉市第一届各界人民代表会议召开。与会代表热烈讨论了报告，一致认为，封建势力统治着武汉码头，形成阻碍交通的壁垒，影响城乡工商业发展，应迅速改变这种局面。会议同意设立码头问题研究委员会。9 月 22 日，直属市人民政府领导的武汉市码头管理处正式成立，下设 4 个职能科室，主管秘书、评议、人事、财务工作。为了加强对全市码头管理，按片设 4 个管理所。市人民政府对码头管理处职责作出明确规定：一是保障工人正当权益；二是清除对码头工人的封建剥削与对商旅的敲诈勒索行为，建立正当运输制度，便利商旅运输；三是建立革命秩序，整顿纪律，巩固社会治安；四是协同人民法院与公安局，对反动分子和恶霸实行镇压；五是协同工会对工人进行教育，特别是政府法律法令的教育。新的机构建立起来，从此开始了新的码头管理工作。①

为更好地支持码头管理处顺利地开展工作，武汉市人民政府于 1949 年 11 月 15 日颁发第一号布告，作出专门规定。其一，不许坐地分肥。码头工人的工作权，以本人从事码头劳动为必要的条件，凡本人不是劳动者而坐地分干股，不劳而获，剥削工人，侵害工人利益，一律取缔，并予以严厉惩处。其二，不许敲诈勒索。如有额外需索，借端敲诈，破坏工人信誉，妨害商旅运输行为的人，准由受损失人报告公安机关或码头管理处依法惩治。其三，不许打架行凶。这三条规定，整饬了武汉码头秩序，消除了过去遗留下来坐地分肥、敲诈客商、打架斗殴等封建陋习。

12 月 15 日，市人民政府又颁发第二号布告，公布《武汉市码头管理处暂行办法》（以下简称《暂行办法》）。《暂行办法》是针对武汉码头封建势力与官僚结合长期奴役工人的特点制定的。第一条首先宣布“废除封建特权和剥削压迫工人之陋习”，并在第三条中提出“整理码头的基本原则，是依靠码头工人的团结和自觉，废除封建特权及对工人剥削压迫之陋习，镇压违法破坏分子，保护工人正当权益”。其次，指出由码头封建势力与官僚

① 参见武汉地方志编纂委员会：《武汉市志·交通邮电志》（1840—1985），武汉大学出版社 1998 年版，第 39 页。

结合的反动统治，使工人阶级内部形成许多隔阂及地域的隔阂，这是反动统治者分化工人团结以便进行奴役工人的阴谋，要求工人必须清楚地认识这一点。《暂行办法》实施后，对发展武汉码头运输事业，繁荣武汉经济起到了重要作用。[①]

1949 年 12 月底，武汉市陆地运输公司筹备处成立，将 77 个陆地码头合并为 16 个运输站，到 1950 年 1 月 15 日，武汉市陆地运输公司正式成立，建立 8 个管理委员会，统一调配劳力，统一了合理的搬运力资标准，保证了劳动者的劳动所得，工人群众生活得到了改善，加速了恢复生产与发展生产的步伐。

1950 年 4 月 6 日，武汉市码头工作委员会正式成立，码头工作委员会下设组织、宣教、行政管理、业务 4 个委员会，一个失业救济处，并将汉口原有 13 个分会改为 7 个市区工作委员会，武昌、汉阳两个管理处改为两个市区工作委员会，具体负责辖区码头改革工作。武汉市码头工作委员会成立后，继续领导码头工人开展反霸斗争。首先召开码头改革干部大会，总结交流前一段管理处领导民主改革运动的斗争经验，紧接着掀起了反霸斗争的新高潮。

1951 年 4 月 4 日，武汉市人民法院在民众乐园中南京剧院，召集全市码头工人代表，举行宣判码头大恶霸杨某山、张某山、胡某山、彭某生、喻某国、范某庆、王某安、傅某奎、李某文、游某卿、项某山 11 人罪行的大会，接受工友们的控诉，到会码头工人 3000 余人。工人群众血泪控诉之后，市人民法院依据《关于废除各地搬运事业中封建把持制度暂行处理办法》及《惩治反革命条例》，宣判恶霸杨某山等 11 人死刑，即时绑赴刑场，验明正身，执行枪决。[②]

自 1949 年 8 月到 1951 年 12 月，在开展码头反霸斗争的两年多时间里，在水、陆码头先后召开大小型反封建把持斗争会 200 多次，参加斗争大会的工人达 2 万余人次，市法院判处恶霸头佬 212 名，处以极刑的 24 人，被清除的头佬、狗腿及不劳而获的 200 多人，彻底地摧毁了码头封建把持制度，码头工人从此砸碎了沉重的封建枷锁，成为新中国的主人。

---

① 参见武汉地方志编纂委员会：《武汉市志 · 政法志》（1840—1985），武汉大学出版社 1998 年版，第 64—65 页。

② 参见武汉地方志编纂委员会：《武汉市志 · 政法志》（1840—1985），武汉大学出版社 1998 年版，第 63 页。

1950年8月20日，武汉市人民政府发布《关于废除码头封建制度建立搬运公司的决定》。1951年3月28日，经市人民政府批准正式成立武汉市搬运公司。搬运公司成立后，统一承揽业务，统一使用码头，统一调配劳力，站与站之间，劳力互相调拨，彻底打破了码头封建割据的局面。

1952年底，武汉码头改革胜利结束，码头搬运事业得以健康发展。

## 四、取缔妓院教育改造妓女

娼妓制度是旧中国坑害妇女、毒害人民、危害社会的罪恶制度。新中国成立不久，党和政府把取缔娼妓制度作为社会改造的重要任务之一，采取封闭妓院、打击龟霸、教育改造娼妓的政策，一举消灭了沿袭两千多年的社会顽疾。

武汉市取缔娼妓的工作，在市委和市政府的领导下，从1951年5月开始到1957年6月结束，前后历时6年，分三个阶段进行。

第一阶段：从1951年5月至1952年9月，主要是限制娼妓活动，为公开取缔娼妓作准备。

为尽快地、妥善地解决妓女问题，1951年2月26日中南公安部召集武汉市公安总局及有关分局，并约请中南民政部、武汉市民政局，召开武汉市妓女问题座谈会。会议提出了“严格限制，待条件成熟后彻底取缔”的方针和五条限制意见。武汉市公安总局认真贯彻执行了上级的精神，采取限制措施，制订了《关于目前对妓女管制问题》和《武汉市乐户妓女管理暂行办法》，妓院、妓女数大为减少，为全市封闭妓院、收容改进妓女创造了条件。[①]

在对娼妓活动限制的同时，1951年9月，武汉市成立娼妓改造筹备委员会，着手筹建新生妇女教养院和组织协调取缔娼妓的工作。武汉市公安局根据中南公安部关于“对妓院老板、妓女情况作详细调查”的指示，组织专门班子对妓院的内幕、妓院老板、台基罪行和妓女人数及分布地区进行了周密的调查，对有血债的、仍操旧业、逼迫妓女卖淫的和民愤大并有政治问题的妓院老板以及拐骗妇女卖淫的人逐一整理材料，准备逮捕法办。对经过限制教育后，仍在继续卖淫的妓女、暗娼，摸清情况准备予以收容教育改

---

① 参见武汉地方志编纂委员会：《武汉市志·政法志》（1840—1985），武汉大学出版社1998年版，第72页。

造。至1952年9月以前，取缔娼妓的工作基本准备就绪。

第二阶段：从1952年9月起至1954年4月止，主要是取缔娼妓制度，封闭妓院，教育改造妓女。1952年8月8日，中南军政委员会民政部发出在年内取缔娼妓、改造妓女的通知。9月1日，中共武汉市委召开常委会议，专门研究了取缔娼妓的问题，作出了立即废除娼妓制度、封闭全市妓院的决定。

9月10日，市政府下达了封闭全市妓院的命令。行动前，各区公安分局根据市公安局的要求，分别召开了有关科室和派出所负责人会议，就搜捕、收容工作进行了动员和部署，宣布了纪律，不准徇私枉法，不准打人骂人，不准歧视妓女，对妓院的财产登记就地查封，不准私自动用等。

9月11日凌晨3时，全市统一行动，出动公安人员1013名，封闭全市妓院，查封妓院财产，逮捕罪行重大的乐户老板52人，收容妓女297人。社会各界纷纷发表谈话拥护政府的决定，赞扬政府的这一行动是“贤明措施”，是本市妇女解放中的一件大事，也是本市社会改革中的一件大事。

封闭妓院之后，武汉市对收容的妓女进行教育改造。具体做法是：

安定情绪，坚持思想教育，提高政治觉悟。被收容妓女绝大多数是穷苦人家的女儿，少数是新中国成立后沦为娼妓的逃亡地主、反革命的家属。因此对学员的思想教育方面，以阶级斗争教育为主，不断提高她们的政治觉悟，在其思想上彻底摧垮封建娼妓制度，重建自尊、自爱、自重、自信，讲究廉耻的观念，自觉自愿走新生的道路。通过多种方式的艰苦细致的思想教育，学员们提高了政治觉悟，精神面貌发生了很大的变化，纷纷起来揭发控诉乐户老板的罪行。过去任人欺凌的烟花女，现在成了主人翁。学员们说：“旧社会把人变成鬼，新社会把鬼变成人。”①

治疗性病。在收容的约297名学员中，患性病者283人，占学员总数的95%，其中有的兼患肾炎、肺病、心脏病、严重贫血等病。学员不仅性病严重，而且心病更重。她们从未尝过人间的温暖，从不相信世界上有好人。为尽快给学员治病，市卫生局从各大医院抽调12名医务人员，组成教养院医

① 武汉地方志编纂委员会：《武汉市志·政法志》（1840—1985），武汉大学出版社1998年版，第73页。

务室，采用当时最好的药物青霉素，精心给学员治病。经过一年半的精心治疗，治愈率为 77.8%，余下的病情也有明显好转。[①]

参加劳动，学习文化。1953 年 4 月，教养院成立生产加工组，有洗烫、缝纫、制鞋、刺绣等，让学员轮流学习生产技能，将她们改造成为新人。同时承接加工，其收入按学员劳动的贡献发给津贴，当学员们第一次拿到自己劳动所得时，都无比激动。

妥善安排学员的出路。有 20 余人被分配到市立各医院工作，分别当上了护士、电话员、卫生员。有的和工人、农民结了婚，还有不少人当了工人和参加街道工作。在新的工作岗位上，有的积极分子还入了党。

1954 年 4 月，武汉市新生妇女教养院由市民政局交市救济分会领导。6 月，教育改造妓女的任务胜利完成。历时一年零八个月。

在对卖淫妇女收容教育的同时，市人民法院对逮捕的乐户、龟霸等抓紧结案处理。抽调了 11 名干部成立了妓女改造专案组，对搜捕的 66 名对象进行调查审理，依法进行了判决，其中判处死刑 1 人；无期徒刑 1 人；5 至 10 年徒刑的 16 人；1 至 4 年徒刑 37 人；交群众管制 6 人；教育释放 4 人。这期间，还先后开了四次公审公判大会，以伸张法制、教育广大市民。

第三阶段：从 1954 年 6 月起至 1957 年 6 月止，主要是打击暗娼卖淫活动。取缔公开娼妓后，社会上娼妓活动曾平静一时。随着取缔高潮过去，暗娼活动逐步抬头。

1954 年初，根据市政府关于“彻底解决暗娼问题，作好妥善安置”的指示，市公安局突击搜捕了容留引诱妇女卖淫的头子和有罪恶活动的原妓院老板 50 余人。1955 年 7 月，市公安局、市民政局先后两次配合行动，共收容一贯以卖淫为生的暗娼 154 名，送市救济分会第四教养所教育改造。对拒不接受改造，作风特别恶劣的，报政法部门逮捕了 4 人。这次收容教育改造暗娼的工作于 1957 年 6 月结束。

武汉市取缔娼妓的工作卓有成效，把一大批倍受蹂躏而危害社会的娼妓改造成为社会新人，在国内和国际都产生了良好影响。武汉市取缔娼妓工作，曾得到中央内务部、中南军政委员会的肯定。

---

① 参见武汉地方志编纂委员会：《武汉市志・政法志》（1840—1985），武汉大学出版社 1998 年版，第 73 页。

## 五、宣传贯彻《婚姻法》

1950年5月1日，中央人民政府颁布了《中华人民共和国婚姻法》，这是新中国颁布的第一部单行法规，标志着新中国开始了婚姻制度的改革。

1950年10月11日，湖北省人民政府发出《关于切实执行婚姻法的指示》，在中共武汉市委和市人民政府的领导下，武汉市拉开了宣传贯彻婚姻法运动的序幕。1952年11月26日和1953年2月1日，中共中央、政务院分别发出“在全国范围内（少数民族地区和尚未完成土地改革的地区除外）开展一个大规模的宣传婚姻法和检查婚姻法执行情况的群众运动”的指示后，武汉市宣传贯彻婚姻法运动进入高潮。1953年1月中旬，由市法院、市妇联、市民政局等有关单位联合成立了贯彻婚姻法委员会。各区、县设相应的分会。3月全市城乡开展了一次大规模的宣传活动，为武汉市长期贯彻婚姻法打下了良好的基础。

贯彻婚姻法的群众运动是一个长期的、艰苦的反封建残余思想的斗争，也是一场重大的社会改革运动。1953年2月16日，中共武汉市委宣传部发出《关于干部学习婚姻法的通知》。各区委宣传部，基层党支部都举办了婚姻法学习班，轮流培训干部。2月24日，市委宣传部发出给全市宣传员的公开信，要求宣传员在所属党支部的领导下，积极正确地做好婚姻法的宣传解释工作，把周围的积极分子团结起来，把一切可以运用的宣传工具（如墙报、黑板报、漫画、广播等）都运用起来。①

同年9月，武汉市民政局草拟了《武汉市婚姻登记办法》。各区人民政府民政科建立了婚姻登记办公室。凡结婚、离婚者必须到民政科登记，符合婚姻法者，准予登记发证。卫生局指定有关医院对结婚者事先进行体格检查。市、区法院负责有关婚姻纠纷案件的审理。市、区妇联定期去民政科了解婚姻登记情况，建立群众来信来访机构，接待有关妇女、儿童婚姻、家庭纠纷及虐待等案件，配合政府和法院调解与审理，妇联还派出一名陪审员参加有关婚姻案件的审理工作，以维护妇女的合法权益。各基层工会都配备一名女工委员负责做好恋爱婚姻方面的工作。

1953年3月全国婚姻宣传月后，武汉市表彰1000户模范家庭。从这一

---

① 参见武汉地方志编纂委员会：《武汉市志·政法志》（1840—1985），武汉大学出版社1998年版，第88页。

年开始，每年“三八”妇女节前后，武汉市都要表彰一批模范夫妻、模范家庭。正面积极的宣传，使“废除旧的封建婚姻制度、建立新的幸福的家庭”变为群众自觉自愿贯彻新婚姻法的实际行动。

从1950年《婚姻法》颁布后，经过几年的宣传和贯彻执行，成效十分显著。一是提高了群众对婚姻法的认识，增强了守法的自觉性。几年来的宣传教育，使广大干部群众比较系统地学习了婚姻法，划清了新旧婚姻制度的界限，看到新婚姻制度的优越性，从而自觉地拥护和执行婚姻法。二是改善了人际关系，促进了家庭和睦。老年人主动动员姑娘、媳妇去学习婚姻法，支持她们婚姻自主。婆婆放下封建架子与媳妇和睦相处，丈夫克服夫权思想，夫妻平等相待，互相体贴，许多濒于破裂的家庭得以挽救。三是处理和惩办了干涉婚姻自由、虐待妇女的罪犯，促进了社会的安定团结与进步。

## 六、开展“三反”“五反”运动

新中国成立初期，党和政府按照《中国人民政治协商会议共同纲领》保护私营工商业的合法经营和适当发展。但是，资本家中的不法分子不满足于用正常方式获得一般利润，采取向国家干部行贿等非法手段获取高额利润。面对这种情况的严重发展，党中央决定在全国范围内的党政机关工作人员（包括国营、公私合营企业公务人员）中开展一场反对贪污、反对浪费、反对官僚主义（主要是反对贪污）的“三反”运动，在私营工商业者中开展一场反对行贿、反对偷税漏税、反对盗骗国家财产、反对偷工减料、反对盗窃国家经济情报的“五反”运动。

### （一）“三反”运动

“三反”运动始于1951年12月，1952年基本结束。这次运动，沉重地打击了资产阶级的猖狂进攻，清查了贪污、盗窃分子，官僚主义受到了严厉批评，贪污和浪费行为被基本遏止，加速了国民经济恢复的步伐。

武汉市“三反”运动首先在党政机关进行，随即在人民团体、国营、公私合营工厂企业全面铺开。“三反”运动经历了“民主检查，发动群众；组织队伍，全力围剿；实事求是，定案追赃”三个阶段。

#### 1. 民主检查，发动群众

1952年1月4日，中共中央发出《关于立即限期发动群众开展“三反”斗争的指示》，要求党政军各级党委必须立即抓紧“三反”斗争，限期展开斗争。武汉市委根据大多数干部已开展群众性坦白检举的情况，一方面指出存在避重就轻等问题；另一方面为了避免扩大打击面，引起部分干部不必要的顾虑，强调对贪污与浪费应划清界限，对个人享受与集体生活、个人非法取得与组织决定或批准应加以区别，同时要求限时结束坦白检举阶段。

2. 组织队伍，全力围剿

在组织力量围歼大贪污犯的斗争中，反贪污联合检查委员会组织了一支打“虎”队。通过组织围剿大贪污犯，对企图顽抗的重犯起到了强烈的震慑作用。“三反”运动由此向纵深发展。但在打“虎”高潮中，也产生了一些错误的思想和做法。主要是过高地估计敌情，对各单位反贪污下指标、定任务，规定几天之内要打几只“老虎”等。这样，就不可避免地发生了强拉凑数，把好人打成贪污分子的现象，不少单位甚至出现了逼供、诱供、假供的情况。

2 月 9 日，毛泽东在转发东北《关于打虎计划报告》的批语中指出：“个别单位‘已出现用逼供信的方法打虎，结果打出的不是真虎而是假虎，冤枉了好人（已纠正）。各地如出现此种情况请予迅速纠正’。”① 据此，市委于 3 月 1 日发出《若干具体政策问题暂行规定的通知》，规定：贪污盗窃之追究，应自解放时算起；对职工的小贪、小盗应采取“正面教育，订立制度，既往不咎，杜绝今后”的方针进行处理；对贪污数目在 1000 万元以下的中、小贪污分子的处理方法是号召坦白，严肃教育，争取立功，处理从宽，并可参与打“老虎”；必须严禁肉刑、变相肉刑、逼供信这类违反政策的办法。

3. 实事求是，定案追赃

自 1952 年 3 月开始，全国大部分地区的“三反”运动进入审理、定案、处理阶段。为了慎重而严肃地处理揭发出来的“三害”问题，特别是准确而及时地处理贪污分子，重点打击大贪污犯，政务院于 3 月 11 日公布《关于处理贪污、浪费及克服官僚主义错误的若干规定》，指出对于在“三反”运动中所揭发的贪污分子的处理，必须采取改造与惩治相结合的方针；对浪费及官僚主义问题的处理，亦应以严肃态度，分别情况，予以适当解决，以教育干部，团结群众。

1952 年 3 月 28 日，《中华人民共和国惩治贪污条例》在中央人民政府政务院第 130 次政务会议上获得通过。该《条例》本着惩办与教育相结合、

① 中共中央文献研究室编：《毛泽东传》第三册，中央文献出版社 2011 年版，第 1176 页。

镇压与宽大相结合的原则，为达到惩前毖后、除恶务尽的目的，对犯有贪污罪者所应受的惩治，做了具体规定。根据中央颁布的一系列法规以及中南局稍后发出的《关于“三反”定案追赃工作的指示》精神，武汉市展开了审理定案工作。4月8日，市委发出《关于贯彻政策，加强追赃定案工作的指示》，强调追赃定案工作，必须充分发动群众，依靠群众，实事求是，调查研究，细致分析，重证据、重材料，贯彻政策，攻心斗智。4月下旬，市委进一步强调：追赃定案，必须实行“三查”（即查情节、查证据、查赃款）、“三对”（即对同案、对家属、对商店）。[①] 对贪污要做到铁证如山，才算定案。无证不可定案，无证也不应取赃，必须按先定赃后追赃、先查赃后取赃、先结案后处理的程序去进行工作。

经过定案追赃这一阶段工作，大量弄虚作假的问题得到基本纠正。

1952年9月至1953年底，市委根据中共中央中南局的有关指示精神，对“三反”运动中受各种刑事处分和行政处分的人员进行复查，对在运动中被打伤、打死、自杀或未死成疾者等遗留问题进行了检查和处理。复查的结果，全市贪污千万元以上的由305人降至147人，降低了52%；因错打或打高而追缴出的假赃款约有15亿元，占所缴赃款的33%，都退还了本人。另外还对一批党内及党外人员依据事实减轻了处分。

“三反”斗争的实质，是为了在执政的情况下保持共产党人和国家干部的廉洁，是反腐败这一长期斗争的胜利的初战。和全国一样，武汉市的“三反”采取了群众运动的方式进行，这是由当时的历史条件决定的。从整个过程来看，党对运动的领导是谨慎的，既注意克服右的偏向，也注意防止并及时纠正“左”的偏向。特别是对运动中间追查贪污犯的打“老虎”阶段所发生的一些过火的偏差，都作了及时纠正。

### （二）“五反”运动

1952年，市委根据中共中央的部署，在领导全市开展“三反”运动的同时，对资本家的种种违法活动进行主动出击，发动了反对行贿、反对偷税漏税、反对盗骗国家财产、反对偷工减料和反对盗窃国家经济情报的“五反”运动。这场大规模的群众性运动，冲击面较大。但由于党和政府注意

① 参见武汉地方志编纂委员会：《武汉市志·政法志》（1840—1985），武汉大学出版社1998年版，第119页。

了斗争策略并速战速决，保证了运动的顺利进行，从而把握住了对资产阶级斗争的主动权。

1952年2月3日，市政府发布《关于开展反对行贿、反对偷税漏税、反对盗窃国家财产、反对偷工减料和反对盗窃国家经济情报的斗争的决定》，严令不法工商业者迅速彻底坦白，规定凡犯有违法行为的工商业者及有贪污行为的人员，在发觉前自动彻底坦白及发觉后立即真诚悔过补充交代并缴出赃款赃物非法所得者，重罪减刑，轻罪免刑；凡抗拒与破坏坦白运动者，加重治罪；凡被群众检举和政府查觉后以已被揭发之材料应付敷衍者，概不得以坦白论。与此同时，成立了市反贪污联合检查委员会。2月29日，市反贪污联合检查委员会及其所属工人、店员检查总队，工商辅导大队召开“反奸商誓师大会”。对不法工商业者，根据其违法轻重、态度好坏，宣布了四种划分处理办法：一是基本守法户，但有小的不法行为者，令其坦白悔过，免退财免补税。二是半守法、半违法户，若自动彻底坦白，补缴税款和退还赃款财物，不予处罚。三是严重违法户，除令其补税退赃外，酌情罚款。若愿痛改前非，免予刑事处理。四是完全违法户，尤其是那些头号大奸商，而又不坦白、对抗运动者，没收其财产；罪大恶极者，交公安司法部门处理。①

武汉市“五反”运动自1952年2月初开始，到6月中旬基本结束。截至6月16日，武汉市4万多工商户中，除运动开展较迟的私营银行、钱庄、行商、航运等少数行业外，其余38135户均已划分定案处理。

在“五反”运动中，市委、市人民政府认真贯彻中央指示精神，始终把组成和扩大“五反”统一战线，作为指导运动的重要策略。在运动发起之后，先以主要精力调查和处理95%以上的没有“五毒”行为和行为较轻的工商户，尽快做出结论取得他们的拥护或中立，以孤立5%左右的严重违法和完全违法户；即使是对于后者也是严格区别情况给以不同处理，只对极少数予以判刑或处决，最大限度地孤立和打击罪大恶极者。

如何处理违法资本家，是决定“五反”运动成败的关键。在补税、退财、追赃、退赃工作中，市委、市人民政府参照北京市人民政府《“五反”

① 参见武汉地方志编纂委员会：《武汉市志·政法志》（1840—1985），武汉大学出版社1998年版，第121页。

运动中关于工商户分类处理的标准和方法》的精神，坚持处理工商户的五条基本原则：过去从宽，今后从严；多数从宽，少数从严；坦白从宽，抗拒从严；工业从宽，商业从严；普通商业从宽，投机商业从严。依据“五反”中结论户的类型统计，在全市工商业户中，守法户占 17.81%；基本守法户占 66.54%；半守法、半违法户占 13.57%；严重违法户占 1.62%，定为完全违法户的仅占 0.46%。[①] 事实上，在划分类型和处理过程中，有不少是降一级或二级处理的。即使在守法户中，亦不乏轻微的违法行为。全市资本家的“五毒”行为，较已确定的比例数字所显示的更为严重。其违法金额，均经过了再三对证，加以核实。凡属于工商业者的陋规和十分轻微地窃骗国家财产的，均没有计入。在处理阶段，本着“斗争从严，处理从宽”的精神，对大多数都采取了从宽发落。总计犯“五毒”行为的约占工商业总户数的 71.49%，而决定退补非法所得的不及总户数的 19%。依据确定的补退金额计算，亦仅及违法总金额的 65%。其中，有些酌情予以分期缴纳或缓缴。至于判处罚款的，占总户数的 3%以下；判处徒刑的，占总户数的 0.25%左右。经过宽大处理的工商业户，多表示感激。许多人表示愿在国营经济和工人阶级领导下，老老实实地经营工商业，保证不再犯“五毒”。[②] 中央指出：“这样结束斗争，我们就能在政治上和经济上完全取得主动，而使经济迅速恢复和发展，使资本家重新靠拢我们，恢复经营积极性，使工人不致失业。”针对“五反”运动高潮中党内露头的否认资产阶级仍有积极一面的思想，党中央强调：“民族资产阶级在共同纲领的基础上，所应有的政治和经济地位，仍然没有改变。”

“五反”运动持续半年结束。它打击了不法资本家的“五毒”行为，在工商业者中普遍开展了一次守法经营的教育，推动了在私营企业中建立工人监督和实行民主改革。“五反”运动结束后，武汉市委即确定把在私营企业开展增产节约运动，实现生产改革，作为 1952 年下半年的中心任务；同时提出，各级党组织必须把领导重心转移到增产节约与生产改革上来，以迎接大规模的经济建设。

---

① 参见《当代武汉》编委会：《当代武汉》，武汉出版社 1989 年版，第 17 页。

② 参见武汉地方志编纂委员会：《武汉市志·政法志》（1840—1985），武汉大学出版社 1998 年版，第 122—123 页。

# >>第二章　向社会主义过渡时期城市法制工作<<

1953 年至 1956 年，是中国社会从新民主主义向社会主义的过渡时期。1954 年 9 月 20 日，第一届全国人民代表大会第一次会议通过并公布了《中华人民共和国宪法》（以下简称“五四宪法”）。它开启了中国社会主义宪法的崭新历史，在根本上巩固了人民民主的社会主义政权的合法性，标志我国的法制建设进入了一个新的阶段。国家加快立法进程，全面构建社会主义法律基础，重新制定了一些有关国家机关和国家制度的法律法令。例如，全国人民代表大会组织法、地方各级人大和地方各级人民委员会组织法、人民法院组织法、人民检察院组织法等。新中国民法典刑法典的草拟工作开始提上议事日程，诉讼立法亦开始启动。适应农业、手工业和资本主义工商业的社会主义改造的需要，制定了农业生产合作社示范章程、高级合作农业社示范章程、公私合营工业企业暂行条例、手工业合作社组织交纳工商业税暂行办法、关于对私营工商业在改造过程中交纳工商业税的暂行规定等法律法规。1956 年，生产资料私有制的社会主义改造取得了决定性的胜利，社会主义制度在中国建立。

在这一时期，武汉市掀起了学习、宣传、普及“五四宪法”的热潮，筹备并召开了首届人民代表大会。武汉市委根据中共中央发出《关于展开斗争肃清暗藏的反革命分子的指示》，开展了肃反斗争。随着工作重心的转移，公安机关的主要工作随之发生调整，司法制度进一步发展，司法行政工作正式起步。

## 第一节　宣传“五四宪法”与市第一次人民代表大会召开

“五四宪法”是中国历史上人民第一次自主制定的宪法，也是新中国第一部宪法，确立了人民当家作主的宪法地位，集中体现了社会主义原则与人民民主原则。根据宪法通过了《中华人民共和国全国人民代表大会组织法》和《中华人民共和国地方各级人民代表大会和地方各级人民委员会组织法》。1953 年春，中央人民政府公布了全国人民代表大会和地方各级人民代表大会选举法，其后又部署全国基层普选。人民代表大会制度得以确立并予以贯彻实施。

## 一、大力宣传“五四宪法”

1949 年 9 月中国人民政治协商会议第一届全体会议制定的《中国人民政治协商会议共同纲领》，是中国人民总结过去革命斗争的经验之后形成的一部人民革命建国纲领。《共同纲领》的“序言”中写到：“中国人民政治协商会议一致同意以新民主主义即人民民主主义为中华人民共和国建国的政治基础，并制定以下的共同纲领，凡参加人民政治协商会议的各单位、各级人民政府和全国人民均应共同遵守。”因此，《共同纲领》是一部“建国纲领”，也是一部“临时宪法”。在随后的几年间，它也确实发挥着引导新中国进行新民主主义建设的纲领性作用。但《共同纲领》毕竟不是宪法，不能代替宪法长期存在；而且随着新民主主义建设的深入发展，《共同纲领》所规定的政治制度、经济制度主要满足的是建立政权的需要，并不完全满足国家经济和社会建设进一步发展的需要①。

正是在这样的背景下，“五四宪法”总结新中国成立 5 年来的实践经验，经过民主程序最终完成了国家建构的过程，奠定了新中国宪政的基础，是我国的根本大法。从此，我国的法制建设进入了一个新的阶段。刘少奇在《关于中华人民共和国宪法草案的报告》中指出，中国共产党的党员必须在遵守宪法和一切法律中起模范作用，中国共产党还必须领导全国人民为保证宪法的完全实施而斗争，并按照宪法规定的道路来建设伟大的社会主义国家。

“五四宪法”草案在讨论阶段，即得到了社会广泛的认同和拥护。1954 年《中华人民共和国宪法》颁布后，在市委宣传部的统一部署下，武汉市公安局、法院、检察院、司法局及群众团体组织所属人员在全市范围内掀起了宣传高潮。《中华人民共和国宪法》的宣传提高了群众对国家根本大法的了解和认知，广大市民树立了新中国社会主义基本制度的法制观念。

---

① 参见韩大元：《论 1954 年宪法的历史地位与时代精神》，《中国法学》2014 年第 4 期。

## 二、贯彻落实《地方各级人民代表大会和地方各级人民委员会组织法》

1954 年 9 月 20 日，第一届全国人民代表大会第一次会议根据宪法通过了《中华人民共和国全国人民代表大会组织法》《中华人民共和国国务院组织法》及《中华人民共和国地方各级人民代表大会和地方各级人民委员会组织法》[①]。9 月 21 日，大会通过了《中华人民共和国人民法院组织法》和《中华人民共和国人民检察院组织法》。这些法律法规初步奠定了社会主义法制的基本格局[②]，并迅速在武汉得到认真学习和贯彻落实。武汉各级人大代表的普选迅速开展，法院和检察院机构建立逐渐规范起来。

## 三、武汉市第一届人民代表大会筹备与召开

### （一）人大代表选举

1953 年春，中央人民政府公布了全国人民代表大会和地方各级人民代表大会选举法，其后又部署全国基层普选。武汉市人民政府委员会和市协商委员会按照中央精神，于 1953 年 4 月 28 日举行联席会议，讨论并通过了于 5 月中旬召开市三届二次各界代表会议，确定会议中心议题是：发动全市人民参加普选工作。在经政务院批准后，正式成立了武汉市选举委员会。5 月 13 日，武汉市第三届第二次各届人民代表会议召开，会议通过了《武汉市基层普选工作计划》等决议。代市长王任重指出，普选是我们政治生活中的一件大事，是在我国进入了大规模建设的新时期进行的。他要求全市广大干部和群众要以实际行动来迎接普选，要把那些在工作上、生产上的积极分子和对国家建设贡献大的人选为人民代表。

### （二）第一届人民代表大会的选举筹备

武汉市共辖基层政权单位 53 个。[③] 依照选举法及《武汉市关于执行选举法的几项具体规定》的规定，在以上单位共建立了 53 个基层选举委员会，划分了 609 个选区。[④]

武汉市选举委员会对开展普选工作进行了充分准备：一是开展试点，试

---

① 参见中共中央党史研究室：《中国共产党历史》第二卷（1949—1978）上册，中共党史出版社 2011 年版，第 251 页。

② 参见王鑫、曾令勋：《论五十年民主法制建设的理论与实践》，《北京大学学报》（哲学社会科学版）1999 年第 4 期。

③ 包括 5 个市区政府，1 个水上区政府和郊区 47 个乡政府。

④ 参见武汉地方志编纂委员会：《武汉市志·政权政协志》（1840—1985），武汉大学出版社 1998 年版，第 46 页。

点工作于10月初结束；二是在市委党校和市政府行政干部学校开办学习班，培训普选人员；三是编印宣传资料，包括中央的有关文件、指示，苏联选举的资料、书籍，中南局、武汉市的有关文件；四是市人民法院准备在各区建立普选人民法庭。与此同时，江岸、江汉、武昌等区于10月下旬至11月上旬分别召开了各届人民代表会议，重点讨论开展普选工作的问题，并作出了决议。①

根据《武汉市基层普选工作计划》，全市基层普选工作分两批展开。从1953年11月开始到1954年1月中旬完成第一批地区的选举；从1954年1月中旬至3月底完成第二批地区的选举。

普选前抽调和训练了1553名指导干部（不包括技术干部2754人和街道积极分子），组成工作队进入各街、乡或选区。普选工作分为四步走：首先是建立组织（每个选区均建立包括辖区的主要机关、企业、学校与居民在内的选举工作委员会）进行准备；其次是组织积极分子进行学习，普遍展开宣传，动员群众关心普选；再次是进行人口调查登记与选民登记，审查选民资格；最后一步是提名和酝酿代表候选人进行选举。②

1953年11月6日，《长江日报》发表社论《做好基层普选工作必须注意的几个问题》，强调要加强对基层普选的统一领导，充分发扬民主，认真审查选民资格，做好人口调查，酝酿与提出代表候选人，开好选举大会，要求广大干部认真学习《选举法》。③

11月10日，《长江日报》公布了市政府9月26日制订的《关于执行选举法的几项具体规定》，对各级人民代表大会选举的行政区划和代表名额，选区划分，选民登记与转移，代表候选人的提出和选举，少数民族的选举都作了详细的规定，为基层普选提出了政策和操作依据。

11月初，武汉市第一批基层选举工作在武昌、江岸、江汉、硚口、汉阳5个区的46个街道和水上区全面展开。按照市选举委员会的有关指示精神，参加第一批普选的街道成立了工作委员会，开展工作。各区开办普选积

① 参见武汉地方志编纂委员会：《武汉市志·政权政协志》（1840—1985），武汉大学出版社1998年版，第46页。

② 参见武汉地方志编纂委员会：《武汉市志·政权政协志》（1840—1985），武汉大学出版社1998年版，第48页。

③ 参见《做好基层普选工作必须注意的几个问题》，《长江日报》1953年11月6日。

极分子训练班，以培养骨干。据江岸、武昌、江汉、硚口4区36个街道统计，共培养积极分子9000多人。随后，这些积极分子于11月下旬组成许多宣传队，采取多种形式开展普选宣传活动。如各区分别运用花鼓、采莲船、大鼓、短剧等形式进行宣传；各街道、里弄的居民纷纷召开小型的座谈会、门牌会、院户会、妇女会，对普选的意义、目的和做法进行了座谈或讨论；工厂、学校办墙报开展宣传活动。一场大规模的普选宣传活动在武汉开展起来。与此同时，《长江日报》还开设“普选讲话”专栏，就有关普选的政策、方针、选民登记、人口普查、人民代表大会制度等问题作了详细的介绍。

经过一段时间的宣传动员，许多群众对普选的意义、人民代表大会制度等问题有了一定的认识，宣传工作取得了较大的成效。11月26日，市选举委员会召开各区选举委员会办公室主任会议，要求作好人口调查、选民登记和选民资格审查的工作，不让一个地主阶级分子和其他反动分子非法窃取庄严的选举权利，也不能让一个公民被错误地剥夺了庄严的选举权利。从11月27日开始，第一批普选地区进入人口调查、选民登记阶段。各区开展人口调查、选民登记的技术干部已经训练完毕，登记站的划分和设立办法已经确定，登记资料和登记表格已印好下发。

由于在人口登记全面铺开之前各区已进行了试点工作，取得了经验，故全面展开后，各区各街道各选区依据实际情况和便民原则设立了许多登记站，群众按事前预定的程序自觉地前往登记站登记，工作进展顺利。到1953年12月5日，武昌、江汉、江岸等区的人口调查登记工作已结束，其他区的人口调查工作业已进入尾声。武昌和江汉区已开始了选民登记和复查工作。12月中、下旬开始，第一批普选地区进行人民代表的选举工作。[①] 广大群众踊跃参加，第一次行使法律赋予的选举权，投下了自己庄严的一票。第一批普选地区的选举工作于1954年1月中旬全部结束。[②]

武汉市第二批普选地区的普选工作于1954年1月中旬开始。同第一批地区一样，普选工作仍分四个阶段进行。1月下旬，水上区举行选举。2月

① 参见武汉地方志编纂委员会：《武汉市志·政权政协志》（1840—1985），武汉大学出版社1998年版，第49页。

② 参见武汉地方志编纂委员会：《武汉市志·政权政协志》（1840—1985），武汉大学出版社1998年版，第50—51页。

中旬，第二批普选地区也纷纷举行选举。全部选举工作至3月底基本完成。

从总的工作情况来看，武汉市第一次普选工作进行得比较顺利。经审查后全市取得选举资格的选民共计885336人，占1953年10月全市总人口数1389462人的63.71%；在53个基层单位中，共选出区、乡人民代表2250人，参加选举的选民人数达到选民总数的97.03%，代表得票比例最高为100%，一般均在90%以上。[①] 当选代表大多是全国或全市的工业和农业劳动模范及先进工作者，爱国守法、服从工人阶级领导、愿意走国家资本主义道路的民族资产阶级代表。通过普选，工人阶级领导下的各阶层人民的团结得到了加强，政府与人民群众的联系更加密切。

在选民登记中，被剥夺选举权的7667人，主要是地主分子和其他反革命分子，精神病患者670人，共计8337人，占总人口数的0.6%。市、区普选，人民法庭主动配合各选区工作队进行了对较复杂的选民资格问题的审查和处理，人数为4940人，受理有关选民资格的诉讼65件，破坏和妨害选举案件17件，检举反革命分子和干部作风的案件28件。在选举中淘汰了少数消极后进、严重脱离群众的基层干部，撤换和处分了个别有严重错误而不肯改正的人。

### （三）第一届人民代表大会历次会议概况

武汉市第一届人民代表大会共召开四次会议。[②]

#### 1. 武汉市第一届人民代表大会第一次会议

武汉市第一届人民代表大会第一次会议于1954年8月20日在汉口中南剧场举行。出席会议代表413人。

当时武汉正值紧急防汛，在市防汛指挥部副总指挥长张平化作《关于防汛救灾工作的报告》和选举产生武汉市出席全国人民代表大会代表后休会。汛情缓和后，于9月13日至14日复会，副市长宋侃夫作《为把武汉市建设成为新的社会主义的工业城市而斗争》的政府工作报告，市财政局局长张雪涛作《武汉市1953年度财政预算执行情况和1954年度财政预算（草案）的报告》，市宪法讨论委员会副主任黎智作《关于中华人民共和国宪法

---

① 参见武汉地方志编纂委员会：《武汉市志·政权政协志》（1840—1985），武汉大学出版社1998年版，第52页。

② 参见《武汉市人民代表大会志》编纂委员会主编：《武汉市人民代表大会志（1949.9—2003.1）》，内部资料，2003年编印，第156页。

草案讨论情况的报告》；大会通过《关于市人民政府工作报告的决议》《关于拥护中华人民共和国宪法草案的决议》《关于拥护中央人民政府解放台湾的号召和“各民主党派为解放台湾联合宣言”的决议》和《关于防汛救灾工作的决议》。大会选举邓子恢、王任重等人为出席全国人民代表大会代表。大会主席团召集人张平化在会议闭幕时作总结报告。大会收到提案9281件，经整理合并为85件。[①]

2. 武汉市第一届人民代表大会第二次会议

武汉市第一届人民代表大会第二次会议于1955年1月17日至20日举行。出席会议的代表413人，列席57人。

副市长宋侃夫作《武汉市人民政府1954年工作报告和对今后工作任务的建议》的报告，确定市政府工作以“坚决克服骄傲自满情绪，继续贯彻增加生产、厉行节约和克服困难”的精神，动员全市人民“保证全面完成在武汉市进行的国家基本建设计划，支援灾区、支援农村、支援解放台湾”。

会议决定将市人民政府改称为武汉市人民委员会，选举宋侃夫为武汉市人民委员会市长，刘惠农、陈经畬、孟夫唐、王克文等人为市人民委员会委员。选举吴杰为武汉市中级人民法院院长，宋烈为武汉市人民检察院检察长（1955年2月刘钦云接任检察长）。选举潘振武等75人为出席湖北省人民代表大会代表。会上，王任重致开幕词，李尔重作总结报告，陈经畬致闭幕词。大会收到提案218件，综合整理为157件。

3. 武汉市第一届人民代表大会第三次会议

武汉市第一届人民代表大会第三次会议于1955年11月18日至22日在市人民委员会礼堂举行。出席大会的代表342人，列席55人。[②]

副市长王克文作《武汉市执行国家第一个五年计划的工作情况和今后主要任务的报告》，市财政局局长张喆梅作《武汉市1954年度财政决算和1955年度财政预算（草案）的报告》，市财粮贸办公室主任伍能光作《武汉市粮食计划供应工作的报告》，会议选举梁占祥为武汉市中级人民法院院

① 参见《武汉市人民代表大会志》编纂委员会主编：《武汉市人民代表大会志（1949.9—2003.1）》，内部资料，2003年编印，第157页。

② 参见《武汉市人民代表大会志》编纂委员会主编：《武汉市人民代表大会志（1949.9—2003.1）》，内部资料，2003年编印，第158页。

长。会议召开前，各区代表团组织代表深入选民群众中进行活动，一部分代表还视察了工农业生产情况和文教卫生工作情况，收集和听取了人民群众对政府工作的批评、建议和要求。会上，市长宋侃夫致开幕词，并在会中就大会审议情况作总结，副市长唐星致闭幕词。大会收到提案309件。

4. 武汉市第一届人民代表大会第四次会议

武汉市第一届人民代表大会第四次会议于1956年9月5日至11日在市人民委员会礼堂举行。出席会议的代表413人，列席114人。①

副市长王克文作《武汉市1955年度财政决算和1956年度财政预算（草案）的报告》。会前各区代表团组织代表深入选区，通过访问、座谈等方式向选民收集了意见。会上，副市长唐星致开幕词，副市长王克文作总结报告。

大会收到提案13件，连同代表在选区收集的意见，共1231个问题。其中有关改进工作，简化手续，改善公共设施方面449件；反映工作组织不当、计划不周、管理不善、制度不合理方面288件；反映工作拖拉、疏忽大意、不关心群众痛痒和基建返工浪费方面183件；个人要求就业、要求救济和调剂民房及生活福利方面126件；商业部门工作作风、服务态度方面94件；社会治安、社会教育方面38件；编制增减、工作安排、工作布置不切合实际和文牍主义方面10件；其他方面43件。

## 第二节　公安机关的重点工作

随着武汉行政区划及地属管辖的变化，武汉公安机关机构设置随之调整，公安机关的重点工作在这个阶段也出现相应的变化。

1954年6月，武汉市由直辖市改为湖北省辖市，原先设立的机场、郊区公安分局撤销合并，另设青山、洪山、汉桥、南湖4个分局。

### 一、普遍设立经济民警

1953年4月，市公安局又增设文化保卫处。随着武汉大规模重点工程的兴建和各项事业的发展，10月又设置基本建设保卫处。1954年10月，成

① 参见《武汉市人民代表大会志》编纂委员会主编：《武汉市人民代表大会志（1949.9—2003.1）》，内部资料，2003年编印，第158页。

立财贸交通保卫处，原经济保卫处更名为工厂保卫处。1956 年，文化保卫处移交省公安厅。1958 年 1 月，工厂、基建保卫处合并为工业基建保卫处（又称经济保卫处）。10 月，恢复文化财贸保卫处，主管文教、卫生、财贸、交通保卫工作。1953 年 2 月长江航运管理局设立公安局，1958 年 2 月武汉钢铁公司设置公安处。武汉大型工厂、企业、仓库等的警卫工作，解放初由解放军驻汉部队担任。1950 年驻军撤离后，工厂、企业组织工人纠察队武装担任警卫任务，1954 年改为人民经济警察。1954 年 10 月，市公安局设立经济警察大队部，负责全市经济民警的业务指导和政治军事培训工作。1956 年，全市有 79 个单位设立经济民警，警员 2000 余人。①

**二、开展社会监督改造**

按照全国公安工作会议提出的“少捕、少杀，管制也要少，大搞社会改造”方针，武汉市对罪行尚不够逮捕判刑、不宜劳动教养的没有改造好的地主、富农、反革命分子、坏分子等“四类分子”以及人民法院判处管制、缓刑、监外执行、假释、保外就医的罪犯实行群众性社会监督改造，以将他们改造成为遵纪守法、自食其力的劳动者。被监督改造的对象，除法院判处者外，其纳入、解除、延长和缩短期限，需经群众评议，由公安派出所所长或大单位保卫处、科长审查，报区公安分局局长批准后，由公安派出所所长召开群众大会宣布。

社会监督改造工作分别由街道居民委员会、工厂、企业、事业单位、农村生产队成立监督改造领导小组组织实施。以监改对象所在的居民小组、作业区、班组、自然村为单位，由 3—7 人组成监改小组，采取群众监督与行政管制相结合、监督劳动与政治教育相结合、惩办与改造相结合的方针，实行“十个好人夹一个坏人”和“三包一保证”② 等办法，组织被监改的对象学习时事和政策法令，参观社会主义建设成就展览等，促使其认真自我改造，认罪悔过，争取光明前途。

## 第三节　奠定司法工作的基本格局

1954 年 9 月 21 日大会通过了《中华人民共和国人民检察院组织法》（以

① 资料来源于武汉市公安局档案馆。

② 即监改小组包监督劳动、包教育改造、包防止破坏，被监改的四类分子自订守法保证。

下简称《人民检察院组织法》）和《中华人民共和国人民法院组织法》（以下简称《人民法院组织法》）。这两部法律法规在武汉迅速得以贯彻落实。

## 一、贯彻落实《人民检察院组织法》

1955年初，武汉市人民检察署更名为武汉市人民检察院，下设4处1室。市检察院各处、室的职权范围是：

一般监督处：对于国家机关的决议、命令和措施是否合法实行监督，对国家工作人员和公民是否遵守法律实行监督；管理检察通讯员。

侦查处：发现和确认经济案件和法纪案件的犯罪事实并提起刑事案件（即立案）；调查和侦查犯罪证据并制作起诉意见书。

侦查监督处：审查公安机关提请逮捕人犯材料，提出批准逮捕或不批准逮捕的意见；对公安机关已经侦查终结的刑事案件进行审查起诉；对公安机关及其工作人员的活动是否合法实行监督。

审判监督处：对本院侦查处已经侦查终结的刑事案件进行审查起诉；对经本院起诉的案件出席法庭支持公诉；对民事案件提起或参与诉讼；对法院审判活动是否合法实行监督；对刑事案件和重要民事案件判决的执行实行监督。

办公室：下设秘书、研究、公民控诉、人事、行政5个科，分别负责文秘、调研、信访接待、干部教育管理、机关行政事务。

随着市人民检察署的更名，武汉市建立了江汉、江岸、硚口、汉阳、武昌5个区检察院。1956年，成立青山、洪山、汉桥3个区检察院。1958年，洪山、汉桥两区合并为郊区检察院（后改称洪山区检察院）。各区检察院相继撤销科级机构，检察长直接领导办案。1960年，各区检察院恢复两科一室，即侦查监督科与审判监督科及办公室。一科（即侦查监督科）办理批捕、起诉、出庭支持公诉及监所检察；二科（即审判监督科）办理公民控诉、申诉案件以及上级机关交办的严重违法乱纪案件。1964年，恢复汉桥区检察院，亦设两科一室，与其他区院相同。[①]

### （一）市检察署开始试行审查批捕人犯工作

1950年7月，武汉市人民检察署建立后，只担负少数反革命和刑事案

① 参见中共武汉市委政法委《武汉政法志》编纂委员会：《武汉政法志·第三卷·检察》，武汉出版社2011年版，第103页。

件的审查批捕任务，多数由公安机关和人民法院自行逮捕。

1954 年 9 月《宪法》公布后，市检察署开始试行审查批捕人犯工作。同年 11 月，正式履行审查批捕人犯职能，初步确定受案范围：国家机关干部、人民代表、劳动模范的反革命罪或其他刑事犯罪，国营厂矿企业单位中的重大责任事故罪等。

市公安机关提请批准逮捕上列人犯，经公安局长签署意见，连同全部案卷移送市检察署，由承办检察员核实主要犯罪事实情节、证据来源、证据与侦查结论是否一致、证人证词有无矛盾等。发现疑点或主要犯罪事实不清、证据不足、提请批捕理由不充分，退回公安机关补充侦查，或自行补充侦查，或会同公安机关共同补充侦查。查实后，呈报检察长。罪该逮捕的批准逮捕，不应逮捕的作不批准逮捕决定。

1955 年建立了批捕程序、制度和法律文书格式，承办人阅卷后，将案犯历史、主要犯罪事实及承办人意见填写《批捕人犯审查决定意向书》，连同全部案卷送主管处、科长审查提出意见，再呈报检察长批示。检察长作出批准逮捕或不批准逮捕决定后，承办人根据批示填写《批准逮捕决定书》《不批准逮捕决定书》或《提请补充材料通知书》，连同原报案卷材料发还公安机关。对需继续查清问题而不影响逮捕的，由处、科长填写《审查案件材料意见书》，随案卷返还公安局，提请公安局继续查清。

同时，市、区检察院对公安机关移送的审查批捕案件，因主要犯罪事实不清、证据不足作出决定的，退回公安机关补充侦查；能就地查清的，检察机关自行补充侦查；问题复杂一时难以查清或需外调的，与公安机关联系，提出补充侦查内容和要求，退回公安机关补充侦查。对少数主要犯罪事实不清、证据不足的案件，追查时为避免文牍往来延误时间，一是检察员阅卷后，主动与预审员交换意见和看法，提出补充材料提纲，连同原案卷退回公安机关；二是需补充侦查的问题不多，与预审员研究后，案卷仍留检察院，补充材料送来后再作处理；三是事先未能与公安机关取得联系、根据审查案卷发现的问题和疑点，拟定退查通知书，提出补充侦查具体意见，连同案卷一并退回公安机关。①

① 参见中共武汉市委政法委《武汉政法志》编纂委员会：《武汉政法志·第三卷·检察》，武汉出版社 2011 年版，第 104 页。

1957 年，市检察院对批准逮捕人犯的条件和审查批捕权限、程序等相关问题又作出如下决定：可能判处死刑或长期徒刑的人犯，不捕将妨碍或逃避侦查、审判的，依法及时批准逮捕；逮捕人犯，一律由市检察院检察长批准。区检察院收到区公安机关提请批准逮捕的案件后，制作附有逮捕理由的意见书，经区检察院检察长签署意见，连同案卷材料报市院有关业务处审查后，由市院检察长批准。检察长认为需要研究的重大、疑难案件，召集办案人员讨论研究，然后作出决定。具有《逮捕拘留条例》第五条所列的现行犯罪情形之一的人犯，需采取紧急措施的，由区检察院检察长决定，通知区公安局拘留，按法定的时限报市检察院批准；具有《逮捕拘留条例》第六条所列情形之一的人犯，被国家机关、团体或人民群众扭送检察院的，区检察院检察长可决定先行羁押，再报市检察院审批。

（二）开展审查起诉工作试点和监所检察工作

1. 开展审查起诉工作试点

1954 年颁布《宪法》和《人民检察院组织法》后，为适应形势和任务的需要，市检察署选择李某违反操作规程造成重大责任事故一案，按诉讼程序作提起公诉试验。同年 7 月，长江中、下游出现特大洪水，市委决定防汛工作为全市压倒一切的中心任务。市检察署全力配合，坚决打击破坏防汛的犯罪分子，检察处理破坏防汛案件 20 起，起诉 15 起。[①]

1955 年 6 月，市检察院在江岸区检察院进行审查起诉工作试点，7 月江汉区检察院和武昌区检察院亦进行试点。9 月下旬，最高人民检察院关于各级人民检察院全面担负审查起诉工作的指示下达后，市检察院及 5 个城区院检察院全面受理公安机关侦查终结要求追究刑事责任案件的审查起诉工作。

1956—1957 年，检察院与公安、法院联合办公，各负其责，检察院在审查起诉阶段派检察员参与公安机关的预审活动，查阅预审笔录，了解案情，作好审查起诉的准备工作。遇重大复杂案件，参加公安机关预审结案会，讨论案件性质，认定犯罪事实，听取意见，决定是否起诉。案卷移送检察院后，从 5 个方面进行审查：一是审查逮捕报告书和批准逮捕决定书，熟悉被告身份和犯罪事实；二是审查起诉意见书和被告人口供，对照批捕材料

---

① 参见中共武汉市委政法委《武汉政法志》编纂委员会：《武汉政法志·第三卷·检察》，武汉出版社 2011 年版，第 105 页。

有无矛盾；三是审查证据是否充分，可靠，效力如何；四是审查案件性质和罪名的认定是否适当，追究刑事责任理由是否充分，引用法律是否正确；五是用法律和政策衡量，区分两类不同性质的矛盾，划清罪与非罪界限，决定是否提起公诉。

2. 开展监所检察工作

1950 年武汉市人民检察署成立后，根据法律、法令的规定，开始履行监所检察职能。当时因未设专门机构，未配专职人员，需检察时，临时从署内各业务部门抽派干部担任。1955 年，调配专职干部，制定了监所检察工作范围，包括羁押时限、狱政管理、执法情况等。

1956 年初，市检察院抽查了全市看守所拘留的 547 名人犯的案卷，发现超过法定时限的 61 件，占抽查总数的 11. 1%。该年 6 月底又进行了一次检察，在 131 件拘留案卷中，超时 8 件，占检察总数 6. 1%。经多次检察纠正后，超时违法现象有所减少。①

1955 年，市检察院根据《检察院组织法》的规定，确定对监狱（劳改）劳教监督的范围是：（1）违法拘押或违法释放行为；（2）玩忽职守，徇私舞弊，致使罪犯发生逃跑、暴动事件的行为；（3）对犯人进行刑讯逼供或其他违法行为；（4）违反关于保外就医、监外执行、假释等法令规定的行为；（5）其他虐待犯人、卫生条件恶劣等违法行为。检察中发现上述行为即提出意见，通知其主管机关予以纠正。

1956 年，市、区检察院对管辖范围进行了分工。湖北省第二监狱、内燃机制造厂、市法院看守所、市公安局七处看守所、市第一、第二砖瓦厂由市检察院负责，其余由所在区的检察院负责。在做法上，从了解一般情况入手，结合中心工作，重点进行检察。1956 年 9 月，市检察院对湖北省第二监狱执法情况进行检察时，发现收押案犯有不按法律手续行事的情况。如转业军人、村党支部书记萧某，路过黄冈第八劳改队农场时被误认为是农场脱逃的犯人而予以捕押，上调犯人时送至第二监狱达半年之久，经过检察、提出意见后予以释放。其他如体罚犯人、刑满逾期不予释放、让犯人从事长时间生产劳动等，提出纠正意见后，省劳改局和第二监狱都及时作了纠正。

---

① 参见中共武汉市委政法委《武汉政法志》编纂委员会：《武汉政法志 · 第三卷 · 检察》，武汉出版社 2011 年版，第 106 页。

## 二、贯彻落实《人民法院组织法》

1953 年 2 月司法改革运动结束后，市人民法院撤销刑民审判庭，改设治安庭、经济保卫庭、刑民婚姻庭、房地债务庭。各区人民法院撤销审判庭和刑民审判组，改设工商劳资债务房地组、婚姻组、一般刑事组。同年 8 月，市人民法院设立郊区审判分庭。1954 年《中华人民共和国宪法》《中华人民共和国人民法院组织法》颁布，同年 12 月最高人民法院中南分院撤销，武汉市人民法院受湖北省人民法院监督，1955 年 1 月起上诉案件亦改送省院。武汉市人民法院更名湖北省武汉市中级人民法院。

1954 年 3 月武汉海事法院成立，1958 年 1 月撤销，案件划归武汉市江汉区人民法院管辖。同年郑州铁路运输中级法庭设立汉口派出庭，1958 年撤销，案件划归武汉市江岸区人民法院管辖。①

## 三、司法行政制度正式起步

新中国司法制度的确立是在废除国民党旧司法体系基础上实现的，1949 年 9 月 29 日通过的《中国人民政治协商会议共同纲领》第十七条，在规定废除国民党反动政府一切压迫人民的法律、法令和司法制度，制定保护人民的法律、法令的同时，提出建立人民司法制度。由此，确立了人民司法的基本原则。武汉地方的司法行政制度工作正式起步。

### （一）武汉市司法局成立

武汉解放初期，司法行政事务由市人民法院掌管。1956 年 4 月 29 日，武汉市司法局成立，律师、公证、人民调解、法制宣传等司法行政工作有了专门的机构。至 1956 年 7 月，江岸、硚口、武昌、青山四区先后设立了法律顾问处，作为市律师协会的派出机构。②

### （二）武汉市法律顾问处、律师协会成立

1955 年 12 月，武汉市人民法院开始在全市筹建律师工作机构，1956 年 3 月成立武汉市法律顾问处。法律顾问处是中华人民共和国律师执行职务的工作机构。其主要职责是：领导律师开展业务工作；组织律师学习政治和法律知识；总结交流律师工作经验。1956 年 7 月，先后在江岸、硚口、武昌区成立三个法律顾问处，次年增设青山区法律顾问处。受市司法局的管理、

---

① 参见武汉地方志编纂委员会：《武汉市志·政法志》，武汉大学出版社 1998 年版，第 161 页。

② 参见武汉地方志编纂委员会：《武汉市志·政法志》，武汉大学出版社 1998 年版，第 255 页。

指导和监督。

武汉市律师协会成立于 1957 年 1 月，律师协会是由律师组成的社会团体，其任务是维护律师的合法权益，交流经验，促进律师工作。1958 年 3 月武汉市司法局撤销后，其活动停止。[①]

（三）武汉市公证机构的设置

1951 年 10 月 16 日，武汉市人民政府根据中华人民共和国《人民法院暂行组织条例》的规定，制定颁发《武汉市人民法院公证试行办法》，市人民法院民事审判庭兼理公证工作。1954 年，武汉市人民法院成立公证室，1955 年改室为科，对外称“武汉市公证处”。公证处是国家公证机关，其职能是根据当事人的申请，依法证明法律行为、有法律意义的文书和事实的真实性与合法性，以保护公共财产，保护公民身份上、财产上的权利和合法利益。1956 年武汉市司法局成立后，武汉市公证处移交给市司法局。

（四）武汉市劳动教养委员会成立

武汉市劳动教养工作从 1955 年开始筹备，1956 年 6 月 8 日成立武汉市劳动教养委员会，由市公安局、民政局、财政局、监察局、法院、检察院的领导组成，下设劳教办公室，作为该委员会的办事机构，负责劳教人员的审批和调遣工作，其办公室设在民政局内。[②]

---

① 参见武汉地方志编纂委员会：《武汉市志·政法志》，武汉大学出版社 1998 年版，第 255 页。

② 参见武汉地方志编纂委员会：《武汉市志·政法志》，武汉大学出版社 1998 年版，第 256 页。

# >>第三章　社会主义法制建设的艰辛探索<<

1956年9月召开的中国共产党第八次全国代表大会，以对新形势下国内主要矛盾的分析为基础，在经济、政治、文化、外交等方面，作出一系列重要决策，其中强调了扩大人民民主，建立健全社会主义法制。《中国共产党第八次全国代表大会关于政治报告的决议》明确指出："国家必须根据需要，逐步地系统地制定完备的法律。一切国家机关和国家工作人员必须严格遵守国家的法律，使人民的民主权利充分地受到国家的保护。"

令人痛心的是，随着1956年苏共二十大的发酵、匈牙利事件的冲击以及整风运动的变化，中共八大确立的建设社会主义法制的思想被搁置与否定。在"左"的思想影响下，从1957年反右斗争到1966年，中国的民主法制建设经历了停滞、削弱和走下坡路的过程。国家治理主要依靠党的有关政策，党的政策实际上成为司法活动的主要依据。立法没有什么大的进展，几部已有相当基础的重要法典（刑法、刑诉法等）的制定工作被搁浅，初步正规化的司法体制不断削弱，司法组织结构被一系列不正常的合并、精简所取代。为了适应大规模的阶级斗争和以阶级斗争为纲的需要，司法机关的头等大事是同敌对分子作斗争。在全国的大背景下，1957年至1966年武汉的法制建设几近停顿。

## 第一节　反右扩大化对法制建设的冲击

1957年，武汉市委紧跟中央开展了整风和反右派斗争。反右斗争扩大化之后，以经济建设为中心的民主法制建设遭到阶级斗争扩大化的冲击，伤害了一批知识分子、爱国民主人士、党内干部和工人群众，造成了严重的后果。初步正规化的司法体制不断削弱，辩护制度、律师制度基本上被废除。

## 一、"整风运动"反右扩大化

鉴于国际社会主义阵营中出现的波匈事件，中共八届二中全会强调在兼顾国家建设和人民生活的同时，必须警惕和防止干部特殊化和脱离人民群众，决定在 1957 年开展全党整风[①]。

1957 年 3 月 30 日，市委发出《关于在干部中开展整风运动的通知》，决定从 4 月起，结合增产节约运动，在干部中开展"反对官僚主义和主观主义以改进工作方法和工作作风，反对个人主义以加强共产主义人生观"的整风运动。

中共中央于 1957 年 4 月 27 日发出《关于整风运动的指示》（以下简称《指示》），决定在中共党内进行整风，党外人士可以自由参加。《指示》提出整风的内容是：在我们党内进行一次普遍的深入的反官僚主义、反宗派主义、反主观主义的整风运动；整风的目的是提高全党的马克思列宁主义的思想水平，改进作风，以适应社会主义改造和社会主义建设的需要；整风的方针是从团结的愿望出发，经过批评和自我批评，在新的基础上达到新的团结；整风的方法是和风细雨，实事求是的批评和自我批评，从上而下，从领导干部到全体党员逐步展开；整风的主题就是正确处理人民内部矛盾。

5 月 4 日，武汉市委举行常委扩大会，决定停止 3 月已经开始的整风，根据中央指示对武汉市整风运动重新安排。5 月 16 日至 20 日，市委召开全体扩大会，对整风运动作出重新部署，决定分批分步骤地开展。5 月 24 日，市委决定成立市整风领导小组和总办公室，各战线、各区委也成立相应机构。武汉市整风运动全面开展起来[②]。全市整风运动基本上分四批进行，第一批：市直机关和文教卫战线的大单位以及民主党派；第二批：区委、区委直属大单位；第三批：主要是在中小学教员中；第四批：主要是全市各街道。在工人及郊区农民中主要进行社会主义教育运动。

根据中共中央的指示，武汉市委开始有步骤地发动和组织党外人士和广大群众鸣放，帮助党整风。在 5 月 7 日至 11 日举行的市人民代表大会二届二次会议上，在 5 月 13 日举行的政协武汉市委座谈会上，市委分别听取了

---

① 参见中共武汉市委党史研究室：《中国共产党武汉历史（1949—1978）》，中共党史出版社 2009 年版，第 298 页。

② 参见中共武汉市委党史研究室：《中国共产党武汉历史（1949—1978）》，中共党史出版社 2009 年版，第 300 页。

党外人士和人民代表对党的意见。此后，市委又连续召开文化界、中小学教师界、科学卫生界以及各民主党派地方组织负责人和无党派民主人士参加的座谈会，进一步听取意见，接受批评。除广泛听取社会各界意见外，市委机关内部也开展“大鸣”“大放”。市委领导强调对“大鸣”“大放”不要有任何顾虑，要领导群众一起放，党员和群众一起放，要有什么放什么，没有任何限制，不同的意见和独特的见解都可以鸣放。6 月中旬，全市形成鸣放高潮。①

在 1957 年“大鸣”“大放”运动中，知识分子提出的意见比较广泛，如共产党与民主党派的关系、党和政府的关系、党员干部的各种待遇、若干历史问题、领导干部的作风等，政治、经济、科技、文教、社会生活各个方面都有涉猎，不少人开诚布公，畅所欲言，特别是教育界、文艺界、科技界、卫生界以及各民主党派等知识分子成堆的地方更是一片沸沸扬扬。就全国范围而言，确有极少数资产阶级右派分子趁机鼓吹所谓“大鸣”“大放”“大民主”，他们把共产党在国家政治生活中的领导地位攻击为“党天下”，公然要求“轮流坐庄”，他们极力抹杀社会主义改造和建设的成绩，根本否定社会主义制度的优越性，向党和新生的社会主义制度放肆地发动进攻。极少数资产阶级右派的进攻，引起毛泽东的极大警觉。5 月中旬，毛泽东写出《事情正在起变化》一文，标志着党中央的指导思想开始发生变化，运动的主题开始由正确处理人民内部矛盾转向对敌斗争，由党内整风转向反击右派斗争。

在中央指示下达和《人民日报》社论《这是为什么?》发表后，武汉各界于 1957 年 6 月初开始批判外地“右派分子”的言论。7 月初，武汉市对右派言论的批判达到高潮②。市委曾邀请各民主党派武汉市组织的负责人座谈，交换对整风运动的意见。市委负责人在讲话中提出，既要继续贯彻“边整边改”的整风精神，又要明辨是非。7 月 9 日，市委发出《关于全面深入地开展反击右派斗争的指示》，对全市反右派斗争进行正式部署。从 7 月开始，《长江日报》以大量版面摘登武汉地区所谓右派分子的言论以及武汉各阶层人

① 参见中共武汉市委党史研究室：《中国共产党武汉历史（1949—1978）》，中共党史出版社 2009 年版，第 301 页。

② 参见中共武汉市委党史研究室：《中国共产党武汉历史（1949—1978）》，中共党史出版社 2009 年版，第 303 页。

士口诛笔伐“右派分子”的报道。8 月初，全市开展反右派斗争的单位已由最初的 80 多个机关，扩展到 195 个，参加斗争的干部有 2.4 万人。①

大规模的反右派斗争持续了半年左右。1957 年 11 月，武汉市人大举行二届三次会议。会议认为，武汉前一阶段的反右派斗争已取得决定性胜利，不仅反映在参加斗争的人数将近全市基本人口的四分之一，而且还揭穿和打垮了右派分子向党和人民的猖狂进攻。武汉市反右派斗争一直持续到 1958 年，共划右派分子 6261 人。此外，在工人、民警、营业员中因右派言论而划为反党反社会主义“坏分子”的共 2529 人。②

1957 年 6 月，在大规模反右派斗争中，汉阳县发生了一起所谓的“反革命暴乱事件”，即“汉阳一中事件”。这是一起部分学生为升学问题自发地进行罢课、请愿闹事的事件，应属于人民内部矛盾，在当时的历史条件下，被错误地定性为“反革命分子”制造的“反革命暴乱”，导致 3 人被错杀，几十名党政干部、教职员工和学生被判刑、劳动教养或受党纪政纪处分，造成了不可挽回的历史悲剧。③

1957 年开始的整风运动对于反对官僚主义、宗派主义和主观主义，改进干部作风，纯洁干部队伍，发展生产起了一定的积极作用。但在整风期间，中共中央关于社会主要矛盾的论断和社会阶级关系状况的分析发生了变化，党的指导思想出现“左”的偏差，制定并发布了一系列关于反右派斗争的指示，使反右派斗争严重扩大化，造成了不幸的后果，改变了整风运动的初衷。④

反右派斗争严重扩大化，不但使许多优秀的共产党员、知识分子被错划为“右派分子”，蒙受了不白之冤，更违反了整风运动的初衷，对党的政治生活造成了严重的消极影响，教训是十分深刻的。⑤

---

① 参见中共武汉市委党史研究室：《中国共产党武汉历史（1949—1978）》，中共党史出版社 2009 年版，第 305 页。

② 参见中共武汉市委党史研究室：《中国共产党武汉历史（1949—1978）》，中共党史出版社 2009 年版，第 306 页。

③ 参见中共武汉市委党史研究室：《中国共产党武汉历史（1949—1978）》，中共党史出版社 2009 年版，第 306 页。

④ 参见中共武汉市委党史研究室：《中国共产党武汉历史（1949—1978）》，中共党史出版社 2009 年版，第 310 页。

⑤ 参见中共武汉市党史资料征集编研委员会办公室：《中共武汉地方党史：社会主义时期专题资料选编（第三辑）》，内部资料，第 102 页。

反右运动给法制工作也造成很大的冲击。受“左”的政治路线和思想的影响，法律虚无主义盛行，律师工作和律师受到批判。律师被认为是“妨碍办案的资产阶级的东西”，指责律师依法为刑事被告人辩护为“丧失立场”“敌我不分”，律师队伍及律师工作受到严重冲击，律师制度被彻底否定，律师机构、协会及律师的从业活动完全被取消。① 1958 年 3 月，按照中央关于精简机构的指示，武汉市司法局撤销，原司法局主管的工作由市中级人民法院管理。

市检察院的侦察监督工作也受到严重影响。此前，侦查监督工作从公安机关立案侦查就开始了。1957 年 2 月市检察院与市公安局商定，并联合发出通知规定：公安机关召开重大刑事案件立案会、预审案件讨论会、案情研究会，应通知检察院派检察员参加；公安机关在侦的重大刑事案件，检察院认为需要参与侦查的，在不干预具体侦查活动的情况下，可派员参加全部侦查活动，并对侦查中有无违法行为进行监督。但在随后不久的反右派斗争中，检察机关参与公安机关侦查活动被认为是“参与过多，干预过多，强调监督，忽略专政”，最高人民检察院也发出紧缩侦查监督范围的指示，规定对侦查活动是否合法的监督只从审查提请批捕和移送起诉材料中实现，将侦查监督的范围局限在对案卷的审查上。1957 年下半年至 1961 年上半年，侦查监督职能被不断削弱。

## 第二节　纠正“左”倾错误的努力

反右派斗争扩大化造成了不幸的后果。1959 年在全国开展的大规模“反右倾”斗争又继续犯了严重扩大化的错误。武汉市委在运动后对运动中受批判和处分的干部进行了甄别平反，落实了知识分子政策，恢复了检察机关侦查监督职能，为纠正“左”倾错误作出了努力，尽管这种纠错在当时的历史条件下只能是局部的。

### 一、调整统一战线内部关系

1959 年初，武汉市提出根据阶级斗争趋于缓和的形势，要在统一战线工作中采取“松一下”的做法，以利于调动一切积极因素为社会主义建设

① 参见汪文庆、文世芳：《新中国律师制度：从建立、中断到恢复》，《百年潮》2011 年第 1 期。

服务。是年底，为部分党外人士摘掉“右派分子”的帽子，以有利于改善因1957年反右派斗争而紧张起来的统一战线内部关系。1961年至1962年，武汉市各民主党派配合市、区政协，组织和推动散处在社会上的各党派中上层人士，学习时事政策，参观访问，听报告，参加农副业生产等。[①] 同时，由政协和民主党派组织出面主持召开民主讨论会。由于会议贯彻了“不抓辫子，不戴帽子，不打棍子”和“自己提问题，自由讨论，自己解决问题”的原则，与会者畅所欲言，敢说真心话，因此被称为“神仙会”。它成为调整统一战线内部关系的一种有效形式。

1962年5月，在全市知识分子中开展甄别平反工作，对被戴上“白旗”“白专”“名利思想”帽子的，不论有无结论或处分，一律实行“哪里斗争，哪里平反”的方针，甄别平反工作使一大批知识分子洗清不白之冤，甩掉思想包袱，在一定程度上调动了他们的积极性和创造性。

**二、对在反右倾斗争中受批判和处分的干部进行甄别平反**

1961年6月，市委召开全委（扩大）会议，从学习中央七千人大会的文件入手，采取鸣放、揭盖子、批评与自我批评的方法，总结“大跃进”以来的基本经验教训。会议期间，根据省委指示，市委常委和大家一起研究了武汉市反右倾中“文化俱乐部”的问题。大家一致认为，所谓武汉市右倾机会主义反党集团——“文化俱乐部”是不存在的，对李衍绶等人的错误批判和处理应予平反。市委立即决定：撤销1959年10月对李衍绶等人的结论和处分，恢复其工资级别。从这次会议开始，全市对1958年以来，主要是在反右倾斗争中被错误批判和处分的同志认真进行了甄别平反工作。在做过结论的1784名甄别对象中，取消原结论的为89.4%，取消原处分的为78.9%，还有部分同志被修改原结论或改变原处分。[②] 到1962年，除犯有不属于反右倾斗争范围的“贪污盗窃、道德败坏、丧失立场、违法乱纪”等错误者外，被错误批判和处分的干部一律得到平反，甄别结论不再留尾巴。此外，对于1958年以来在文教、工会、共青团整风，财贸系统的反贪污反浪费和新“三反”，郊区农村的整风整社等运动中被错误批判和处

① 参见中共武汉市委党史研究室：《中国共产党武汉历史（1949—1978）》，中共党史出版社2009年版，第316页。

② 参见中共武汉市委党史研究室：《中国共产党武汉历史（1949—1978）》，中共党史出版社2009年版，第317页。

分的人员，也本着“全错全改、半错半改、不错不改”的原则予以甄别平反。

### 三、贯彻八字方针，开展城市反“五风”斗争

“大跃进”和“反右倾”运动，使党对经济工作的指导方针一再发生严重失误，导致国民经济出现困难。与此同时，一些地区连遭自然灾害，再加上农村的“共产风”，天灾人祸加在一起，粮食减产，库存下降，严重影响粮食供应，整个经济形势极为被动和困难的局面形成。面对困难局面，武汉市认真贯彻“调整、巩固、充实、提高”的八字方针，从1961年开始进行全面调整，经过两年的艰苦努力，调整取得明显成效。

开展城市反“五风”斗争是全面调整的先导。“五风”即共产风、浮夸风、命令风、对生产瞎指挥风、特殊化风，这些都是在“大跃进”中形成并发展起来的不正之风，它又为“大跃进”的失误起到推波助澜的作用。因此，“五风”不反，调整难行。1961年初，武汉市从反“五风”入手，在开展农村反“五风”斗争的同时，又以城市为重点，将“五风”斗争全面铺开。

城市的“五风”具有与农村“五风”不同的特点。譬如共产风，在城市主要表现为共国家的产，以物易物，化大公为小公，假公济私；浮夸风，主要表现为片面追求产值和产量，不顾质量、品种，以至于放“卫星”，报喜不报忧，以少报多，以劣充优，弄虚作假，欺上瞒下等。因此，市委根据城市的特点，从城市的实际出发，有针对性地进行思想教育和制订若干政策规定，正确引导城市反“五风”斗争的开展。市委还制定了《关于城市工作中若干政策问题的规定》《关于在城市中开展反“五风”整风运动的指示》《关于处理城市“共产风”问题的若干具体规定》《关于进一步安排人民生活的指示》《关于干部十不准的规定》等一系列文件，提出：城市支援农村以及厂社挂钩，应该按照等价交换的原则进行，对于城乡之间，单位与单位之间，假协作之名，假公济私，以物易物，任意侵占国家的统购物资和统配物资的，一律进行检查处理；凡是挪用国家财政资金、银行信贷资金和国营商业部门、粮食部门资金的，一律限期分批扣还；手工业、小商品生产不得乱合乱并、乱转业、乱升级；在组织人民经济生活和城市人民公社以及各种“大办”中发动群众捐献的财物，一律退还；在取消计件工资后，个别单位不分技术高低和劳动态度好坏，采取工资拉平的，立即加以纠正并改

行计时分等加奖励的工资制度。[①] 这些政策规定，对反“五风”尤其是对纠正“共产风”的错误，发挥了重要作用。

城市反“五风”斗争在1961年上半年基本结束。尽管在反“五风”过程中，特别是在武昌区反“五风”试点中，出现了以过火斗争开展反“五风”的问题，但总体看，反“五风”在当时还是很有必要并取得了成绩的。1961年下半年，武汉市委和市政府把反“五风”与经济调整结合起来，而且把重点放在了调整方面，避免了过火斗争的发展和蔓延。到1962年下半年，市委对反“五风”中过火斗争的错误进行了甄别平反，重新作了结论。

## 第三节　政法工作的变化与调整

“反右倾”“大跃进”在政治上经济上的“左”的错误带来了严重后果。在高指标的带动下，“共产风”、瞎指挥、浮夸风在全国盛行，国民经济出现困难，加上严重自然灾害，人民生活贫困，武汉各种刑事案件上升。武汉市政法机关根据犯罪新变化和新特点作出了相应调整。

### 一、公安机关重点打击经济领域和流窜作案犯罪

1960年代初，在国家经济困难时期，武汉各种刑事案件上升，特别是流窜作案增加，以盗窃、投机倒把案件居多。市公安机关对此进行了严厉打击。

景某堂龟山杀人案。1965年9月4日下午，河南南阳劳改就业人员景某堂流窜到武汉后，在火车站遇见回湖南探亲路过武汉的陕西115厂女检验员黄某跃，便与之搭讪，结伴至汉口。景将黄骗至龟山树林中，用石块猛击其头部，致黄死亡，抢走死者的手表、提包等物。后景逃往湖南岳阳，又从湖南潜回河南南阳家中。武汉公安机关对此无名女尸案开展周密侦察，几经周折，先查清女尸身份；后又以现场遗留的汗衫为线索，多次往返河南等地侦察，在群众的大力配合下，将景某堂逮捕归案，并从其家中搜出抢劫的赃物。1966年4月26日，市中级人民法院依法判处杀人抢劫犯景某堂死刑。

钟某干舵落口杀人案。1964年2月2日，汉口舵落口火车站搬运工钟

---

① 参见中共武汉市委党史研究室：《中国共产党武汉历史（1949—1978）》，中共党史出版社2009年版，第320页。

某干阴谋外逃投敌，乘舵落口火车站职工熟睡之机，用菜刀将站长赵某、助理值班员蔡某显、站务员郑某洪砍死，并将被害人的手表及保险柜内 900 元现金洗劫一空，在墙上署名题写血诗后，携带凶器逃走。市公安局立即发出通缉令，进行追捕。次日清晨在蒲圻火车站将钟犯从南去的货车上缉拿归案，缴获全部赃物及凶器。4 月 28 日，市中级人民法院判处钟某干死刑。

## 二、检察机关强化对侦查、审判工作的监督职能

### （一）把好审查批捕关

1959 年，市检察院根据中共中央“不仅杀人、捕人要少，管制也要比过去少”的指示，实行审查批捕案件必须经过“五关”，即个人阅卷、集体讨论、“三员”研究、“三长”审查、党委批准，审查批捕案件数量比上年下降 61%。

1960 年上半年，审查批捕工作较好地行使法律赋予的职责，恢复了以前的做法，在审查批捕案件时实行“三查三对”① 和“四个结合”②，办案质量逐步提高。

1961 年 5 月，再次将批捕权收到市检察院（1956 年第二季度市检察院将部分审查批捕权下放区检察院。1957 年 3 月 1 日收回，同年 10 月 1 日又下放），办案制度也作了相应的修改：对凶杀、抢劫等重大案件，会同公安、法院共同勘查现场，就地联合办案，对证据不足不拟批准逮捕的人犯，调查后再作决定，避免错漏；发现重大敌情或案外应追究刑事责任的罪犯及时转公安机关调查处理。同年，市检察院作出相应规定：凡有疑点或案情重大、复杂的案件，由检察员携卷下街道、单位，依靠群众就地核查后再作批准逮捕决定；破坏中心工作或在群众中有重大影响的案件，或敌情较突出地区发生的案件，逮捕前组织群众讨论，征求意见，再作出决定。

1961 年 6 月，中共武汉市委召开政法工作会议，纠正取消侦查监督的偏向，恢复检察机关行使侦查监督的职能，肯定从审查批捕开始实行法律监督的正确性和检察机关参与重大案件现场勘查和预审工作的做法。

1962 年，实行办理大案、难案时先与被告见面；注意区分造谣与传谣、

---

① 即查犯罪事实，对证据是否确实可靠；查证言是否合情合理，对口供有无矛盾；查定案结论，对是否合乎法律。

② 即科学分析与审查事实根据相结合，讯问被告人与实地调查相结合，掌握政策原则与当时当地具体情况相结合，办案与党的中心任务相结合。

反坏分子的破坏与落后群众的不满言行等两类不同性质的矛盾，做到“狠、准、稳、细”，批捕人犯的工作质量又有提高。

1963 年，最高人民检察院对批捕、起诉、出庭作出 26 条规定。为了贯彻此规定，市检察院对审查批捕规定：（1）每一案件都要指定专人审查，做好阅卷笔录；（2）重大、复杂、疑难案件或意见分歧案件，集体讨论，统一认识；（3）检察长亲自参与办案，核实重点材料，参加重大案件的集体讨论，必要时召开检察委员会决定；（4）密切与公安机关和发案单位的联系，沟通情况，听取意见。这些做法沿用至 1966 年。

**1955—1966 年批准逮捕人犯统计表①**

| 年份 | 受理公安机关提请批准逮捕人犯 | 批准逮捕人犯 | 年份 | 受理公安机关提请批准逮捕人犯 | 批准逮捕人犯 |
|---|---|---|---|---|---|
| 1955 | 7508 | 5468 | 1961 | 1957 | 1761 |
| 1956 | 1040 | 770 | 1962 | 1520 | 1337 |
| 1957 | 2858 | 2618 | 1963 | 1937 | 1709 |
| 1958 | 3864 | 3438 | 1964 | 854 | 658 |
| 1959 | 1525 | 1360 | 1965 | 706 | 544 |
| 1960 | 4796 | 4058 | 1966 | 236 | 197 |

（二）强化审判监督工作

1957 年 7 月，市检察院召开审判监督工作会议，规定审判监督工作范围是：审查判决书，对错误判决、裁定依法提起抗诉；对法院执行政策和审判作风实施监督；对审判工作中积压②的案件进行检察；对刑事判决的执行实行监督；对死刑执行现场监督；参与和提起重大民事诉讼。③

各区检察院按上述工作范围开展审判监督工作，并指定专人审查判决书副本。市检察院定期抽查各区检察院审查情况，对不服判决的申诉案件进行认真审查；对判决执行情况依法实行监督；要求法院在案犯投入劳改时将执

---

① 参见中共武汉市委政法委《武汉政法志》编纂委员会：《武汉政法志·第三卷·检察卷》，武汉出版社 2011 年版，第 89 页。统计数据中，1960 年包括孝感专署 16 个县批捕人数。1966 年“文化大革命”开始后，检察机关被冲击，审查批捕人犯由市、区检察院的群众组织代表吸收院领导讨论决定。1967 年 3 月实行军管后，由中国人民解放军武汉市公安机关军事管制委员会审批组负责审查批捕工作。

② 案件 3 个月以上未判的称为积压。

③ 参见武汉地方志编纂委员会：《武汉市志·政法志》，武汉大学出版社 1998 年版，第 169 页。

行副本送市检察院备查，并配合劳改监督部门检查判决裁定执行情况；对法庭活动是否合法的监督，由出庭支持公诉的检察员负责。该年审判监督工作有较快的发展，基本做到：（1）及时审查判决书副本，发现错误判决或裁定，抓紧在上诉期限内提出抗诉，不使其发生法律效力；（2）对不服判决的申诉及时调查，认真处理，确系错判的依法抗诉或提请纠正；（3）多种方式了解、检察法院执行政策法律的情况。一是结合中心，集中检察某一类型案件，了解审判作风和执行政策、法律情况，发现审判有重大缺点或严重违法行为，及时向检察长汇报，提请法院纠正；二是由检察长或检察长指定的检察员列席法院审判委员会讨论案件了解情况，听取意见；三是每季度末对未通知检察院出庭，法院自行审结的案件，进行一次检察，了解实行公开审判、回避、辩护、合议、审判委员会讨论案件、上诉等各项审判程序中的情况与问题；四是每季度末对市、区法院审理案件是否及时进行检察，发现积压案件，提请法院采取措施予以纠正。

审查判决书重点放在检察院提起公诉出庭支持公诉的案件，发现明显错判或该判未判案件和判处重刑①以及判处缓刑、管制、教育释放的案件，如有问题立即调卷审查，确认判决不当的，根据问题性质、错误程度，决定口头联系或书面建议或提出抗诉。对不服判决的申诉，经过审查判决书副本，决定受案后，向原审法院调卷审查。如若判决确有错误需撤销原判重新审理的，依法定程序提出抗诉；原判虽有错误，但不必撤销再审，仅需原审法院裁定纠正的，先与原审法院研究，统一认识，再制作法律文书，提请原审法院自行按审判监督程序裁定纠正。确认原判正确、申诉无理的，驳回申诉。根据申诉人具体情况，有的口头驳回，有的制作驳回申诉决定书。

1957 年，市、区检察院共审查法院判决书或裁定书副本 1445 份，发现判决不当的 66 件，占 4.5%；提出抗诉 28 件（其中上诉程序的抗诉 13 件，审判监督程序的抗诉 15 件），建议或提请法院自行改判的 38 件。②

1958—1963 年，办案程序、制度被打乱，对判决及副本的审查未能开展。1964 年，市检察院召开审判监督工作座谈会，重新提出加强审判监督工作，肯定以审查判决书副本为重点开展审判监督的做法，要求各区检察院

---

① 指 10 年以上有期徒刑、无期徒刑、死刑。

② 参见武汉地方志编纂委员会：《武汉市志・政法志》，武汉大学出版社 1998 年版，第 170 页。

恢复此项工作，健全审查制度，同时决定对判决书副本的审查主要放在认定事实和证据是否确实、罪名是否确切、判决是否恰当等三个环节上；发现判决或裁定不当，在审查结论中提出，经检察长批准后向法院提出，并抄报上级检察院备案。1966 年“文化大革命”开始，审判监督工作中止。

## 三、贯彻落实新的审判政策方针

### （一）贯彻执行“狠、准、稳、细”的审判政策方针

1957 年，全市法院根据最高人民法院、司法部发出的《关于城市中当前几类刑事案件审判工作的指示》精神，针对杀人、强奸、盗窃犯罪上升的趋势，“坚持惩办与教育相结合，教育改造多数，惩办少数”的方针，注意划清罪与非罪、从宽与从严的政策界限。

1958—1961 年，全市法院贯彻执行中央关于“狠、准、稳、细”“三少”（少杀、少捕、少管制）、“依法长判”的政策方针，严格区分和正确处理两类不同性质的矛盾。四年中共审结（一审）流氓、强奸、杀人、盗窃、纵火等重大刑事犯罪案 5036 件。①

1962—1966 年，全市法院共审结（一审）流氓、强奸、杀人、抢劫、盗窃、纵火案 3018 件。1961 年冬至 1962 年春，社会治安秩序比较混乱，抢劫、凶杀、盗窃、诈骗、投机倒把等犯罪比较突出，人民法院贯彻“治安管理从严”的方针，运用法律手段，及时予以严厉打击，并召开群众大会宣判处理，使社会治安有了好转。1962 年 6—7 月间，台湾当局妄图窜犯大陆沿海地区，凶杀、投毒、抢劫、重大盗窃、流氓活动等刑事犯罪又增多。全市法院按照最高人民法院《关于当前人民法院刑事审判工作的若干意见》，以及《关于在当前的对敌斗争中审判工作的任务》中提出的“处理治安案件一定要严格划清两类矛盾的界限”“要坚持‘三少’政策，杀人不在多，而要杀得准”等指示精神，采取一批一批地打击和一个一个地处理相结合的办法，在 9 月、11 月和年底前后，对严重刑事犯罪分子进行集中打击。1963 年，流氓、强奸、杀人、抢劫、盗窃等严重破坏社会秩序的犯罪突出，全市法院共审结 847 件。②

### （二）重申保障被告人上诉权利

1961 年，为纠正 1958 年“大跃进”期间有法不依或不认真执行法律的

---

① 参见武汉地方志编纂委员会：《武汉市志·政法志》，武汉大学出版社 1998 年版，第 171 页。

② 参见武汉地方志编纂委员会：《武汉市志·政法志》，武汉大学出版社 1998 年版，第 172 页。

情况，在市法院制订的《刑事审判工作守则》中，重申保障被告人上诉权利，在宣判同时必须宣告上诉权利，上诉期限自判决宣布之次日起，5日内有效。被告人提出上诉的，一律应提出上诉状，在押被告人要求上诉的，给其书写条件或指定人代笔。口头提出上诉的，或未正式提出上诉，但请求调查或对处理提出意见的，都视为上诉。有特殊原因或理由过期提出上诉的，亦准予上诉。在上诉期间，即判决未发生法律效力之前，不能执行，不得送去劳改。二审案件审理，由审判员3人组成合议庭，就事实和处理进行审查。上诉没有新证据和充分理由足以动摇原判认定的事实或判决，而原判认定的事实又确实可靠、判处正确的，维持原判。主要事实不清的，责成原审法院调查，或会同原审法院调查，也可自行调查。部分情节不清的，责成原审法院补充调查材料或自行调查。对主要事实不清，被告又坚决不供认、又无证据的案件，撤销原判，发回更审。原审法院对发回更审的案件处理结束后，不论当事人是否再上诉，须将调查处理结果报告市法院。

1958年“大跃进”后的一段时间内，刑、民合署办公，一些行之有效的程序、制度被打乱。1961年6月省、市政法会议后，加强民事审判工作，恢复和建立了必要的制度。[①] 1962年1月，市法院在重新拟订的《武汉市中级人民法院民事工作守则》中规定：一审案件宣判时应向当事人明确交待上诉权、上诉期限（从判决或裁定送达之次日起10日内有效）；有特殊原因和理由逾期提出上诉的，应准予上诉。审理上诉案件，应根据原卷材料和当事人提出的上诉状和答辩状，就事实和处理全面进行审查。对当事人提出新的事实、证据和理由，以及原审法院尚未调查清楚的问题，要深入细致地调查研究。发现原审认定事实有重大出入或处理不当，须要改判的案件，应与原审法院联系，交换意见后再作处理，对案情复杂而主要事实不清楚的，可以发回更审或由原审法院派人会同调查。审理上诉案件亦须充分依靠群众，对当事人耐心进行说服教育，做好思想工作，试行调解，然后再判。[②]

---

① 参见武汉地方志编纂委员会：《武汉市志·政法志》，武汉大学出版社1998年版，第173页。

② 参见武汉地方志编纂委员会：《武汉市志·政法志》，武汉大学出版社1998年版，第173页。

# >>第四章 “文化大革命”时期武汉法制建设的曲折发展<<

党的十一届六中全会通过的《中国共产党中央委员会关于建国以来党的若干历史问题的决议》指出：“‘文化大革命’是一场由领导者错误发动，被反革命集团利用，给党、国家和各族人民带来严重灾难的内乱。”① “文化大革命”中，尤其是在初期，无论是从全国整体来看，还是从武汉地方来看，正常的国家机构设置、政府治理及整个社会的正常运行秩序被破坏，公民的生命、财产和安全失去保障，公、检、法机关被冲击和夺权，大批政法干部成为批斗对象，新中国刚刚建立起来的法律体系和法制权威被严重削弱。

“文化大革命”十年间，社会主义法制建设经历了一段停滞、倒退的历史，对武汉政治秩序和社会生活造成了严重破坏，使人们深切感受到法律秩序缺失造成的严重混乱。“文化大革命”中后期，武汉市政法领域公安、法院机构的逐步恢复及开展工作，呼应了人们内心对安定、正常社会生活秩序的强烈期盼，体现了法制在国家社会生活中的不可或缺。

## 第一节 “文化大革命”初期的破坏

1966 年 5 月至 1968 年底，武汉地区政治运动连续不断，大字报和“革命”“造反”标语口号铺天盖地，街头游行、示威、辩论乃至武斗频繁发生……整个社会生活全面动乱。

这一时期，武汉市在法制建设方面出现以下变化：党政机关受冲击、

① 《中国共产党中央委员会关于建国以来党的若干历史问题的决议》，人民出版社 1981 年版，第 25 页。

被“夺权”，负责人遭批斗，工作陷入瘫痪；规章制度被废弃，组织纪律失去约束力，社会对立加剧，社会秩序恶化；执法机关及其功能被严重弱化，对“动乱”造成的堵塞交通、毁坏公私财物、抄家、揪斗、武斗等行为无法正常执法以及有效制止，市民的人身、财产安全受到严重威胁和侵犯。

### 一、“文化大革命”对武汉社会生活的全面破坏

1966年5月召开的中共中央政治局扩大会议，对党和国家政治形势作了错误的估计，提出要夺取在文化领域的领导权，同时必须批判“混进党里、政府里、军队里和各种文化界的资产阶级的代表人物”，认定这些人是一批反革命修正主义分子。会议通过了“五一六通知”，发动了“文化大革命”。

在“文化大革命”发动初期，武汉市斗争的主要矛头集中在文化领域。武汉大学校长李达等三人被确定为“武大三家村”，市文化战线也“挖出”了“反革命黑帮”。全市各机关、工厂企业、学校、部队、街道纷纷集会，声讨所谓“反革命黑帮的罪行”。[①]

针对揪斗中出现打、捆、跪、戴高帽子游行等情况，1966年6月18日，中共武汉市委发出《关于文化大革命当前工作中几个问题的通知》，提出，“大字报应该放手，但不能贴到街上去，也不要贴到被批判对象的家里去”；“整个运动要强调摆事实，讲道理，开展说理斗争，严禁打、捆、跪、戴高帽子游行等非法斗争，要拘留和搜查的，按法律手续办”；“对各种建筑物、文物古迹等的内容和形象有意见的，可以向有关单位提出来，但不要在上面贴大字报，不得拆毁，要妥加保护”，商品商标图案“无反动政治内容的不应停售，更不得毁坏”。[②]

6月下旬，受北京成立“红卫兵”组织的影响，武汉各大中学校“红卫兵”组织纷纷成立。全市红卫兵由校园走上街头，开始了破“四旧”运动。

自9月开始迅速蔓延全国的大串联，对武汉市“文化大革命”急剧升温产生重要影响，武汉地区大专院校、厂矿企业成立了为数众多的群众组

---

① 中共武汉市委党史办公室：《中共武汉党史大事记（1919—1987）》，武汉大学出版社1989年版，第321页。

② 参见《关于文化大革命当前工作中几个问题的通知》，武汉市档案馆现行党务类1—47卷。

织。根据对“当权派”是“斗”还是“保”的立场，这些组织被划分为造反派（“革命派”“左派”）和保守派（“保皇派”“老保”）。造反派中最具影响力的是“钢派”（钢工总、钢九一三和钢二司等组织）和“新派”（工造总司、新华工、新华农和新湖大等组织）；保守派组织的代表是“百万雄师”。①

反对“走资本主义道路的当权派”和批判“资产阶级反动路线”的开展，严重冲击地方各级党政机关，党和团的基层组织，工、农、青、妇等群众团体和各民主党派。“批判资产阶级反动路线”“踢开党委闹革命”“停工、停产闹革命”的浪潮席卷全市。

在1967年1月上海“一月（夺权）风暴”的影响下，省、市领导权被夺取，市公安局、市广播电台等几十个部门和武钢等大型工厂企业被夺权。② 此时，由于各造反组织成员成分复杂，夺权之后无政府主义急剧膨胀，在权力分配等问题上意见分歧，产生分裂和争斗，形成了尖锐对立，出现相互武斗现象。

1967年7月14日，国务院副总理兼公安部长谢富治、中央“文化大革命”小组成员王力在武汉发表明确支持造反派的言论，因而遭到另一派组织“百万雄师”的强烈反对。7月20日，部分“百万雄师”群众和驻汉某部队部分战士冲入武昌东湖谢富治、王力的住处，要求与二人辩论，并在相持之中将王力打伤并强行带走。与此同时，武汉三镇数十万军民连续数日举行声讨王力、谢富治的示威游行，形成声势浩大的群众性抗议风潮。③ 林彪、江青等人将“七二〇”事件定性为“反革命暴乱”，“一个彻头彻尾的反革命事件”。后在党中央的关心下，“七二〇”事件得以平反。

## 二、“文化大革命”时期全市的“领导权力机构”

在各地省、市人民委员会被夺权后，“新”的政权机关并没有马上出现，这种真空状态造成城市管理工作陷入混乱、无序状态。武汉地区物资供应紧张，商店、菜场、饮食店门前排长队，全市交通陷于半瘫痪。为维持全

---

① 参见中共武汉市委党史办公室：《中共武汉党史大事记（1919—1987）》，武汉大学出版社1989年版，第324页。

② 参见武汉地方志编纂委员会：《武汉市志·政权政协志》（1840—1985），武汉大学出版社1998年版，第198页。

③ 参见武汉地方志编纂委员会：《武汉市志·政权政协志》（1840—1985），武汉大学出版社1998年版，第200—201页。

国基本的城市生产、生活秩序，毛泽东决定派军队全面介入地方工作。

1967 年 1 月 23 日，中国人民解放军武汉军区奉命成立“支左指挥部”，驻汉部队的 32000 名指战员，随即组成了 3000 多个“毛泽东思想宣传队”进驻全省党政机关和有关单位，开始介入武汉地区“文化大革命”。[①] 驻汉部队以市、区人武部为基础，组织了“抓革命促生产指挥部”以临时承担武汉市的城市管理工作。1967 年 3 月 6 日，武汉市人民武装部抓革命促生产办公室成立，宣布即日起开始办公。3 月 21 日，武汉市抓革命促生产办公室改建为武汉市抓革命促生产第一线指挥部，在市人民武装部党委直接领导下，作为全市“领导权力机构”，负责指挥全市各条战线的生产和工作。3 月 28 日，中国人民解放军武汉卫戍部队（8201 独立师）奉命对武汉市公安局、检察院、法院实行军管，成立中国人民解放军武汉军区武汉市公检法军事管制委员会（以下简称市公检法军管会），各处、分局均成立军管小组。除了制止武斗、进行军管和军事保护外，驻汉部队还为维护武汉地区的基本社会生活秩序做了大量工作。在公检法部门瘫痪的情况下，驻汉部队对危害社会生活、公共秩序的“打、砸、抢”分子及其他犯罪团伙进行了严厉打击。

1968 年 1 月 20 日，武汉市革命委员会正式成立。市革委会取代了中共武汉市委、武汉市人民委员会和武汉市人民代表大会的职权，[②] 在“文化大革命”中后期成为地方党委的执行机构，实行党政合署办公。革委会的建立以全盘否定新中国成立以来我国的党政领导体制为前提，是“打倒一切”“全面夺权”的畸形产物。它体制上的弊端及其成分的严重不纯，成为国家和各地政治、社会生活长期难以安定的重要原因。[③] 然而在当时的情况下，革委会的成立毕竟在一定程度上结束了“文化大革命”前期的大动乱局面，填补了武汉地方权力的真空半真空状态。这一相对统一的权力机构承担起组织工农业生产和管理社会生活的责任，使各项工作有可能逐步恢复和开展，有助于维护社会稳定，遏制全市性的动荡不安。

---

① 参见中共武汉市委党史办公室：《中共武汉党史大事记（1919—1987）》，武汉大学出版社 1989 年版，第 328 页。

② 根据 1975 年《宪法》，市革命委员会为市人民政府，同时是市人民代表大会的常设机构。

③ 参见李正华、张金才主编：《中华人民共和国政治史（1949—2012）》，当代中国出版社 2016 年版，第 116 页。

## 第二节　稳定社会局势的努力与接连不断的政治运动

在1967年“七二〇”事件之后，甚至在1968年“三结合”的革委会成立之后，由于多种因素的影响，武汉地区造反派组织仍频频生事，各种运动接连不断，社会秩序、工作秩序、生活秩序屡受冲击。稳定社会局势成为当时武汉市十分重要的工作。

### 一、制止抢枪与武斗

“百万雄师”解体之后，造反组织一方面进行“文攻”，即利用各自控制的舆论阵地进行大辩论、大论战；另一方面，加快了“武卫”的步伐，即组织专门武斗队伍，抢夺军用武器，建立武斗据点。中央和省、市革委会先后作出决定，采取措施，制止抢枪，收缴武器弹药，撤除武斗据点和工事，解散武斗集团。至1968年10月底，全市共收缴被抢走的枪支7.5万多支，炮447门，子弹920万发。[①]

### 二、“清理阶级队伍”与“一打三反”

“清理阶级队伍”简称“清队”运动，原意旨在通过把混入革命队伍里的各类敌人清理出来，做到“阶级阵线分明”，“使斗、批、改的各项任务得到顺利发展”。清理阶级队伍运动的具体做法，是在“文化大革命”初期已经普遍揭发的基础上，通过军管会和进驻工宣队，采取群众揭发、自我坦白、内查外调等方式，深挖尚未揭发出来的所谓的地主、富农、反革命分子、右派分子、走资派、黑帮分子，同时对已经揭发出来的这些“阶级敌人”的“罪行”进行查证、定性并进行处理。全市各单位普遍开展“清理阶级队伍”，清理对象除上述人员外，还包括群众组织里的“坏头头”。

1970年初，中共中央先后发出《关于打击反革命破坏活动的指示》《关于反对贪污盗窃、投机倒把的指示》《关于反对铺张浪费的通知》。为贯彻中央指示，武汉市革委会决定市、区抽调专人、成立专班，在全市开展打击

---

① 参见中共武汉市委政法委《武汉政法志》编纂委员会：《武汉政法志·第一卷·政法综治卷》，武汉出版社2011年版，第374页。

反革命破坏，反对贪污盗窃、投机倒把、铺张浪费的运动（简称“一打三反”运动）。

**三、处理“反复旧”与清查“北、决、扬”**

1969年初，省、市革委会中的原造反组织主要负责人提出武汉有复旧现象，认为一些基层革委会中的造反派遭到排挤和打击，于是策动了一场旨在反对重新出来工作的老干部、影响遍及全市并波及全省的“反复旧”运动。5月18日，武汉市革委会一方面向中央汇报武汉“反复旧”情况；一方面向武汉市工代会发出通知，指出工代会派“工人调查团”进驻市革委会并发表公告和声明是错误的。6月1日至5日，武汉市革委会召开常委（扩大）会议，传达、学习、贯彻中共中央关于处理武汉“反复旧”问题的重要文件，随之开展了一系列工作，“反复旧”闹剧遂偃旗息鼓。

1967年11月，武汉市有关部门在省市革委会、省市委的领导下，配合有关单位，展开了一系列取缔、清查“北、决、扬”行动。“北、决、扬”是“北斗星学会”“决心把无产阶级文化大革命进行到底的无产阶级革命派”（以下简称“决派”）和《扬子江评论》的合称，《扬子江评论》是“北斗星学会”所办刊物，鼓吹“革命”“夺权”“打倒一切”，“决派”继续宣传极左思潮，蛊惑人心制造社会动乱。12月4日，武汉军区点名批判“北斗星学会”，并予以取缔。1968年8月，武汉市革委会取缔、查封《扬子江评论》，湖北省革委会宣布逮捕“决派”负责人，并组织全市人民对其言行进行批判。

## 第三节　军管下的武汉政法战线

1967年3月至1972年11月，是武汉市政法战线的军管时期。而军管的真正完全取消，则是在1974年上半年。在长达数年的军管时期，尤其是在1967年底开始的第二次军管后，市公安军管会为了“改造”武汉市政法机关，对全市政法机构、政法干警进行了大规模、全覆盖的调整。在军管后期及军管结束后，针对这种不符合政法工作实际的调整，市政法队伍进行了大规模的恢复、重建工作。

**一、“砸烂公检法”与两次军管**

在“文化大革命”初期，武汉政法机关受到严重冲击和破坏，广大公检法机关干警遭到揪斗与迫害。

1967 年 3 月下旬至 7 月底，武汉市公、检、法机关经历了在“文化大革命”中的第一次军管。3 月 28 日，驻汉 8201 部队（湖北独立师）奉命对市公安局、市人民检察院、市中级人民法院实行军事管制，成立“中国人民解放军武汉军区武汉市公检法军事管制委员会”（以下简称市公检法军管会）。3 月 30 日，驻汉部队“支左”指挥部发出《关于捕人权限规定》，规定“今后一切拘留、逮捕、判刑的权力，一律收归军事管制委员会控制”。4 月上旬，市公检法军管会成立“市公安机关临时工作指挥部”，负责公安机关日常工作。第一次军管历时 4 个月。在这期间，武汉市、区两级公、检、法机关的机构、人员没有大的变化。

第二次军管从 1967 年底至 1974 年 7 月初，历时 6 年半。1967 年 12 月，驻汉 8199 部队奉命对市公安局、市人民检察院、市中级人民法院再次实行军事管制，成立“中国人民解放军武汉市公安机关军事管制委员会”（以下简称“市公安军管会”），从“公安联司”手中收回公检法机关权力。1968 年 1 月 1 日，第一批军队干部 129 人进驻市、区公检法机关。至年底，军管人员先后分四批共进驻 2443 人。① 市公安军管会接受市革委会和武汉警备区双重领导。1972 年底至 1974 年上半年，虽然市公安军管会名义上仍然存在，但已停止实际活动。②

## 二、政法机关的机构调整

“文化大革命”期间，武汉市政法机关因为形势的变化和上级指示，机构出现多次重大调整。

武汉市革委会成立下设保卫组，后改为政法组。作为革委会下设的四个职能组之一的政法组，同公安军管会合署办公，所谓一套人马、两块牌子的工作体制，行使原公、检、法三个机关的全部专政职能，人民法院和公安、检察机关组织机构便不复存在。③ 这种体制一直保持到 1973 年各级人民法院陆续恢复为止。

---

① 参见中共武汉市委政法委《武汉政法志》编纂委员会：《武汉政法志 · 第二卷 · 公安卷》，武汉出版社 2011 年版，第 677 页。

② 参见中共武汉市委政法委《武汉政法志》编纂委员会：《武汉政法志 · 第二卷 · 公安卷》，武汉出版社 2011 年版，第 676 页。

③ 参见武汉地方志编纂委员会：《武汉市志 · 政权政协志》（1840—1985），武汉大学出版社 1998 年版，第 203 页。

检察机关的情形更为特殊。1968 年 12 月，全国各级检察机关先后被撤销。武汉地区的检察机关则早在 1968 年 8 月因为不断受到冲击以及被军管已实际上不复存在，市检察院除留 8 人协助军管工作外，全部人员被分配到其他单位，检察职能也归并到市、区公安军管会（组）中。①

1968 年 8 月，报经市革委会和武汉警备区党委批准，市公安军管会将市公安局、市人民检察院、市中级人民法院及其所属的处、庭级机构全部撤销，合并为市公安军管会直属的 6 个组：办事组，政工组，后勤组，侦察破案组，治安保卫组，办案组。1968 年底，市、区公安军管会（组）实际在编 2339 人，比原全市公检法机关的编制减少 43%。②

1969 年 9 月 20 日，市公安军管会、武汉警备区联合发出通知：市革委会政法组与公安军管会合并，对内称军管会，对外称政法组，接受市革委会与武汉警备区双重领导。

此后几年间，市公安军管会所属职能部门多次调整、更名和增设。

1972 年 7 月 7 日，根据 1971 年《宪法（草案）》的规定和湖北省第二十一次公安会议关于“批捕、审判分开，建立健全预审和批捕机构”的要求，市公安军管会成立审批组。③

1972 年 11 月 8 日，根据中共中央批转公安部党的核心小组《关于公安系统落实干部政策情况和意见的报告》中关于“公安机关军管已完成了历史任务，建议撤销军管”和“各级人民法院和民政部门应同公安机关分开”的精神，市委决定撤销市革委会政法组。同月，市革委会通知恢复“武汉市革命委员会公安局”（以下简称市公安局），与市中级人民法院分开办公。12 月初，市委通知恢复“武汉市中级人民法院”（以下简称市法院）。同月 4 日，市公安局、市法院正式分开办公。12 月 10 日，市公安局、市法院分别正式对外挂牌。

1973 年 1 月 8 日，经中共湖北省委批准，武汉市革委会政法组改为武

---

① 1975 年 1 月 17 日，第四届全国人民代表大会第一次会议通过了《中华人民共和国宪法》（即七五宪法），第二十五条规定：“检察机关的职权由各级公安机关行使”。这种全国无检察机关的状态，一直持续到 1978 年 3 月第五届全国人民代表大会决定恢复检察机关和检察工作才逐渐结束。

② 参见武汉地方志编纂委员会：《武汉市志・政法志》（1840—1985），武汉大学出版社 1998 年版，第 156 页。

③ 参见武汉地方志编纂委员会：《武汉市志・政法志》（1840—1985），武汉大学出版社 1998 年版，第 157 页。

汉市革委会政法办公室。4月，市委同意成立中共武汉市公安局临时委员会。6月，市革委会政法办公室批复同意成立市中级人民法院审判委员会。[①]

## 三、政法系统的人员变动

1968年8月28日，武汉市公安军管会向市革委会呈报“改造公安机关的实施方案”的请示报告，全盘否定解放17年来武汉公检法的工作，全盘否定武汉公检法干警队伍，决定举办公安干警学习班，彻底改造公安机关。9月下旬，市公安军管会将3000余名原公检法干警，按营、连、排的军事建制，集中遣往河南省信阳地区明港镇某部队营区，举办学习班。要求干警联系实际，揭发、批判原市局领导“复辟资本主义”的罪行，对其中的重点对象，成立专案小组进行专案审查。在全面“斗、批、改”的过程中，对政法干警队伍实行“连根拔”“大换血”。武汉市公检法机关实行第二次军管之初，全市4900多名公检法干警，除留用435人以外，其他全部“靠边站”。与此同时，市公安军管会从部队和地方选调大批以退伍战士为主体的人员参警，到市、区公安军管会（组）工作，并相应增加参加军管的现役军队干部人数。至1972年底，进入市、区公安军管会（组）的新人员达3000余名。[②]

1971年第十五次全国公安会议期间，毛泽东作出“对公安工作要一分为二”的指示。周恩来到会讲话，肯定新中国成立后17年毛主席革命路线在公安工作中占统治地位，肯定广大公安干警大多数是好的、比较好的。1972年初，市委、市革委会和市公安军管会加快在原公检法干警中落实政策的步伐。2月，报经市委、市革委会同意，市公安军管会抽调回一批原公检法干警到交通、消防、侦察部门和派出所工作；后又陆续从武汉及宜昌、襄阳、郧县、荆州、咸宁、孝感的“三线”工厂、财贸单位等抽调原公检法干警千余人回原单位或到机关工作。6月，对6名原公检法局、院领导干部安排工作。政法工作的专业性在70年代初重新获得重视，大量“靠边站”的公、法干警得以重新回到政法岗位。1973年全市公安、法院机构全

---

① 参见武汉地方志编纂委员会：《武汉市志·政权政协志》（1840—1985），武汉大学出版社1998年版，第215页。

② 参见中共武汉市委政法委《武汉政法志》编纂委员会：《武汉政法志·第二卷·公安卷》，武汉出版社2011年版，第691页。

面恢复后，经省委批准的行政编制为 5500 人。[①]

## 四、军管下的司法审判

在 1968 年第二次军管之后，受全国大环境的影响，武汉市的审判机关和审判工作，在突出“阶级斗争”的前提下，出现了机构“重建”、人员精简、程序简化等重大变化。

### （一）办案组、审批组取代法院办理案件

1967 年 3 月实行第一次军管后，市公检法军事管制委员会除拥有拘留、逮捕、判刑最终决定权外，公检法机关机构、领导班子、人员、编制、职能任务未变。第二次军管后，市（区）公安军管会（组）设办案组，取代公检法机关的办案工作。刑事诉讼程序被简化，对犯罪嫌疑人[②]的审查批捕由办案组下设的审批组负责审批，刑事案件也由审批组办理。1967 年 1 月 13 日，中共中央、国务院发布《关于在无产阶级文化大革命中加强公安工作的若干规定》（中发〔67〕19 号），即“公安六条”成为重要的审案依据。

### （二）受理范围变窄

第一次军管期间，由于法院的机构、人员和职能被保留，所以各类案件尚能正常受理、审理。第二次军管期间，由于严重减员和“大换血”，各类民事案件——离婚案件、抚养赡养案件、房屋案件、债务案件、赔偿案件、继承案件等，全部被列为“群众工作”，不属于正式的受理范围，一些这样的案件或纠纷被直接转交当事人所在单位，由单位进行调解处理，受理范围变窄。直到 1972 年法院机构恢复后，各类民事案件的审理才逐步恢复正常。[③]

### （三）二审被取消

1968 年 10 月 14 日，市公安军管会作出明确规定：凡属市公安军管会、区公安军管组判处的案件，一律不给上诉权（包括罪犯家属），二审被取消。

### （四）实行“群众专政”

“群众专政”不同于人民民主专政，是由“革命群众”直接对“反革命分子”“敌对分子”进行审判、处置的一种失范措施。其依据是“公安六

---

① 参见中共武汉市委政法委《武汉政法志》编纂委员会：《武汉政法志·第二卷·公安卷》，武汉出版社 2011 年版，第 693 页。

② 当时称“人犯”或“嫌疑犯”。

③ 参见中共武汉市委政法委《武汉政法志》编纂委员会：《武汉政法志·第三卷·法院卷》，武汉出版社 2011 年版，第 60 页。

条”中的第五条，即“凡是利用大民主，或者用其他手段，散布反动言论，一般的，由革命群众同他们进行斗争。严重的，公安部门要和革命群众相结合，及时进行调查，必要时，酌情处理”。受“群众专政”的影响，公检法军管机构对已逮捕或确定刑罚的罪犯，也都召开群众大会进行公开批斗、判刑。1968 年 12 月 5 日市公安军管会在汉口和武昌同时召开有 3 万余人参加的公判大会，是当年较大的公判会之一。[①]

## 第四节　政法工作与城市秩序的逐步恢复

在军管事实上已经取消以后，自 1973 年开始，尽管仍然受到“左”的因素的干扰，武汉市政法战线在市委的领导下，一边进行人员的充实和机构的重建，一边尝试恢复自身的正常工作，积极开展了多项业务，为保持社会基本稳定发挥了重要作用。

### 一、公安机关维护社会秩序稳定

（一）打击现行违法犯罪

1. 明确刑事案件立案标准

1973 年起，全国政法战线重新开始注重制度与标准建设。1 月，武汉市公安系统恢复重大刑事案件发、破案报告制度。根据公安部《关于统一全国刑事案件立案统计标准的通知》，重大刑事案件依据案件性质、危害程度等确定，主要是凶杀、纵火、投毒、抢劫、贪污万元以上和被盗损失折款千元以上、粮食或粮票千斤以上、布或布票五百尺以上以及其他恶劣情节、后果严重的案件。盗窃案件主要根据情节、性质、作案成员确定，同时参考一般大、中城市损失折款 25 元（粮票 25 斤、布票 25 尺）、小城市和农村折款 15 元的标准立案统计。

1974 年 11 月，又拟定投机倒把一般案件立案标准为：一次获利 25 元以上、一次贩卖粮票 25 斤以上、布票 25 尺以上或一次不足三个“25”但累计获利 300 元（300 斤、300 尺）以上的案件。[②]

---

① 参见武汉地方志编纂委员会：《武汉市志・政法志》（1840—1985），武汉大学出版社 1998 年版，第 171 页。

② 参见武汉地方志编纂委员会：《武汉市志・政法志》（1840—1985），武汉大学出版社 1998 年版，第 172 页。

2. 法制宣传教育

1973年5月，市委转发市公安局、市中级人民法院《关于在全市开展法制宣传教育的报告》。市委决定，由市政法办公室和市委宣传部牵头，从市公安局、市法院、市教育局抽调干部，成立武汉市法制宣传教育办公室，并从公安、法院两家抽调100多名干部，分别下到各区、局、街道，指导开展法制宣传教育。全市城区64条街道全部建立了专门班子，共有专班人员462人，平均每条街道7人左右，共查破各类现行犯罪案件1192起，带破年前积案1575起，破获反革命、流氓、抢劫、盗窃、诈骗、投机倒把等各类犯罪集团240个。全市共召开公判公处大会134场，公判公处违法犯罪分子706人；召开批斗会1066场，批斗反革命犯15名，刑事犯1301名。参加公判、公处、批斗会的群众累计达152万余人次。通过法制宣传教育，挖出来隐藏较深的敌人，落实了党的政策，挽救、教育了失足者，加强了基层组织的整顿和建设，真正发动群众，增强了法制观念，社会秩序有明显好转，有力促进了革命和生产。

3. “两反”斗争

1974年11月，市委批转市公安局、市工商局《关于开展反对贪污盗窃和投机倒把活动的报告》，同意在全市开展反对贪污盗窃、投机倒把活动的斗争（以下简称“两反”斗争）。

根据市委指示，由公安、工商部门抽人成立市“两反”办公室，在市委直接领导下，负责全市“两反”斗争的指导工作。各区、局和工厂、企业均在党委领导下，成立“两反”斗争专班，其中全市工交、财贸系统共成立“两反”斗争专班2295个。

至1975年底，全市内部共摸排出贪污盗窃、投机倒把线索8290起，立案2413起，破获1372起，其中千元或者千斤粮票以上重大案件203起，万元或者万斤粮票以上特大案件27起，查获贪污盗窃、投机倒把集团29个。

4. 破案大会战

1974年11月至12月，市公安局针对全市1月至10月发案多、破案少、犯罪活动猖獗的情况，报经市委、市革委会同意，实行全警动员，采取“集中优势兵力打歼灭战”的办法，在全市开展“破案大会战”。会战期间，全局上下，从机关到基层，从领导到干警，从前方到后方，从政侦、刑侦、经侦破案部门到其他业务部门，所有单位，不同警种，协同配合，全力以赴。两个月全市共破获各类现行刑事案件 3214 起，是 1 月至 10 月破案总数的 1.13 倍，破案率由前 10 个月的 46.4%提高到 67.3%，全年破案率比 1973 年提高 13.7%，是“文化大革命”中破案数最多、破案率最高的年份。同年，还开展了集中整治流氓聚众滋扰活动。

**武汉市“文化大革命”期间打击犯罪统计数据①**

| 年份 | 破案（件） | | | 逮捕案犯（人） | 判刑（人） | 公判会 | |
|---|---|---|---|---|---|---|---|
| | 当年案件 | | 年前积案 | | | 场次 | 人数 |
| | 刑事案件 | 重大案件 | | | | | |
| 1966 | | | | | | | |
| 1967 | | | | | | | |
| 1968 | 215 | | | | 475 | 4 | 87 |
| 1969 | 9167 | | 225 | 993 | | 68 | 993 |
| 1970 | 1448 | 286 | 1203 | 1844 | | 125 | 753 |
| 1971 | 1351 | | 1670 | 408 | 650 | 69 | 650 |
| 1972 | 1257 | 61 | 228 | 1007 | 876 | 238 | 738 |
| 1973 | 3250 | 212 | | 2120 | 1322 | | |
| 1974 | 5923 | 198 | 154 | 1322 | 1002 | 177 | 494 |
| 1975 | 5045 | 174 | | 1154 | 909 | | |
| 1976 | 4851 | 128 | | 1022 | 1017 | | |

### （二）交通和消防管理

1. 交通管理

出台交通管理制度。1972 年 5 月，市革委会、武汉警备区颁布关于加强交通管理的《通令》，规定各种机动车、非机动车、畜力车应遵守的道路交通规则。1973 年 2 月，市革委会为进一步加强对交通管理工作的领导，落实交通安全检查，解决交通工作中的突出问题，决定成立武汉市交通安全委员会。由市公安局、市工交办公室抽调干部建立办公室，在市公安局交通

① 中共武汉市委政法委《武汉政法志》编纂委员会：《武汉政法志·第一卷·政法综治卷》，武汉出版社 2011 年版，第 383 页。1972 年始，取消“政治案件”用语，改称“反革命案件”，诸如“反动标语”“反动传单”不再统计。

处办公。市交通安全委员会的职责是：（1）定期研究交通安全的情况，解决交通管理上的重大问题；（2）统一领导、推动各部门广泛发动群众，贯彻有关交通安全法令、措施；（3）协调解决各部门在交通上的矛盾；（4）监督交通管理方面的工作；（5）抓紧抓好每年“五一”“十一”、新年、春节前后集中整顿交通秩序工作。市交通安全委员会成立后，在全市加大交通安全工作力度，巩固前两年整顿交通秩序的成果，交通秩序开始出现由乱趋稳的局面。

1974 年 2 月，武汉市革委会决定撤销原市交通安全委员会，成立“武汉市交通、防火安全委员会”。市革委会要求各区、局，中央及省在汉大单位成立交通、防火安全委员会，在市交通、防火安全委员会统一领导下，抓好交通、防火工作。

2. 消防管理

为加强对火灾事故的认定与处理，1971 年 4 月 8 日，市公安军管会曾制发《关于认真处理失火问题有关暂行规定》，明确了火警、一般火灾、重大火灾和特大火灾的损失标准，要求对重、特大火灾须认真查处，追究相关人员责任。1972 年 8 月，市革委会政法组根据《消防监督条例》和公安部关于恢复“火灾隐患通知书”的精神，向全市发出《关于执行“火灾隐患通知书”的通知》，明确规定：公安机关经检查发现被检查单位火灾隐患较大，很容易发生火灾事故的，有权对被检查单位发出“火灾隐患通知书”，并按“通知书”所提要求，督促限期整改。同时，武汉市结合全市开展的安全大检查活动，积极加强消防业务训练，发展群众消防工作队伍。全年火灾事故次数和损失数同比有所下降。①

1973 年 10 月，市第十二次公安会议重申“消防工作要贯彻‘以防为主，以消为辅’的方针”，要求开展群众性的防火工作。把易燃、易爆物品集中的部门和粮棉油及国家重要物资仓库列为防火重点。大型工厂、企业、重要物资仓库恢复和建立防火安全领导小组，制订、落实防火措施，贯彻《消防监督条例》，保证安全。

1974 年 11 月，市公安局报经市革委会同意，制发了市公安局、区公安

① 参见中共武汉市委政法委《武汉政法志》编纂委员会：《武汉政法志·第一卷·政法综治卷》，武汉出版社 2011 年版，第 383 页。

分局、派出所三级防火管理办法，确定防火管理的基本原则是实行以块块为主，条块结合，并根据单位规模、重要程度和火灾危害性大小，对各级公安机关防火管理的单位进行分工，各自担负防火管理的责任。三级防火管理办法的实施，使各级公安机关防火管理的任务和责任明确化、具体化，并且重点突出。与1973年相比，1974年火灾事故总数虽然有所上升，但死人、伤人、财产损失数分别下降58.3%、31.3%和10.4%。

**武汉市"文化大革命"期间交通、火灾事故统计①**

| 年份 | 交通事故 | | | | 火灾事故 | | | |
|---|---|---|---|---|---|---|---|---|
| | 起数 | 死人数 | 伤人数 | 损失数（万元） | 起数 | 死人数 | 伤人数 | 损失数（万元） |
| 1966 | 823 | 70 | 773 | 2.46 | | | | |
| 1967 | 1418 | 245 | 1498 | 7.97 | | | | |
| 1968 | 1613 | 257 | 1487 | 28.67 | | | | |
| 1969 | 2039 | 200 | 1870 | 28.69 | | | | |
| 1970 | 1150 | 127 | 945 | 28.34 | | | | |
| 1971 | 990 | 136 | 840 | 18.94 | | | | |
| 1972 | 1125 | 134 | 912 | 23.65 | 178 | 11 | 101 | 202 |
| 1973 | 1259 | 158 | 1172 | 24.3 | 152 | 12 | 70 | 128 |
| 1974 | 2148 | 266 | 2181 | 20.9 | | | | |
| 1975 | 2272 | 255 | 2257 | 33.25 | 207 | 11 | 44 | 91.7 |
| 1976 | 2995 | 312 | 2839 | 38.2 | 248 | 11 | 121 | 160 |

（三）社会治安管理

1. 特种行业、危险物品和公共场所治安管理

"文化大革命"初期，一些行之有效的管理制度和办法被砸烂，治安管理处于瘫痪半瘫痪状态。根据市委、市革委会指示，从1970年1月至1975年12月，市公安军管会②单独或会同有关部门先后制定并公布关于特种行业、危险物品管理等规定11件，使这些行业的治安管理逐步恢复。

① 中共武汉市委政法委《武汉政法志》编纂委员会：《武汉政法志·第一卷·政法综治卷》，武汉出版社2011年版，第384页。

② 1972年11月起改为市公安局。

这些规定包括：《关于加强刻字印章行业管理工作暂行规定》《关于废旧物品行业市场治安管理暂行规定》《关于剧毒物品治安管理暂行规定》《关于易燃易爆危险物品安全管理暂行规定》《关于非军用枪支治安管理的暂行规定》等。

1973 年，消防部门加强易燃易爆物品生产、销售、储存、运输环节管理，办理危险物品购买证 2.05 万张，运输证 1079 张，收缴爆炸物 1000 公斤。同年 12 月，市革委会公布市公安局起草的《武汉市特种行业管理工作暂行规定》，分别对特种行业管理的范围，开设、经营的手续，营业性质的变更、负责人的更换及迁移、合并、扩大、停业等情形提出具体要求。[①] 1975 年 12 月，市公安局出台《关于加强对旧货行业管理的几项规定》，要求旧货行业的收购人员，必须认真审查出售人员的证件，发现不法分子销赃的，应连人带物送交当地公安派出所处理；属销赃可疑的，报告当地公安机关处理。凡违反规定收购的赃物，由公安机关没收、退还失主或上交国库。上述规定的发布与执行，对逐步恢复和加强特种行业、危险物品和公共场所治安管理起到了促进作用。

2. 强制劳动（劳动教养）工作

1969 年武汉市曾成立教改训练班，对有流、扒、盗行为的青少年集中进行教育和劳动改造，每期半年。1970 年 8 月，省公安军管会发出《关于办理劳动教育人员的意见》，决定把一部分危害社会秩序、但又不够作敌我矛盾处理或判处徒刑的违法犯罪分子，集中起来，进行劳动教养。武汉市于 1971 年 1 月在湖北省钟祥县旧口镇原沙洋农场一分场九队，开办“武汉市公安军管会强制劳动学校”，收容强制劳动对象。当年 1 月至 4 月，先后接受强制劳动对象 468 人。同年还成立了“武汉市劳动教养领导小组”。[②]

1972 年 5 月，由于沙洋的劳动学校容量有限，市公安军管会将 877 名有流、扒、盗等刑事犯罪活动，不够判刑、劳教，但又屡教不改的人员集中送往襄渝铁路工地劳动改造。7 月，市革委会同意市公安军管会《关于对一部分流、扒、盗等犯罪分子进行劳动教育和劳动教养的报告》。该《报告》

---

① 参见中共武汉市委政法委《武汉政法志》编纂委员会：《武汉政法志・第二卷・公安卷》，武汉出版社 2011 年版，第 711 页。

② 中共武汉市委政法委《武汉政法志》编纂委员会：《武汉政法志・第一卷・政法综治卷》，武汉出版社 2011 年版，第 385 页。

明确提出：流、扒、盗等违法犯罪分子中，年龄在 13 岁至 18 岁的男女青年，送青少年劳动学校；18 岁以上的男女青年，送劳动教养。

1973 年 5 月，市公安局制定《关于劳动教养审批工作权限和审批手续的规定》，明确劳动教养案件由有关业务处、分局审查，报市劳动教养领导小组批准。劳教人员所在单位要签署处理意见，并写明解除劳教后负责安排工作的意见。同年，市强制劳动学校更名为“武汉市革委会公安局劳动教养学校”。

1974 年 9 月，市革委会批准市公安局《关于加强武汉市强制劳动工作及场所建设的报告》和《关于加强强制劳动的试行规定（草案）》，对强制劳动的性质、任务、强制劳动对象、审批手续、强制劳动期限、教育管理、强制劳动人员解除强制劳动后的安置等作出了具体规定。同年 11 月，劳动教养学校从沙洋迁至武汉市东西湖东风垸（柏泉），更名为“武汉市革命委员会强制劳动农场”。当年收容违法犯罪青少年 959 名，教育期限一般为一年，表现不好的适当延长。

1975 年 9 月 4 日，市委批转市公安局《关于两个政策性问题的请示报告》，其中明确：一是凡因犯罪被拘留的人员，自拘留之日起一律停发工资；二是在校学生因违法活动被送劳教、少管的，解除后一律下放农村，不得在城市安排工作。下放及招工、升学，按下放知识青年对待。

3. 公共场所管理

公共场所管理主要是对旅社、车站、候船室、码头、公共场所、招待所进行清查，打击犯罪，维护治安秩序。1972 年 12 月，市公安局、市园林局出台《公园治安管理规定》，对公园游乐设施及房屋质量安全，以及游人遵守治安秩序，服从工作人员管理等事项提出具体要求。同年，市公安局、市文化局印发《影剧院公安管理规定》，要求影剧院建立健全各种安全保卫制度，对观众进行法纪和社会主义道德教育，搞好内外安全保卫工作；规定观众应遵守影剧院各种规章制度，严禁携带各种武器、易燃易爆及有毒物品进入影剧院。

组织民兵维护社会治安。从 1972 年起，市、区人武部组织企事业单位的民兵参加维护社会治安活动。尤其是 1974 年 4 月市、区相继成立“民兵总指挥部”和“民兵指挥部”后，民兵参加社会阶级斗争和协同公安机关维护治安就成为其一项经常性的任务。其主要任务是：参与重大节日、大型活动如公判批斗大会的保卫工作；参与大清查、巡逻执勤、重点守卫、跟车反扒、缉拿罪犯、处理治安纠纷等治安工作；配合有关方面，抓青少年校外教育，对“四类分子”进行监督改造，对重点人口进行调查控制；配合治保组织，开展“四防”（防火、防盗、防抢劫、防破坏）安全检查，督促整改隐患，落实“四防”措施。在当时，各级民兵组织被誉为“群众专政的铁拳头，维护治安的生力军”。是年，全市参加治安管理和巡逻执勤的民兵达 120 余万人次。①

4. 预审工作和监所管理

武汉市公安机关实行军管时期，由军管会审判组替代预审部门的职能，办案程序混乱，不能互相制约，影响办案质量。1972 年，恢复预审处建制。1974 年至 1976 年，预审部门的主要任务是健全预审机构，汇集预审法律法规，健全各项规章制度，组织力量清理积案。

“文化大革命”初期，武汉市看守所管理制度遭到破坏，全市看守所教育改造工作处于混乱局面，在押人犯不服管教，互相串供，“牢头狱霸”嚣张猖獗，逃跑、违反监规以及打骂、虐待人犯等问题时有发生。1972 年，市军管会对在押未决犯生活供给标准作出暂行规定。1973 年后，市公安局加强对看守所工作领导，组织力量对全市监所进行全面清理、整顿，建立健全监规制度，改善在押人员关押、学习、改造环境，适时开展认罪伏法和坦白从宽教育。

1972 年，湖北省京山县天王镇战备监狱投入使用，内部称为第三看守所，对外称为武汉市工读学校。1973 年，3 个看守所关押对象作出相应调整，一所关押市公安局一、二、三、四、七处预审的案犯及政治犯、重大刑事犯；二所关押九处侦办的刑事犯及法院待判的案犯；三所关押久押未决人犯及短刑罪犯。1973 年，贯彻落实中央关于废除法西斯式的审查方式的指示，召开全市预审看守工作座谈会，对监管工作进行全面检查，建立健全各项工作制度，开展监内整顿清理工作，大部分久押未决的案犯得到处理。

5. 改善户政管理

一是进行人口卡片重建工作。1973 年 4 月，市局印发《关于重建人口

① 参见中共武汉市委政法委《武汉政法志》编纂委员会：《武汉政法志 · 第一卷 · 政法综治卷》，武汉出版社 2011 年版，第 386 页。

卡片的通知》，全市10个分局、115个派出所，分6批进行人口卡片的重建工作，9月28日结束。按照建卡规定的范围，全市新建人口卡片1718160张。这一年，共接待查卡25074人次，电话查卡2274人次，处理函调材料580件，群众来信224封，为侦查破案提供线索3186起，查获逃犯67人。1975年2月，市局决定实行夜间电话查卡制度。[①]

二是加强重点人口管理。1973年12月，市公安局制定《关于重点人口列管范围和管理的规定》，规定列管重点人口范围是年满18周岁以上、有进行各种犯罪可疑的分子；正在改造和未改造好的“五类”分子[②]及阶级敌对分子；经过政府处理后，又有犯罪嫌疑，不够打击处理，无立案侦查必要，但必须进行调查、控制或教育改造的分子（“三种人”）。在管理工作中变公开管制为依靠群众治安积极分子监督其现实表现。1975年3至5月，全市开展调查，共摸出“三种人”5197人，其中劳改释放3586人，解除劳动教养1324人，解除少管287人，全部列为重点人口管理。

三是进一步完善户口管理。军管几年间，市公安军管会先后印发了《关于启用“户口专用章”的通知》《关于无户口人员返回原地的报告》《关于将几种户口手续交由区公安机关和派出所办理的通知》。1973年11月23日，市公安局、市卫生局印发《武汉市人口出生、死亡统计调查工作暂行办法》。1974年4月5日，市局印发《户口迁移工作座谈会纪要》，对“文化大革命”中因非法入户而被注销城市户口等8个问题，作出明确规定。

## 二、人民法院的恢复及审判工作调整

1973年1月1日，武汉市中级人民法院正式恢复对外办公，内设刑事审判庭、民事审判庭、政治处、办公室，工作全面展开。

同年3月，武昌区人民法院恢复。4月，江汉区、江岸区、硚口区、青山区人民法院恢复。5月11日，市革委会批转市中级人民法院《关于恢复和建立人民调解委员会的报告》。同月，洪山区、汉阳区人民法院恢复。1973年全市法院陆续恢复后，全市法院定编264人，其中，市中级人民法院80人，8个区人民法院179人，东西湖派出庭5人。当年12月，全市法

---

① 参见中共武汉市委政法委《武汉政法志》编纂委员会：《武汉政法志·第二卷·公安卷》，武汉出版社2011年版，第702页。

② “五类”分子是指地主、富农、反革命分子、坏分子、右派分子。

院民事审判庭机构全部恢复。同时，成立东西湖区人民法院。

1975 年 9 月 10 日，市委批复同意市中级人民法院恢复司法行政处。

由于“文化大革命”以前我国尚未建立起完整的法律体系，“文化大革命”初期的冲击更使政法机关在整体上陷入了无法可依、有法不依的境地，军管结束后恢复建立的法院组织，对在政治运动不断的情况下如何开展审判工作深感为难，于是边实践边摸索也就成了常态。从社会层面而言，当时还是以“熟人社会”为主，亲友之间、街坊之间以及同事之间的关系，在相当大的程度上还是由传统的情理来维系和支配，或者由单位、社区的组织来调整、处理，对民事纠纷“闹到法院”打官司还较为排斥，甚至深以为耻。因此，这一时期的民事诉讼案件不多，案件类型较少，除了受司法机关受案范围的限制外，市民的“自我克制”也起着重要作用。

**武汉市“文化大革命”期间普通刑事一审案件审结统计表**①

| 年份 | 结案数（件） |
|---|---|
| 1966 | 504 |
| 1967 | 322 |
| 1968 | |
| 1969 | |
| 1970 | 1464 |
| 1971 | 931 |
| 1972 | 1456 |
| 1973 | 1055 |
| 1974 | 962 |
| 1975 | 884 |
| 1976 | 964 |

因为缺乏全国统一的审判工作模式，武汉市法院系统积极开展审判工作经验交流，以更好地胜任审判工作。

（一）恢复重建民事调解工作

从 20 世纪 50 年代至“文化大革命”前，我国对人民调解委员会及人

① 中共武汉市委政法委《武汉政法志》编纂委员会：《武汉政法志·第三卷·法院卷》，武汉出版社 2011 年版，第 45 页。

民调解工作的管理，曾先后经历了“法院管理——取消民调组织——司法局管理——法院管理”的变化。1966 年，人民调解委员会（民调会）及其工作因“文化大革命”而瘫痪。1973 年民调工作开始恢复重建，仍由市法院管理。1974 年，全市有人民调解委员会 1515 个，调解人员 9611 名，调处各类纠纷 30518 件。随着工厂企业生产和社会生活的发展，从 1975 年开始，在一些企业、事业单位建立人民调解委员会。1976 年，全市建立调解委员会 1157 个。1973 年至 1976 年，市中级人民法院多次主持召开全市刑事审判工作经验交流会、民事审判工作会议、民事审判工作座谈会和民事调解工作现场会。

（二）建立审判业务制度

1973 年 11 月，全市法院制订《刑事审判制度和程序》，决定恢复上诉制度，重新开始执行两审终审制。1974 年至 1976 年，市法院共审结二审民事案件 173 件。

（三）恢复审理民事案件

在“文化大革命”中，曾一度被列为“群众工作”的离婚、债务、继承、抚养赡养等案件在市、区人民法院重新得到受理和审判。1972—1976 年，全市法院共审结一审离婚案 3935 件，抚养、离婚后财产、生活费及赡养纠纷 203 件，房屋纠纷 118 件，损害赔偿纠纷 221 件，继承纠纷 48 件。1974 年至 1976 年，全市法院共审结一审债务案 8 件。

**武汉市“文化大革命”期间民事一审案件审结统计表①**

| 年份 | 结案数（件） |
|---|---|
| 1966 | 970 |
| 1967 | 895 |
| 1968 | |
| 1969 | |
| 1970 | |
| 1971 | |
| 1972 | 677 |

① 中共武汉市委政法委《武汉政法志》编纂委员会：《武汉政法志·第三卷·法院卷》，武汉出版社 2011 年版，第 47 页。

续表

| 年份 | 结案数（件） |
|---|---|
| 1973 | 1008 |
| 1974 | 1000 |
| 1975 | 1063 |
| 1976 | 1004 |

**武汉市“文化大革命”期间民事二审案件结案统计表**①　（单位：件）

| 年份 | 合计 | 维持原判 | 全部改判 | 部分改判 | 发回重审 | 撤回上诉 | 调解 | 其他 |
|---|---|---|---|---|---|---|---|---|
| 1966 | 65 | 3 | 9 | 5 | | 16 | | 1 |
| 1967 | 47 | 32 | 4 | 2 | | | 8 | 1 |
| 1968 | | | | | | | | |
| 1969 | | | | | | | | |
| 1970 | | | | | | | | |
| 1971 | | | | | | | | |
| 1972 | | | | | | | | |
| 1973 | 16 | 8 | 5 | | 1 | 1 | | 1 |
| 1974 | 53 | 33 | 4 | 6 | | | | 10 |
| 1975 | 80 | 49 | | 3 | | | | 28 |
| 1976 | 40 | 21 | | 1 | | | | 18 |

（四）开展专项打击行动

1973 年 9 月 10 日，市中级人民法院召开全市法院办案人员会议，部署打击迫害上山下乡知识青年的犯罪活动。当年，审结多起强奸上山下乡女知识青年案。1974 年，市中级人民法院部署打击流氓犯罪活动。10 月 26 日，市中级人民法院召开公判大会，分别判处 6 名刑事犯罪分子死刑、死缓和有期徒刑。流氓犯罪活动受到震慑，有所收敛。同年 12 月 12 日，市中级人民法院针对盗窃汽车、抢劫财物犯罪活动突出的特点，部署开展专项打击行动。

① 中共武汉市委政法委《武汉政法志》编纂委员会：《武汉政法志・第三卷・法院卷》，武汉出版社 2011 年版，第 48 页。

1974年至1975年，在打击贪污盗窃、投机倒把（以下简称“双反”）斗争中，审结贪污案12件，盗窃案538件，投机倒把案52件，诈骗案107件。

（五）开展专项清查、清理积案工作

1973年2月，市中级人民法院对1968年至1972年判处监外执行的380名罪犯进行清查，4月底结束。通过检查清理，予以收监执行38人，继续监外执行125人，按期和提前解除监督改造202人，加刑6人，死亡和下落不明9人。

1974年4月5日，中共武汉市委批转市中级人民法院临时党委《关于复查处理运动案件意见的报告》。为了有领导、有计划、有步骤地加速进行复查处理运动案件，加快落实政策的步伐，提出在市委领导下，组成复查处理案件领导小组；各区在区委领导下，同时组成领导小组或相应的专门班子。随后，市中院与有关单位共同组成办案专班，本着“有反必肃、有错必纠”的方针，复查处理“文化大革命”初期武斗杀人案。1976年4月19日，市中院召开全市法院院长会议，研究布置清理积案工作。①

1976年12月7日，市委传达中央通知：凡属因反对“四人帮”而被拘留的应予以释放；已立案的应予撤销；正在审查的解除审查；已判刑的取消刑期，予以释放；给予党、团籍处分的应予取消。

1975年1月21日，市中级人民法院在汉口民众乐园召开全市基层调解先进集体和积极分子代表大会。8月，市中院举办法制教育图片展，至11月中旬，巡回展出50余场，参观群众达15万余人。

## 第五节 全面整顿与“文化大革命”的结束

自1974年初开始，全国范围内的动乱又开始升级。帮派组织重新趋于活跃，揪斗老干部情形加剧，生产秩序再次混乱，居民生活必需品又出现供应短缺。

为振兴国家、把国民经济搞上去，1975年初，第四届全国人民代表大会在北京召开。国务院总理周恩来在政府工作报告中，再次明确我国在

① 中共武汉市委政法委《武汉政法志》编纂委员会：《武汉政法志·第三卷·法院卷》，武汉出版社2011年版，第48页。

21世纪实现现代化农业、现代化工业、现代化国防和现代化科学技术（四个现代化）的宏伟目标。不久，因周恩来病重，邓小平受毛泽东指派，先后主持国务院和中共中央日常工作，开始了以铁路运输为突破口的“全面整顿”。

为执行中央整顿精神，市委坚决处置了发生在汉口六渡桥和中南旅社的破坏交通事件。1975年2月13日，以张某某、熊某某为首的20余人，自称“反潮流战士”，强占汉口六渡桥中南旅社，殴打、威胁旅社工作人员，当街架设高音喇叭，昼夜喧闹，制造谎言，蛊惑群众向省、市领导提出无理要求。张某某等人的所作所为，引起大量人群聚集围观，造成该地段交通堵塞、治安秩序混乱。他们先后打伤7名前往劝阻其违法活动的公安干警，砸坏执勤汽车，并将砸坏的汽车横置在旅社门前马路中间，加上其他杂物，设置成路障，阻断中山大道六渡桥主干道交通达10天之久。2月28日，市公安局根据中共中央和湖北省革委会关于处置该事件的精神，出动500余名干警撤除路障，将张某某等人强制带离旅社，依法拘留。8月30日，江汉区人民法院依法判处张某某有期徒刑6年；对认罪态度较好的熊某某等人不予起诉，教育释放。①

1975年3月，市委召开专门会议，传达贯彻中共中央《关于加强铁路工作的决定》，要求有关部门党委把整顿铁路治安秩序作为一项重要工作切实做好。市公安机关经过调查研究，针对武汉地区铁路沿线治安状况复杂、货场物资被盗严重、哄抢事件时有发生等问题，决定分两个阶段进行整顿，主要是集中打击盗窃、哄抢铁路物资、拆卸铁路器材、扰乱铁路运输秩序等犯罪活动。第一阶段（3—8月）重点抓三项工作。一是利用各种形式大张旗鼓宣传中央“加强铁路工作、整顿铁路治安秩序”的文件精神。二是由各级公安机关抓紧侦破破坏铁路运输、扰乱铁路治安秩序的重大案件，严厉打击杀人、抢劫、制造事故、破坏生产和交通运输的违法犯罪分子。3—7月，全市破获各类刑事案件1242起。三是加强治安管理和预防犯罪工作。在铁路沿线普遍建立群众性护路联防组织。第二阶段（8—12月）是在全市整顿铁路治安秩序取得初步成效基础上，总结经验，成立由公安、铁路、驻

① 参见中共武汉市委政法委《武汉政法志》编纂委员会：《武汉政法志·第一卷·政法综治卷》，武汉出版社2011年版，第392页。

军、民政、工商管理等部门组成的“整顿铁路治安领导小组”，建立健全群众性安全联防组织和车站、货场规章制度，保障铁路运输安全。通过整顿，武汉地区铁路交通秩序明显好转。1975 年，市内铁路专业运输货运量完成计划的 98.9%，比 1974 年增长 24.1%；周转量、装卸量分别比上年增长 18.4%和 30.8%。

同年，在市委、市革委会领导下，在 1974 年全市开展的“预防大会战”的基础上，用 1975 年一年的时间，开展以公安机关为主，多个部门参与的治理整顿社会治安秩序行动。

1 月 25 日，市公安局召开预防工作经验交流会，8 个单位在会上介绍学习中华路街大搞防范、控制发案的经验，使各辖区近一个月未发案或者发案大幅下降的经验。会议将前段防范工作的基本经验总结为“十项预防措施”，号召全市推广施行。这些措施是：坚持大搞“四防”宣传教育，使其深入人心；居民区落实门栋关照，厂矿企业等内部落实护厂护校；组织各方面力量坚持日夜值班巡逻；采取多种形式，大办有违法行为青少年的学习班，落实帮教转化工作；选择典型案例，进行公判、批斗，伸张法制，震慑犯罪，教育群众；严密制度，严密措施，确保首脑要害、重点部位的安全；有计划、有目的、经常地对复杂场所进行清查、整顿和收容盲流人口；加强特业管理和治安保卫工作基础业务建设；落实“四类”分子（地主、富农、反革命分子、坏分子）的监督改造和重点人口的考察、控制工作；领导深入一线，不断总结检查工作，反复抓预防措施的落实，善于通过破案，检查找出预防工作上的漏洞，以打促防。

全年市公安局多次组织召开预防大会战经验交流会，进行再动员、再部署、再落实，取得以下成果：与 1974 年相比，1975 年全市反革命案件发案下降 40.9%，刑事案件发案下降 31.4%（刑事重大案件发案下降 32.7%）；反革命案件破案率达到 66.7%，提高 11.02%，刑事案件破案率达到 77.1%，提高 9.65%，刑事重大案件破案率达到 90%，基本持平，治安秩序出现明显好转。

公安机关与武汉警备区、民兵指挥部一道，依靠发动群众，采取多种措施加强交通管理，整顿交通秩序。组织民兵、解放军战士、人民群众上街维护交通秩序。其中民兵达 48.1 万人次，群众达 52 万人次，解放军达 1 万余人次。在市区主要干道设置由部队、民兵、司机和民警组成的四结合的车辆检查站，压高速、纠违章、查三证，制止抢车、扒车、开门行车。交通管理部门与城建部门密切配合，先后清除当街作业、人防工程和房屋建筑的占道物资900多处，退还道路31.7万平方米，处理占道经营的无证摊贩45180起。开展交通安全大检查，查出问题和隐患，及时采取措施整改，堵塞漏洞，防患于未然。严格处理事故，开展“百日安全无事故”活动。努力解决公用交通运力不足的问题。组织社会车辆投入早晚接送职工上下班，组织有关部门开展抢修和装配公用客车会战，增加运力。虽经上述努力，交通秩序混乱的势头得到遏制，但全年仍发生交通事故2272起。与1974年相比，仅死亡人数略有下降。①

全市公安机关重视和加强打击刑事犯罪集团。经过一年的工作，共挖出各类刑事犯罪集团211个，其中，凶杀集团7个，抢劫集团19个，流氓集团21个，盗扒集团128个，打架斗殴集团36个，查获集团犯罪成员近千名，破获大批案件，捣毁了一批犯罪集团的黑据点。1975年国庆节前后，根据公安部的统一部署，市公安局与有关部门相互配合，开展全市性的大规模清查打击流窜犯统一行动。先后两次出动公安干警、民兵、解放军战士、机关干部、治保人员6万余人次，清查流窜犯经常藏身落脚的重点部位、场所12474处，并辅之以堵口设卡、巡逻执勤、跟踪追击等办法，共抓获流窜犯340名。

1975年9月1日，中共武汉市委为了加强基层治理整顿，要求各区、街党委积极、认真学习北京市新桥街道创办“向阳院（楼）”的经验，在全市街道居委会中创建“社会主义向阳院”。普遍建立一种基层居民自我管理模式。市委要求，分管领导带头蹲点，通过搞好三站（红医站、综合服务站、校外辅导站）、二代（代销店、代营食堂）、一所（托儿所）的试点工作。至年底，全市6个城区的64条街道普遍建立“向阳院（楼）”。在914个居委会共建立“三结合”（在职职工、居民干部、群众代表）的“社会主义向阳院”13362个。② “向阳院”充分利用广播、标语、居民群众大会等形式，宣传治安防范，与危害社会治安的违法犯罪分子作斗争，促进了

① 参见中共武汉市委政法委《武汉政法志》编纂委员会：《武汉政法志·第一卷·政法综治卷》，武汉出版社2011年版，第392页。

② 参见中共武汉市委政法委《武汉政法志》编纂委员会：《武汉政法志·第一卷·政法综治卷》，武汉出版社2011年版，第395页。

基层治安防范工作。

武汉市的全面整顿成效显著，铁路运输秩序、城市交通秩序、社会治安秩序、工农业生产秩序、社会管理工作都出现了明显的好转，刑事犯罪团伙受到坚决打击，帮派活动受到抑制。

由于全面整顿工作与“左”的理论与政策大相径庭，自1975年11月开始，全国掀起了“反击右倾翻案风”运动（1976年初改称“批邓、反击右倾翻案风”）。武汉市的全面整顿工作因此被迫停止。各单位按上级布置，组织动员开展批判运动。

此时，“文化大革命”已进行了十年，广大党员和群众对无休止的政治运动感到厌烦，向往安定团结的社会生活，而邓小平主持的治理整顿工作成效有目共睹。因此，“批邓、反击右倾翻案风”运动一开始就遭到普遍的消极抵制。1976年1月8日，周恩来逝世。武汉全市人民冲破“四人帮”关于不准戴黑纱、不准开追悼会、不准设灵堂的“三不”禁令，广泛进行了悼念活动。同年4月清明节前后，许多单位和群众自觉发起和参与悼念周恩来的活动，长江大桥武昌桥头下成为武汉人民集中悼念的主要场所。

武汉市公安机关按照市委的指示，顶住压力，实事求是，不把群众自发悼念周恩来的活动定为反革命事件，坚持不把参加悼念活动，写标语、发传单、写诗文的群众定为反革命分子，坚持不使用拘留、收审、逮捕等手段抓人关人。市委第一书记王克文代表市委指出：武汉市出现的情况“是群众正常的悼念活动，不是反革命事件，应不予追究”。面对诸多不稳定因素，1976年1月至10月，武汉市政法机关致力于维护社会安定，开展了多项安全检查和清查打击流窜犯、破获各类刑事案件的统一行动。

“文化大革命”中“左”的理论、政策以及各种运动对社会带来的负面影响，包括对我国法治建设的严重破坏，代价惨重，背离人心。1976年10月，党中央一举粉碎“四人帮”，全市人民举行了盛况空前的庆祝活动。纵观“文化大革命”期间武汉的法治建设，经历了一个横遭破坏、趋于瘫痪状态到艰难恢复的漫长过程，教训极其深刻。但由于广大党员干部、人民群众的不懈努力，党、人民政权、人民军队和整个社会性质并未改变。历史再一次证明，我们党和社会主义制度历经考验，具有伟大而顽强的生命力。

# >>第五章　拨乱反正与民主法制建设的重大转折<<

1978 年底召开党的十一届三中全会是彪炳史册的伟大历史转折。这次会议不仅揭开了中国改革开放和社会主义现代化建设的新篇章，也标志着我国的法治建设重新步入历史发展的正轨。这次会议公报提出：“为了保障人民民主，必须加强社会主义法制，必须使民主制度化、法律化，使这种制度和法律具有稳定性、连续性和极大的权威，做到有法可依、有法必依、执法必严、违法必究”。① 全会明确提出加强社会主义法制的重点任务，确立法制建设在国家中的重要地位，中国的法制建设开始进入全新的发展阶段。

在党中央统一领导下，武汉市委、市政府澄清一些重大历史问题的是非，对“文化大革命”中及此前的错误从根本上进行了清理和拨乱反正，逐步恢复民主法制建设，积极推动思想解放、政治清明、经济调整与发展。经过近五年的努力奋斗，武汉的社会面貌发生重大变化，民主与法制建设逐步恢复。

## 第一节　开启拨乱反正的序幕

1971 年 2 月召开的中共武汉市第五次代表大会选举产生的中共武汉市第五届委员会，因“文化大革命”的影响，任期至 1982 年 11 月。② 王克文

---

① 参见《中国共产党第十一届中央委员会第三次全体会议公报》，人民出版社 1978 年版，第 12 页。

② 参见武汉地方志编纂委员会：《武汉市志（1980—2000）· 第五卷 · 政治（上）》，武汉出版社 2006 年版，第 5 页。

任中共武汉市委第一书记，后由顾大椿任湖北省委书记、省纪委第一书记兼武汉市代理第一书记。党中央一举粉碎“四人帮”后，武汉市委迅速贯彻党中央指示，联系武汉实际，采取有力措施，部署揭批“四人帮”运动。在这一过程中，不仅揭批“四人帮”的反革命思想理论，清查帮派体系，还通过深入基层、深入群众，找出薄弱环节，边检查边解决问题，整顿社会秩序、打击犯罪行为。两年多的揭批斗争清查了“四人帮”在武汉地区的帮派体系，进一步提高了党员干部人民群众的政治觉悟，进一步纯洁了党组织，为全市安定团结的政治局面形成和社会经济秩序的恢复发展，提供了重要保证。

政治上的拨乱反正需要有思想上的拨乱反正做先导。为消除十年内乱在政治思想上造成的混乱，弄清判定历史是非的标准，解放思想，冲破“左”的思想的束缚，① 1978 年 5 月 11 日，《光明日报》发表了《实践是检验真理的唯一标准》的理论文章，在全国范围内引发了一场关于真理标准问题的大讨论。武汉《长江日报》开辟专栏刊发多篇文章，诸多学者旗帜鲜明地赞同“实践是检验真理的唯一标准”。武汉大学的陶德麟教授还提交了毛泽东写给李达的三封信，有力论证“实践是检验真理的唯一标准”。

武汉市各部、委、办、局、大型企业按照市委“把真理标准的讨论当作头等大事来抓”的要求，相继开展了学习和讨论。经过这次学习和讨论，很多党员和干部提高了对党的实事求是的思想路线重要性的认识，突破思想禁锢，批判危害多年的极左思潮，反思过去的曲折，思考未来的出路，为纠正“文化大革命”以来的错误，实现历史性转折奠定了思想理论基础。

长达十年的“文化大革命”，给城市管理工作造成严重混乱和损失，以致武汉市一度以“乱、脏、凶”著称。全市人民迫切要求改变这种状况。在整顿公用交通秩序中，组织解放军战士、民兵、人民警察、义务服务员分别到市区 37 个重点站、34 个检查站、350 个汽车和电车大小站全日值勤，加强交通管理，维护社会秩序。武汉警备区重点加强边远地区和薄弱线路、站点的巡逻检查。全市还组织了纠察车、流动检查组，市、区主要领导干部亲自上街、上线路，检查制止抢车、扒车、飞车，打击歪风邪气，使交通秩

① 参见孙大力：《关于拨乱反正的历史回顾》，《党史研究与教学》1990 年第 4 期。

序迅速改善。

在整顿社会秩序中破获了不少案件，挖出了一批隐藏较深、危害较大的反革命分子。为了刹住流氓斗殴打群架，军警民结合收缴土枪刀具，组织制止“抢黄帽”歪风巡逻，防范违法青少年寻衅闹事，经过调查摸排，惩处了一批打砸抢的违法犯罪分子，社会面貌明显改观。

## 第二节　平反冤假错案落实各项政策

粉碎“四人帮”后，平反冤假错案是消除“文化大革命”灾难性后果最为迫切的任务，是实现安定团结的政治局面、完成拨乱反正任务极为关键的一环。[①] 人心思稳，人心思治，必须进行拨乱反正使广大干部群众从政治上和精神上获得解放，才能推动历史发展。武汉市贯彻落实中央、省委重大决策部署，努力纠正“文化大革命”及此前发生的冤假错案和其他错误。

### 一、平反冤假错案

1976 年 10 月以后，随着全党、全军、全国人民揭发批判“四人帮”罪行的深入开展，武汉市与全国一样，广大群众和干部纷纷要求纠正“文化大革命”的错误。12 月 5 日，中共中央发出通知，要求凡是纯属反对江青反革命集团的人，已逮捕的，应予释放；已立案的，应予销案；正在审查的，解除审查；已判刑的，取消刑期予以释放；给予党籍团籍处分的，应予撤销。中共武汉市委于 7 日向全市各级党组织传达了中央《通知》精神，要求各单位认真贯彻执行，揭开了武汉市平反冤假错案的序幕。[②] 1979 年 6 月下旬，市委召开常委扩大会议，宣布对林彪、江青反革命集团及其帮派骨干强加在原武汉市委和各级领导干部头上的一切诬蔑不实之词统统推倒；过去所有文件、报刊上有关这方面的内容，一律作废；受到打击迫害的同志，一律平反，恢复名誉。[③]

---

① 参见王海光：《平反冤假错案的历史进程和历史意义》，《当代中国史研究》1999 年第 5—6 期。

② 参见黄建芳、刘锦施：《武汉市新时期的平反冤假错案》，载中共武汉市委党史资料征集编研委员会办公室编：《中共武汉地方党史社会主义时期专题资料选编》（第二辑），内部资料，第 218 页。

③ 参见陈芳国、涂天向主编：《武汉通史·中华人民共和国卷》（下），武汉出版社 2006 年版，第 2 页。

中共武汉市纪律检查委员会和各级纪委对“文化大革命”中处理的14235起案件进行复查。复查结案14154起，占99.4%。其中全部平反和部分改正的5516起。对受害者被迫害致死的冤案全部平反昭雪；[①] 市中级人民法院重点复查了“文化大革命”期间审理的刑事案件9770起，改正冤假错案908件共1052人。另外，从1980年10月开始，市法院还对1966年至1978年判处死刑的236个案件257人重新进行复查，经报省高级人民法院和最高人民法院复核后，纠正冤假错案43件46人。[②] 市检察院重建后也把平反冤假错案列在工作首位，对每起申诉都认真进行了核查，冤案昭雪，假案平反，错案纠正。仅1979年就平反纠正51起案件，依法逮捕了16名制造冤狱的违法犯罪分子。为了更好实现公平正义，市委及政法机关对1957年的反右扩大化及“反右倾”“四清”等运动中的1万多人进行复查，共改正被错划右派8383人，改正“中右”或因错误言论而受到错误处理的1810人。[③] 有的冤假错案平反持续时间较长，产生了较大的社会影响，以下选取典型案件进行阐述。

（一）平反“汉阳一中事件”

1957年6月湖北省汉阳县（今武汉市蔡甸区）第一中学的部分学生为了升学率问题而自发地进行罢课、请愿和闹事，引发了一起冲击县政府的事件，当时被认为是“小匈牙利事件”，许多人受到不公正的刑事处理。党的十一届三中全会后，因该事件被判刑10年的女教师胡某多次上访，向有关部门写信89封，受到了中央高层领导的重视。1985年5月30日，中共中央办公厅发文，要求湖北省委牵头，对此案结果进行复查。复查组查阅大量原始证据和资料，走访此案涉及的部分教师、学生、干部、家属、案件承办人员等，重新还原了历史真相，认为“汉阳一中事件”属于人民内部矛盾，是一起冤案。1986年1月，湖北省委向中央报送的《关于“汉阳一中事件”复查情况和善后处理问题的请示报告》，得到中央正式批复。武汉市决定为“汉阳一中事件”平反，并认真做好了善后工作。

---

① 参见黄建芳、刘锦施：《武汉市新时期的平反冤假错案》，载中共武汉市委党史资料征集编研委员会办公室编：《中共武汉地方党史社会主义时期专题资料选编》（第二辑），内部资料，第218页。

② 参见黄建芳、刘锦施：《武汉市新时期的平反冤假错案》，载中共武汉市委党史资料征集编研委员会办公室编：《中共武汉地方党史社会主义时期专题资料选编》（第二辑），内部资料，第218页。

③ 参见陈芳国、涂天向主编：《武汉通史·中华人民共和国卷》（下），武汉出版社2006年版，第3页。

（二）平反“七二〇事件”及其他案件

1967年发生在武汉的“七二〇事件”，株连了军队和地方一大批干部和群众，制造了许多冤案。在揭批“四人帮”运动中，广大军民强烈要求澄清这一事件的性质，要求对由此事件而造成的冤案予以平反昭雪。湖北省委于1978年9月向党中央呈报《关于为武汉“七二〇事件”平反的请示报告》。1978年11月26日，党中央发出通知，同意对“七二〇事件”平反昭雪。“七二〇事件”得到平反，引起了强烈的反响，十多年来压在武汉和全省军民头上的一块大石头终于被搬掉了。除了为“七二〇事件”平反以外，市委对因1976年6月《长江日报》停刊而受到错误处理的刘某安等人，对程某和武某仁在1966年被定为“反革命黑帮”的问题，对1976年清明节期间参与悼念周恩来活动而受到牵连和打击的人都予以彻底平反，恢复名誉。湖北省委对“文化大革命”中发生的其他重大冤假错案，也逐一进行了复查和平反昭雪。12月16日，湖北省委作出决定，为在“文化大革命”中被打成“三家村”的李达、朱劭天、何定华，被错误处理的原湖北省委常委曾淳、陈一新等彻底平反，恢复名誉。①

（三）复查“纪凯夫事件”

1951年4月12日，武汉市第二医院发生的一起盗窃案涉及人员众多、影响时间长。因被认为历史上有政治问题，且表现积极是“贼喊捉贼”，纪凯夫先后被拘留、保释后又被逮捕。由中南局纪委、中南军政委员会人民监察委员会、公安部、卫生部、最高人民检察署中南分署、最高人民法院中南分院、武汉市纪委等单位组成联合检查组，最终认定纪凯夫是被合谋嫁祸，这就是“纪凯夫事件”。1952年7月2日，最高人民法院中南分局刑事审判庭公布此案主要人员的判决。党的十一届三中全会提出拨乱反正、实事求是纠正过去冤假错案的要求，在“纪凯夫事件”中受处分的人也提出了申诉。湖北省纪委向中组部提交了《关于“纪凯夫事件”的复查报告》。1981年10月27日，中纪委第八次常委会决定由中纪委会同中组部、最高人民法院、最高人民检察院和公安部组成“纪凯夫事件”审理组，本着实事求是、有错必纠的原则，对湖北复查“纪凯夫事件”的结果进行了全面认真的审理，于1982年8月17日写出了《关于“纪凯夫事件”的审理报告》，肯定

① 参见陈丕显：《回忆为武汉“七二〇”事件彻底平反的经过》，《湖北文史》1999年第1期。

了当时中南局对“纪凯夫事件”的处理，认为主要事实根据是正确的，定性是准确的，纠正了对当时某些人员过重的处分，予以了撤销、更正。1988年6月10日新起草的批复稿和向中央呈送的《关于“纪凯夫事件”一案审理情况的备案报告》经中纪委常委会讨论通过。认为原中南局1952年对此案认定的主要事实证据确凿，认定的性质是正确的，全案不能推翻。至此，“纪凯夫事件”有了最后定论。

## 二、落实各项政策

在平反冤假错案的同时，武汉市采取措施，落实党中央、省委各项政策，保障公民合法权利，调整各种社会政治关系，调动一切积极因素，为社会主义现代化建设服务。

### （一）落实干部政策

按照中共中央和省委有关指示精神，1978年5月，市委召开全面落实党的干部政策座谈会，会议确定，全面落实党的干部政策。第一，要尽快解决审干遗留问题。少数人需作出审查结论，应尽快作出；对已作结论的，要进行全面复查。部分错了部分纠正，全部错了全部纠正，不错不纠。凡是定性偏高、处理偏严和结论用语不当的，这次复查都应解决。第二，要妥善安排老干部。可以工作而没有分配工作的，要尽快分配适当工作；职务安排不当的，要逐个分析，根据不同情况适当调整等。截至1978年8月，全市复查案件4279起；对367名老干部重新分配工作，对少数没有分配工作和安排不当的老干部，也进行了安排和调整。① 党的十一届三中全会召开后，市委加快了落实干部政策的步伐。1979年7月，市委再次召开全市落实干部政策工作座谈会，传达中央有关文件和省委落实党的干部政策工作座谈会的精神，研究部署落实干部政策。

其中，妥善处理了全市在“文化大革命”前的“四清”遗留问题；为“文化大革命”中被迫害干部全部进行平反昭雪，恢复名誉，并做好补发工资和解决家属、子女、亲友受株连等问题的善后工作；通过调查研究、组织召开座谈会等方式，实事求是、积极稳妥地处理了中原突围时复原、隐蔽、掉队人员的历史遗留问题。

---

① 参见武汉地方志编纂委员会：《武汉市志（1980—2000）· 第五卷 · 政治(上)》，武汉出版社2006年版，第103页。

### （二）落实各项统战政策

武汉市落实各项统战政策工作，是从党的十一届三中全会后的1979年开始。落实政策的对象主要包括各民主党派成员，错划“右派”，原工商业者，少数民族、宗教界人士，国民党起义、投诚人员，台、港、澳同胞，归侨及其亲属，党外高级知识分子等。对在“文化大革命”中以及以前造成的各种冤假错案，进行复查、改正，予以平反，正确评价他们的历史功过，并按政策处理善后问题及受株连的亲属子女。

此外，在落实对原工商业者政策上，把1956年国家对资本主义工商业进行社会主义改造、实行按行业公私合营时，被带进公私合营企业并作为资产阶级工商业者对待的小商、小贩、小手工业者及其他劳动者，从原工商业者范畴中区别出来，并落实本人成分问题、参加工作问题、被查抄的财产等问题。在落实民族政策上，坚持民族团结、民族平等和各民族共同繁荣的马克思主义民族观，在各级人大、政协均安排少数民族代表和委员，培养少数民族干部，并通过招工、对口支援等方式帮助少数民族地区经济发展。在落实宗教政策上，全面、正确地贯彻宗教信仰自由政策，退还在“文化大革命”中被接管的重点寺庙、教堂（包括国务院确定的汉族地区全国重点佛道教寺观归元寺、宝通禅寺和长春观的管理和腾退），陆续恢复爱国宗教团体活动，解决宗教职业人员在“文化大革命”期间被停发、扣发生活费的问题，退还被查抄没收的教会及宗教人员的财产。在落实对国民党起义、投诚人员的政策上，发给起义、投诚证书，对错误处理进行平反纠正，安排工作，给予经济补偿，受株连的亲属子女户口迁回城市。在落实台湾同胞、港澳同胞和海外侨胞及其眷属的政策上，认真调查摸底，妥善安置工作和生活，发还私房。在落实党外知识分子政策上，全部平反党外中高级知识分子的冤假错案，按政策妥善处理其他遗留问题，并采取发展党员、选派到领导岗位、评定职称、调整住房等措施使中高级知识分子发挥更大作用。

## 第三节　人民代表大会制度和政治协商制度的恢复与发展

人民代表大会制度及政治协商制度是中国人民有效实现民主权利的制度

载体，但这两项制度在“文化大革命”期间遭到严重破坏，人大、政协工作长期陷于停滞，对社会主义民主政治造成了极大的损害，亟待恢复与发展。加强人民代表大会制度是法制建设的重要内容，又是法制发展的推动力。中国共产党领导的多党合作和政治协商制度，是符合中国国情的社会主义政党制度。“文化大革命”结束后，党和国家抓法制建设主要是从健全和加强人民代表大会制度入手的，受到严重冲击而停止活动的武汉市政协也开始恢复正常运作。

### 一、武汉市第六届人民代表大会召开

“四人帮”被粉碎后，全国人民代表大会常务委员会恢复活动。1978年2月26日，第五届全国人大一次会议召开，地方各级人大也随之恢复活动。1979年7月1日，第五届全国人民代表大会第二次会议通过了《关于修改中华人民共和国宪法若干问题的决议》和修改后的《中华人民共和国地方各级人民代表大会和地方各级人民政府组织法》（以下简称《地方组织法》）。

1978年3月24日，湖北省委发出《关于召开县、市人民代表大会的通知》；6月2日，武汉市委发出《关于召开武汉市第六届人民代表大会的通知》和《关于召开区、县人民代表大会的通知》，同时武汉市选举委员会成立。通过选民造册、划分选民小组、酝酿协商代表候选人以及召开选举大会投票选举等四个步骤，各区、县、工业区选区、农管区选区以及驻汉部队等共产生市六届人大代表967名，[①] 为武汉市第六届人民代表大会的召开奠定了坚实的基础。

1979年12月10—16日，武汉市第六届人民代表大会第一次会议召开，意味着停止长达13年之久的武汉市人民代表大会重新行使职权，是武汉地方国家政权建设史上重要的里程碑。出席会议的代表963名。[②] 大会听取和审查了市革命委员会主任刘惠农所作的《武汉市革命委员会工作报告》，审查并批准了市国民经济计划安排、预决算安排，听取和审查了市中级法院院长和市人民检察院检察长的工作报告。这次大会根据《地方组织法》的相

① 参见武汉地方志编纂委员会：《武汉市志（1980—2000）·第五卷·政治（上）》，武汉出版社2006年版，第178页。

② 参见武汉地方志编纂委员会：《武汉市志（1980—2000）·第五卷·政治（上）》，武汉出版社2006年版，第193页。

关规定，撤销了武汉市革命委员会，成立了武汉市人民政府，由李任之任市长。还选举了市中级人民法院院长，市人民检察院检察长以及出席湖北省第五届人民代表大会第二次会议的代表。大会收到提案 1505 件。其中计划、工业、交通、城建方面共 379 件，农业方面 67 件，财贸方面 180 件，科教文卫 307 件，人民生活方面 340 件，统战、政治、民兵建设和其他方面共 232 件。[①] 这次会议动员全市人民深入开展增产节约运动，打好四个现代化建设第一个战役，为把武汉市建设成为社会主义现代化城市打下稳固基础。

这次大会还根据《地方组织法》的相关规定，选举产生了武汉市人民代表大会的常设机关——武汉市人民代表大会常务委员会。地方人大常委会的建立，是我国人大制度健全和完善的重要标志，对加强地方法制建设发挥了重要作用，有力推进了武汉市法制建设的发展。

此后，武汉市历次人民代表大会会议均严格依照宪法法律，依法履行职责，如听取和审查政府报告、市人大常委会工作报告、市中级人民法院工作报告、市人民检察院工作报告，审查并批准市国民经济执行情况和计划安排、财政决算和预算安排，通过相应决议，并依法选举国家工作人员等。

## 二、市人大常委会依法履行职权

武汉市人大及其常委会认真履行宪法和法律赋予的职责，讨论、决定本市重大事项，听取相关部门情况汇报，开展执法检查等，充分发挥地方的主动性、积极性原则，始终与社会主义民主法治建设同步启动、同步发展。刘惠农担任市第六届人大常委会主任时提出，地方人大常委会是权力机关，要关心武汉的大形势大问题，抓住要害调查研究，做出计划，按照法律程序一件一件地抓出实效。1980 年 6 月 10 日，市人大常委会、市政协组成落实民族政策检查团，检查少数民族较多的 22 个单位执行民族政策情况。10 月 25 日，市六届人大常委会第八次会议决定：黎智代理武汉市市长。1981 年 3 月 9 日，市六届人大二次会议召开，共商全市在经济上实行进一步调整，在政治上实现进一步安定的大计；11 日，正式通过黎智为武汉市市长。在市

① 参见武汉地方志编纂委员会：《武汉市志（1980—2000）· 第五卷 · 政治(上)》，武汉出版社 2006 年版，第 193 页。

政府主要领导推动下，第六届市人民政府依法履职，认真开展各条战线的拨乱反正，把工作重点转到经济建设上来，武汉经济社会逐步走上健康发展的轨道。

1978 年《宪法》第 36 条规定，地方各级人民代表大会在本行政区域内，保证宪法、法律、法令的遵守和执行，保证国家计划的执行，规划地方的经济建设、文化建设和公共事业，审查和批准地方的经济计划和预算、决算，保护公共财产，维护社会秩序，保障公民权利，保障少数民族的平等权利，促进社会主义革命和社会主义建设的发展。地方各级人民代表大会可以依照法律规定的权限通过和发布决议。1979 年 7 月 1 日，第五届全国人民代表大会第二次会议通过的《地方组织法》，赋予省、自治区、直辖市人民代表大会及其常务委员会制定地方性法规的职权。地方正式享有立法权，缘于改革开放对立法工作提出的新要求。赋予地方立法权，是我国立法体制的重大发展，是加强地方政权建设的重要举措。在实行中央必要的集权的同时，适当扩大地方的权力，发挥中央和地方两个积极性，才能把中国的事情办好。[①] 根据宪法和地方组织法的规定，武汉市人大常委会于 1980 年正式启动了地方立法工作和重大事项决定的探索实践。为保障人民关注的食品安全，1980 年 7 月 15 日，武汉市第六届人大常委会第六次会议通过《武汉市食品卫生管理试行办法》《武汉市饮食品卫生管理实施细则》《武汉市市区农副产品市场和农村集市贸易食品卫生管理细则》《武汉市个体饮食商贩管理实施细则》《武汉市肉品卫生管理实施细则》《武汉市蛋品卫生管理实施细则》《武汉市乳品卫生管理实施细则》《武汉市瓜果卫生管理实施细则》和《武汉市清凉饮食品卫生管理实施细则》九部规则。1981 年 5 月 29 日，武汉市第六届人大常委会第十三次会议通过《武汉市城市排水设施管理办法》。1981 年 7 月 11 日，武汉市第六届人大常委会第十五次会议通过《武汉市环境卫生管理办法》《武汉市城市规划实施管理办法》。

1980 年 9 月 10 日，第五届全国人民代表大会第三次会议通过《中华人民共和国婚姻法》。为使广大市民熟悉婚姻法，自觉遵守婚姻法，1980 年 12 月 27 日，武汉市第六届人大常委会第九次会议通过《武汉市人大常委会关

① 参见佘旭新、周旺生、李小娟：《地方立法质量研究》，湖南大学出版社 2002 年版，第 4 页。

于大力宣传和执行婚姻法的决定》。为加强物价管理，保证物价稳定，根据国务院《关于严格控制物价整顿议价的通知》精神，市第六届人大常委会第九次会议还通过《武汉市人大常委会关于市人大代表对物价进行监察和监督的决议》。为使全市治安秩序有根本好转，1981 年 6 月 16 日，武汉市第六届人大常委会第十四次会议通过《关于加强武汉市治安的决议》。同年 9 月 28 日，武汉市第六届人大常委会第十六次会议通过《武汉市实施全国人大常委会〈关于处理逃跑或者重新犯罪的劳改犯和劳教人员的决定〉的几项具体规定》。

人大代表是国家权力机关的组成人员，代表切实依法履行职务，是关系到人大及其常委会充分行使好职权，发挥好国家权力机关作用的重要问题。市人大常委会非常重视代表工作，把做好代表工作作为促进人大及其常委会依法行使职权的基础性工作来抓。1980 年 4 月，根据《地方组织法》，在江汉区进行建立代表小组的试点，通过代表小组积极开展闭会期间的活动。在总结试点经验的基础上，全市共建 91 个代表小组。闭会期间，城区代表小组以街道办事处为依托，郊县代表小组以人民公社（后为乡、镇）为依托，积极开展活动，受到代表的广泛欢迎。各代表小组通过自己的活动，从关心人民日常生活问题逐步扩展到关心工农业生产、城乡建设、社会秩序、文化教育卫生等事关国计民生的重大事项上来，发挥了很好的作用。

### 三、政协武汉市委员会的恢复

#### （一）政协武汉市第五届委员会第一次会议召开

人民政协是爱国统一战线的组织，是中国共产党领导的多党合作和政治协商的重要机构。[①] 受“文化大革命”的影响和冲击，1966 年 5 月 7 日武汉市政协四届二十四次常委会议召开后，武汉市政协工作陷入停顿长达 12 年。1978 年 3 月 27 日至 29 日，武汉市政协四届二十五次常委（扩大）会议举行，成为重新恢复工作履职尽责的标志。

1979 年 12 月 8 日至 17 日政协武汉市第五届委员会第一次会议召开，形成了政协组织格局。会议围绕贯彻党的十一届三中全会精神，动员各界人士“为促进‘四个现代化’建设，完成祖国统一大业，开创政协工作新局面”

---

① 参见虞崇胜：《人民政协是新型政党制度的重要支撑力量》，《人民政协报》2019 年 7 月 31 日。

等中心议题开展协商议政并审议相关工作。中共武汉市委书记李任之出席会议并讲话。会议传达学习叶剑英委员长在庆祝中华人民共和国成立30周年大会上的讲话精神，审议《政协武汉市第四届委员会常务委员会工作报告》。与会全体委员列席了武汉市第六届人民代表大会第一次会议，听取并讨论武汉市革命委员会主任刘惠农作的《政府工作报告》及其他重要报告。① 会议通过《政协武汉市第五届委员会第一次全体会议政治决议》，选举赵敏为政协武汉市第五届委员会主席。② 第五届政协组成界别由四届的26个增加至27个，委员由四届的306人增加至509人。③ 政协组成界别包括中国共产党、民革、民盟、民建、民进、农工党、致公党、九三学社、无党派民主人士、中国共产主义青年团、工会联合会、农民、妇女联合会、民主青年联合会、工商联、文学艺术界、科学技术界、社会科学界、教育界、体育界、新闻出版界、医药卫生界、对外友好团体、社会福利救济、少数民族、归国华侨、宗教以及特邀人士。本届委员会最为突出的特点在于：509名委员中，非中共委员272人；102名常委中，非中共党员占到近七成。1981年3月，政协五届二次会议补选邓垦为市政协主席。

（二）市区政协依法履行职能

恢复后的武汉市政协通过深入学习贯彻党的十一届三中全会精神，统一思想，正本清源。市政协针对武汉实际，围绕如何提高经济效益、强化企业管理、拓展进出口贸易等方面积极建言献策，提出诸多有益的意见与建议。其中，《对我市科技工作的意见》《关于我市牛奶生产情况的调查报告》《对提高我市纺织品经济效益的几点意见》分别被中央、市委、市政府采纳。

“左”的影响导致一批统战对象和政协委员成为冤假错案的受害者。在市委领导下，市政协积极参与冤假错案的平反工作，并积极调查研究，落实相关政策。市政协主席邓垦号召各界人士做经济上进一步调整、政治上进一步安定团结的促进派。通过平反因港、澳、台及海外亲属关系造成的冤假错案，改正右派扩大化造成的错案，落实起义投诚人员身份认定，妥善区分和安置原工商业者，发还被没收私房的产权和被查抄的财物，腾退被占用的宗

① 参见郑焕清：《拨乱反正获新生 继往开来开新局》，《武汉文史资料》2009年第9期。

② 参见周敏：《武汉政协大事记（1978—1988）》，《武汉文史资料》2009年第9期。

③ 参见武汉地方志编纂委员会：《武汉市志（1980—2000）·第五卷·政治（上）》，武汉出版社2006年版，第479—480页。

教重点寺观教堂等，推动了新时期武汉人民政协事业和统战事业的发展。

作为统战组织的政协，谋求团结协作，画好同心圆，为祖国发展凝聚起各方力量是其工作的重要内容，也是其工作的重要方式。武汉市政协重建后，促进香港和澳门回归，促进祖国统一，搭载招商引资桥梁，通过举办纪念辛亥革命70周年、纪念孙中山先生诞辰120周年、北伐烈士纪念碑落成典礼等活动，利用新春茶话会、屈原纪念诗会等传统聚会，加大宣传力度；通过邀请港澳友好人士参加国庆35周年庆祝活动，成立“汉港联谊会”增补港澳同胞为市政协委员等方式，加强海内外联系；通过举办武汉市出口商品洽谈会、海外亲友联谊会、中外合资合作企业董事经理聚餐会等形式增强经济合作。

（三）各民主党派相继成立新的武汉市委员会

粉碎“四人帮”后，中共中央重申中国共产党同各民主党派“长期共存，互相监督”的方针，恢复民主协商的传统。在中共武汉市委和中央各民主党派的领导和推动下，武汉市各民主党派组织于1978年5月恢复活动。

各民主党派市委会最初以成立工作组的形式恢复活动。工作组首先对停止联系十年之久的成员和组织进行调查研究，对成员进行重新登记。与此同时，工作组积极帮助基层组织恢复活动，组织成员开展政治学习，协助市委和市政府落实各项政策，调动成员投身“四化”建设。如市民进和市工商联，对其机关工作人员中被错划为右派的28人进行复查改正，协助有关单位对因错划右派而被开除会籍的125名会员恢复会籍和撤销处分；召开被改正同志座谈会，请市委统战部负责人参加，对这些同志给予鼓励。

在恢复活动的基础上，各民主党派相继成立新的武汉市委员会。至1980年，市中国国民党革命委员会（简称“民革”）、市中国民主同盟（简称“民盟”）、市中国民主建国会（简称“民建”）、市中国民主促进会（简称“民进”）、市中国农工民主党（简称“农工党”）以及九三学社先后召开成员代表大会，选举产生新一届市委会，标志着武汉市民主党派工作拨乱反正的基本完成和新的工作时期的开始。

## 第四节　政法机关的建立健全与发展

1979年7月1日，五届全国人大二次会议审议通过了十一届三中全会以后首批7个重要法律。这7个法律是:《刑法》《刑事诉讼法》《地方各级人民代表大会和地方各级人民政府组织法》《全国人民代表大会和地方各级人民代表大会选举法》《人民法院组织法》《人民检察院组织法》《中外合资经营企业法》。中共中央于同年9月9日发出了《关于坚决保证刑法、刑事诉讼法切实实施的指示》,要求各级党委要保证法律的切实实施,充分发挥司法机关的作用,切实保证人民检察院独立行使检察权,人民法院独立行使审判权,使之不受其他行政机关、团体和个人的干涉。全国法制建设步入正轨,武汉市政法机关得以建立健全与发展。

## 一、武汉市委政法委员会成立

在新中国成立以来的武汉法治发展进程中,市委政法委的地位与作用举足轻重。作为市委领导和管理政法工作的职能部门,市委政法委宏观指导、统筹整合、检查监督全市审判机关、检察机关、公安机关、国家安全机关、司法行政机关等部门开展工作。

1972—1978年,地方人民法院、最高人民法院相继恢复,最高人民检察院恢复设立,公安机关工作逐步走上正轨,适应了“文化大革命”结束后,在中央领导与统筹下,各地公、检、法、司各机关建设和国家法制建设的需求。为实现党对政法工作领导的重要领导,1980年1月,党中央发出《关于成立中央政法委员会的通知》。

武汉市委对政法委建设十分重视,解放初期就成立了市委政法部。1980年设市委政法办公室,1982年更名为市委政法委,进一步加强了市委对全市政法工作的领导。

政法委吸纳公安、检察、法院等有关部门的主要负责人组成全委会,书记由市委常委或市委副书记兼任,形成了健全的领导班子。市委政法委全委会原则上每季度召开一次,如遇到特殊情况,可由书记临时决定召开;重大问题及时向市委、市政府汇报,提请市委决策。市委政法委全委会的主要议题是:研究部署全市政法工作,制定政法工作改革等重大措施,听取各局院党组(委)和各区政法委的工作汇报,研究加强政法队伍建设等问题。政法委机关要向全委会报告工作,并认真执行全委会的决定。政法委根据党的路线、方针、政策,围绕党的中心工作,及时传达贯彻党中央和省、市委的指示精神,对政法工作作出全局性部署,并督促贯彻落实,统一政法各部门的思想和行动。

改革开放后，经济发展，社会转型，治安形势出现深刻变化。政法委职能由最初的维护社会秩序、打击违法犯罪行为逐步拓展，包括为同级党委进行决策参考，进行重大问题的信息收集、调查研究，牵头协调社会维稳，以及流动人口管理、社会矛盾排查化解、非公有制经济组织和社会组织服务管理、社会治安防控体系建设等领域的社会管理创新等。①

市委政法委在武汉市委的领导下，认真加强自身建设，增强党性观念和大局意识，建立健全工作制度和议事规则，加大对全市政法工作的领导和协调，在维护社会稳定、依法打击刑事犯罪和经济犯罪、推进社会治安综合治理、严格公正执法、推进后勤保障、加强政法部门领导班子建设和队伍建设等方面，发挥了重要作用。

## 二、公安机关的建立健全与发展

1977 年 12 月 1 日至 1978 年 1 月 15 日，第十七次全国公安会议召开，这次会议是粉碎“四人帮”以后公安机关召开的第一次重要会议，统一了公安战线的思想混乱问题，肯定了公安干警绝大多数是好的和比较好的，是一支忠于党、忠于人民、有战斗力的队伍。武汉市公安机关认真贯彻第十七次全国公安会议的精神，认真贯彻落实党的政策，着手整顿、恢复和加强各项公安业务工作，将公安工作的重心转移到以保卫“四化”建设为中心、为经济建设服务的轨道上来。

1979 年武汉市第六届人民代表大会决定撤销武汉市革命委员会，成立市人民政府；市革命委员会公安局相应更名为武汉市人民政府公安局，1980 年 6 月改称为武汉市公安局，恢复机构建制。

公安机关协同有关部门坚决打击境内外敌对势力、敌对分子的渗透、颠覆和破坏活动，先后开展取缔非法组织和非法刊物、制止动乱等一系列斗争，依法惩处违法犯罪分子，粉碎了敌对势力妄图颠覆人民政权的阴谋。

1980 年 1 月 1 日，《中华人民共和国刑法》颁布实行，规定“以推翻无产阶级专政的政权和社会主义制度为目的的、危害中华人民共和国的行为，都是反革命罪”②。公安机关将打击反革命现行破坏，维护国家安全作为重要任务，坚决同境内外敌对势力和敌对分子的渗透颠覆和破坏活动作斗争。

① 参见钟金燕：《中共政法委制度的历史考察》，《中共党史研究》2014 年第 4 期。
② 《中华人民共和国刑法　中华人民共和国刑事诉讼法》，人民出版社 1979 年版，第 22 页。

1980 年 3 月，市公安局破获号称“梁山游击队”的反革命集团案。1981 年破获“中国红星党”反革命集团案。①

1979 年 1 月，武汉出现非法组织“四五学会”。该组织在汉口水塔处设立“民主墙”，张贴反动文章、反动传单，谩骂中国共产党，污蔑社会主义制度。3 月 25 日，湖北省革命委员会发出通告，取缔水塔“民主墙”。“四五学会”活动转入地下。6 月，该组织创办非法刊物《钟声》，推出副刊《启明星》，向省内外非法组织及香港、台湾等地散发。1980 年 2 月，其骨干成员串联上海、杭州、湖南、河南等省、市的非法组织（刊物）的头目，密商成立全国性的组织。4 月，根据中共中央、国务院《关于处理非法刊物、非法组织和有关问题的指示》，市公安局依法取缔“四五学会”非法组织和《钟声》《飞碟》等非法刊物，责令其停止一切活动，缴获其各种非法刊物、传单、反动文章底稿、来往文件，以及章程、宣言、印刷工具等。

“文化大革命”造成社会治安严重混乱，市公安局根据国家部署，针对不同时期城市的治安特点开展整顿。1977 年，根据中央〔1976〕16 号文件和国务院领导对铁路治安工作的指示，以揭批“四人帮”为动力，以整顿铁路治安秩序为重点，全面整顿城乡治安秩序，同时整顿公用交通，整顿社会治安，整顿市容环境卫生。1979 年 2 月，重点部署专项整治打击流氓斗殴、凶杀、抢劫三种犯罪；1979 年 11 月，根据全国、全省公安局长会议和全国城市治安会议精神，开展了整顿秩序的两场战役，重点单位内部的安全防范明显加强，社会治安秩序明显好转，一批违法青少年得到教育和挽救。1980 年，适应拨乱反正工作的需要，国家重新公布了包括《治安管理处罚条例》在内的一批法规，② 为加强社会治安防范提供了法律依据。武汉市公安部门全面恢复执行治安处罚权，针对重点地区、复杂场所的突出治安问题，不间断开展集中整治和专项治理。1981 年 5 月 11 日至 25 日，经中央书记处批准，中央政法委员会召开北京、天津、上海、广州、武汉等五大城市治安座谈会，参加会议的有五市、二省（广东、湖北）主管政法工作的书记或副省长、副市长，公、检、法负责人，中央有关部门的负责人也参加了会议。会议由中央政法委员会第一副书记彭冲主持，中央政法委书记彭真做

① 参见武汉地方志编纂委员会：《武汉市志（1980—2000）· 第五卷 · 政治（上）》，武汉出版社 2006 年版，第 162 页。

② 参见陈文军：《〈治安管理处罚条例〉修订公布的前后》，《人民公安报》2008 年 11 月 10 日。

了重要讲话。会议分析了当前的治安形势，提出了对社会治安实行“综合治理”。6 月 3 日，武汉市委常委听取了会议情况的传达和汇报，对如何贯彻执行会议精神进行了认真的研究。全市公安机关在市委、市政府的领导下，与检察院、法院、司法等部门紧密配合，贯彻依法从重从快的方针，针对治安突出问题，进行重点整顿，发动群众，抽调工人纠察队员，组织厂街治安联防队员，织密群众性的预防网，并把“五讲四美”与整顿治安、帮教违法青少年的活动紧密结合起来。是年，还在全市开展以旅社和旧货收购业为重点的特种行业整顿工作。1981 年，分别开展反扒、整顿码头治安秩序、整治赌博、取缔嫖宿卖淫、打击抢帽伤人等工作。例如，武汉关至王家巷码头敲诈勒索、哄抢旅客财物和违章占道等问题比较突出，在武汉市整顿社会治安领导小组统一组织下，市、区公安机关会同长航公安局、武汉港公安处等有关部门抽调 100 多名工作人员开展整顿工作。1982 年，集中开展打击流窜犯罪、打击经济犯罪活动工作。例如，黄孝河棚户区返城人员比较集中，盗窃、卖淫、赌博等问题比较突出，市、区公安机关对该地区进行调查摸底，逐户登记，加强管理，查获劳改、劳教逃犯和通缉在案的犯罪分子，并对应该返城落户的分批予以安置。

## 三、检察机关的建立健全与发展

### （一）检察机关的建立健全

新中国成立后，检察机关在“文化大革命”中遭到严重破坏。1977 年 10 月，中共中央下达了《关于征求修改宪法意见的通知》，在征集修改宪法意见时，各省、自治区、直辖市、解放军军区、中央直属机关以及各民主党派等纷纷建议或支持设置人民检察院。1978 年 3 月，全国人大常委会委员长叶剑英在第五届全国人大第一次会议上所作《关于修改宪法的报告》指出：“鉴于同各种违法乱纪行为作斗争的极大重要性，宪法修改草案规定设置人民检察院。”[①] 3 月 5 日，第五届全国人民代表大会一次会议通过修改《中华人民共和国宪法》，规定重新设置人民检察院，依法行使检察权。从此，检察机关和检察制度在社会主义民主与法治进程中不断发展和完善。

1978 年 12 月 26 日，武汉市检察院及所属区（县）人民检察院同时挂

① 孙谦：《人民检察的光辉历程——纪念人民检察院恢复重建 30 周年》，《人民检察》2008 年第 11 期。

牌开始工作，正式行使检察职权。市检察院下辖江岸、江汉、硚口、汉阳、武昌、青山、洪山、东西湖 8 个区检察院及武昌、汉阳 2 个县检察院。1982 年，市检察院派出汉南区检察工作组。1978 年，市、区（县）检察院设置法纪检察处、科（股），经济检察处、科（股），监所检察处、科（股）等。

1979 年制定的《人民检察院组织法》，首次明确了人民检察院是国家的法律监督机关，依法独立行使检察权，并取消“一般监督”职能，实行双重领导体制，将检察长领导检察委员会工作改为检察长主持检察委员会工作，并确定在监察委员会实行检察长统一领导与民主集中制相结合。①

1981 年，长江水上运输检察院重建，对长江航线上至重庆、泸州下至上海沿线各港口区行使检察权。1983 年该检察院撤销，其检察业务由江汉区检察院受理。1982 年 1 月武汉铁路运输检察院重建。

（二）检察工作的全面展开

1. 开展重新建立审查批准逮捕工作制度试点

1978 年 12 月市、区检察院重建后，重新履行审查批捕法律监督职能。1979 年 7 月 1 日，五届全国人大第二次会议通过修订的《中华人民共和国人民检察院组织法》规定了检察机关对公安机关侦查案件的审查权，决定是否逮捕、起诉或者免于起诉，以及侦查监督的主要内容及程序。同年，中央发出《中共中央关于坚决保证刑法、刑事诉讼法切实实施的指示》，决定“取消各级党委审批案件的制度”。为保证《中华人民共和国刑法》《中华人民共和国刑事诉讼法》的实施，由武汉市检察院一名副检察长带队到江汉区进行试点，重新建立审查批准逮捕工作制度。1980 年，武汉市检察院在蹲点调查的基础上先后召开 4 次专业会议，研究审查批捕工作，总结交流了办案中办案人员和被告人见面，核对口供及犯罪事实；和证人见面，核对证据、证词；和被害人或有关知情人见面，核对案情及证据等；制订了两人办案、集体讨论、检察长或检察委员会审批等办案制度。

1981 年，武汉市认真贯彻执行全国五大城市（京、津、沪、穗、汉）治安会议精神，在逮捕条件上，提出基本犯罪事实清楚、基本证据确实可靠、有可能判处有期徒刑以上刑罚的，及时批捕逮捕，不在枝节问题上纠

① 参见冯向辉：《当代中国检察制度改革的历史回顾》，《江海学刊》2009 年第 3 期。

缠。对团伙犯罪，查清主要成员犯罪事实，分清罪责，对罪该逮捕的即批准逮捕。对一人犯数罪的，查清主罪，以主罪定性归罪。对犯单一罪行的，查清能定性归罪的主要犯罪事实和情节，以主要情节认定，罪该逮捕的即批准逮捕。其他需要查清的问题，捕后继续查清。事实不清、证据不足的，退回公安机关补充侦查或检察机关自行补充侦查，查明后再定。为防止错捕、漏捕，除加强批捕案件备案审查，还规定每年第一季度组织一次复查（又称“回头看”），发现错捕、漏捕，及时依法纠正。①

2. 开始依法担负审查起诉和出庭公诉职能

1979 年 2 月起，市检察院开始受理侦查机关移送审查起诉案件，从明确国家的法律监督机关及法律赋予的公诉职能等方面，做到严格依法办案，具体工作包括以下方面：一是提高对出庭公诉的认识，明确检察员代表国家出席法庭指控和揭露刑事被告的罪行。二是做好出庭前的准备工作，吃透案情，做到临阵不乱。三是开庭时，配合法庭搞好庭审调查。四是辩论严格遵守法定程序和法庭规则，坚持原则，依法论理，灵活答辩。②

1980 年 1 月起，检察机关担负出庭公诉的任务，包括一审法庭出庭公诉和二审法庭出庭公诉。一审法庭出庭公诉是对提起公诉的案件，检察院派员以国家公诉人的身份出席第一审法庭支持公诉；二审法庭出庭公诉是对提出抗诉的案件或公诉案件，法院决定开庭审理的上诉案件，同级检察院派员出席二审法庭。

3. 开展侦查监督工作

从 1979 年开始，市、区（县）检察院按照《刑事诉讼法》和《人民检察院组织法》规定开展侦查监督工作。全市各级检察院对公安机关侦查活动的监督主要是在受理审查批捕和审查起诉案件过程中，通过审查案卷、讯问被告人、询问证人、深入发案地点调查、接待群众来信来访五个环节发现公安机关的侦查活动有无违法行为。

4. 加强审判监督工作

审判监督是指人民检察院依法对人民法院审判的活动是否合法进行监

① 参见中共武汉市委政法委《武汉政法志》编纂委员会：《武汉政法志·第三卷·检察卷》，武汉出版社 2011 年版，第 118 页。

② 参见中共武汉市委政法委《武汉政法志》编纂委员会：《武汉政法志·第三卷·检察卷》，武汉出版社 2011 年版，第 82 页。

督，监督的重点是判刑畸轻畸重的案件。1980 年市各级检察院成立审判监督小组，指定专人审查判决书，如果发现量刑畸轻需要提起抗诉的，按照程序先向市检察院报告，经市检察院同意后再提起抗诉。如硚口区检察院起诉徐某杀人案，原判有期徒刑 6 年，检察院认为适用法律不当、判刑畸轻，向市法院抗诉后，改判有期徒刑 12 年。1982 年，市检察院在工作实践中发现不能只注重量刑畸轻案件的抗诉，还应当注重量刑畸重案件的抗诉，因此认定犯罪事实有出入、认定性质错误影响刑期、量刑畸轻畸重的案件均应依法提出抗诉。

5. 打击严重经济犯罪

改革开放之初，在搞活对内经济的同时，经济严重犯罪活动也日益突出，对经济发展造成严重损害。这其中有在资产阶级思想腐蚀下蜕化变质而走上犯罪道路的人，也有钻经济领域空子，甚至对社会心怀不满的人。为了保护经济发展，1982 年 1 月，中共中央发出关于严重打击经济犯罪的紧急通知。是年 4 月，中共中央和国务院又下发《关于打击经济领域中严重犯罪活动的决定》。第五届全国人大常委会第二十二次会议通过了《关于严惩严重破坏经济的犯罪的决定》，在原《刑法》的基础上加重了对严重经济犯罪的处罚。市检察院既自行立案侦查经济案件，也通过办案协助发案单位整改建制，堵塞漏洞；既集中打击严重的经济犯罪分子，又对广大干部、群众进行反腐蚀教育，一定程度上扭转了经济领域中的不正之风。

6. 重启监所检察职能

作为检察机关的业务部门之一，监所检察机构因“文化大革命”而中断。1979 年 11 月，最高人民检察院召开了第一次全国监所工作会议，提出恢复并逐步健全各级人民检察院的监所检察机构。1981 年 1 月，经最高人民检察院检察委员会讨论通过，颁布了《人民检察院监所检察工作试行办法》。1978 年市、区、县检察院重建后，市检察院设监所检察处，各区、县检察院设监所检察科，对全市看守所、劳改场所和劳教所等看守场所依法实行检察监督。通过检察监督，纠正了包括超过法定拘留时限、法定批准逮捕时限、法定审查起诉、法定审判时限等各环节的违法行为。为了维护看守场所秩序，还着重打击牢头狱霸，整顿监规。在监外执行方面，从 1981 年起，市检察院除了经常性检察外，每年还根据需要与公安、法院、司法局进行联合检察，依法监督是否存在被判处管制或者保外就医、假释的犯罪分子与监管脱节的行为。

7. 办理刑事申诉案件

市区各级检察院重建后，根据最高人民检察院处理申诉案件的指示精神，把平反冤假错案作为拨乱反正的重大措施和检察工作的重点，认真核查每起申诉案件，纠正了多起冤假错案，并依法批准逮捕制造冤假错案的犯罪分子，还针对“四人帮”残余势力在经济领域里违法犯罪所采取的方式进行了调查分析，提出处理意见。例如1979年青山区检察院同一冶公司联合组织认真复查留美回国知识分子法某“历史反革命”案，确认是错案，立即纠正并重新安排工作。

**四、审判机关的建立健全与发展**

（一）市区两级审判机关逐步恢复与健全

“文化大革命”中司法机关曾被迫实行军管。1973年起，法院机构相继恢复。1979年1月，市法院设立经济审判庭和刑事审判第二庭。同年7月1日，第五届全国人民代表大会第二次会议通过《人民法院组织法》，并于1980年1月1日起施行。1980年，各区、县法院设立经济审判庭。同年7月，原属汉阳县管辖的汉南法庭划归市法院管辖；12月，市法院增设刑事审判第三庭和政策法律研究处。1981年后，各区、县法院亦相应设立刑事审判第二庭。这一时期，武汉市的专门人民法院有武汉海事法院以及武汉铁路运输中级法院。

1979年，武汉市各级法院均成立审判委员会（武昌县法院除外）。审判委员会是各级法院内部最高审判组织，讨论重大疑难案件的判决和处理。1980年，市法院12人被市人大常委会第八次会议任命为该院首任审判委员会委员。1981年，市法院审判委员会针对以往案件不分类型或繁简，一律提交其讨论的做法，下发《关于改进审判委员会工作方法的试行意见》，明确规定审判委员会的三项任务是：总结审判经验、讨论重大或疑难案件、决定有关审判管理的问题。

1980年，武汉市法院审判人员的任免进一步规范化、程序化，对审判人员职称、编制均有明确要求。随着审判任务的增加，武汉市法院适时扩编充实壮大了审判力量。

（二）落实公开审判和人民陪审员制度

1978年10月，市法院要求各区、县法院，除法律规定的特别情况外，一律公开审判。是年12月16日，为贯彻执行宪法，恢复和健全民事审判制度、程序，市法院在江岸区法院组织试点，选择詹某松诉侯某运房屋产权纠纷案进行公开审判，武汉市各界代表300余人参加了旁听。1979年3月7日，美国全国律师同业协会访华团的法律工作者32人，旁边了江汉区法院公开审判吴某莉诉许某群继承遗产案，并与市、区法院审判人员进行座谈。①

1979年，市法院根据人民法院组织法、刑事诉讼法的规定，在各区县按人口分布比例选出其身份多为街道居委会干部的人民陪审员，以保障公民依法参加审判活动，促进司法公正，提升司法公信，适应了当时审判实践的需要。

### （三）复查纠正冤假错案

市法院把平反纠正“文化大革命”期间的各类冤假错案作为重要政治任务。1978年8月，市法院组织专班开始平反冤假错案。十一届三中全会后，武汉市平反冤假错案的工作加快了进程。市法院对“文化大革命”中判处的刑事案件，依照全错全平、半错半平、不错不平的原则，全部予以复查。其中，1978年9月开始复查因反对林彪、“四人帮”和为邓小平被诬陷鸣不平而判刑的“三类”案；1979年复查反革命案；1980年复查为刘少奇遭诬陷鸣不平被判刑事案和普通刑事案；1981年重点复查死刑案。据统计，截至1982年，市法院共复查“文化大革命”期间刑事案11783件，改判纠正1124件。其中，复查反革命案698件，改判571件；复查普通刑事案11085件，改判纠正553件。②

### （四）加强刑事案件审判

1979年7月1日第五届全国人民代表大会第二次会议通过的刑法中规定了“反革命罪”（1997年3月14日第八届全国人民代表大会第五次会议修订为“危害国家安全罪”），1980年后反革命案件均由中级以上法院审判，基层法院不再受理。

在审理“破坏社会主义经济秩序罪”案件方面（1997年3月14日第八

① 参见中共武汉市委政法委《武汉政法志》编纂委员会：《武汉政法志·第四卷·法院卷》，武汉出版社2011年版，第236页。

② 参见中共武汉市委政法委《武汉政法志》编纂委员会：《武汉政法志·第四卷·法院卷》，武汉出版社2011年版，第51页。

届全国人民代表大会第五次会议修订为“破坏社会主义市场经济罪”），由于在改革开放初期，计划控制相对比较严格，许多案件采取以罚代刑等行政处罚，进入到司法程序的总量较少。1980 年、1981 年两年只受理该类案件 13 件，给予刑事处罚 38 人。①

根据 1979 年 7 月 1 日第五届全国人民代表大会第二次会议通过的《刑事诉讼法》，武汉市法院严格依照法律程序和规定审理刑事案件。程序上，普遍实行公开审判和陪审、辩护、回避制度，杜绝“私设公堂”、秘密审判；杜绝徇私舞弊、枉法裁判；杜绝刑讯逼供等现象和行为。实体上，严格区分罪与非罪、此罪与彼罪的法律性质和特征，慎用或尽量不用类推定罪科刑，做到依法定罪科刑，依法从重从快，不强调任意拔高和一味“拉满”。

（五）重视民事案件审判

武汉市法院重视民事审判工作，不断强化对公民、法人和非法人组织的人身权及财产权保护，以调动积极因素，促进安定团结。

1979 年，全市各级法院普遍加强了民事审判工作的业务建设。硚口区法院民庭积极开展民事审判政策和业务知识的研究，总结推广了一些行之有效的办案经验。青山区法院民庭注意加强基础工作，坚持定期召开各街民政干事会议，与辖区工厂、企业调解会保持密切联系，及时指导基层民事调解工作。江岸区法院建立和坚持业务学习制度，以老带新，努力提高办案人员的业务能力。1979 年，全市各级法院组成合议庭，并按照民事审判的法律程序和制度，对民事案件进行公开审判。

在审理婚姻家庭纠纷案件时，市法院认真贯彻了“依靠群众，调查研究，就地解决，调解为主”的民事审判工作方针，依靠有关组织和群众，多做思想工作，尽量用调解方式解决问题。根据 1981 年 1 月 1 日施行的新《婚姻法》和最高人民法院《关于适用婚姻法问题的通知》，把夫妻感情是否确已破裂作为判定离婚与不离婚的基本原则和关键标准。继承案件在一段时期内多为市政府在落实各项政策中，继承人为继承被发还的在“文化大革命”中被无偿接管的房产及查抄物资引起的纠纷，以及在各个历史时期遗留下来的房产继承纠纷。市法院根据“国家保护公民的合法收入、储蓄、

① 参见中共武汉市委政法委《武汉政法志》编纂委员会：《武汉政法志·第四卷·法院卷》，武汉出版社 2011 年版，第 37 页。

房屋和其他生产资料的所有权”，“国家依照法律规定保护公民的私有财产的继承权”等法律规定进行审理。在审理房产纠纷案件时，依照1978年《宪法》有关“保护公民的房屋和其他生活资料所有权”的规定和《关于贯彻执行民事政策法律的意见》中有关房屋问题的处理原则进行审理，只要没有充分证据能够推翻房产权属登记，就按历史登记确认登记人的产权，否则按事实重新确认产权。在审理债权债务纠纷时，确认和保护有充分证据的合法债权，对历史遗留的民间借贷或欠款、欠物纠纷，尽量通过调解结案。

党的十一届三中全会后，经济纠纷案件逐渐增多。1979年11月至1981年上半年，全市各级法院相继设立经济审判庭，审理经济纠纷案件。在审理过程中，注重依法查明是否存在违约事实，引起纠纷的原因，违约造成的损失，并据此确认当事人的违约责任；注重调解，能够调解的按调解协议处理，调解无效的及时判决。

### 五、司法行政机关的重建与发展

#### （一）市司法局重建

1979年6月15日，中央政法小组认为法院组织机构、司法干部的管理、法律干部的培训以及公证、律师、法制宣传等工作长期无人专管，因此向党中央报送建议恢复司法部机构。1979年9月召开的第五届全国人民代表大会常务委员会第十次会议决定，加强司法行政工作，重建司法部。同年10月，中共中央和国务院发出《关于迅速建立地方司法行政机构的通知》。1980年7月21日，国务院要求省属市、地区（自治州、盟）应设立司法局（科），各县（旗）应设立司法局（科），把各级司法行政机关建立健全起来。至此，司法行政系统形成中央、省、地、县四级体制。①

1981年1月1日，武汉市司法局成立。武昌、青山、江岸、江汉、汉阳、硚口、东西湖等区和汉阳县、武昌县的司法局也先后成立并开始办公。

武汉市司法局重建初期主要开展以下工作：管理司法干部，领导人民调解委员会，设置司法助理员，培养法律专业人才，组织管理律师，加强公证工作的组织建设和业务建设，对各级调解组织和调解人员进行具体指导，并采用法律讲座、墙报、橱窗、广播、法制演讲等多种形式，积极开展法制宣传教育活动。1982年5月25日，司法部党组向中央报送《关于司法部的任

---

① 王公义：《我国司法行政体制的历史沿革》，《中国司法》2004年第1期。

务和工作机构改革的请示报告》中，建议法院司法行政工作交法院自行管理，法律法规汇编交国务院办公厅法制局承担。① 据此，武汉市司法局将管理人民法院的编制、物资装备等职能移交至人民法院。

（二）设立街、乡、镇司法所和专职司法助理员

为切实推动司法行政体制建设，武汉市各区、县所属街道办事处、乡、镇的司法办公室改为司法所，作为区、县司法局的派出机构，保留法律服务所，按照“两块牌子一套班子”的原则，实行区、县司法局与街道办事处或乡镇政府双重领导。司法所协助基层政府开展依法治理工作和行政执法检查、监督工作；指导管理人民调解工作，参与重大疑难民间纠纷调解工作；指导管理基层法律服务工作；代表乡镇人民政府（街道办事处）处理民间纠纷；组织开展普法宣传和法制教育工作；成立安置帮教工作接待站，组织开展对刑满释放和解除劳教人员的过渡性安置和帮教工作；参与社会治安综合治理工作；完成上级司法行政机关和乡镇人民政府（街道办事处）交办的有关司法行政工作。

根据中共中央和国务院的指示和要求，武汉市在街、乡、镇人民政府设立专职司法助理员，受区司法行政机关和街、乡、镇人民政府的双重领导，武汉市各街道办事处、乡、镇人民政府以司法助理员为主，陆续成立司法办公室和法律服务所。

（三）设立法律顾问处

1980 年 7 月 30 日至 8 月 9 日，全国司法行政工作座谈会在北京召开，明确提出积极建立和推行律师制度。1980 年 8 月 26 日，第五届全国人民代表大会常委会第十五次会议通过《中华人民共和国律师暂行条例》，1982 年 1 月 1 日起施行，为律师制度的建立和发展提供了法律依据。此后不断发展的律师队伍成为社会主义法治的重要建设者，伴随中国司法建设共同成长。

为扩大律师队伍，搞好律师队伍的建设，武汉市司法局先后设立律师管理处和公证管理处。13 个区、县司法局均在办公室或政治处设专人管理律师工作。

律师制度是人民司法制度的一个重要组成部分，法律顾问处是律师执行职务的工作机构。1981 年 2 月 28 日，武汉市法律顾问处正式成立，3 月 1

① 参见王公义：《我国司法行政体制的历史沿革》，《中国司法》2004 年第 1 期。

日起开始对外承办律师业务。各区、县法律顾问处亦相继建立。法律顾问处为国家机关、人民团体、企业事业单位、人民公社和公民个人提供法律帮助，包括为有关单位担任法律顾问，为刑事被告人出庭辩护，担任民事案件代理人参加诉讼，为公民解答法律询问和代写法律事务文书，以及接受非诉讼当事人委托参加调解、仲裁活动等。市法律顾问处仅成立一个月，就接待来访 393 人次，解答法律询问 299 件，代写法律文书 22 件，出庭辩护 8 件，还办理了民事代理和处理了一批来信，[①] 受到市民普遍好评。各机关、企业纷纷聘请市、区法律顾问处律师，运用法律手段调整经济关系，维护合法权益。

**六、人民调解制度的恢复与发展**

1954 年建立的人民调解制度在建立健全完善利益表达、利益博弈、利益协调、利益冲突解决和矛盾纠纷排查化解机制等方面，发挥了重要作用，但在“文化大革命”期间遭到破坏。党的十一届三中全会后，受到“文化大革命”冲击的人民调解制度逐步恢复。1978 年 5 月，第八次全国司法工作会议明确要求尽快恢复、健全基层调解机构。

1979 年 7 月，《人民法院组织法》明确规定了人民调解制度中调解工作的组织管理的相关问题。1980 年 1 月，全国人民代表大会常务委员会批准重新公布了 1954 年政务院发布的《人民调解委员会暂行组织通则》，司法局也对该通则中调解委员会建立的规定进行了说明，指出农村可以生产大队为单位建立，城市里企业职工集中居住的职工住宅区和较大的集体宿舍设立居民委员会的可以设立调解委员会，城市有些大的工矿企业职工家属集中居住的地区，可以按工矿企业的职工家属委员会为单位，单独建立调解委员会。[②]

1980 年 10 月，武汉市街道的人民调解委员会得到恢复和发展。各级党组织和政府部门，把恢复和加强基层人民调解委员会工作，当作整治社会治安根本好转的基础工作之一。各城区以居民委员会为单位，普遍建立了人民调解委员会，一批工厂企业以厂或车间为单位也建立了人民调解组织。街道有领导小组，居民委员会有调解委员会（简称调委会），企业有调解小组，

---

① 参见于起翔：《市法律顾问处对外承办律师业务》，《长江日报》1981 年 4 月 6 日。

② 参见司法部关于印发《人民调解委员会暂行组织通则》四条的说明的通知。

居民组有调解员。1981 年，全市调解组织通过普遍整顿，健全了组织，充实了力量，全市共有各级调解组织 16960 个，调解人员 59500 多人，基本上形成了一个遍布城乡的调解工作网。

广大调解人员坚守在街道里巷、工厂班组和农村社队，积极向群众进行法制宣传和道德风尚教育。他们坚持围绕整顿社会治安和“综合治理”，采取“以防为主，防调结合”的办法，积极做好民调工作，把大量民事纠纷解决在萌芽状态，防止了人民内部矛盾的激化，减少了民事和刑事案件的发生，为维护社会安定团结起了积极作用。1981 年 1 月至 11 月，全市共调解各类纠纷 25390 多件，相当于基层法院同期受理的民事案件的 6.2 倍，发生的民事纠纷比 1980 年同期下降 38.1%。①

## 第五节　法制建设推动经济体制改革起步

1978 年十一届三中全会召开后，全国工作重心转向经济建设，经济领域的改革取得重要突破。武汉是全国最早启动经济体制改革的城市之一。法制建设为改革破冰发挥了重要作用，不仅从制度层面巩固了国家出台的各项重大改革举措，还致力于营造规则清晰、鼓励创新的地方法制环境，激发了城市经济发展活力。

### 一、在国营企业推行经济责任制

“文化大革命”结束后，武汉经济建设得到较快恢复与发展，但在经济管理体制上，长期存在的条块分割、政企不分以及分配上“吃大锅饭”等许多弊端，越来越阻碍职工积极性的发挥，同时武汉作为老工业基地，固定资产投资量大，轻重工业比例失调，能源和原材料缺口大，积累和消费的关系不协调，严重影响生产力的发展。武汉坚持改革开放，实行“调整、改革、整顿、提高”的方针，开启了经济体制改革的序幕，经济建设进入新的历史阶段。

1979 年 7 月，国务院发布《关于扩大国营工业企业经营管理自主权的若干规定》，要求在保持国家所有权的前提下，将经营权下放给企业，探索多种形式的经营责任制，在实践中主要有利润留成、盈亏包干、以税代利等

① 参见《调解千家事温暖万人心　我市人民调解工作取得成绩》，《长江日报》1982 年 1 月 7 日。

三种方式。[①] 这就以行政法规的形式确认了在少数国营企业中进行试点，并总结经验，逐步推广。按照该规定，在改革经济管理体制和经营方式上，武汉市开始尝试推行“利润包干，超额分成”为主要内容的经济责任制以及按照全国统一部署先后两步实施的“利改税”，使武汉的国营企业有了一定的自主权。1980 年，市服务公司系统试行扩大企业自主权，使企业领导人的责任、权限和职工的利益结合起来。至 1982 年，多种形式的经营责任制在服务行业逐步试行。实行经营责任制后，服务行业管理体制过分集中、统的过死的状况有了初步的改变，企业有了一定的经营自主权，增强了活力。1981 年 8 月，武汉市食品工业公司所属的武汉酒厂、武汉糖果厂、武汉饮料二厂、武汉长江食品厂和武汉淀粉厂等 5 家企业，在部分车间实行计件工资。武汉酒厂、武汉糖果厂、武汉长江食品厂和武汉淀粉厂实行超定额计件工资，武汉饮料二厂实行超产计件工资，极大促进了生产。

## 二、在农村推行家庭联产承包责任制

从 1978 年开始，武汉农村开始推行家庭联产承包制，主要是进行经营方式的变革，把原有的“三级所有、队为基础”逐渐调整为统一经营与分散家庭经营相结合的联产承包制，使广大农民成为相对独立的生产者和经营者。几乎与安徽凤阳小岗生产队的 18 户农民在包干合同书按下手印的同时，1978 年 12 月，武汉市洪山区洪山公社的关山大队、马湖大队和十里公社星火大队也开始试行联产责任制。第二年，武汉郊区约有 10% 的生产队走上了联产承包的道路。

1979 年 9 月，中共十一届四中全会通过了《关于加快农业发展若干问题的决定》，强调了人民公社、生产大队和生产队的所有权和自主权受法律保护。根据中共中央的指示精神，武汉市的农村改革全面铺开进展迅速。1979 年，汉阳县、武昌县相继推行联产承包责任制。1981 年 9 月，市委召开农村工作会议，着重研究进一步加强和完善农业生产责任制，调整农业内部结构等问题。同年底，市委印发市农办党组制订的《农业生产联产计酬责任制试行草案》，肯定了“推行各种形式的联产计酬责任制是农业集体经济在经营管理上的重大突破”。

1982 年 1 月 1 日，中央印发 20 世纪 80 年代农村改革的首个“一号文

---

① 参见项安波、王念：《国企改革四十年的经验与启示》，《中国发展观察》2018 年第 18 期。

件”，明确指出“包产到户”“包干到户”同其他形式的各种责任制一样，都是社会主义集体经济的生产责任制。这一思想认识上的大突破，进一步推动了联产承包责任制的发展。1982 年，武汉全市 92.2%的生产队和 87.7%的农户实行了联产承包责任制。[①] 1984 年，全市所有生产队和农户完成了这一历史性的变革。

农村联产承包责任制的推行，极大地调动了农民的积极性，最大限度地激发了农民的潜能，一大批能人在改革中大显身手。改革不仅促进了农村生产力的发展，也使得富余劳动力从土地上分离出来，转向二三产业，农村商品经济迅速发展。产业结构的变化，也促进了乡镇企业的发展。武汉农村联产承包责任制的改革探索实践和全国同频共振，最终推动了 1993 年《宪法》的修改，即删去“农村人民公社”的提法，确立“家庭联产承包为主的责任制”的法律地位。

### 三、私营经济逐步恢复

20 世纪 50 年代中期公私合营后，武汉的私营经济活力逐渐丧失。党的十一届三中全会召开后，武汉这座有着传统商业基因的城市重新被唤醒，以敏锐的市场眼光和天然的商品经济意识，在改革前沿的风口浪尖上不断开拓创新。

计划经济时代，市民日常生活主要围绕国营或者集体菜场、供销社、商店等，这是国内大多数城市的写照。党的十一届三中全会后武汉悄然涌现出的小商品批发市场和集市贸易，打破了这种格局。1978 年 12 月武汉市开始进行经济改革，对长期沉寂、停歇的汉正街小商品市场予以有限度的放开。1979 年武汉市硚口区工商局给包括郑举选在内的 103 位业主颁发营业执照，带动了更多人前往汉正街创业兴业。武汉市对汉正街小商品市场的尝试和探索得到了高度肯定。1982 年 8 月 28 日，《人民日报》发表社论《汉正街小商品市场的经验值得重视》，称赞汉正街搞活了市场，方便了人民生活，扩大了劳动就业，起到了国营和集体商业不可替代的作用。在汉正街的示范效应下，1980 年，武汉又自发形成滑坡路、京汉街、红钢城等经营小商品的个体摊群。[②]

---

① 参见何利平：《农村经济体制改革铸就活力武汉——三十年武汉农村经济体制改革之路》，《武汉学刊》2011 年第 4 期。

② 参见涂文学：《春江水暖鸭先知——20 世纪七八十年代武汉商业经济发展》，《武汉文史资料》2019 年第 2 期。

1982 年我国《宪法》，承认了个体经济的合法地位。

武汉的集市贸易萌发于 1978 年底。由于适应了市民对于“菜篮子”的需求，自然形成的武昌大东门、汉口交通路等集贸点迅速发展。面对新情况，政府相关部门转变思路，既允许开放以满足市民生活需求，又加强管理以不影响交通和市容。经市工商局建议，市革委会下发通告，在六个中心城区开放了 42 个农副产品集贸市场，在城郊结合部开放了 12 个农副产品集贸市场。此举极大地激活了社会零售的活力，1980 年全市集贸市场为 107 个，年成交量 7572. 5 万斤，年成交额 5943 万元，相当于社会商品零售总额的 2. 9%。[①] 以小商品市场和集市贸易为突破口，武汉突破僵化的计划经济模式，在实践中不断改革创新，从而形成了独特的私营经济的“武汉经验”。

① 参见涂文学：《春江水暖鸭先知——20 世纪七八十年代武汉商业经济发展》，《武汉文史资料》2019 年第 2 期。

# 第六章 “依法治市”的提出与实践

城市是人类进入文明时代的标志，是经济、政治、文明发展的策源地。最早的成文法与城市相伴而生，现代化的城市本质上是法治城市，现代化的城市建设与发展必须以“依法治市”理念为指引。武汉关于“依法治市”的理念探索，最早起源于1982年宪法公布施行后。1982年12月4日，第五届全国人民代表大会第五次会议通过并颁布了《中华人民共和国宪法》，以最高法律的形式确认了中国各族人民奋斗的成果，规定了国家的根本制度和根本任务，为法制的发展和振兴奠定了新的法律基础。《宪法》第3条第2款规定：“中央和地方的国家机构职权的划分，遵循在中央的统一领导下，充分发挥地方的主动性、积极性的原则。”[①] 在这一宪法原则指引下，中国的法制建设进入了新的历史阶段，逐渐形成了“自上而下”推进的社会主义法制建设总体格局。1982年11月20—24日，中国共产党武汉市第六次代表大会召开，提出全面推进武汉市现代化建设，必须在社会主义民主和法制建设上取得重大进展，首次将法制理念融入到城市发展中。1987年3月，武汉市七届人大五次会议通过《关于加强社会主义法制建设，实行依法治市》的议案，标志着“依法治市”正式成为城市的固本之策。武汉市积极出台地方立法深化经济体制改革，依法扶持乡镇企业发展壮大，探索外资企业法制化管理的新路径，不断完善人民代表大会制度和政治协商制度，加快推动依法行政，为改革开放提供了坚实法制保障。至1992年，武汉城市发展的基本方面已经能够实现法律规范制度化，城市现代化建设朝着有条不紊、生机盎然的法制秩序阔步前行。

---

① 参见《中华人民共和国宪法》，人民出版社1982年版，第9—10页。

## 第一节 确定“依法治市”的基本市策

1986年初，国务院法制局召开工作会议，研究部署法制建设试点工作。广州、重庆、武汉、大连、沈阳、哈尔滨等第一批七个计划单列市的分管市长和法制机构负责人参加会议。国务院法制局指出，法制建设试点要从“中间开花”（即从特大中心城市开始），第一批计划单列市先行。1986年10月8日，经国务院批准，国务院法制局发布《关于在经济体制改革综合试点城市进行法制建设工作试点的有关事项的通知》，决定对包括武汉在内的七个城市进行法制建设试点。武汉成为法制建设工作试点城市后，市委、市政府高度重视，及时制定了试点工作方案，成立了以副市长为组长的试点工作领导小组。1987年3月9日至14日，武汉市第七届人民代表大会第五次会议召开，出席会议的代表有790名。大会通过《关于加强社会主义法制建设，实行依法治市》的议案，明确提出将“依法治市”作为加强社会主义法制建设的重要组成部分，在“一五”普法的基础上将各项工作纳入法制轨道，坚决纠正各类违法行为，保证法律在全社会的一体遵行。这也是武汉首次提出“依法治市”的目标。

1987年10月25日至11月1日，党的十三大在北京举行。大会系统地阐述了社会主义初级阶段理论，制定了党在社会主义初级阶段的基本路线，制定了“三步走”发展战略和各项改革任务，指出“我们必须一手抓建设和改革，一手抓法制。法制建设必须贯串于改革的全过程……必须保障建设和改革的秩序，使改革的成果得以巩固。”① 党的十三大报告从政治、经济、社会等各方面为武汉深入推进“依法治市”、加快推进依法行政指明了方向。1987年11月7日，市七届人大常委会第四十一次会议通过《武汉市人大常委会关于进一步加强我市社会主义法制建设的决定》，提出“为了保障我市的改革和建设沿着党的十三大指出的有中国特色的社会主义道路迅速健康地发展，强调进一步加强我市社会主义法制建设，逐步实行依法治市是十分必要的。进一步加强社会主义法制建设，实行依法治市，就是要逐步做到从领导机关到基层组织，从干部到群众，都牢固地树立法制观念，严格依照

① 参见《中国共产党第十三次全国代表大会文件汇编》，人民出版社1987年版，第57页。

宪法、法律、法规和政策办事，依法管理城市，依法管理经济，依法管理各项事业。全市的政治生活、经济生活和社会生活的各个方面，民主和专政的各个环节，都应当做到有法可依，有法必依，执法必严，违法必究。”① 1987年12月24—28日，中国共产党武汉市第七次党代表大会召开，进一步强调要坚持改革兴市、科教立市、依法治市以及勤俭建市，着力解决本地经济社会发展中存在的问题，注重规范公权力运行，加强对权力的制约和监督，努力形成政治、经济和社会生活的新规范，使全市的社会主义民主政治建设一步一步走向制度化、法律化。进一步将“依法治市”的任务予以明确。

1988年，市人民政府制发了《加强法制建设，实行依法治市实施方案》。该方案提出“把我市建设成为民主与法制日益健全，物质文明和精神文明共同繁荣，社会安定团结的现代化城市”的奋斗目标，从加强法制宣传教育，建立较完备的法规、规章体系，加强行政执法监督检查，加强法制队伍建设，健全法制工作机构等多个方面进一步细化了“依法治市”的基本市策。明确提出从1988年开始的五年时间里，分三个阶段实现这一目标：第一阶段用一年时间，广泛宣传依法治市的重要性，各级政府、各部门、各事业单位制定实施依法治市的具体方案，建立领导机构；第二阶段用三年时间，组织实施并积极探索依法治市的有效途径；第三阶段抓好总结、检查、评比，确立新的目标，使依法治市不断走向深化。② 全市上下认真贯彻落实党中央、省委、市委决策部署，遵循宪法法律规定，紧紧抓住改革开放的机遇，不断加大“依法治市”工作力度。一方面，以法律和法制建设保障经济建设和改革的推进，应兴应革的事情，尽可能用法律指导、规范，或以法律、制度的形式加以明确，使改革的成果得以扩大与巩固；另一方面，加强立法工作，改善执法活动，保障司法机关独立行使职权，提高公民的法律意识。

---

① 参见武汉市人民政府法制办公室编：《武汉市法规规章汇编（1988—1993）》，武汉出版社1994年版，第14—15页。

② 参见武汉市人民政府法制办公室编：《武汉市法规规章汇编（1988—1993）》，武汉出版社1994年版，第23页。

## 第二节 为经济建设和改革开放提供法制保障

“依法治市”的重要任务，就是为经济建设和改革开放保驾护航。党的十一届三中全会以后，国家的政治、经济、社会、文化生活等各方面发生巨大变化，形势发展要求制定一部新宪法取代“文化大革命”刚刚结束后所制定的 1978 年宪法，1982 年宪法也由此以崭新面貌顺势而生。[①] “依法治市”充分体现了宪法关于基本经济制度及经济体制改革的立法精神，从生产力的实际水平出发，强调市场调节的重要作用，赋予全民所有制企业和集体所有制企业不同范围的经营自主权，从而有利于经济体制改革面向纵深推进，为武汉市经济建设和改革开放提供了有力的法制支撑与保障。

### 一、以地方立法推动经济体制改革

这一时期，武汉市按照行政立法一定要为改革开放和社会主义现代化建设服务的指导思想，结合实际，围绕深化经济体制改革、金融改革、建立正常的市场秩序和经济秩序等方面，制定和颁布了一系列地方性法规和规章。据统计，仅 1986 年至 1991 年间就制定了 237 件地方性法规和规章。[②]

在深化经济体制改革方面，1985 年 6 月市委、市政府颁布《武汉市搞活大中型国营工业企业若干政策的暂行规定》及《关于厂长职责的暂行规定》，进一步扩大国营工业企业自主权，贯彻厂长负责制。1986 年 1 月发布《武汉市人民政府关于实行厂长任期目标责任制的通知》，同年 6 月市委、市政府颁发《关于坚持改革进一步搞活企业的若干意见》，7 月颁布《武汉市发展横向经济联合实施办法》，12 月颁布《武汉市全民所有制工业企业濒临破产限期整顿实行规定》。1987 年 7 月发布《武汉市全民所有制小型商业企业租赁经营实行办法》等。1988 年 10 月发布《武汉市企业集团股份制实行办法》。1993 年 5 月发布《武汉市全民所有制工业企业转换经营机制实施办法》。围绕“三总师”（即总工程师、总会计师、总经济师）职责，1983 年 4 月颁布《武汉市总工程师基本职责试行规定》，1985 年 4 月颁布《武汉市总会计师基本职责暂行规定》和《武汉市总经济师基本职责暂行规定》。

① 参见朱磊：《新中国宪法史上的重要里程碑》，《法制日报》2014 年 12 月 3 日。

② 参见武汉地方志编纂委员会：《武汉市志（1980—2000）· 第五卷 · 政治（上）》，武汉出版社 2006 年版，第 341 页。

在金融监管和改革方面，1985 年 12 月市政府批准中国人民银行武汉市分行拟定的《武汉市支票管理若干规定》，颁发《武汉市现金管理暂行规定》。1986 年 7 月市政府颁发《武汉市股票债券发行管理暂行规定》，保护股票、债券认购人的合法权益。1987 年 12 月市政府批准中国人民银行武汉市分行拟定的《武汉市资金拆借小市场管理办法》，促进资金横向融通，维护拆借双方的合法权益。1988 年 1 月，发布《武汉市商业汇票管理暂行规定》。

为建立正常的市场秩序和经济秩序，武汉市还制定了技术市场、建筑市场、房产市场、劳务市场、经济合同管理、质量管理标准以及私营企业管理等办法。

**二、全面启动“两通”改革**

武汉地处我国中部，地理位置极为优越，既有长江水运也有公路铁路联通和纵贯，但是受制于体制机制，交通区位优势未能很好地发挥。商品经济的繁荣和发展使人们充分认识到，搞活经济，必须提升商业的积极性，而流通体制不顺畅、地方保护主义盛行、地区封锁和分割，必然阻碍城市发展。武汉决定把计划单列作为武汉市体制改革的重中之重。1983 年，武汉市委、市政府向湖北省委、省政府提出《关于在武汉市进行经济体制综合改革的报告》，并请省委、省政府转报中共中央和国务院。随后，武汉市又积极主动向中央反映情况，得到中央领导和国家体改委等有关部门的支持。1984 年 5 月 21 日，中共中央、国务院批准武汉成为经济体制综合改革试点城市，实行计划单列，中央、省属在汉企业下放给武汉市管理，赋予武汉市省一级经济管理权限。这标志着武汉城市体制改革的全面启动，成为完全意义上的经济转轨、社会转型的开端。①

在法律授权范围内，武汉市成立了由 100 多名专家组成的咨询委员会，动员各界人士建言献策，旨在实行决策的科学化、民主化，最终作出了武汉经济发展与经济体制综合改革以“两通”（交通与流通）为突破口、放开搞活的战略决策。流通体制的一大弊端是政企不分，行政部门和企业结成了统一体，行政权和经营权绞在一起，企业成为行政部门的附属机构。② 因此，

① 参见刘崇顺：《社会转型与城市发展——写在武汉解放 60 周年》，《武汉学刊》2009 年第 3 期。

② 参见吴官正：《谈谈武汉经济体制综合改革的几个问题》，《理论探索》1984 年第 3 期。

“两通”的本质在于简政放权，理顺体制机制，破除垄断，打破条块分割，正确处理政府与市场、政府与企业之间的关系，营造公平公正、竞争有序的市场环境。“两通”突破促使武汉形成大交通格局，实现商业大发展，为武汉成为区域经济中心奠定了良好基础。

### 三、大胆聘用“洋厂长”

1982年宪法第16条规定，国营企业在服从国家的统一领导和全面完成国家计划的前提下，在法律规定的范围内，有经营管理的自主权。国营企业依照法律规定，通过职工代表大会和其他形式，实行民主管理。“洋厂长”的故事正是依法创新、勇于改革的体现。

武汉柴油机厂作为一个拥有30多年厂龄的中型企业，曾经在全国同行业中处于领先地位，产品远销10多个国家。以前长期实行“统购包销”政策，掩盖了产品质量和企业素质上的种种不足，一旦柴油机逐步由卖方市场变为买方市场，企业应变能力差的问题逐步暴露，产品质量在全国17家行业中排在末位。1984年8月，时年64岁的德国发动机制造和铁芯技术专家威尔纳·格里希作为德国退休专家组织的第一批3个外国专家之一，对武汉柴油机厂进行技术咨询活动。他深入工厂车间，了解生产、设备、工艺、管理、产品质量方面的问题，写下十万多字的咨询意见，提出一百多条合理化建议。但是，技术改进只是表皮，内在的体制不顺，人浮于事的积习和影响产品质量的弊端始终不能真正解决。格里希看到了武汉柴油机厂面临的困境，主动表达了担任厂长的意愿。

针对外国人能否担任国有企业厂长这一敏感问题，湖北省委副书记、武汉市委第一书记王群和市长吴官正多次主持召开专门会议，认为“聘请西德专家格里希担任厂长是市委市政府经过认真研究作出的决定，是符合十二届三中全会精神的。格里希是位友好人士，经其本人到武柴考察，表示了担任武柴厂长的愿望……聘请格里希任武柴厂长，是尊重知识、尊重人才，吸收和借鉴西方先进经营管理方法的一个重要措施……我们应当解放思想，以积极坚定的态度把这项工作做好。”① 1984年11月，格里希受聘成为武柴厂长并发表就职演说，成为改革开放后国企聘请的第一位“洋厂长”。市主管

① 参见胡弦、刘英：《武汉首度公开聘请“洋厂长”原始档案》，《湖北日报》2018年6月7日。

部门主动对这位“洋厂长”放权，给格里希厂长应有的权力；同意武汉柴油机厂党委建立一个协调小组主动做好协调配合工作，以保证厂长能充分行使自己的职权。武汉市有关部门也从资金和物资上给予支持和保障，通力协作把武柴这个改革试点办好。

格里希任职后从严治厂，紧紧围绕提高产品质量中心环节，联系实际找差距，学创结合搞改革，在较短的时间内，凭借丰富的企业管理知识和才能，实现依法治厂，使武柴面貌发生了新的变化。企业由生产经营型向技术经营型转变，产品质量明显上升，经济效益有了进一步提高。1986 年，柴油机气缸杂质从 5600 毫克下降到 100 毫克以内，居国内领先水平；废品率由 30%至 40%降到 10%以下；向东南亚 7 个国家出口，创汇超过百万美元。

“洋厂长”的大胆聘用，是武汉走在全国前列一系列改革举措的突出体现，同时也证明了西方先进的经营模式和管理制度可以有效借鉴吸收。为搞活大中型国营工业企业，提高厂长对企业生产经营的职权，武汉市先后颁布了一系列法规规章。1985 年 6 月，市委、市政府颁发《武汉市搞活大中型国营工业企业若干政策的暂行规定》，明确在所有大中型国营工业企业逐步推行厂长负责制，扩大劳动人事管理权、机构设置权、企业生产经营权、产品自销权、工资奖金分配权、物资选购权、资产处置权，赋予企业一定的产品定价权以及参与对外经贸活动和享有直接对外经营权。[①]《关于厂长职责的暂行规定》对厂长的任免、职权、责任、指挥系统、奖惩等内容作出了规定，明确厂长在规定的企业自主权范围内的一系列职权，[②] 如决定经营方针、长期计划和技术改造计划，决定企业的机构设置，调度和使用企业的人力、物力、财力，拒绝执行或要求调整没有物质保证和销售安排的指令性计划，以及拒绝对企业无偿调用人员、资金、物资和随意安插人员等。为增强企业财力，加速企业技术改造，为促进技术进步，提高产品质量和增强竞争力，1985 年 8 月，市政府批准《武汉市工业产品采用国际标准验收实施办法》。同年 10 月，市政府颁发《武汉市产品质量暂行规定》；11 月市七届人大常委会第二十三次会议审议批准，12 月市政府颁发《武汉市标准化管理办

① 参见武汉市人民政府法制办公室编：《武汉市法规规章汇编（1949—1987）》，武汉出版社 1988 年版，第 41—51 页。

② 参见武汉市人民政府法制办公室编：《武汉市法规规章汇编（1949—1987）》，武汉出版社 1988 年版，第 52—57 页。

法》，对正式生产的工业产品、重要的农产品等标准的制定和修订、实施、质量监督、奖惩作出了规定。

1988 年 2 月，国务院颁布《全民所有制工业企业承包经营责任制暂行条例》。4 月，七届全国人民代表大会一次会议通过《中华人民共和国全民所有制工业企业法》，对企业所有权和经营权“两权分离”的改革原则，做了更为明确的规定，为企业承包经营责任制改革提供了法律保障。

**四、打破制度瓶颈，促进人才流动**

在计划经济体制下，知识分子被严格束缚，人才流动难，技术交流难，兼职被严格限制。1980 年 9 月，武汉国营 181 厂韩庆生等 4 名技术人员帮助生产铁锹锄头、濒临倒闭的武汉市九峰乡农机厂设计出一套改进型的污水处理设备，获得少量报酬，后以“利用职务之便收受贿赂”被提起公诉。一审法院宣判韩庆生无罪后释放，二审法院判处韩庆生有罪免刑。国务院副总理、科委主任方毅亲自批示关于韩庆生的相关材料。1983 年 1 月 3 日，韩庆生接到中组部落实知识分子政策办公室通知：工作组到武汉处理此事。三天后，湖北省高级法院宣布韩庆生无罪，恢复名誉、道歉，并返还已经上缴的全部报酬。

韩庆生案对中国知识分子的政策产生了深远影响。1982 年宪法第 23 条规定：“国家培养为社会主义服务的各种专业人才，扩大知识分子的队伍，创造条件，充分发挥他们在社会主义现代化建设中的作用。”[①] 1988 年 1 月 18 日，国务院专门发文，允许科技干部兼职。为保护知识分子合法权益，激发其干事创业热情，武汉市也先后出台了一系列有关科技干部人事改革的制度。1985 年 3 月，市委、市政府批准《关于改革科技干部管理制度若干问题的暂行规定》，规定大量引进科技人才，试行科技干部聘用制，允许科技干部辞职、停薪留职、兼职、兼课等，强调必须解放思想，大胆改革，促进人才合理流动，充分发挥他们在经济体制改革和“四化”建设中的作用。1987 年 6 月，市政府发布《武汉市鼓励科技人员向乡镇企业流动的若干规定》，对科技人员兼职的报酬分配和支付，在兼职工作中的奖励和处罚均做了相应规定。同时市政府还发布《武汉市科技人员辞职管理暂行规定》，规定经批准辞职全民或集体所有制单位工作的科技人员享受正常调动待遇，保留全民所

① 参见《中华人民共和国宪法》，人民出版社 1982 年版，第 15 页。

有制职工身份，工龄连续计算；而自愿不保留其全民所有制职工身份进入民办科研机构，由原单位根据本人和单位实际，发给一次性辞职补助金。

### 五、扶持乡镇企业发展壮大

家庭联产承包责任制的推行，解放出一大批农村劳动力，催生出一批乡镇企业。乡镇企业自筹资金、自主经营、自负盈亏、自我约束、自我发展，而政府不直接干预乡镇企业的经营活动，主要通过宏观调控为企业提供扶持、引导和服务。

在乡镇企业初具规模阶段，武汉创造性地把“两通”（交通与流通）起飞和发展乡镇企业紧密结合起来，并制定了一系列鼓励、扶持、引导乡镇企业快速、健康发展的政策措施。1985 年 5 月 23 日，武汉市人民政府以武政［1985］62 号文颁发了《关于加速发展乡镇企业的若干规定》。该规定共 10 条，主要内容包括：（一）充分运用有利时机，加速乡镇企业发展；（二）改革乡镇企业管理体制；（三）促进城市生产力向农村扩散，积极发展横向经济技术联系；（四）扩大郊县技术引进、技术改造审批权限；（五）积极鼓励人才下乡，努力开发农村智力；（六）筹集发展乡镇企业的资金，提高资金的融通效益；（七）疏通乡镇企业的购销渠道，改革物价管理；（八）适当放宽税收政策，扶植搞活乡镇企业；（九）合理提高折旧率和各项基金，不断增强乡镇企业的自我改造自我发展能力；（十）推行各种经济责任制，合理分配乡镇企业的税收利润。这些举措使潜在的各种优势如资金、技术、信息、管理、人才等，很快得到聚集，形成巨大生产力。到 1988 年，全市乡镇企业从业人员达到 50 万人，企业总数达到 8.6 万个，总产值达 45.2 亿元，比 1983 年增长 5.1 倍，年递增 43.6%。[①]

### 六、探索外资企业的法制化管理

1979 年 7 月 1 日，第五届全国人民代表大会第二次会议通过《中外合资经营企业法》；从当年开始，我国引进的外资不断增长，中外合资企业、中外合作企业以及外商独资企业数量不断增长。“三资”企业为我国的发展带来了亟须的资金、先进的技术、科学的管理和丰富的产品，促进了经济的增长。

---

① 参见武汉地方志编纂委员会：《武汉市志（1980—2000）·第三卷·经济（上）》，武汉出版社 2006 年版，第 558 页。

适应国家发展的需要，1982 年宪法第 18 条规定，中华人民共和国允许外国的企业和其他经济组织或者个人依照中华人民共和国法律的规定在中国投资，同中国的企业或者其他经济组织进行各种形式的经济合作。在中国境内的外国企业和其他外国经济组织以及中外合资经营的企业，都必须遵守中华人民共和国的法律。它们的合法的权利和利益受中华人民共和国法律的保护。[①] 为进一步促进和规范“三资”企业的发展，1986 年 4 月 12 日第六届全国人民代表大会第四次会议通过了《外商独资企业法》；1988 年 4 月 13 日第七届全国人民代表大会第一次会议通过了《中外合作经营企业法》。

对外贸易经济合作部和工商总局批准的武汉市首家中外合资企业——长江激光电子股份有限公司诞生于 1981 年，由武汉光通信技术公司和美国激光电子股份有限公司共同兴办。1983 年该企业改名为武汉电信器件公司。1982 年，经国家进出口管理委员会批准，武汉电子技术服务公司与香港北海拓展有限公司共同成立武汉市首家中外合作经营企业——武汉电子维修服务中心；1984 年改组为中外合资企业，改名为武汉国外电子服务中心。到 1984 年底，武汉市共批准设立 4 家外商投资企业，合同金额 97 万美元。

1985 年，国家正式批准武汉市享有对外经贸自主权，利用外资工作也逐步发展。1988 年 12 月，武汉市成立外商投资工作委员会，将政府有关决策部门、职能部门、管理部门等集中办公，统筹协调、全面管理全市外商投资工作；对外商来汉投资和技术合作项目的审定，由过去的几家会审、各家盖章的程序简化为“一个窗口、一支笔”；为外商提供法规、政策等方面的咨询服务，推动、督促和协调解决外商投资企业在筹建和生产经营过程中所遇到的问题。

随着外资企业的增加，为了将“三资”企业法与武汉市的发展相结合，对外商投资规范管理，保护投资环境，1991 年 12 月 21 日，武汉市第八届人大常委会第二十七次会议讨论通过《武汉市外商投资企业管理条例》。1992 年 3 月 14 日，湖北省第七届人大常委会第二十五次会议批准正式颁布实施。《外商投资企业管理条例》突出了简化办事程序、提供优惠服务、明确优惠政策等内容，对进一步改善武汉市投资环境，更好地吸引外商来汉投

① 参见《中华人民共和国宪法》，人民出版社 1982 年版，第 14 页。

资兴办企业，起到了积极促进作用。仅 1992 年，全市就批准“三资”企业 458 家。同年 6 月，市政府以第 51 号、第 52 号令颁布《武汉市利用外资经营房地产管理办法》和《武汉市外商投资企业用地管理规定》，以引导外商投资方向、规范外商投资及经营行为。

**七、实行土地使用权转让制度**

1988 年，《宪法》进行第一次修改，第 10 条对私营经济和土地的使用权做出了规定：城市的土地属于国家所有。农村和城市郊区的土地，除由法律规定属于国家所有的以外，属于集体所有。[①] 修改后的宪法第 10 条第 4 款将“任何组织或者个人不得侵占、买卖、出租或者以其他形式非法转让土地。”修改为：“任何组织或者个人不得侵占、买卖、出租或者以其他形式非法转让土地。土地的使用权可以依照法律的规定转让。”[②] 1990 年 5 月 19 日，国务院发布《中华人民共和国城镇国有土地使用权出让和转让暂行条例》，对土地使用权出让、转让、出租、抵押、终止以及划拨土地使用权等问题作了明确的规定。

土地有偿使用制度是指对土地实行国有土地使用权出让，有偿有限期使用，出让国有土地使用权可以转让的制度。1990 年，武汉市作为全省土地管理先进单位，被列为湖北省第一个城镇国有土地出让和转让的综合试点城市。武汉市的改革试点包括城镇国有土地的出让、转让、出租、拍卖、抵押等综合内容。

1992 年 6 月 9 日，市人民政府发布《武汉市城镇国有土地使用权出让和转让实施办法》，适用于本市规划区和建制镇规划区、工矿区范围内国有土地使用权的出让和转让及市人民政府根据需要依法划定的其他地区。市土地管理局主管全市国有土地使用权的出让和以开发、新建、改建、扩建为目的的划拨土地使用权的转让工作，并依法对全市土地使用权的出让、转让、出租、抵押、终止进行监督检查。

通过开展土地批租，土地市场逐步开始发育，土地使用权的出让、转让、出租和抵押等市场行为比较活跃。截至 1994 年 5 月底，市区批租土地 327 宗，面积 454. 4 万平方米，规划建筑总面积 1860 万平方米，其中公建

---

① 参见《中华人民共和国宪法》，人民出版社 1988 年版，第 15 页。
② 参见《中华人民共和国宪法》，人民出版社 1988 年版，第 101 页。

约900万平方米、住宅960万平方米，分别占总数的48.42%和51.6%。土地批租为武汉市积聚了大量资金，奠定了城市快速发展的良好基础。[①]

## 第三节 进一步完善人民代表大会制度和政治协商制度

在改革开放和现代化建设新时期，社会主义民主政治建设重新被摆在极端重要的位置，人民代表大会制度和中国共产党领导的多党合作和政治协商制度在武汉市不断得到巩固和完善。1982年宪法在总结历史教训的基础上，比较完整地确立了以人民代表大会为核心的国家政权机关的框架。在1979年设立地方人大会的基础上，进一步建立了各级人民代表大会及其会务组织。从1985年起，武汉市“两会”在每年初春时节召开，人民代表大会制度及政治协商制度进一步发展完善。

### 一、人民代表大会制度的新发展

武汉市人大常委会在调查研究的基础上，以推进民主法治建设为己任，认真履行各项法定职责，努力发挥地方人大职能作用，不断加强人大常委会的自身建设，使各项工作进一步走向制度化、规范化。

#### （一）市人民代表大会常务委员会设立专门委员会

武汉市第七届人大常委会主任谢滋群提出，市人大常委会要积极研究武汉市经济体制改革出现的新情况新问题，为促进武汉经济法制建设作出贡献。1983年5月，市人大常委会设立了法制、财政经济、城乡建设、教育科学文化卫生、农村等工作委员会，作为常委会的工作机构。1988年3月，在市八届人大一次会议上，黎智同志当选为市人大常委会主任。根据第六届全国人民代表大会常务委员会第十八次会议通过《关于修改〈中华人民共和国地方各级人民代表大会和地方各级人民政府组织法〉的决定》，市人大常委会决定设立法制、财政经济、城乡建设、教育科学文化卫生、人事任免等5个专门委员会。[②] 之后，1989

① 参见殷增涛：《纪念第四个全国“土地日”规范和完善土地市场促进武汉经济发展》，《长江日报》1994年6月25日。

② 1998年1月，武汉市第十届人民代表大会第一次会议决定将城乡建设委员会更名为城乡建设与环境保护委员会。1999年1月，武汉市第十届人民代表大会第二次会议决定将法制委员会更名为内务司法委员会。

年武汉市第八届人民代表大会第二次会议增设市人民代表大会农村委员会，1993 年武汉市第九届人民代表大会第一次会议增设市人民代表大会民族宗教侨务外事委员会。市人民代表大会设立常务委员会和专门委员会，结束了人民代表大会仅在每年大会期间开展活动的历史，实现了大会期间与闭会期间、代表大会与常设机构相结合的工作方式，保证了人民代表大会工作的连续性和国家权力的有效行使。专门委员会的职权是研究、审议和拟定议案，协助常委会做好监督工作，开展对法律实施情况的检查，其设立对加强人大及其常委会的立法和监督工作发挥了重要作用。

（二）立法权的行使

武汉市人大及其常委会按照宪法法律赋予的权力，根据“有法可依”的需求，按照“急需先立”原则，积极运用地方立法权，适应了武汉市经济建设和城市管理建设的需要。同时，武汉是全国地方政府中开展政府法制工作最早的城市之一，也是国务院确定的全国首批法制建设试点城市之一。

1. 拟定地方性法规草案

1982 年 12 月 10 日，第五届全国人民代表大会第五次会议对《地方组织法》进行了修改，规定“省、自治区的人民政府所在地的市和经国务院批准的较大的市的人民代表大会常务委员会，可以拟定本市需要的地方性法规草案，提请省、自治区的人民代表大会常务委员会审议制定，并报全国人民代表大会常务委员会备案。”① 武汉市对拟定地方性法规草案进行了探索，先后制定《武汉市市区河道堤防管理条例（草案）》和《武汉市机关、团体、学校、企业、事业单位治安保卫工作条例（草案）》两件地方性法规草案，报请省人大常委会制定。②

2. 制定地方性法规

1986 年 12 月 2 日，第六届全国人大常委会第十八次会议对《地方组织法》进行了修订，规定：省、自治区的人民政府所在地的市和经国务院批准的较大的市的人民代表大会及其常务委员会，根据本市的具体情况和实际需要，在不同宪法、法律、行政法规和本省、自治区的地方性法规相抵触的前提下，可以制定地方性法规，报省、自治区的人民代表大会常务委员会批

① 朱锋主编：《〈中华人民共和国宪法〉释义》，人民出版社 1993 年版，第 221 页。

② 参见杨凯：《武汉市人民代表大会制度建设三十年》，载中共武汉市委党史研究室：《中共武汉地方党史改革开放新时期专题资料选编》（第四辑），内部资料，第 98 页。

准后施行。根据这一规定，武汉市人大及其常委会的立法工作不断加强，立法涉及的领域不断拓展，地方性法规的质量不断提高，立法工作方式方法不断创新。①

1987 年 5 月 13 日，根据法律的规定和全市经济发展的实际需要，市七届人大常委会在第三十八次会议上审议通过了《武汉市经济合同管理办法》，7 月 6 日获湖北省第六届人大常委会第二十七次会议批准。这是我市人大常委会依法享有地方立法权后制定的第一部地方性法规，是武汉市地方立法的里程碑。该《办法》对适用范围、经济合同的订立和履行管理、经济合同管理监督部门的职责、企事业单位的经济合同管理、奖励与处罚等内容进行了规定，保障了经济合同当事人的合法权益，维护了社会经济秩序。

1991 年 10 月 19 日，市八届人大常委会第二十六次会议审议通过由市人大法制委员会提出的地方性法规案的《武汉市人民陪审员条例》，1991 年 12 月 1 日，省七届人大常委会第二十三次会议批准。这是市人大常委会制定的第一件由市人大专门委员会提出法规案的地方性法规。该《条例》规定了人民陪审员的条件、选举方式、职责履行，以及人民陪审员的监督、保障等内容。

为回应社会现实需求，1991 年 12 月 21 日，市八届人大常委会第二十七次会议通过了《武汉市外商投资企业管理条例》，1992 年 3 月 14 日获省七届人大常委会第二十五次会议批准。该《条例》规定了外商投资企业的设立与变更、经营与管理、优惠与服务以及争议的处理，并明确规定本市依法保护外商投资企业的合法权益，外商投资企业的一切活动应遵守中国的法律、法规以及本省、市的地方性法规。② 该《条例》的颁布和实施，改善了对外商投资企业的管理，促进了本市外商投资企业的发展。

### （三）规范立法程序

为了探索地方立法的有效方法以适应改革开放对法制保障的需要，增强立法工作的计划性，从 1988 年市人民政府法制工作机构成立起，武汉市每年都根据当年具体情况制定年度地方立法计划，包括地方性法规、规章起草制定计划，以尽快完善地方性法规规章体系。以《武汉市计划生育管理办

① 参见杨凯：《武汉市人民代表大会制度建设三十年》，载中共武汉市委党史研究室：《中共武汉地方党史改革开放新时期专题资料选编》（第四辑），内部资料，第 123 页。

② 参见武汉市人大常委会办公厅：《武汉市地方性法规汇编（1991—1995）》，内部资料，第 28 页。

法》为例，1987年全市人口自然增长率持续上升，年净增人口超过5万，全市育龄妇女占总人口比率比上年增加0.39%，其中已婚育龄妇女增长5.22%，而这支“生育大军”的近半数又在农村，90多个乡镇中多胎率高于2.04%（全市平均水平）的已有65个，加上每年还有约4000对不到法定婚龄结婚的早婚人群。① 大量数据和资料表明，市计划生育的战略重点在农村，而城市流动人口组成的“超生游击队”，则是不容忽视的另一大隐患。单靠行政管理手段难以解决面临的问题，必须以建立健全和实施计划生育地方性法规为龙头，抓住这两大难点进行突破。市政府及时向市人大常委会提出建议。市人大常委会主任会议决定，将制定武汉市计划生育管理办法的议题列入当年常委会议题之中，并责成市人大教科文卫委员会提前介入法规草拟工作。1989年10月14日，市八届人大常委会审议通过《武汉市计划生育管理办法（草案）》；1990年3月3日，省人大常委会批准《武汉市计划生育管理办法》，同年4月1日，正式公布实施。

（四）监督权的行使

1. 市人大常委会的首个质询案

我国宪法中确认的询问和质询制度，是人大常委会组成人员对政府及其部门、法院、检察院工作中不清楚、不理解、不满意的方面提出问题，要求有关机关作出说明、解释的一种活动。相对于询问侧重于获取情况，质询更侧重于批评，且由一定人数的常委会组成人员书面联名提出，必须严格依照程序进行。

为加强人大监督，促进依法行政和公正司法，1990年1月12日，在武汉市第八届人大常委会第十三次会议上，武汉大学马克昌教授等8位委员提出了武汉市人大第一件质询案。马克昌曾任武汉市第八、九届人大常委会委员。1989年底，武汉市南航进口汽车修配厂经理卢某找到马克昌，反映市公安局刑警大队1988年7月以涉嫌投机倒把为由，对卢某采取强制措施，关进看守所，没收5辆大卡车，责令缴纳11万元罚款。经过仔细调查，马克昌认为，卢某并没有投机倒把行为；而即使有此行为，也应该交给工商行政管理机关处理，刑警队不能非法插手经济纠纷。马克昌认为此案属公安机

① 参见范国栋、潘国祥、程一方：《我市计划生育地方性法规出台前后》，《长江日报》1991年3月22日。

关越权办案，应予以纠正。多方交涉无果后，马克昌联合另外 7 位委员在武汉市第八届人大常委会第十三次会议上对该案提出了书面质询。此后不久，公安局纠正了这起错案，退还了对卢某追缴的财物和罚款，向市人大常委会提交了书面答复。这件武汉市人大历史上的第一件质询案，对于正确运用和行使宪法和法律赋予人大及其常委会的监督职权，起到了积极的示范效应。

2. 加强和规范市人大及其常委会的监督工作

市七届人大常委会认真履职，先后检查了《经济合同法》《会计法》《统计法》《计量法》《商标法》《中外合资经营企业法》等 27 部法律法规的贯彻实施情况。1985 年底，市人大常委会会同政府有关部门对全市 11 家中外合资经营企业贯彻《中外合资经营企业法》的情况进行检查，发现部分企业所签合同不符合我国法律法规的要求，有的甚至明显违背了现行涉外法律法规。市人大常委会将检查情况及时通报政府有关部门，并建议加强对中外合资企业的管理，受到政府和有关部门的重视。

市人大常委会还加强对财政经济工作的监督，决定全市重大财政经济问题。从 1983 年至 1987 年底，先后召开了 42 次常委会会议，听取和审议政府关于财政经济方面的工作报告、专题汇报 47 次，对全市财政经济工作有效地行使了监督权。此外，人大常委会成员还到商店、菜场进行调查、视察、检查，就人民群众普遍关心的问题，提出意见和建议，督促政府有关部门改进工作。

为了使监督工作制度化、规范化，1990 年 1 月 10 日和 2 月 27 日，市八届人大常委会第十三次会议和第十四次会议对《武汉市人民代表大会监督工作条例（试行）》草案进行了审议。3 月 15 日，市第八届人民代表大会第三次会议对该条例进行表决并通过。该法规具有鲜明特色：其一是在法规体例方面，涵盖了监督工作的方方面面，体现了法规规范的完整性。该法规 5 章 32 条，包括总则、监督内容、监督方式和程序、责任和处理、附则。其二是在监督主体方面，突出了人民代表大会代表人民行使国家权力的宪法原则。按照我国宪法的规定，地方人民代表大会是地方国家权力机关，常委会是其常设机关。把人民代表大会作为监督主体，体现了人民代表大会监督职权的完整性和人民通过人民代表大会行使国家权力的宪法原则。在监督内容里，还包括了市人民代表大会对常委会的监督。采用这种监督法规体例，在当时还没有先例，是对监督工作立法的一种有益尝试。其三是在监督方式方面，既细化了国家法律的有关规定，又总结了武汉市及各地人大及其常委会监督工作的有效创新。

（五）行使重大事项决定权

决定权是国家权力机关借以表达国家意志，用来解决重大事项的实体性权力。我国《宪法》规定："县级以上的地方各级人民代表大会常务委员会讨论、决定本行政区域内各方面工作的重大事项"。[①] 武汉市人大及常委会，高度重视决定权，对全市各方面的重大事项作出了一系列决议和决定，有效地保障了全市经济、社会、民主、法制等各方面的建设和发展。

1. 关于服务经济社会快速发展的决定

1982 年经济领域犯罪活动频繁，为保证良好的经济秩序，市人大常委会作出《关于打击经济中严重犯罪活动的决定》；1984 年为了推动经济体制改革，作出《关于认真进行武汉市经济体制综合改革的决定》；1988 年为了贯彻落实《企业法》，作出《关于认真执行〈全民所有制工业企业法〉搞活企业的决定》；1989 年，为了解决流通领域混乱无序的问题，作出《关于治理整顿流通秩序若干问题的决定》等，这些决定对于促进武汉市经济体制改革，保障正常经济秩序，完善国有企业改革，起到了重要的作用。

2. 关于推动民主法制建设的决定

市人大及其常委会先后作出了《关于组织全市人民认真学习宣传和贯彻实施〈中华人民共和国宪法〉的决定》《关于在全市公民中普及法律常识的决议》《关于进一步加强武汉市社会主义法制建设的决定》和《关于做好中华人民共和国行政诉讼法实施准备工作的决议》等。这些决议、决定，都是根据武汉市民主法制建设进程中的实际需要，有针对性地做出的以应答和解决武汉市民主法制工作中带长远性的问题。

3. 关于加强教育卫生事业的决定

20 世纪 80 年代至 90 年代初期，市人大常委会针对影响武汉市教育工作健康发展的诸多问题，先后作出多个决定：1983 年针对中、小学周围违章建筑严重，干扰学校教学环境甚至造成墙壁倒塌，威胁师生安全的严重问题，作出《关于维护学校秩序和安全的决定》；1985 年针对中、小学校校舍破旧、办学经费不足，中等教育结构不合理和师范教育体系尚未建立的实

① 《中华人民共和国宪法》，人民出版社 1982 年版，第 38 页。

际，作出《关于发展武汉市教育事业若干问题的决定》，规定“从全市工商企业销售和经营收入总额中按千分之零点九提取地方教育资金”，为急需修缮的校舍危房提供了资金来源；1986 年为了保证国家义务教育法的贯彻实施，作出《关于批准〈武汉市施行九年义务教育规定〉的决定》；1988 年针对中、小学校人员经费严重不足、广大教师的正常福利待遇得不到保障的问题，作出《关于当前深化教育改革，发展教育事业几个问题的决定》。这些决定，有效地解决了基础教育中的一些实际问题，促进了武汉市基础教育事业的发展。

4. 关于切实解决革命老区贫困人口问题的决定

1984 年 6 月，在全市大力发展农村专业户、万元户的时候，市人大常委会农村工作委员会在调查研究中发现有部分严重贫困的农户，市人大常委会主任会议当即对此进行了研究，要求市人民政府切实解决这一问题。市人民政府高度重视，立即在黄陂、新洲、汉阳、武昌 4 县的革命老区进行全面调查，了解到有近 12 万人处在贫困之中，接着向武汉市人大常委会提出了扶贫方案。1984 年 9 月 12 日，市第七届人大常委会第十二次会议作出《关于迅速改变郊县部分老区贫困状况的决议》。市人民政府认真执行这一决议，采取了“对口扶贫，综合服务”等多项扶助措施，实施十五年“分三步走”的扶贫计划，从而使革命老区的面貌发生了很大的变化。[①]

## 二、政协制度的新发展

武汉市政协不断推动中国共产党领导的多党合作和政治协商制度健全完善，实现了多层次、多渠道的政治协商、参政议政和民主监督，并日益走向经常化、规范化。辛甫担任第六届市政协主席时提出，要围绕建设中国特色社会主义这条主线，紧密联系自身实际，不断提高政协委员参政议政的水平。1982 年 12 月 20—23 日，政协武汉市第五届委员会召开第十五次常务委员会会议，传达贯彻全国人大、全国政协五届五次会议精神，会议作出《拥护全国人大通过的新宪法和全国政协通过的新章程的决议》。1984 年开始，在每年的武汉市政协全会上，都有两项会议议程：一是市长与部分政协委员座谈；二是市委常委、市政府副市长参加政协委员联组讨论。市领导与政协委

① 参见杨凯：《武汉市人民代表大会制度建设三十年》，载中共武汉市委党史研究室：《中共武汉地方党史改革开放新时期专题资料选编》（第四辑），内部资料，第 115 页。

员共商武汉经济和社会发展大计，不仅体现了市委、市政府始终坚持重大问题“协商于决策之前”的政治协商重要原则，更体现了市委、市政府与各民主党派和各界爱国人士肝胆相照、荣辱与共的亲密关系。

（一）建立“双月座谈会”制度

1985年，市委实行“双月座谈会”制度，并将其作为落实中国共产党领导的多党合作和政治协商制度的重要载体，听取民主党派、党外人士意见建议的重要平台。市政协通过举办“双月座谈会”，对法律法规、经济改革与发展、城市管理、民生保障等问题组织专题协商。“双月座谈会”的主要内容包含十个方面：①本市经济发展的宏观战略决策；②经济体制改革和两个建设的重大措施；③“三引进”工作；④科技教育体制改革的规划和重大措施；⑤重要的人事变动；⑥社会主义民主和法制建设；⑦中国共产党的党风和党纪工作；⑧重大市政建设项目；⑨统一战线方面的重大问题；⑩群众生活和其他关系国计民生的重要事宜。从协商的效果来看，通过集思广益、建言献策，有力推动了市委、市政府的决策走向民主化、科学化。这是全国首创的一种高层次、小范围，参政议政、民主监督的重要渠道，对坚持和完善中国共产党领导的多党合作和政治协商制度作出了重要的贡献。中央统战部将该制度作为地方党委与民主党派开展政治协商的范例向全国推广。

（二）协商讨论重大问题

市政协多次组织对法律法规、经济改革与发展、城市管理、民生保障等问题组织专题协商。如1983年6月14日，武汉市政协组织召开物价咨询座谈会，听取武汉市物价局负责人关于武汉市物价情况的通报，与会委员就平抑市场物价提出意见建议。[①] 1988年对《宪法修正案》（讨论稿）提出59条意见建议，转报给了上级政协和人大；对《中国人民政治协商会议章程草案》提出121条意见，报送全国政协。对市第六次党代会重要文件中实现“翻两番”的目标、城市管理、“两个文明”建设、人才培养等问题提出建议，后被采纳到党代会报告之中。对武汉市被批准为计划单列城市后的改革与发展提出专题报告17份，建议84条。对坚持改革、进一步搞活企业、稳定经济、稳定物价、稳定群众生活和解决旅客住宿难、群众洗澡难、市民

① 参见政协武汉市委员会：《武汉市政协70年大事记（1949—2019）》，内部资料，2020年编印。

乘车难等民生问题开展多次协商讨论。[①] 1990 年 5 月 21 日，政协武汉市第七届委员会召开第十四次常务委员会会议，会议针对武汉市面临生产速度下降过快、经济效益不佳等问题进行协商讨论，向市政府提出促进工业生产的意见建议。[②] 同年 12 月 14 日，政协武汉市第七届委员会召开第十六次常务委员会会议，围绕制定武汉市“八五”规划及物价方面问题进行协商建言，审议通过《武汉市政协关于贯彻〈中共中央关于坚持和完善中国共产党领导的多党合作和政治协商制度的意见〉的实施意见（草案）》。[③] 1991 年 3 月 4 日，中国民主促进会武汉市委员会在政协武汉市第七届委员会第四次会议上提交《关于创办“民进江汉区求实小学”的建议》提案，建议为解决农民工子女读书难问题，在江汉区率先创办一所求实小学，每年固定招收农民工子女入学。此提案被《人民政协报》等新闻媒体誉为“都市里的希望工程”。[④]

（三）特聘民主党派人士担任监察员

为了进一步加强和完善中国共产党领导的多党合作和政治协商制度，加强同各民主党派团结合作，充分发挥民主党派参政议政和民主监督的作用，1989 年初，市委、市政府特聘各民主党派十多位公信人士担任监察员，以发挥监督、咨询、联络作用，协助市委、市政府宣传政策、法律、法规，积极促进市委、市政府与广大市民沟通联系，为有关决策和涉及全局性的重大问题、重要工作提供咨询、建议和意见。这是强化民主监督、社会监督以及舆论监督的重要举措。后来，民主党派人士在审计、环保、纪委监委等多个机构被聘为监察员，有效地发挥着参谋咨询、桥梁纽带、舆论引导作用。

## 第四节 创建政府法制机构与提升行政执法效能

### 一、市人民政府法制办与法律顾问委员会的成立

1984 年，武汉市被国务院批准为第一批全国计划单列城市后，决定率

① 参见郑焕清：《拨乱反正获新生 继往开来开新局》，《武汉文史资料》2009 年第 9 期。

② 参见政协武汉市委员会：《武汉市政协 70 年大事记（1949—2019）》，内部资料，2020 年编印。

③ 参见政协武汉市委员会：《武汉市政协 70 年大事记（1949—2019）》，内部资料，2020 年编印。

④ 政协武汉市委员会：《武汉市政协 70 年大事记（1949—2019）》，内部资料，2020 年编印。

先在大城市中创建政府法治工作机构。[1] 市长吴官正亲自抓经济体制改革中的法制工作，主动向国务院领导、国务院法制部门汇报经济体制改革中的立法问题。1984 年 7 月 9 日，市委党政机构改革办公室同意市人民政府办公室（办公厅的前身）设立法规处。1985 年 12 月 22 日，市编委同意成立市人民政府经济法规研究中心。该中心既是一个研究咨询机构，又是一个拟定经济法规的工作机构，为事业单位，与市人民政府办公室法规处合署办公。

1988 年 6 月 6 日，为了进一步加强政府法制工作，更好地为经济体制改革和社会主义现代化建设提供法律服务，市编委决定将原市人民政府办公厅法规处划出，成立市人民政府法制办公室，作为市人民政府的办事机构，全面负责市政府法制行政工作，机构规格为副局级（2001 年定为正局级），内设综合秘书处、法规处、监督检查处、行政复议处等。

1984 年在市政府办公室内设置法规处时，职能相对比较单一，主要是对涉法文件的起草、审查和修改。1988 年市人民政府法制办公室设立时，其职能具体包括编制立法计划、审查规章、检查法规规章执行情况、组织清理法规规章、对区县和市政府委办局部门法制工作机构进行业务指导等项工作任务。1990 年增加行政复议职能。

1988 年，武汉市人民政府成立法律顾问委员会，聘请马克昌等知名法学专家直接参与从立法前咨询、立法中论证，直至立法后评议的各项活动，以提高立法的科学性、民主性，促进法律文本质量的提高，有助于政府科学决策、依法行政。

## 二、进一步提升行政执法效能

### （一）国有土地管理执法

1986 年 4 月 24 日，市委、市人民政府决定成立武汉市土地管理局，作为市政府直属机构，对全市城乡土地、城乡地政依法进行统一管理。[2] 1986 年 6 月 25 日，《中华人民共和国土地管理法》经第六届全国人民代表大会常务委员会第十六次会议审议通过，1987 年 1 月 1 日起实施，标志着我国

---

① 武汉地方志编撰委员会：《武汉市志（1980—2000）·第五卷·政治（上）》，武汉出版社 2006 年版，第 330 页。

② 参见毛波城：《十年历程十年辉煌武汉市土地管理工作回顾》，《长江日报》1996 年 6 月 25 日。

土地管理工作纳入依法管理轨道。

武汉市土地执法工作的特点是土地和规划综合执法，违法用地与违法建设一并查处。加强年度用地计划管理，严格按国家下达的用地指标审批土地，每年年初按国家建设、集体建设、个人建房三项内容将用地指标下达到各区、县，年底检查计划执行情况，确保每年不突破国家下达的指标。严格实行用地报批制度，把紧用地审批关。按规划审批土地，节约用地，调控好农村土地向城市土地、耕地向建设用地转化的进程，有规划、有秩序地满足城市建设与发展对土地的需求，减少耕地占用量。

例如，针对砖瓦厂每年占用不少耕地的问题，汉阳县对辖区砖瓦厂进行综合管理，要求各厂做好复垦工作。新生砖瓦厂采取分片取土，分片还耕的方式，基本上做到了用一亩还一亩。各区县抓紧土地资源开发，缓解土地紧张的矛盾。东西湖区全面规划，将过去形成的一家一户为单位的“满天星”布局的村庄进行并村还田，辛安渡农场搬迁 4 个村落 170 多户，腾出耕地 600 亩。1989 年起为贯彻《武汉市蔬菜基地管理办法》，各郊区县严格控制占用菜地，使蔬菜保护区得到有效保护。市土地局成立前，全市耕地存在减少现象，而 1986 年市土地局成立以后，从未突破国家下达我市的耕地占用控制指标。

为保护土地资源，武汉市土地管理部门开展土地资源动态监测，进行土地资源调查，1990 年在全国率先开展土地变更调查；编制土地利用规划，加强对耕地的保护，实行土地用途管制制度、保护基本农田，实行耕地占补平衡、开展土地开发复垦整理，建立土地有偿使用制度、土地收购储备制度以及经营性土地招标、拍卖、挂牌出让制度。

1991 年，武汉市土地管理局开始整顿土地隐形市场，推行有偿使用城市土地使用制度的改革。加强对土地国情、国策、国法的宣传，开展土地执法检查，坚决查处违法用地，开展创“三无乡镇”（无违法用地、无违法批地、无违法管地）活动、并建立土地动态巡查制度和土地监察专员制度。

1992 年 6 月 9 日，武汉市政府以政府文件或政府令的形式同时颁布了《武汉市国有土地使用制度改革实施方案》和《武汉市城镇国有土地使用权出让和转让实施办法》《武汉市利用外资经营房地产管理办法》《武汉市外商投资企业用地管理规定》《武汉市房地产综合开发公司管理办法》等规范。其颁布实施，使武汉市土地批租、房地产开发从一开始就踏上法制轨道，健康有序发展。

（二）城市房屋拆迁执法

武汉市是国家级历史文化名城，部分旧城区历史悠久，房屋老化，需要改造。1982 年 9 月 20 日，《武汉市人民政府关于城市基本建设房屋拆迁管理若干问题的暂行规定》公布，对房屋拆迁的管理原则、方式、补偿原则、安置标准等做了详细规定。随后，由于城市建设的投资主体发生变化，由原来政府投资变为社会多元化投资；住房分配制度进行了改革，由原来的直管公房变为个人私房；政府职能转变为宏观调控。武汉市又根据社会发展需要，颁布一系列法规政策用以规范城市房屋拆迁。

1991 年 6 月 4 日，国务院颁布《城市房屋拆迁管理条例》后，1992 年武汉市制定并颁布《武汉市城市房屋拆迁管理办法》，这是武汉市第一个关于房屋拆迁管理的政府令。此后，武汉市相继颁布《武汉市城区房屋拆迁安置补偿暂行规定》《武汉市城市房屋拆迁管理办法》及补充规定、《武汉市城市房屋拆迁安置管理条例》《城市房屋拆迁管理实施办法》等规定了如何协调旧城改造与新区建设的关系，拆迁管理部门依法行使行政立法、拆迁许可、房屋拆迁告知、行政裁决、申请强制执行、行政处罚、行政监督、检查、协调等职能，对依法行使权力、保护拆迁人的利益等做了明确规定。

（三）林地资源保护执法

1985 年 6 月至 1986 年 8 月，武汉开展森林资源清查，结果表明武汉森林资源逐渐减少，亟待保护。1987 年 11 月 7 日，武汉市第七届人大常委会第四次会议通过《武汉市森林资源管理办法》，实施对林木限额采伐，坚持“一支笔”审批、“一本账”限额，整顿木材市场，取消 85 个无证经营商贩经营点，保留 312 个经营单位和个体经营户。全市对以上规定严格检查核实，使乱砍滥伐案件明显减少。1989 年，市林业局会同市工商局联合颁布《关于整顿武汉木材市场有关问题的通知》，规定木材经营一律实行许可证制度，对不具备经营条件和非法经营的予以取缔。1992 年全市开始实行林木采伐许可证核发管理制度。

1989 年武汉市对国有山林开展稳权发证工作，全市林业系统 30 个国营单位全部获得“国有山林权证”。1990 年对 113 个国有山林单位确定山林权属，由市、县人民政府颁发国有山林权证书 119 份。林权证的发放，保护了森林资源，维护了国营林业单位的合法权益。

（四）防汛管理执法

武汉市水资源丰富，防御长江、汉江、府河等江河洪水和举水、倒水、滠水的山洪而建立的堤防，是城市基础设施的重要组成部分。执法管理是堤防管理的保障，是确保防汛安全的重要手段，其主要内容有建立健全法规体系，在堤防管理范围内把好行政审批关，对违法建筑行为予以处置。由于历史原因和法制不健全，武汉市河道堤防各类阻水建筑和地下工程危害防洪的情况严重。1984 年后武汉市逐步加大拆违力度。1986 年共拆除阻水建筑物 10600 平方米，清除填滩土方 26000 立方米，处理禁脚内水井 8 口，拆除阻水围墙 420 米、围垸 3 个。1987 年市、区两级政府认真开展清除行洪障碍工作，完成清障项目 86 处，面积 53100 平方米，清除填滩废渣 10 处，67800 立方米。①

（五）城市排水执法

1981 年《武汉市城市排水设施管理办法》出台后，市政建设管理局实行市、区两级执法管理。1980 年至 1998 年，一直由市政局维修处和公安局治安处两家组建的市政监察队承担排水执法。1981 年至 1995 年，市、区市政部门配合公安交通部门拆除各种违章建筑 2000 多处，计约 6 万平方米，清除违章占道 5000 余处，计约 25 万平方米。1987 年 7 月 22 日市政府市长办公会议原则同意全市从 1988 年 1 月 1 日起实行排水设施有偿使用，同年 9 月 11 日正式发出《武汉市人民政府关于收取排水设施使用费的通知》，按自来水抄表量的 80% 折算征收，标准为 0.08 元/吨（后因每年排水设施维护经费的增加难以满足正常维护的需要，1998 年调增至 0.18 元/吨）。1998 年，市、区市政部门分别成立市政监察大队和市政监察中队承接排水执法工作。

（六）环境卫生管理执法

1983 年 9 月，市政府在总结“七户一岗”卫生责任制的基础上，颁布《武汉市“门前三包”卫生责任制若干规定》，要求武汉地区所有机关、团体、部队、学校、企事业单位及住户，应在区政府的领导和街道办事处的具体安排下，按七户一岗或卫生联防片的形式组织起来，推行以包卫生（即

① 参见武汉地方志编纂委员会：《武汉市志（1980—2000）·第一卷·总类·城市建设》，武汉出版社 2006 年版，第 370 页。

负责指定范围内的垃圾容器并清扫保洁、维护好市政环卫设施，做到无垃圾、无污泥积水，无痰迹果皮纸屑）、包绿化（即负责完成分配的植树种草任务，做好树林花草和园林设施的维护）、包秩序（即门前不乱放乱堆物品、不乱设摊、不乱停放车辆、不出现有碍公共交通和市容观瞻的现象）为内容的“门前三包”责任制。1986 年 6 月，市政府针对有的临街单位“门前三包”自包人员不落实而联合雇请又不愿集资等现象，重新制定颁发《武汉市“门前三包”责任制管理办法》，规定对实行好的和差的责任单位分别挂“红”“黄”牌。1990 年 9 月，市政府针对责任单位交劳务费后而对“门前三包”不负责任的现象，又重新颁发《“门前三包”责任制管理办法》，规定城区机关、团体、部队、学校、企业、事业单位、个体工商户等单位都要履行“门前三包”责任制的义务和应承担的责任，并同时决定市环境卫生管理部门主管全市“门前三包”工作，市、区城管办进行监督检查。市环境卫生管理局接管“门前三包”工作后，按照市政府的要求，重新组建班子，建立检查评比制度，把落实“门前三包”和开展“三禁止”（禁止随地吐痰、禁止乱倒垃圾、禁止乱扔废弃物）执法结合起来进行，取得较好效果。

## 第五节　加强社会治安管理

20 世纪 80 年代初期，我国仍然面临错综复杂的国内外环境，社会治安状况并未根本好转，刑事大案要案频发，危及人民群众生命财产安全，严重影响社会稳定大局。尽管此前武汉市已在中央、省委的决策部署下开展了加强社会治安、打击犯罪活动的工作，但刑事犯罪案件仍呈不断上升趋势。作为全国治安工作重点城市之一的武汉，必须在党委统一领导下，依靠发动群众，采取打、防、教、管、建等多种手段，通过社会治、综合抓，才能达到社会的长治久安。

### 一、开展第一次“严打”斗争

1983 年 8 月，根据中共中央《关于严惩严重危害社会治安的犯罪分子的决定》和上级党委、政府的统一部署，全市政法机关贯彻“坚决打击、一网打尽”的方针，有计划、有步骤地开展打击严重刑事犯罪分子的斗争（以下简称“严打”），打击的重点是杀人犯、放火犯、爆炸犯、贩毒犯、强奸犯、抢劫犯、重大盗窃犯和流窜犯等严重危害社会治安的刑事犯罪分子。

根据中共中央的部署，全市政法机关在市委、市政府的领导下，依靠发动人民群众，实行专门机关和群众路线相结合的方式，从 1983 年 8 月至 1987 年 2 月，开展历时三年多、分三个战役严厉打击严重刑事犯罪活动的斗争。

严打期间，武汉市实行“公、检、法、司联合办公”，树立长期作战思想，增强责任感和紧迫感，集中办案力量，集中时间、集中精力，全力以赴，紧密配合，加快办案速度。集中讨论重大疑难案件，按照法律职能，分别办理法律手续。对杀人、放火、抢劫、强奸、重大盗窃、重大诈骗 6 类犯罪及其他严重危害社会治安的刑事案件，检察机关主动派员到公安机关了解案情，并参加勘查现场、预审，从而加快审查批捕速度。对大要案实行挂牌督办，做到定人员、定责任、定时间，所有严打案件在法定期限内必须审结；落实“稳、准、狠”，坚持基本事实清楚、基本证据确凿，特别是死刑案件一定严格把关，办成铁案。

第一战役：从 1983 年 8 月至 1984 年 8 月，共打了三仗。主要任务是通过强有力的集中打击，严惩几年来进行猖狂犯罪活动的犯罪分子，发动群众，为整个斗争打开局面。1983 年 8 月 4 日，市委决定在全市开展“严打”斗争，各级公安、司法部门开始准备。8 月 7 日、8 日，召开全市区、县、局、大单位和公安司法部门领导干部会议进行具体部署，把“严打”列为全市当前和今后一个时期的重要任务。市委常委直接领导这一战斗，政法委员会作为办事机构，在市公安局设立作战指挥部。8 月 13 日凌晨 1 时 40 分，全市组织公安干警、武装民警、解放军战士、民兵、联防队员共 2.5 万余人，开始缉捕行动，主要目标是那些暴露明显、群众痛恨、对社会危害大、犯罪情节恶劣的严重刑事犯罪分子。这是第一仗。1984 年 1 月 7 日清晨，全市开展集中搜捕行动第二仗。主要目标是搜捕第一仗漏网的犯罪分子和深挖隐藏的罪犯，重点打击流氓团伙、杀人、抢劫、强奸等犯罪。同年 6 月 12 日至 7 月 20 日，开展第一战役的第三仗。按照中央、省、市委关于斗争要向纵深发展，做到稳、准、狠地打击隐藏较深和流窜作案的严重犯罪分子的指示精神，确定主攻目标是“打现行，抓流窜，破积案，打死角”。通过深入开展有声势、有威力、有震撼的专项行动，沉重打击了猖狂一时的犯罪分子和流氓团伙。如欺行霸市、强奸妇女、故意伤人的青山区工人村“东霸天”夏某麟、流氓头子周某庭、万某生等人被逮捕后，老百姓纷纷拍手称快。

第二战役：从 1984 年 8 月至 1986 年 1 月，共打了五仗。第二战役是第一战役的继续和深入，主要任务是继续坚持 7 个方面（杀人犯、放火犯、爆炸犯、贩毒犯、强奸犯、抢劫犯、重大盗窃犯）的打击对象，从实际情况出发，突出重点，每一仗集中力量解决一两个方面的突出问题。1984 年 8 月 27 日至 9 月 20 日，全市开展“严打”第二战役第一仗。以深挖和打击暴力性破坏活动、流窜犯罪为重点，保障新中国成立 35 周年纪念活动的安全。此后，开展第二仗，重点打击重大盗窃和严重经济犯罪。第三仗抓重点地区和单位的整治。第四仗重点打击盗窃、流氓犯和流窜犯等现行犯罪，查禁淫秽物品，查处重大经济犯罪和制售假药、毒品的犯罪分子。第五仗仍以打击现行犯罪为重点，查处卖淫犯罪，查禁赌博，打击扒窃犯罪。这一战役进一步改变了社会治安状况。

第三战役：从 1986 年 4 月至 1987 年 2 月，共打了三仗。总的指导思想是巩固前两次战役取得的成绩，全面实行打、防、建结合的方针；主要任务是着重开展抓现行、打流窜为重点的专项整治行动，有针对性地解决社会治安中的突出问题，进一步分化瓦解犯罪分子，为战役以后的工作打基础。第一仗从 1986 年 4 月 20 日至 5 月 22 日，以打团伙为主要内容，“打头子，拆帮伙，分化瓦解团伙骨干分子”。第二仗从 9 月 11 日至 20 日，着重打击流窜、流氓、强奸、抢劫犯和重大盗窃犯，抓现行，深挖团伙，打击处理相结合。第三仗从 1987 年 1 月 17 日至 2 月 25 日，以反扒专项斗争、打击现行犯罪为主要内容。在此期间，全市在街、乡、镇党委统一领导下，办法制教育班，抓违法青年的思想和法制教育；在企事业内部单位贯彻《治安保卫工作条例》，建立治安责任制，加强治安防范。

历时三年多的“严打”斗争结束，有效遏制了刑事案件上升的势头，武汉市的刑事案件发案数由 1983 年的 9692 起下降至 1986 年的 5164 起，下降 46.8%，社会治安状况明显好转。①

---

① 参见武汉地方志编纂委员会：《武汉市志（1980—2000）·第六卷·政治(下)》，武汉出版社 2006 年版，第 172 页。

## 二、加强社会治安综合治理

### （一）实行治安责任区，建立治安责任制

第一次集中严打期间，市委政法委报经市委同意制定下发了《争取社会治安状况根本好转的综合治理实行方案》，同年 12 月在江岸区召开城区综合治理经验交流会，向全市推广。为进一步加强对这项工作的领导，1986 年 5 月成立由市长担任主任，20 多个部门领导参加的市社会治安综合治理委员会，协助市委、市政府指导全市社会治安综合治理工作，下设办公室与市委政法委合署办公。在坚持“严打”的同时，重点抓好预防犯罪、法制宣传教育、帮教失足青年、安置帮教刑满释放及解除劳教人员。不久，各区（县）、街（乡、镇）、市直机关、工青妇群团组织和企事业单位都成立了相应机构，或确立专人抓这项工作。

为使社会治安综合治理横到边、竖到底落到实处，1991 年，全市实行治安责任区，建立治安责任制。市综治委根据市委、市政府批转的《市社会治安综合治理委员会关于加强综治工作若干问题的报告》的要求，将全市划分为市、区（县）、街（乡、镇）、居（村）委会（包括相应的机关、团体、企事业单位）4 级治安责任区，根据“谁主管、谁负责”的原则，明确每一级治安责任区的治安责任人。通过签订责任书的形式，把各级治安责任人的责权利固定化，一级对一级负责，层层落实社会治安综合治理目标管理责任制。湖北省委常委、武汉市委书记郑云飞、市长赵宝江为一级治安责任人，区（局）、街（乡、镇）主要领导为二、三级责任人。

为推动社会治安责任制的贯彻实施，市综治委先后制发《武汉市治安责任制检查考核、奖惩实施办法》《关于试行社会治安综合治理一票否决制的通知》《市社会治安综合治理委员会主要职责》《市社会治安综合治理委员会办公室主要职责》《市社会治安综合治理委员会部分成员单位的职责任务》等规范性文件。把综合治理工作分解成组织领导、打击处理、治安防范、基层建设、宣传教育、治安管理 6 个方面；对武汉市公安、法院、司法、纪检、宣传、教育、民政、卫生等 26 个成员单位以及各地区的职责任务和工作要求作出明确规定。

为了落实社会治安目标管理，明确各级领导的整体责任，建立严格的定量考核和评比奖惩制度，1991 年，市委办公厅、市政府办公厅印发《关于试行社会治安综合治理一票否决权的通知》，确定“一票否决”的范围为：

年度社会治安综合治理考核为不合格单位的；责任区、责任单位内发生在全市有较大影响的重大刑事犯罪或重大治安灾害事故，造成严重损失的；明知有不安定因素或内部矛盾突出，但化解处置不力，导致发生非法游行、示威，聚众闹事、集体上访、停工、停产、停业、停课等突发性事件，妨碍社会稳定的；存在发生治安安全问题的重大隐患，经公安、检察、法院、司法行政等部门提出整改建议，有条件整改而不整改，因而发生重大治安灾害事故，造成严重后果的；主管领导对综合治理工作不重视、不支持，综合治理工作机构和公安、司法、保卫机构不健全，群防群治队伍不落实，致使本地区、本单位刑事案件、治安案件大幅度上升，违法犯罪人数明显增多、治安秩序混乱的，对发生的案件和存在的治安问题隐瞒不报或弄虚作假的。凡属以上情形，经过调查核实和规定程序，对该地区或单位的治安责任单位和治安责任人实施一票否决。否决的主要内容是该地区或单位当年评选综合性荣誉称号；该地区或单位的治安责任人、直接责任人评先受奖、晋职晋级的资格。

1991 年，根据综治工作目标管理和领导责任制，市综治委制定《武汉市社会治安责任制检查考核实施方案》（试行）。全市各级治安责任区和责任人对照当年签订的目标管理和治安责任书，共评出 492 个综治先进单位，473 名优秀治安责任人。同时一票否决 19 个有问题的街乡镇和企事业单位。

（二）教育挽救失足青年

通过集中整治社会治安和开展严打斗争，发现搜捕和严重打击的刑事犯罪分子中，很多都是解放后工农家庭出身的子弟，作恶手段残忍，危害社会较大，对他们依法严惩事关人心向背，但也引起了人们的深思。为了扭转这种现象，必须认识到这是“文化大革命”造成的恶果：工厂停工、学校停课，无政府主义泛滥，派系山头林立，打砸抢横行，大批青少年缺失正规管教，漫无目的地涌向社会，有的人无法自控染上赌博、盗窃等恶习，必须从源头上治理。“文化大革命”结束后，党中央十分关注此事，提出了社会治安综合治理方针，对少数严重刑事犯罪必须严厉打击，毫不手软；但对大多数失足青少年，仍要采取教育挽救改造方针，从源头上预防和减少违法犯罪。全国人大常委会对规范行政审判起了开拓性作用的彭真就曾提出，要像父母对待孩子，老师对待学生，医生对待病人那样，教育挽救失足青少年。为此，中央专门下发了《关于提请全党重视解决青少年违法犯罪问题的报告》。1981 年，市公安局治安处设立帮教科，配合市、区（县）青少年教育领导小组或综合治理办公室，对有轻微违法犯罪的青少年，采取家长包子女、学校包学生、单位包职工、街道乡村包社会青年以及家长学校和单位社会相结合的办法，对他们进行耐心细致的帮助教育，引导他们求知、求学、成家立业、改过自新。据 1985 年统计，全市组织民警、群干、工人、教师、离退休干部等各方面帮教力量 34000 余人，组成 14000 多个帮教小组，对 17000 多名违法青少年进行帮助教育，好转率达 85. 82%。①

（三）实行人防、物防、技防相结合

1981 年，全市公安保卫机关以贯彻落实市政府《关于武汉市机关、团体、学校、企业、事业单位安全保卫工作条例》（草案）为契机，在内部单位推行各种形式的治安保卫责任，有效地推动人防、物防、技防等措施在基层的进一步落实。调整落实护厂队、护校队、联防队、经济民警队等群众治安组织，单位购置安装各类技术防范设备，控制增强重要部位的安全防范。并在全市居民区推广武昌区水果湖省直机关 241 栋宿舍实行住户轮流义务关照、居民守望相助、有效防止撬门入室盗窃案的经验。青山区针对职工居住集中的特点，组织 114 处居民砌墙围院，增设门卫值班员，建立存放自行车棚，实行院落式管理，效果显著。

## 第六节 政法机关服务改革开放大局

随着改革开放的不断推进，全市政法机关主动适应新形势、做出新作为，以改革为驱动不断发展壮大，经受住了各种严峻考验，为维护国家安全和社会稳定、促进城市民主法治建设、保障人民群众安居乐业发挥了重要作用。

### 一、公安机关发挥职能作用

（一）治安管理体制改革

1982 年 7 月，市公安局设立岱家山、十里铺、舵落口、张家湾、关山和青山 6 个水陆道口治安检查站，查缉盗窃犯罪团伙和赃物。1984 年 5 月，

① 参见武汉地方志编纂委员会：《武汉市志（1980—2000）· 第五卷 · 政治(上)》，武汉出版社 2006 年版，第 444 页。

市公安局开始受理群众电话报警。1988 年 4 月，市公安局根据公安部《关于大中城市公安局普遍建立 110 报警服务台的通知》，建立并开通 110 报警服务台，实行 24 小时受理群众报警求助。

1984 年起，市公安局开始逐步建立并完善人民警察巡逻体制。市公安局在治安处和城区分局建立特种治安民警队，每天派出 30 人的小分队对包括省委、市委、武胜路、六渡桥、江汉路、钟家村等重点地区进行徒步巡逻和昼夜巡逻，处置突发事件和严重暴力犯罪。1987 年 9 月，在特种治安民警队的基础上组建市公安局治安巡逻大队；各分局组建巡逻中队；城区公安分局派出所成立巡逻分队，采取自行车巡逻和徒步巡逻相结合。1989 年 1 月，治安巡逻大队更名巡逻警察大队，在全市城区形成以重点地段为主，点、线、面分工配合的治安巡逻网。1992 年，巡逻警察大队挑选巡警组建防暴队，实行城区每个派出所由民警带领联防队员巡逻，武警在驻地周围结合综合治理、警民共建参与的治安巡逻。

（二）保障社会安全

在处置群体事件中，市公安机关严格按照公安部提出的维护法制尊严，维护社会稳定，维护国家和人民利益；慎用警力、慎用警械、慎用强制措施的原则，积极依靠和配合各级党委、政府化解矛盾，使群体事件得以及时处置。

1986 年 2 月，市公安局转发公安部《关于在处理重大治安事件和涉外事件时做好取证工作的通知》，要求一旦发生重大治安事件和涉外事件，有关单位要迅速赶到现场，在做好处置工作的同时，搞好取证工作，同时，要慎重行事，注意策略方法，避免因方法不当造成不良影响。同年 4 月，制订《武汉市公安局处置重大治安事件和涉外事件的工作预案》。

1991 年 4 月，市公安局根据当时影响治安、危害稳定的不安定因素发出《关于加强情报信息切实做好处置突发事件各项准备工作的紧急通知》，要求积极做好情报信息工作，对应急值守、信息报告、现场处置工作进行全面梳理和完善，妥善处置突发事件。

在这期间，发生了震惊全国的特大持枪杀人抢劫案——张某高案。在 1983 年 12 月至 1991 年 11 月长达八年时间里，为了报复社会，张某高及其同伙先后使用“土枪”和军用枪支连续持枪杀死 21 人、杀伤 4 人，抢劫财物折合人民币 17. 85 万元，性质恶劣，全国罕见。公安部组织全国侦查技术专家来汉指导侦破。经过长期艰苦侦查，1991 年 11 月，武汉市公安局终于将杀人凶手张某高及其同伙缉拿归案，侦破了这起震惊武汉三镇、轰动全国的特大持枪杀人抢劫案件。

（三）依法处置非法组织

1983 年，原“四五学会”骨干成员又秘密串联，重新组合，企图改头换面，建立新的组织，出版新的刊物。市公安局依法予以取缔。1985—1987 年，武汉先后出现“中国大学生自治联盟”等非法组织和非法社团，以及一批借用各种名义组织的其他团体。1987 年，公安机关对其中已构成违法的组织和非法社团依法进行了处理，勒令其停止活动。

作为中部重镇，境外敌对势力对武汉的渗透破坏从未停止。20 世纪 80 年代末，随着东欧剧变、苏联解体，社会上掀起一股资产阶级自由化思潮，自由化分子宣传资产阶级的民主和自由，进行反党反社会主义的活动。境内外敌对势力、敌对分子相互串通，大肆进行造谣污蔑、诽谤、挑唆、鼓动等行为，危害着国家安全和社会稳定。1989 年政治风波时，武汉成为敏感地区和全国关注的重点地区之一。市公安机关根据中央指示和市政府关于取缔非法组织的精神，取缔“武汉高校联合会”等非法组织，积极疏导，维护秩序，依法惩处打、砸、抢、烧的违法分子。1990 年，市公安局先后破获“远真共产党”“中国爱国救亡图强阵线”等非法组织案。

（四）维护国家安全

随着我国对外开放的不断扩大，境内外敌对势力大肆进行情报、策反和派遣活动。针对危害国家安全案件，全市公安机关针锋相对地进行了对敌斗争，始终把握快侦查、快破案、减少危害、获取证据、依法处理的原则，及时破获一批特务间谍案件，挫败了境外敌对势力的颠覆阴谋。

（五）打击、取缔社会丑恶现象

1985 年至 1988 年，针对汉口火车站周边敲诈旅客财物，民众乐园周边的卖淫、诈骗活动，集贸市场“飞虎队”（扰乱市场秩序的纠合性帮伙）欺行霸市、强打恶要等突出问题，市公安机关先后会同工商、城管、物价、税务等部门进行清理整顿，取得良好效果。1989—1990 年，针对一些地方“六害”①

① “六害”是指卖淫嫖娼、制作贩卖传播淫秽物品、拐卖妇女儿童、私种吸食贩运毒品、聚众赌博、利用封建迷信骗财害人。

现象严重，市公安机关发挥主力军作用，在市社会治安综合治理委员会统一领导下，配合宣传、教育、文化、工会、青年团、妇联等有关部门成立除“六害”领导小组，召开全市区、县及大单位负责人会议进行动员部署，各负其责、各司其职，采取多种形式，广泛发动群众。全市共查处“六害”案件 4392 起，依法逮捕判刑 132 人，送劳动教养 199 人，收容教育 435 人，治安拘留 964 人，[①] 有力遏制了丑恶现象蔓延上升的趋势，促进了两个文明建设。

为了维护社会稳定、保障人民生命财产安全，公安战线多名人民警察舍生忘死、恪尽职守，涌现了一批英雄烈士。

张永文（1963—1983），湖北省武汉市人，共青团员，生前系市警官学校学员、武昌区分局徐家棚街派出所实习民警。1983 年 8 月 26 日晚 7 时，犯罪嫌疑人周某刚身藏手榴弹，逼妻子和岳母为他还赌债，扬言拿不到钱，就同归于尽。张永文与战友汪宜友、张家强迅速赶到现场。在劝说无果的情况下，为保护群众生命安全，他们不顾个人安危，扑向周某刚。张永文钳住周的头部，汪宜友死死扭住周的手臂，张家强拦腰抱住周，合力缴夺手榴弹。周某刚疯狂拒捕，引爆手榴弹，张永文壮烈牺牲。9 月，省政府批准其为革命烈士；省委追认其为中共党员；公安部追授其全国公安系统一级英雄模范称号。

汪宜友（1963—1983），湖北省武汉市人，共青团员，生前系市警官学校学员、武昌区分局徐家棚街派出所实习民警。1983 年 8 月 26 日晚 7 时，汪宜友与战友张永文、张家强一起制止周某刚的犯罪行为。周某刚疯狂拒捕，引爆手榴弹，汪宜友壮烈牺牲。9 月，省政府批准其为革命烈士；省委追认其为中共党员；公安部追授其全国公安系统一级英雄模范称号。

吴用智（1962—1984），湖北省黄陂县人，共青团员，生前系治安处舵落口检查站民警。1984 年 9 月 8 日晚，犯罪嫌疑人海某、吴某盗枪杀人后，抢劫一辆东风牌卡车逃跑。检查站接到上级堵截指令，吴用智和战友饶晓华立即在公路中间设卡盘查，拦住该车。从驾驶室下来两个人走到吴用智面前，其中 1 人突然持枪对准吴用智。面对持枪犯罪嫌疑人，吴用智冷静地与之周旋，饶晓华趁机掏出手枪，犯罪嫌疑人急忙调转枪口对准饶晓华。在生

① 参见武汉年鉴编纂委员会：《1990 年武汉年鉴》，武汉年鉴社 1991 年版，第 137 页。

死关头，吴用智敏捷地从饶手中接过枪，并将饶推开。犯罪嫌疑人开枪击中吴用智的胸、腹部等处。吴用智倒在血泊中，以惊人的毅力开枪将1名犯罪嫌疑人击毙，又将企图逃跑的另1名犯罪嫌疑人击伤。吴用智因伤势过重，经抢救无效于9日壮烈牺牲。9月28日，省政府批准其为革命烈士；省委追认其为中共党员；公安部追授其全国公安系统一级英雄模范称号。

肖立斌（1963—1992），河北省吕黎县人，中共党员，生前系市公安局技术侦察处三队副队长。1992年10月11日上午，技术侦察处三队接到围捕特大持枪杀人、抢劫犯罪集团首犯刘某才的紧急命令，肖立斌带领谢明等侦察员参加战斗。下午2时许，在武昌车辆厂综合商店附近发现刘某才。刘某才企图逃跑，肖立斌、谢明紧追不舍。刘某才突然转身朝追在前面的谢明连开两枪，谢明中弹倒地后仍以惊人的毅力，强撑身体，仰面开枪还击，击中刘某才下颌部。肖立斌迅速举枪还击，不料子弹卡壳。紧急关头，肖立斌置生死于度外，赤手空拳扑向刘某才，展开殊死搏斗。刘某才向肖立斌胸部连开两枪，肖立斌拼尽全力将刘某才扑倒在地，直至其被前来增援的侦察员击毙。肖立斌因伤势过重，经抢救无效，壮烈牺牲。11月12日，省政府批准其为革命烈士，并追授其省特等劳动模范称号；公安部追授其全国公安系统一级英雄模范称号。

## 二、检察机关的改革发展

### （一）进一步完善检察机关机构及职能

随着20世纪80年代初期武汉市行政区划调整，检察机关职能也进行了相应完善。1985年在汉南区检察工作组的基础上成立汉南区检察院。根据1979年《刑事诉讼法》，检察机关负责管辖涉及税收方面的犯罪案件。为有利于检察机关受理和查处发生在税收环节的经济犯罪行为，市各级检察院相继设立税务检察室。另外，还在各级税务部门设置了派驻机构税务检察室。

1983年3月，中央政法委员会提出政法工作要更加自觉地、更加明确地为经济体制改革和经济建设服务。1985年，最高人民检察院提出，在绝不放松严厉打击严重刑事犯罪的同时，把打击严重经济犯罪作为检察机关的主要任务。市各级检察院把促进改革和经济发展作为工作的出发点和归宿，坚持法律面前人人平等，注重查处大案要案，注重调查和深挖，注重区分罪与非罪的界限，还注重追回流失资金和法律宣传。如查处湖北省机械工业厅二处原副处长姬某利用主管该处建房之便，与他人勾结，贪污受贿5809.55

元，经起诉被判处有期徒刑 6 年；原湖北省委办公厅副主任金某利用职权之便，为他人套购钢材、水泥、汽车等国家计划物资，从中收受贿赂，计人民币 8600 余元、港币 850 元，最终金某被判处有期徒刑 4 年。[①] 江汉区检察院在办理一起贪污、盗窃案件时，发现某厂经济问题较多，便主动协助该厂进行清查，挖出经济犯罪案 18 件，其中有万元以上大案 9 件。硚口区检察院摸底排查了汉正街 1353 户个体工商户，发现存在不同程度的偷税抗税行为，根据不同情况采取了教育、经济处罚、追究刑事责任等措施，实现了打击涉税犯罪与保护合法经营活动相结合。为办好经济案件，1986 年，市检察院针对一些政策法律界限模糊的问题，从基层办案的成功做法中，归纳提出了“三个区别”，即：把由于某种外部原因，不能全部履行合同与毫无履行能力、以合同为诱饵骗取钱财区别开来；把正常的调剂余缺、互通有无与转手倒卖、非法牟利区别开来；把改革中的失误与借改革的名义营私舞弊，中饱私囊区别开来。1988 年 7 月 20 日，市检察院成立“经济罪案举报中心”，各区县检察院设立经济罪案举报站。主要是受理对国家机关工作人员犯罪行为的揭发、控告，以经济犯罪特别是贪污、受贿、挪用公款、偷税抗税等罪案的举报为重点。大力反腐肃贪，查办职务犯罪，查处经济罪案和法纪案件，历来是检察机关的工作重点。1990 年 2 月，根据最高人民检察院要求，市检察院侦查大队（经济检察处）更名为反贪污贿赂工作局，标志着查办贪污贿赂等经济犯罪步入专门化轨道。随后市区（县）院相继成立反贪污贿赂机构。

1988 年 2 月，第八次全国检察工作会议通过的《检察体制改革设想（草案）》中要求增设民事（经济）行政审判监督机制，1989 年 6 月武汉市人大常委会通过决议，同意市检察机关组建民事检察机构。1990 年 10 月，根据最高人民检察院《关于全国各级检察院组建民事行政检察机构，履行民事行政审判法律监督职能的通知》，市检察院成立民事行政检察处。该机构成立后，严格依据宪法和法律的规定，对人民法院的民事审判和行政诉讼活动实行法律监督，有力保障法律正确实施，依法保护公民、法人和其他组织的合法权益。至 1993 年，武汉市 13 个区（县）院均成立民事行政检察

① 参见中共湖北省纪委：《从金某犯罪一案中应吸取的教训——中共湖北省纪委通报》，《党建》1988 年第 1 期。

科或配备民事行政检察干部。

市检察院召开全市刑事检察工作座谈会，要求审查批捕工作坚持实行岗位责任制，做到定任务、定时间、定人员、定要求；主动深入第一线，了解公安机关办案活动，主动与公安、法院协商，共同研究认识不一致的案件。全市检察机关还普遍试行审查批捕工作责任制，将案件数量、质量、办案时限、法律文书制作和综合治理工作落实到组、人。

市检察院注重对自侦（即自行侦查）案件进行自我制约机制构建，并进行了一系列改革。1988 年 2 月，最高人民检察院召开的第八次全国检察工作会议提出要按照党的十三大精神，遵循党在社会主义初级阶段的基本路线，进行检察体制改革的方案。同年 6 月，省检察院下发《办理自侦案件试行自我制约机制的通知》，市检察院将经济检察处、法纪检察处所侦查案件的起诉任务交刑事检察二处，进一步优化自侦案件职能。1990 年 10 月，市检察院颁布《武汉市检察机关自侦案件移送审查逮捕、审查起诉的暂行办法》，进一步规范了自侦案件的审查逮捕和审查起诉流程，健全了自侦案件的法律监督机制。1997 年，市检察院出台《关于对监所检察部门自行侦查案件实行内部制约的通知》，规定全市监所检察部门对发生在监管改造场所的经济、法纪等应由检察机关直接侦查的案件，由监所检察部门自行立案侦查；监所检察部门对自行侦查的案件，经过审查认为需要逮捕的，移送审查批捕部门审查决定；监所检察部门对自行侦查的案件，经过审查认为需要提起公诉的，移送审查起诉部门审查决定。

市各级检察机关继续加强监所检察职能。1984 年底，市检察院向各区（县）检察院发出《关于对收审工作开展检察的通知》，建立工作制度并深入收审所（站）对收审案件久押不决、羁押场所混管混押及收审场所管教干警执法情况进行检查，对监管改造秩序的问题予以及时纠正。如有的单位为了经济效益，让劳改、劳教人员经商、采购，造成不良社会影响。检察院及时提出检察建议，相关单位及时进行整改，妥善解决了该类问题。1986 年，市检察院与市公安局、市法院以及市司法局联合发出《关于正确运用法律武器，严惩“牢头”、“狱霸”违法犯罪活动的通知》，规定牢头狱霸的归罪定性等问题，统一打击活动的认识和行动。

在监外执行检察方面，市检察院继续与市公安局、市法院以及市司法局组成联合考察领导小组对全市监外执行罪犯和所外执行的劳教人员进行考察，既深挖了犯罪线索，也查清罪犯底数和相关部门是否正确执行法律规定，还向有关部门提出检察建议，如建立定期检查制度；落实监管措施；对刑满、死亡者，依法办理释放、注销手续，对失踪者，要查明下落；对申请保外就医者的改造表现和病情条件要严格审查把关。

通过受理审查批捕、审查起诉、犯人及其家属的控告申诉以及定期的执法检察和专题检察，市各级检察院还发现了干警违法犯罪或违纪线索，由相应主管部门对当事人进行党纪、政纪处理，触犯刑律的依法追究刑事责任。

（二）聘请特约检察员制度

为进一步发扬民主，1990 年 10 月，最高人民检察院、中共中央统战部联合下发《关于聘请民主党派成员和无党派人士担任特约检察员的意见》，要求各地结合实际情况，做好聘请特约检察员工作，为改革开放和经济建设的大局服务。1992 年 6 月，市检察院聘请包括武汉大学、中南财经大学、中南政法学院、武昌区政协、交通部第二公路勘察设计院等单位的专家、学者作为首批特约检察员。特约检察员在联系群众、监督执法、协助办案、案件研讨、宣传法制等方面发挥了积极作用。对有些信访件，特约检察员还以个人名义函复和口头答复，密切了检察机关和人民群众的关系。

## 三、审判机关的改革发展

1982 年《宪法》进一步明确了人民法院的组织体制、审判原则和审判制度。这一时期武汉市审判机关的改革以审判方式改革为主导，主要内容包括：逐步改变职权主义的庭审模式，强调当事人的举证，加强对证据的质证和开庭辩论，充分发挥开庭审理的功能；强化依法适用简易程序，及时处理一般经济纠纷；简化诉讼程序，减少诉讼消耗，以取得最佳的审判效果；扩大合议庭职权，提高依法独立审判水平；等等。审判方式改革的全面推进，有力地推动了庭审模式的深刻转变，促进了审判质量的提高。

（一）加强司法审判组织保障

这一时期，全市法院系统加强组织保障，建立健全审判机构，增加人员编制，充实审判力量，审判职能由仅有的刑事、民事两个门类扩充至包括经济、执行、行政、国家赔偿等在内的 6 个门类，对改革开放、搞活城乡经济起到促进作用。民事、经济和刑事涉及财产等执行案件基本得到执行，保护了国家、集体、公民的合法权益。

1983 年 10 月，市法院设立执行庭。1984 年，各区、县法院相继设立执行庭。同年 5 月，成立汉南区人民法院；9 月，市法院设立司法行政处。1985 年后，法院职能机构进一步健全。市法院增设法医技术室（处）、民事审判第二庭、行政审判庭、档案室（处）和告诉申诉庭。各区、县法院亦增设行政审判庭、告诉申诉庭。到 1988 年止，武汉市中级人民法院辖有江岸、江汉、硚口、汉阳、武昌、青山、洪山 7 城区和东西湖、汉南两郊区以及武昌、汉阳、黄陂、新洲 4 县的 13 个基层人民法院；建有农村人民法庭 69 个，街道人民法庭 32 个，房地产和环保专业法庭各 1 个，总人数为 1961 人。1986 年 8 月 9 日，武汉市第一个专业人民法庭——江汉区房地产人民法庭成立，该法庭被最高人民法院称赞为“新生事物”。① 1987 年 7 月，市法院在江岸区法院试建专门审理未成年人犯罪的合议庭。

为加强案件审理，1983 年市法院实行分级审批制，将一般案件的审批决定交由合议庭，审判委员会讨论案件的时间由过去每周 2—3 天缩减为 1 天左右。1985 年，武汉市中级人民法院开始进行合议庭审判长选举试点，通过民主选举产生审判长。审判长任期一年，连选可以连任。1988 年，武汉市中院通过《武汉市中级人民法院审判委员会议事规则（试行）》，对审判委员会召开的时间、主持人、委员出席比例、任务、案情及汇报人、区县法院案件提交讨论程序、议决原则、纪律与记录及联络人等内容，作出具体规定。1991 年 4 月，市法院审判委员会通过《审判委员会工作规则》。

1988 年，针对人民陪审员数量不足，选任的人员大多数不能履职，相应待遇难以落实的困境，市中院向市人大常委会建议各区县补选一批人民陪审员。后市人大常委会主持选举产生新一届人民陪审员 856 人（后增加 1 人，为 857 人）。此次选举的人民陪审员政治素质好、文化层次高、年龄结构合理，较好地发挥了助手、纽带、监督、宣传和帮教职责。

### （二）贯彻落实行政诉讼法

1982 年 3 月 8 日，第五届全国人民代表大会常务委员会第二十二次会议通过《中华人民共和国民事诉讼法（试行）》。其中，第 3 条第 2 款规定，法律规定由人民法院审理的行政案件，适用本法规定。而在此之前，因对“民告官”的行政申诉案件缺乏法律规定的操作程序，人民法院不受理行政

① 中共武汉市委政法委《武汉政法志》编纂委员会：《武汉政法志·第四卷·法院卷》，武汉出版社 2011 年版，第 245 页。

案件。《民事诉讼法（试行）》实施初期，商标、土地、环保等“民告官”案件均由民庭审理。1986 年 9 月，根据《民事诉讼法（试行）》第 3 条第 2 款“法律规定由人民法院审理行政案件，适用本法规定”，以及根据最高人民法院发布的《人民法院审理治安行政案件具体应用法律的若干问题的暂行规定》及要求各级法院逐步开展行政审判的指示精神，市法院和硚口区法院在全国法院系统率先组建了行政审判庭，后各区法院也相继建立行政审判庭。

1987 年起，全市法院开始对行政案件实行专门化审判。由于当时并未颁布《行政诉讼法》，所以诉讼程序参照适用《民事诉讼法（试行）》的相关规定。市法院根据上述法律规定及其他审判经验，制定《关于审理行政案件若干问题的试行意见》《关于治安行政案件如何确定案由的试行意见》，对受案范围、案件管辖、诉讼程序、文书制作、诉讼收费等作出规范，对规范行政审判起了开拓性作用。法院在审理过程中，一方面支持行政机关依法行政，凡行政处罚认定的事实，适用法律基本正确的，予以维持；另一方面对认定事实，适用法律不当的依法予以撤销或变更。1987 年 1 月 3 日，市法院行政审判庭受理首起行政诉讼案件——武汉汽车车身附件研究所诉武昌区政府城市规划管理办公室违章建筑拆除案。原告与第三人湖北工业建筑设计院就有争议事项达成协议，在诉讼过程中，3 月 4 日撤回起诉，履行了市、区城市规划管理局的处罚决定。1987 年 3 月，江汉区法院审理了舒某琼诉市公安局首例治安行政案，并根据 1987 年 1 月施行的《治安管理处罚条例》维持市公安局行政拘留 15 天的决定。1988 年，洪山区法院对全市首起不服土地管理行政处罚案件作出判决。原告武汉市江南化工处与第三人洪山区青菱乡签订土地转合同标的物，但未办理权属变更手续，被告洪山区土地管理局多次敦促补办。原告及第三人均未理睬，被告根据《中华人民共和国土地管理法》作出了责令原告停止使用土地，补偿土地使用费的行政处罚决定。法院审理后认定被告为依法行政，但处罚决定内容欠妥，判决撤销被告处罚决定，原告限期办理土地权属变更手续，非法搭盖的工棚予以撤除，对原告和第三人各处一定数量的罚款。

1989 年 4 月，第七届全国人大第二次会议审议通过了《行政诉讼法》，并于 1990 年 10 月 1 日起施行。1989 年，经省人大批准，市法院、江岸区法院、汉阳县法院与湖北省内的随州市、监利县等法院进行行政审判先行试点工作。这些前期组织和试点工作为行政诉讼法在湖北省的顺利实施打下了良好基础。市法院根据省高级人民法院文件和市八届人大常委会第九次会议《关于为〈中华人民共和国行政诉讼法〉正确实施做好准备工作的决议》的精神，制定《关于〈行政诉讼法〉先行试点方案》，开展了为期 14 个月的三个阶段（即学习宣传阶段、试办案件阶段以及总结交流阶段）试点工作，进一步试办案件，为行政诉讼法的正式施行积累了经验。在此期间，市法院通过举办培训班、专题讲座、组织庭审观摩、研讨法律条文、举办案件分析会等方式组织学习，增强对《行政诉讼法》的理解，提升行政法律意识，为审理行政诉讼案件打好基础。1990 年 7 月，市法院还在行政庭设立环境保护合议庭，直接受理不服城区环保部门的行政案件或上诉案件。

《行政诉讼法》正式实施后，1991 年 6 月，最高人民法院印发《关于贯彻执行〈中华人民共和国行政诉讼法〉若干问题的意见（试行)》的通知，进一步规范全国行政审判。全市法院积极开展行政诉讼案件审判工作，注重对具体行政行为合法性的审查，把审查行政机关所认定的事实和作出处理结果的依据作为重点，纠正以往“法院与被告共同审原告”的倾向，强调被告的举证责任，更好发挥司法职能。1992 年 5 月，江岸区法院审理全市首例停止行政行为的行政诉讼案件，向被告武汉市渔政管理站下达停止行政行为执行的裁定。[①] 同年 6 月，汉阳县法院受理全市首例原告、被告均为行政机关的行政诉讼案件。通过审判行政诉讼案件，依法调整了行政法律关系，较好地保障了国家行政机关依法行使管理的职能和公民、法人的合法权益。

### （三）“严打”期间的刑事案件审理

1983 年 8 月 7 日，市法院召开党组扩大会和全市法院院长会议，传达中央和省、市委指示精神，部署“严打”第一战役第一仗的刑事审判工作。8 月 12 日，市法院在武汉体育馆召开宣判大会，对持枪抢劫银行运钞车案罪犯吴某运、李某敏、沈某良判处死刑，对王某强判处死刑缓期二年执行。1984 年 1 月 5 日，市法院部署“严打”第二仗行动方案。武汉毛巾厂工人张某因违反劳动纪律被处分而猛砍车间副主任头部致其瘫痪，5 月 29 日，市法院一审以故意杀人罪判处张某死刑。同年 6 月 7 日，市法院部署“严

① 参见中共武汉市委政法委《武汉政法志》编纂委员会：《武汉政法志·第四卷·法院卷》，武汉出版社 2011 年版，第 253 页。

打”第三仗行动方案。6 月 30 日，市法院召开公开宣判大会，依法宣布省高院关于核准故意杀人犯杜某洲、惯窃脱逃犯黄某祥等严重犯罪分子死刑。中心会场设在中山公园，下设 4 个分会场、72 个收听点，6000 余人参加旁听，3 万余人收听大会实况。

1984 年 8 月，市法院研究部署“严打”第二战役第一仗的斗争任务。9 月 6 日，市法院召开“严打”斗争宣判大会，宣布省高院核准对张某桥等一批杀人、强奸、奸淫幼女犯执行死刑的终审裁定。11 月，全市召开严厉打击严重经济犯罪分子大会。市法院依法公开宣告对乐某荣等犯罪分子的判决结果。1985 年 1 月 22 日，市法院召开“严打”第二战役第二仗宣判大会，依法对 18 名犯罪分子宣布判决结果。1985 年 6 月 7 日，市法院召开全市法院院长、刑一庭庭长等有关部门负责人会议，传达贯彻省、市委政法委关于“严打”第二战役第三仗的部署。8 月 16 日，市法院在武汉剧院召开专场公判大会，依法判处熊某斌等 6 名罪犯流氓和制作、贩卖淫秽物品罪有期徒刑。

1986 年 4 月 17 日，市法院召开全市法院院长、刑事审判庭庭长会议，研究部署“严打”第三战役第一仗行动中的审判工作。7 月 4 日，全市各级法院分别召开公判大会，依法对 207 名严重刑事犯罪分子和经济犯罪分子进行公开审判。1986 年 8 月 29 日，市法院召开全市法院院长会议，研究部署“严打”第三战役第二仗。11 月 28 日，市法院审结“杨某环案”。杨某环在市五医院就诊期间因故与医护人员发生冲突，被医院执勤人员刘某清、熊某堂等殴打致死。市法院以故意伤害罪对刘某清判处有期徒刑 10 年、熊某堂有期徒刑 8 年。

（四）受理破产案件

1986 年 12 月 2 日，第六届全国人民代表大会常务委员会第十八次会议通过《中华人民共和国企业破产法》（试行）。该法有利于解决有的全民所有制企业长期资不抵债而依靠国家财政补贴的问题，适应了社会主义有计划的商品经济发展和经济体制改革的需要。1991 年颁布的《民事诉讼法》，对破产程序也作出了规定，同时最高人民法院颁布了《关于贯彻执行〈中华人民共和国企业破产法（试行）〉若干问题的意见》。这些法律法规为企业破产案件的审理提供了有力的指导与依据。

武汉市受理破产案件始于 1988 年。市法院严格依法办事，确保案件质量，既讲法律效果，又讲社会效果，既严格执行程序法，又注重适用实体法。注重强调平等保护各类企业合法权益，维护公平有序的市场竞争；通过审理破产案件，促进政府转换职能，企业转换机制；促进社会保障体系建立，保障人才合理流通；运用破产手段，促进资源合理配置和优化产业结构。审理中，依法指定破产企业清算组织成员，明确清理债权、外收债权、登记申报债权、审计评估等分工。对超过诉讼时效的申报债权及时裁定不予保护；及时催收破产企业有效债权；保护有效抵押优先受偿权；对无效抵押申报优先受偿的，在查明事实的基础上依法驳回。严格按破产财产清偿顺序，对所欠职工工资一时难以全额清偿的，优先安排工人生活费、医疗费和退休工人工资。坚持从实际出发，有的实行“人随资产走”方案，有的实行“一次性买断”，有的原职留用，尽量减少失业人员，妥善处理了武汉市江汉丝织厂、武汉羽绒总厂、武汉轮胎厂、武汉市第三国棉纺织厂、武汉市第六棉纺织厂、国营武汉造船专用设备厂等破产案件。

（五）审理涉外案件

1983 年，全市法院开始受理涉外、涉港澳台案件。全市法院坚持以事实为依据，严格依照国家法律，平等保护中外双方合法权益。离婚案件中，依据婚姻缔结地法和法院地法；民事侵权案件适用侵权地准据法；经济纠纷中，依据涉外经济合同法律和国际惯例及时处理。例如，美国胜家牌缝纫机质量好，国际上享有信誉，价格昂贵。武汉某电子进出口公司为每台缝纫机创汇 10 美元利益动机，委托青岛某缝纫机厂生产同一商标缝纫机到埃及市场以 100 美元低价倾销，美国公司发现后以商标侵权损害索赔 12 万美元。法院审判后认为，侵权事实清楚，经调解，武汉、青岛当事人各赔 3.3 万元和 2.7 万元。1986 年，香港居民王某诉被告张某股票股金返还案。王某与其丈夫张某 1964 年受赠其夫祖父（1967 年 8 月故去）1937 年购买的香港广生行有限公司月字第五十二号股票一张，1973 年，王夫病故。1983 年，张父（1985 年 12 月故去）在国内公证后冒领、变卖该股票，将获得的股金 135916.6 元港币赠与被告张某。武昌区法院受理后，追加王夫、张父遗属 9 人参加诉讼，依法析产，确定继承份额，一并处理。一审宣判后，被告张某与其亲属上诉，市法院于 1991 年 7 月予以驳回，维持原判。①

① 参见中共武汉市委政法委《武汉政法志》编纂委员会：《武汉政法志·第四卷·法院卷》，武汉出版社 2011 年版，第 114—115 页。

（六）加强司法领域对外交流

1986年4月17日，美国律师访华团A团在阿瑟·丁·昂格兰律师的率领下，到市法院旁听投机倒把一案的公开审判。同年5月27日，美国佛罗里达州法官贝克到硚口区法院进行考察，观摩审判人员接待人民群众来访，询问民事纠纷立案过程。1988年6月24日，美国律师代表团一行24人，旁听硚口区法院公开审理被告人胡某平交通肇事案。1990年8月15日，联邦德国法兰克福《评论报》驻中国北京代表、杜伊斯堡驻武汉办事处主任等人来市法院旁听一起故意伤害案件的公开审理。1992年9月28日，美国匹兹堡市市长索菲·马斯罗夫，法官玛丽·L. 利特菲尔德，律师约·鲍尔斯和托马斯·汤普森一行四人，来到市法院旁听一起刑事附带民事案件的庭审。

## 四、司法行政机关工作取得新进展

（一）成立武汉市劳动教养管理所

1980年2月，根据国务院颁发的《关于劳动教养的补充规定》精神，武汉市人民政府成立武汉市劳动教养管理委员会，同年7月，武汉市公安局成立劳动教养管理处。1983年7月，武汉市劳教管理工作由市公安局移交市司法局，原属市公安局的劳动教养管理处划归司法局领导，劳教审批工作仍由市公安局负责。劳动教养管理处对外称武汉市劳动教养管理所，下设何湾、柏泉、汉南、沙洋4个劳教分所。1984年，4个劳教分所改为劳教所，升格为副县（团）级单位。1990年11月，4个劳教所升格为县团级。

（二）建立司法所和法律服务所

进入20世纪80年代，武汉市在街、乡、镇人民政府设立专职司法助理员，受区司法行政机关和街、乡、镇人民政府的双重领导，武汉市各街道办事处、乡、镇人民政府以司法助理员为主，陆续创立了190个司法办公室和法律服务所，占街、乡、镇总数的90.9%，有工作人员425人。后来，司法办公室全部统一更名为司法所，作为区、县司法局的派出机构，保留法律服务所，两块牌子一套班子，实行区、县司法局与街道办事处、乡、镇政府双重领导。司法所的主要职能及业务范围是：协助基层政府开展依法治理工作和行政执法检查、监督工作；指导管理人民调解工作，参与重大疑难民间纠纷调解工作；指导管理基层法律服务工作；代表乡镇人民政府（街道办事处）处理民间纠纷；组织开展普法宣传和法制教育工作；成立安置帮教工作接待站，组织开展对刑满释放和解除劳教人员的过渡性安置和帮教工作；参与社会治安综合治理工作；完成上级司法行政机关和乡镇人民政府（街道办事处）交办的有关司法行政工作。

1984年，武汉市开始陆续建立不要国家编制，不增加国家财政负担的法律服务所。这些法律服务所办在群众中间，随时可以为群众回答法律方面的问题。至1985年4月底，建立街、乡、镇法律服务所88个，形成了一个遍布武汉三镇和郊县的基层法律服务网，接待来访群众4500多人次。法律服务所工作人员应聘担任了45个街、乡、镇企业和个体户、专业户、经济联合体的经济法律顾问，开展法律咨询一千多项，协办公证360多件，调处经济纠纷350多起，及时避免和解决了生产和流通领域中许多矛盾和纠纷，保护了法人和公民合法的经营权益。

### （三）市司法局设置律师管理处和公证管理处

1984年9月，武汉市司法局设立公证律师管理处。1984年10月27日，市司法局与公、检、法等单位共同组建武汉市法律服务中心，管理协调市属5个律师事务所的工作，同时，在该中心设立公安、检察、法院、司法4个信访接待室。1989年该中心撤销，人员分散到市属各律师事务所。1992年5月20日，市司法局公证律师管理处分设，演变为律师管理处和公证管理处。律师管理处的主要职能是：制定律师行业发展规划，起草和制定有关律师工作的规章制度；审核申报律师事务所及其分支机构的设立材料；审核申报律师资格、律师执业证的有关材料；负责执业律师的年检注册；负责律师机构的组织建设和思想政治工作。公证管理处指导、监督武汉市公证管理工作，负责公证处年检、公证员年度注册、申领公证员执业证、处理对公证机构及公证员的投诉。

### （四）组织开展全市“一五”普法工作

1985年11月5日，第六届全国人大常委会第十三次会议作出了《关于在公民中基本普及法律常识的决议》，翻开了把法律交给亿万人民的全民普法教育的历史新篇章。1985年12月，中共中央、国务院批转了中宣部和司法部《关于向全体公民基本普及法律常识的五年规划》（以下简称“一五”普法），并为此发出通知，要求各地各部门结合实际，组织实施全民普及法律常识规划，为实现社会风气、社会秩序、社会治安根本好转而努力。武汉市“一五”普法分为三个阶段：

一是启动阶段。主要工作是制定规划，编写补充教材和辅导资料，抓好试点，培训骨干，反复做好宣传发动等工作。武汉市人大常委会颁布《关于在我市公民中基本普及法律常识的决议》，决定从1985年10月至1990年10月用5年的时间向全市公民普及法律常识。这次普法教育对象为一切有接受能力的公民，其中重点是干部和青少年，全市列为普法对象的公民共有460万人。普法教育的内容为中华人民共和国《宪法》《刑法》《刑事诉讼法》《民事诉讼法》《民法通则》《婚姻法》《继承法》《兵役法》《经济合同法》《婚姻法》《治安管理条例》。[①] 全市十三个区、县全部制定了五年普及法律常识的规划，陆续培训了2418名法制宣传员；在22个单位进行"普法"试点工作，[②] 为全市的普法工作打下了良好基础。

二是组织实施阶段。各地区、各部门、各单位按照普法规划要求，对年度工作进行具体安排，确定学习内容、工作重点、目标任务，有计划、有步骤地实施法制宣传、学习和教育工作。各机关、工厂、街道、学校、驻军部队等单位开展丰富多样的普法活动，例如，1985年12月19日起，市人大常委会委员参加为期半年的普法学习班，以提高法律监督和工作监督水平，更好行使职权；1986年1月11日起，近千名市直处以上干部参加为期二十讲的普法教育讲座；江汉区公安分局组织了770多名有轻微违法行为的青少年进行普法班学习后，主动反映各类线索70余起，交出斗殴凶器二十多件，学员中没有人重新参与违法活动；[③] 江岸区公安分局二七街派出所对辖区六所中小学采取设立辅导站、咨询处、作法制教育报告、办展览等多种形式为中小学生普法；余家头小学学生自办《法纪报》，提升了学生们的纪律意识，大大减少了不良行为；武汉钢铁公司成立了有党、政、工、团系统六个部门的领导参加的"普法"小组，用"多层次多结构"的教育方式进行普法；湖北省武警总队政治部拍摄了十部普法电视教学片，以图文并茂、通俗易懂的方式结合武警部队的实际讲解法律条文。

三是考核验收阶段。先由各单位、各部门按照既定目标，对学法活动进行考试和行为考核，自查自检，然后由市、区法制宣传教育主管机关组织考核验收。普法教育期间，依法治市成为基本市策之一，有6个区、县政府和

① "一五"普法期间简称"九法一例"。

② 参见杨新华、刘立民：《普及法律常识实现长治久安》，《长江日报》1985年9月28日。

③ 参见易笑：《七百多名"浪子"幡然悔悟》，《长江日报》1986年8月9日。

1600多个单位聘请了常年法律顾问，有3500多家企事业单位运用法律武器，避免和挽回经济损失4亿多元。全市各单位累计培训普法骨干10万余人。各级领导通过了普法考试。汉阳县在“一五”普法教育中，各领导机关带头学法，33名县级干部全部参加普法学习，并经考试合格；全县227所中小学全部开设了法制教育课；县属企事业、行政机关和各行政村普遍完成了“九法一例”的学习。1989年11月11日，经过考核验收，汉阳县成为我市第一个普法合格县。截至1989年底，全市已有355万市民学完了规定的普法内容，105万在校学生按教学计划学法，共占全市应普法人数98.6%。[①]“一五”普法完成时，全市460万名普法对象基本学完了规定内容，法制观念有了增强。1990年10月，经市普法领导小组考核验收，全市普法工作合格。

（五）律师协会的成立与发展

律师事业伴随改革开放得到长足发展。截至1987年9月，武汉市组建律师事务所23个，有取得律师资格的人员264名。全市律师共承办刑事辩护案件9000多件。据市司法局对辩护质量的抽样检查，律师辩护意见基本正确率达90%以上。全市律师共办理各类经济法律事务2.6万件，帮助有关方面避免或挽回经济损失2.5亿多元。[②]

1987年1月8日，武汉市律师协会成立，选举产生第一届理事会。律师协会对律师实施行业管理，总结律师工作经验，指导律师开展业务工作；组织律师的专业培训；维护律师的合法权益；开展律师的职业道德教育，对律师遵守执业纪律的状况进行监督检查；按照国家有关规定，组织与外国、境外律师民间团体的交流活动。武汉市律师协会对武汉市律师实行行业管理的主要管理制度有：《律师协会章程》《律师职业道德执业纪律规范》《律师协会会费管理办法》《律师协会会员处分规则》《律师办理刑事案件规范》等。各律师事务所通过制定内部管理制度，实行自律性管理。主要管理制度有章程、合伙人协议、律师业务规程、重大或疑难案件集体讨论制度、律师事务所案件管理制度、责任赔偿制度、档案管理制度、办案质量及诚信制度、经费管理制度、律师工作制度、人员管理及福利制度、办公室规则等。

---

① 参见刘立民、蒋艳萍：《我市全面普法工作取得成效》，《长江日报》1989年12月14日。

② 参见容根明：《律师、公证人员的活动扩展到社会生活的各个领域》，《长江日报》1987年10月22日。

## 第七节　社会管理与法治建设

随着党和国家工作重心转移到经济建设上来，为了适应经济社会发展，政府逐步放弃全能型社会管理体制，开始探索现代化的社会管理制度。城市基层居民自治与农村基层村民自治成为国家向社会分权的重要方式，武汉市社会管理工作也随之与时俱进地不断调整。

### 一、居民委员会和村民委员会制度的建立健全

从20世纪80年代起，武汉市对扩大社会主义基层民主的途径进行改革创新。1982年施行的《中华人民共和国宪法》确立了居民委员会和村民委员会是群众性自治组织的法律地位。此后，居民委员会和村民委员会在武汉逐步恢复和发展。这一时期，社会发展格局变革较大，要求地方治理必须遵循国家法治精神，结合本地发展实际，与时俱进、统筹谋划、系统建设、点面结合地予以推进，方能符合治理的本质要求。居民委员会、村民委员会有效发挥了基层群众自治性组织中的作用，是社会主义民主政治发展的重要组成部分；同时也为武汉市持续推动提升社会治理体系和治理能力现代化，坚持党建全面引领、全面覆盖、全面培养、全面提升、全面融入，积极探索了一条自治与法治保障相结合的新路径。

#### （一）居民委员会制度

居民委员会是城市居民自治组织。其前身为1949年6月废除保甲制度后在城区建立的居民小组。1953年，武汉市各城区街人民政府以选区范围为基础，建立居民委员会。党的十一届三中全会召开后，我国城市中的政治、经济、文化与街道管理、人口构成状况都发生了较大变化。

1983年，武汉市政府颁发《居民委员会工作暂行条例》，把居委会管辖人口定为500户居民小组为40户左右，以此标准新组建部分居委会。1984年有居委会1291个，1985年增加至1397个，居委会正副主任有10327人。[1]全市居委会在治安、卫生、环境、交通管理、青少年管理、民事调解、计划生育、开展“五好家庭”、民政优抚以及兴办各类服务事业、安排

---

① 参见武汉地方志编纂委员会：《武汉市志（1980—2000）· 第六卷 · 政治（下）》，武汉出版社2006年版，第16页。

待业人员等方面做了大量的工作。1988 年，武汉市居委会普遍推行居民代表会议制度，加强基层工作的民主建设，当年新增居委会 42 个，全市城郊居委会总数增加到 31562 个。[①] 居委会提供养老、育幼、助残、扶贫、婚姻介绍、法律咨询、身体康复、文化娱乐等多项社区服务以及设置多个便民利民网点。

1989 年 12 月 26 日第七届全国人民代表大会常务委员会第十一次会议通过《中华人民共和国城市居民委员会组织法》，以 1989 年 12 月 26 日中华人民共和国主席令第二十一号公布，自 1990 年 1 月 1 日起施行。该法界定居民委员会是居民自我管理、自我教育、自我服务的基层群众性自治组织，向居民会议负责并报告工作，根据需要设人民调解、治安保卫、公共卫生等委员会，并确定了居民委员会的工作经费和来源，为加强城市居民委员会的建设，由城市居民群众依法办理群众自己的事情，促进城市基层社会主义民主和城市社会主义物质文明、精神文明建设的发展提供了法律依据。1991 年，为贯彻落实《居委会组织法》，进行了第一届换届选举。在 1520 个居民委员会中，成员人数由 7557 人增加到 8625 人；党员由 3773 人增加到 4900 人；平均年龄由 62.6 岁下降到 59.3 岁；居委会成员结构中的纯居民干部由 6267 人增加到 7150 人；单位派出干部由 519 人增加到 745 人。[②] 各居委会普遍建立治安、保卫、人民调解、社会福利、文教卫生和妇女计划生育等委员会，建立了居民代表会议，健全完善了居委会工作的各项规章制度。

1988 年，武汉市民政局在全市推行居民代表会议制度。江岸、硚口等区的部分街道召开居民代表会议，尽力发挥居民参政议政的作用，增强街道、居委会工作的透明度，促进基层民主制度的建设。1990 年贯彻落实《居委会组织法》各试点的居委会，均按照该法第 9 条规定，采取以居民小组推选代表二至三名的办法成立首届居民代表会议，在试点中采取听取并审议居委会工作报告，投票选举居委会成员，讨论制定居民公约等方式，有的区还明确居民代表会议职责，规定每半年召开一次居民代表大会。居务公开

① 参见武汉地方志编纂委员会：《武汉市志（1980—2000）· 第六卷 · 政治（下）》，武汉出版社 2006 年版，第 16 页。

② 参见武汉地方志编纂委员会：《武汉市志（1980—2000）· 第六卷 · 政治（下）》，武汉出版社 2006 年版，第 16 页。

制度进一步建立健全。

武汉市的社区服务一共有八个系列：老年人服务系列、残疾人安置服务系列、优抚对象服务系列、精神卫生服务系列、家庭教育家庭劳动服务系列、民俗改革宣传服务系列、青少年教养服务系列、社会管理综合服务系列。上述服务系列将诸多社会保障工作融合在社区服务中，丰富了社区服务的内容，这种以街道为主体，以居委会和社会单位为依托，积极发展城市社区服务事业的经验，很快引起民政部及市政府的高度重视，认为他们走出了中国民政社会福利事业的新路子。[①] 1987 年，民政部在武汉召开全国社区服务工作座谈会，倡导开展社区服务工作。之后，武汉市社区服务工作经历了普及推广、巩固提高、深化发展阶段，形成了具有武汉特点的以设施服务为主体，以便民利民服务和志愿者服务为基础的社区服务格局。

（二）村民委员会制度

1984 年至 1985 年，武汉市各郊区、县以原生产大队或自然村（行政村）为基础，建立村民委员会。村民委员会为农村群众自治组织，一般设主任、副主任和委员 5—7 人，多则 9 人。下设民政、调解、治安保卫、公共卫生、经济建设 5 个工作委员会。各委员会主任由村民委员会委员兼任。村民委员会下，以原生产队为范围设若干个村民小组。村民小组设正、副组长各一人。村民委员会和村民小组的成员由本村有选举权的村民选举产生。1985 年，郊区、县的乡（镇）建有村民委员会 2044 个，村民小组 19823 个。[②]

1987 年 11 月 24 日，第六届全国人民代表大会第二十三次会议通过《中华人民共和国村民委员会组织法（试行）》。1988 年 6 月 1 日起在武汉农村开始试行。根据该法，各区、县政府，特别是乡（镇）政府，对于组织不健全的村委会，帮助他们建好领导班子，制定和建立各项规章制度，调整个别规模过大或过小的村委会，还选择了工作基础较好的 1—2 个村委会，利用农忙间隙时间，进行贯彻该法的试点工作。按照规定，召开村民会议，由村民民主选举产生新的村委会班子，讨论并通过各项规章制度和村规民约，讨论决定村委会的区域管理和各项工作任务，通过典型示范逐步在武

① 参见武汉地方志编纂委员会：《武汉市志（1980—2000）· 第六卷 · 政治（下）》，武汉出版社 2006 年版，第 19 页。

② 参见武汉地方志编纂委员会：《武汉市志 · 政权政协志》，武汉大学出版社 1998 年版，第 353 页。

汉农村进行推广。1989 年，武汉市郊在原生产大队的基础上，通过选举组建村民委员会。通过村民反复酝酿和直接选举，96 个村共选出村委会干部 534 人，其中主任 96 人，副主任 229 人，委员 209 人。委员以上人选中共产党员占 90%，高、初中文化程度者占 95%。[①] 各村发动村民讨论和制定《村委会工作制度》《村委会干部岗位责任制》《村规民约》以及民调、治保、公共卫生、红白事理事会等工作制度和章程，使各方面工作实现了有章可循。

1990 年 12 月，市民政局下发《关于开展村民自治示范活动的通知》，1991 年制定《武汉市村民委员会示范村标准》和《检查验收评分标准》，并选择一批乡镇、村进行试点，以摸索经验，逐步推广。

**二、治安、调解工作的新发展**

改革开放的发展形势要求治安工作既需要党政机关加大工作力度，同时更要广泛依靠发动人民群众，党群结合，形成攻不垮的铜墙铁壁。武汉学习上海组织工人纠察队维护社会秩序的经验，1979 年首先在江岸区成立群众性的治安联防组织——工人治安纠察队（后改名为治安联防队）。治安队以厂为单位，由公安派出所具体领导，从工厂、企事业单位抽调职工，原则上 3 个月轮换一次，巡逻、守卡，实行区域治安防范。1986 年，市治安联防指挥部成立，在市公安局设办公室，先后制订了组织条例、奖惩细则等规章制度，负责对各区、厂的治安联防工作的组织指挥。成员最多时，全市有联防队员 5200 多人。他们在发现、制止违法犯罪、预防灾害事故中发挥了明显作用，获得了社会各界的好评。

1989 年 5 月 5 日国务院第四十次常务会议通过《人民调解委员会组织条例》，并于 1989 年 6 月 17 日在全国施行。该条例共 17 条，规定人民调解委员会的性质是村民委员会和居民委员会下设的调解民间纠纷的群众性组织，在基层人民政府和基层人民法院指导下进行工作；并规定人民调解委员会调解协议的效力，符合法律、法规、规章和政策的，应当予以支持；违背法律、法规、规章和政策的，应予以纠正。

截至 1989 年，武汉市已有 4900 多个人民调解委员会遍布在 13 个区、

① 参见武汉地方志编纂委员会：《武汉市志（1980—2000）· 第六卷 · 政治(下)》，武汉出版社 2006 年版，第 11 页。

县乡村（居委会），平均每60人中便有一名调解员，全市民调工作已基本形成网络，朝着理顺基层司法机构组织体制的目标发展。① 后来，人民调解发展到全市大中型企业、事业单位，开始配备专职调解干部和建立专职民调机构。1990年，全市工厂企业已建有1076个人民调解委员会，10480个调解小组，38473名调解员。这支调解队伍成为稳定企业生产、生活秩序的重要力量。②

1990年至1992年，对全市的民调专职机构、专职干部进行调整充实，三级民调网络和纠纷信息网络得到进一步健全。调解工作人员始终贯彻“调防结合，预防为主”的方针和依法、平等自愿以及尊重当事人诉讼权利的三原则，为预防犯罪和维护社会稳定服务。调解民事纠纷遵循一定的法律程序，即受理纠纷、调解的准备和进入调解，达成调解协议后，制作调解协议书，并要监督协议的履行。

### 三、重视刑释解教人员的安置帮教

刑满释放和解除劳动教养人员安置帮教工作（以下简称“安置帮教工作”），是在各级政府领导下，依靠各有关部门和社会力量对他们进行的一种非强制性的引导、扶助、教育和管理活动。依法开展安置帮教工作，释放出政府及社会的最大善意，是社会主义法制建设的内容之一，不仅有利于帮教对象重新回归、融入社会，更有利于其洗刷灵魂、遵纪守法。

1981年，全市开展社会治安综合治理工作，把教育、感化、挽救失足青少年作为综合治理的重点。市、区司法局设立专门机构，以乡镇司法所为主体，依靠社区组织和有关单位加强对刑释解教人员的安置帮教，以巩固教育改造成果，预防和减少重新违法犯罪；对13万名失足青少年进行耐心教育，使其中80%以上的青少年有了好的转变或停止违法活动。1985年，武汉加大对劳教人员的培训力度，市劳教管理所在对劳教人员进行政治教育和劳动锻炼的同时，也留出一定的时间给他们学习文化，消除由于愚昧无知造成的违法犯罪。市劳教管理所下属的四个分所都举办了“文化学校”或“文化教研室”。其中，何湾劳教分所文化学校开办仅一年，就有一百多名学员获得了多科或单科初中文化补课考试合格证书，为他们回归社会创造就业条件。

---

① 参见任康金：《我市民调工作形成网络》，《长江日报》1989年10月23日。

② 参见赵文华、黄有鸿：《市企业民调队伍发挥作用》，《长江日报》1990年6月28日。

# >>第七章　市场经济体制改革与武汉法治建设的互动<<

1992 年初，邓小平同志发表南方谈话。同年 10 月，党的第十四次全国代表大会召开。以邓小平同志南方谈话和党的十四大为标志，中国社会主义改革开放和现代化建设事业进入新的发展阶段。党的十四大报告在继续推进和深化改革开放伟大事业的基础上，明确提出了我国经济体制改革的目标是建立社会主义市场经济体制，并围绕这一目标提出实行依法治国的基本方略。1993 年宪法修正案将宪法第 15 条的“国家在社会主义公有制基础上实行计划经济，国家通过计划经济的综合平衡和市场调节的辅助作用，保证国民经济按比例地协调发展”，修改为“国家实行社会主义市场经济”，“国家加强经济立法，完善宏观调控”。①

建立社会主义市场经济体制目标的提出及其伟大实践，是我国法制观念得以牢固确立和法制建设快速发展的根本经济基础。武汉市朝着这一目标努力前行，初步建立起社会主义市场经济体制基本框架并在实践中不断完善，所有制结构得到初步调整，以公有制经济为主体、多种所有制经济平等竞争、共同发展的格局初步形成。社会主义法制建设日益成熟，各项法制工作，包括立法、行政、司法和守法在内的制度化、法制化进程，伴随着社会主义市场经济的建立不断推进，在保障武汉全面推进综合配套改革，经济持续、快速、健康发展，社会稳定和谐等方面发挥了十分重要的作用。

## 第一节　确立法制为市场经济体制改革服务的指导思想

1992 年初，邓小平同志先后到武昌、深圳、珠海、上海等地，就坚定

① 《中华人民共和国宪法》，人民出版社 1993 年版，第 54 页。

不移地贯彻执行党的基本路线，坚持走有中国特色的社会主义道路，抓住时机，加快发展，计划与市场的关系，社会主义本质，集中精力把经济建设搞上去等一系列重大问题，发表了重要谈话。邓小平同志的南方谈话，是把我国改革开放和社会主义现代化建设推进到新阶段的又一个解放思想、实事求是的宣言书。南方谈话中关于“还是要靠法制，搞法制靠得住些”① 的论述，为制定与完善保障社会主义市场经济体制和改革开放的法律法规，依法行政，司法公信，人民守法提供了强大的思想武器。

党的十四大坚定贯彻邓小平同志南方谈话精神，提出建立社会主义市场经济体制；与之相适应，必须高度重视并加强法制建设。1992 年 10 月 12 日，江泽民同志在《加快改革开放和现代化建设步伐　夺取有中国特色社会主义事业的更大胜利》的报告中明确指出，加强立法工作，特别是抓紧制订与完善保障改革开放、加强宏观经济管理、规范微观经济行为的法律和法规，这是建立社会主义市场经济体制的迫切要求。要严格执行宪法和法律，加强执法监督，坚决纠正以言代法、以罚代刑等现象，保障人民法院和检察院依法独立进行审判和检察。加强政法部门自身建设，提高人员素质和执法水平。要把民主法制实践和民主法制教育结合起来，不断增强广大干部群众的民主意识和法制观念。②

1992 年 12 月 22—26 日，中国共产党武汉市第八次代表大会隆重召开。大会开幕式由市委副书记、市长赵宝江主持，中共湖北省委副书记、武汉市委书记钱运录作了《高举十四大的伟大旗帜，全面加快武汉改革开放和现代化建设步伐》的报告。会议报告指出：实践证明，七次党代会确定的“改革兴市、科教立市、依法治市、勤俭建市”的基本市策是正确的，要继续贯彻实施。要推进政治体制改革，建设社会主义法制城市，进一步健全民主制度，切实保证人民当家作主；坚持依法治市，做到有法可依，有法必依，执法必严，违法必究。为了建立社会主义市场经济体制，按照市场经济的一般规律和社会主义制度的基本特征，从中心城市的特点和武汉的实际出发，努力建立和健全五项制度：一是通过深化国有企业产权制度改革，建立

---

① 《邓小平文选》第三卷，人民出版社 1993 年版，第 379 页。

② 参见江泽民：《加快改革开放和现代化建设步伐　夺取有中国特色社会主义事业的更大胜利——在中国共产党第十四次全国代表大会上的报告》，载《中国共产党第十四次全国代表大会文件汇编》，人民出版社 1992 年版，第 35 页。

健全富有活力的企业制度；二是建立健全综合配套的市场体系和公平交易、畅通有序、开放统一的市场制度；三是建立健全科学的经济管理调控制度；四是建立健全体现按劳分配为主体，多种分配形式并存，效率与公平相统一，逐步实现社会全体成员共同富裕的劳动就业制度、收入分配制度以及健全完善的社会保障制度；五是建立健全保证社会主义市场经济健康发展的正常运行的法律体系和监督制度。这五项制度，每一项都与市场经济法制建设紧密相关，推动武汉法制建设迈向新的历史台阶。

## 第二节　大力发扬社会主义民主政治

在深化市场经济体制改革的宏观背景下，大力发扬社会主义民主政治，是加快推进改革开放、加速培育市场经济体系的必然要求。武汉市在探索建立社会主义市场经济的过程中，积极稳妥推进社会主义民主政治制度化、规范化、程序化。市人大、市政协的工作与时俱进，成效显著，把武汉市民主法制建设提升到一个新水平，有力保障和促进了武汉市改革开放和现代化建设事业。

### 一、拓展立法领域

#### （一）加强地方性经济立法

1993 年 3 月 29 日，第八届全国人大一次会议通过宪法修正案，明确规定“国家加强经济立法”。1993 年 11 月 14 日党的第十四届中央委员会第三次全体会议通过的《中共中央关于建立社会主义市场经济体制若干问题的决定》中指出：“社会主义市场经济体制的建立和完善，必须有完备的法制来规范和保障。”① 武汉市是综合配套改革试点城市和内地最大的开放城市，加强地方经济立法，尽快建立适应社会主义市场经济的地方性法规体系，是一项重要而紧迫的任务。1993 年 12 月，市委八届四次全体（扩大）会议要求，武汉市既要与全国总体改革步伐相协调，又要抓紧在建立现代企业制度、培育生产要素市场、转变政府职能等方面重点突破，使整个改革有计划、有步骤地加快推进。② 在李梅芳担任市第九届人大常委会主任期间，市

① 《中共中央关于建立社会主义市场经济体制若干问题的决定》，人民出版社 1993 年版，第 30 页。

② 参见武汉地方志编纂委员会：《武汉市志（1980—2000）· 第五卷 · 政治(上)》，武汉出版社 2006 年版，第 49 页。

人大常委会坚持依法履职与开拓创新相统一，开创了人大工作的新局面。

市人大常委会适应深化改革的需要，提出了围绕经济建设中心，加大经济立法的工作思路。例如为规范房地产市场，1992 年 6 月 9 日，市政府颁布《武汉市房地产抵押管理办法》及《武汉市房地产综合开发公司管理办法》。1992 年 12 月 19 日，市八届人大常委会第三十五次会议通过《武汉市房产管理条例》，1993 年 2 月 13 日湖北省七届人大常委会第三十二次会议批准。1995 年 11 月 16 日，经省人大审议，武汉市人大颁布了《武汉市城市房屋拆迁管理条例》。这是一部保证土地批租和房地产开发持续、健康发展的重要配套法规。为发展对外经济技术合作和交流，开发新兴产业和技术，1993 年 12 月 21 日，市第九届人大常委会第五次会议通过《武汉经济技术开发区条例》，1994 年 1 月 25 日，省第八届人大常委会第五次会议批准。1994 年 7 月 21 日，市第九届人大常委会第九次会议通过《武汉东湖新技术开发区条例》，同年 10 月 12 日，省第八届人大常委会第九次会议批准。

（二）城市建设和管理立法比重加大

城市建设和管理立法占每年立法总数一半以上，对促进城市建设和管理起到积极作用。[①] 例如，为了促进城市绿化事业的发展，保护和改善生态环境，彰显山水园林特色，结合市情，1993 年 12 月 21 日市九届人大常委会第五次会议通过《武汉市城市绿化条例》，1994 年 5 月 12 日省八届人大常委会第七次会议批准。为加强城市市容环境卫生管理，保障人民身体健康，1995 年 1 月 6 日市九届人大常委会第十二次会议通过《武汉市城市市容环境卫生管理条例》，同年 3 月 31 日省八届人大常委会第十三次会议批准；1995 年 11 月 10 日市九届人大常委会第十八次会议通过《武汉市限制养犬规定》，同年 11 月 30 日省八届人大常委会第十七次会议批准。为发展武汉城市供水事业，保障城市生活、生产和其他各项用水，1995 年 12 月 21 日市九届人大常委会第十九次会议通过《武汉市城市供水用水条例》，1996 年 1 月 24 日省八届人大常委会第十八次会议批准。

（三）通过立法严格规范行政处罚权和行政许可权

武汉市在城市建设管理立法的基础上，适应深化改革的需求，理性调整

① 参见武汉地方志编纂委员会：《武汉市志（1980—2000）·第五卷·政治(上)》，武汉出版社 2006 年版，第 334 页。

行政执法权力和立法权力结构，逐步控制行政许可、行政处罚等行政权力的设定，在城市建设和管理方面逐步制定了一批更加符合本地实际、规范行政机关自身行为的法规、规章，行政权力膨胀的势头得到较大遏制。

根据发展需要，1995 年市九届人大常委会第十五次会议通过修订的《武汉市森林资源管理办法》，后经省八届人大常委会第十五次会议审议批准。该办法进一步加强对森林采伐计划的审批管理，实行采伐许可证发放制度，杜绝非法采伐。1997 年市人大常委会审议通过《武汉市街道办事处条例》，明确规定街道办事处以辖区内的公共管理、公共服务、公共安全为工作重点，履行包括统筹落实辖区发展的重大决策，组织、协调开展与居民生活密切相关的公共服务，统筹协调辖区内的城市管理、人口管理、住宅小区管理和文明创建等社会管理工作等职责，并规定街道办事处设立街道政务服务平台，受理居民（村民）申办公共服务事项。这一规定是地方立法实践的一次重大突破，对于整合行政资源、规范行政执法行为、完善地方立法制度等具有重大的现实意义。

（四）坚持以人为本、立法为民的立法理念

民为邦本，本固邦宁。这一时期，武汉市城市立法坚持以人为本、立法为民的理念，坚持贴近群众，充分尊重民意，数量和质量都有较大提高。

随着我国户籍制度的松动，人口流动越来越频繁，社会治安秩序也面临很大压力。为了保护流动人口的合法权利，维护社会治安秩序，保障改革开放顺利进行，各地纷纷出台暂住证管理制度。1995 年，经省人大常委会批准，武汉市出台《武汉市暂住人口管理条例》，对规范流动人口管理和维护其合法权益起到了积极作用。

面对悄然出现的失业问题，武汉市委、市政府成立联合调研组全面调查摸清情况。为保障再就业工程的顺利实施，促进失业职工和企业下岗职工的再次就业，促进企业改革和发展，维护社会稳定，1997 年市政府制定了《武汉市再就业工程实施办法》，对失业职工和企业下岗职工进行再就业，用人单位招用失业职工和企业下岗职工享受的优惠政策，作出了明确规定。针对市民反映强烈的问题，武汉市还制定了《武汉市环境保护条例》《武汉市限制养犬规定》《关于拆除东湖水域餐船设施的通告》《关于城区部分公园对市民锻炼身体免费开放的通告》《武汉市禁毒条例》等。

改革开放以来，武汉市私营经济发展较快，在发展生产、繁荣经济、方便人民生活、扩大就业门路等方面，发挥了积极作用。但是，在私营企业发展中也还存在一些问题，突出表现为职工依法组织和参加工会的数量很少，已经组建工会的，其地位和作用也缺乏必要规范，以致在相当一部分私营企业中，职工的合法权益得不到保障。针对这种情况，1995 年，金作良等 8 位常委会组成人员，在市总工会的参与和支持下，经过广泛调查研究，起草了《武汉市私营企业工会条例（草案）》，并向市人大常委会提出了制定条例的议案，这是武汉市第一件由常委会组成人员提出的地方性法规案。1995 年 12 月 21 日市第九届人大常委会第十九次会议通过《武汉市私营企业工会条例（草案）》，1996 年 1 月 24 日省第八届人大常委会第十八次会议批准，1996 年 2 月 22 日公布施行。这些立法内容充分体现民意，着眼保障和改善民生，关注弱势群体，符合人民群众的切实企盼。

## 二、提高立法工作的科学性、民主性

### （一）坚持开门立法，扩大群众参与

在相当长的时间里，地方立法工作，对于市民来说，曾经十分陌生。随着我国公民民主法制意识的增强和国家立法机关立法理念的进步，在立法工作中广泛征求公民的意见，成为健全民主制度、提高立法质量的一种必然选择。1993 年、1994 年这两年时间里，市人大常委会制定的一件地方性法规引起市民的广泛关注，即《武汉市禁止燃放烟花爆竹规定》。

燃放烟花爆竹是我国长期以来形成的民俗习惯，但燃放烟花爆竹所引起的火灾事故和环境污染也日趋严重，广大市民纷纷要求采取措施予以禁止。1993 年召开的市人代会和市政协会议收到的要求禁止燃放烟花爆竹的议案、提案就有 7 件。禁鞭已成众望所归。1993 年初，市政府开始着手起草法规工作，并于下半年提出了制定《武汉市禁止燃放烟花爆竹规定（草案）》的议案。10 月，市九届人大常委会第四次会议审议认为，这个法规的内容涉及广大市民的生活习俗，需要听取市民的意见，因此决定公开见报，征求意见。10 月 15 日，市人大常委会在《长江日报》上全文发布了该规定草案，专门设立了意见征集组，开通了专线电话。其间，意见征集组收到市民来信 109 件，电话 204 次，来访 7 人次。意见征集组除直接听取市民意见外，还向城区的街道和乡镇、部分企事业单位和群众团体发出抽样调查表 46000 份，收回 40582 份。从征求意见和调查情况来看，绝大多数市民赞同禁鞭，规定草案得到了广大市民的支持。因此，适时地

制定禁鞭规定，是顺应民心的一件大好事。1993 年 12 月，市九届人大常委会第五次会议经过审议，决定《武汉市禁止燃放烟花爆竹规定》先由市政府作为规章颁布实施。该规定自 1994 年 1 月 15 日起实施后，执行情况较好，在当年的春节、元宵节、清明节，以及市民婚丧嫁娶、企业庆典时，广大市民和单位都能自觉遵守规定。为了使禁鞭规定具有法律效力，巩固禁鞭工作成果，1994 年 7 月，市人大常委会又将其上升为地方性法规。

禁鞭规定草案广泛征求全市人民的意见，是武汉市民主立法的一次有益尝试。广泛听取市民意见，可以保证武汉市重大决策的科学性，同时，征求意见也是法制宣传的过程，可以增强市民守法遵规的自觉性。此后，凡事关全市改革开放大局或者涉及市民切身利益的法规，市人大常委会都多次通过新闻媒体公布法规草案，征求市民意见。在开设武汉人大网站后，市人大常委会通过在网站上公布法规草案，听取市民意见，已成为立法过程中的一种常态。

（二）积极清理地方性法规、政府规章

根据中国加入世贸组织和实施《中华人民共和国行政许可法》的需要，武汉市还对地方性法规、政府规章进行了全面清理，废止、修订了一批不适应形势发展需要、不符合国家新出台的法律、法规精神的地方性法规、政府规章和规范性文件。

1997 年 10 月，市九届人大常委会第三十五次会议作出决定，修改包括《武汉市未成年人保护实施办法》《武汉市技术市场管理办法》《武汉市文化市场管理办法》《武汉市集贸市场管理办法》《武汉市邮政通讯条例》《武汉市农民承担费用和劳务管理办法》《武汉市供水用水条例》《武汉市环境保护条例》8 部地方性法规部分条款。修改这些法规主要是有的法规中设定的条款不符合 1996 年 3 月全国人大通过的《中华人民共和国行政处罚法》的规定，有的法规某些条款超越了国家有关法律关于行政处罚种类的规定，有的法规某些条款在执行过程中容易引起歧义等。通过清理工作，还决定废止《武汉市经济合同管理办法》。这是因为《中华人民共和国经济合同法》已于 1993 年 9 月 2 日经全国人大常委会全面修正，可操作性大大加强；此前制定的《武汉市经济合同管理办法》实际上已停止施行。

### 三、强化监督工作

（一）加强对依法行政的监督

根据《宪法》，国家行政机关、审判机关、检察机关都由人民代表大会产生，对它负责，受它监督。市人民代表大会及其常务委员会积极认真履行依法监督职能，并通过紧盯个案的方式，有效行使法律赋予人大的监督权。

1. 加强对预算、计划的审查力度

对预算草案的初步审查、预算执行的监督、决算的审查和批准、法律责任等作出明确规定，促使预算审查监督进一步专业化、规范化、法制化。例如 1996 年，市人大常委会通过监督政府及有关部门清理预算外资金，使 22. 39 亿元的预算外资金回笼。此外，市人大常委会依法监督市审计局同级审计市财政局，审计出资金使用方面问题 20 条，市人大常委会以专函形式发给市政府，市政府一一回复，逐条落实。

2. 加大执法检查力度

市人大及其常委会保证法律、法规在本行政区域内贯彻实施。以城市水资源管理为例，武汉市一度出现“五龙治水”的局面，明显违反《中华人民共和国水法》，市人大常委会指出这个问题后，市政府初步理顺了执法主体。市人大常委会还在群众反映强烈的事项中，及时开展执法评议并进行监督。例如 1995 年 1 月 1 日，市人大常委会通过禁止游戏机室向未成年人开放的决定，但由于经济利益的驱使，这一禁令在执行过程中几番反复。一位家长寻找不归的儿子，整整一夜，找遍了硚口、汉阳的 10 多家游戏机室后愤而向市人大举报。市政府很快成立专项治理领导小组，并召开全市稽查大会，立下军令状，宣布过错追究，整治取得了明显成效。再如在对“让群众吃上放心肉”的督办中，人大代表多次凌晨出击，夜查武汉三镇生猪屠宰场，各区政府协同动作，关闭了不符合规范的屠宰场。

3. 及时监督法院生效判决的执行

市人大及其常委会受理人民群众对“一府两院”和国家工作人员的申诉和意见，维护司法公正。位于汉口黄浦路的古德寺是我国唯一的缅式佛教寺庙，“文化大革命”期间被占，寺庙成了工厂厂房。法院已判决归还佛教协会，但迟迟不见动静。人大代表及时进行监督，使古德寺重新姓“佛”。此外，还纠正以金某为首的黑恶势力团伙欺行霸市、残害无辜，却仅被判处劳动教养两年的问题，有力维护了社会公正。

4. 运用“刚性”监督解决重大难题

宪法和法律赋予地方国家权力机关可行使质询、特定问题调查、撤销职务或罢免职务等多种监督方式，市人大及其常委会运用这些监督方式，取得了很好的效果。为了认真落实党的十五大提出的“依法治国，建设社会主义法治国家”的奋斗目标，进一步促进武汉市执法机关依法行政、公正司法，1995 年 2 月，市九届人大常委会第十三次会议作出了《关于在武汉市市级国家行政、审判、检察机关实行执法责任制的决定》，就实行执法责任制的机关、实行执法责任制的要求、对实行执法责任制工作的监督等进行明确规定。此后，市人大常委会又在认真总结实行执法责任制工作经验的基础上，在全国率先就执法责任制工作制定了地方性法规。

（二）首次启动“特定问题调查制度”

1982 年《宪法》第 71 条规定了全国人民代表大会和全国人大常委会的特定问题调查制度，这是人大行使监督权的重要形式。[①] 1986 年地方组织法中，赋予了县级以上的地方各级人民代表大会及其常务委员会对于特定问题的调查权。20 世纪 90 年代初，武汉市人大常委会正式启动了特定问题调查制度。

武汉炭黑厂主要生产橡胶、油墨等系列炭黑产品，是全国十大炭黑骨干企业之一，每年利税逾 500 万元。由于生产设备落后导致排出大量粉尘、有毒气体，其又处于人口稠密的关山地区，附近居民和企业深受其害。居民们长年关门闭窗，附近的外资企业长飞光纤的仪器设备对空气高度敏感，污染使得产品质量受损，外商反应强烈。为此，无论居民、附近企业还是人大代表们都强烈要求武汉炭黑厂异地迁厂并进行工艺改造。但停产将造成巨大损失，搬迁需要约 2 亿资金，就地转产效果如何尚不明晰。

1992 年 6 月，市人大财经委员会、城乡建设委员会向市八届人大常委会第三十二次会议提交了关于武汉炭黑厂搬迁议案原案的审查报告，并由委员们审议是否立案，审议焦点集中在搬迁还是就地改造转产上。6 月 18 日，

---

① 《中华人民共和国宪法》第 71 条：“全国人民代表大会和全国人民代表大会常务委员会认为必要的时候，可以组织关于特定问题的调查委员会，并且根据调查委员会的报告，作出相应的决议。调查委员会进行调查的时候，一切有关的国家机关、社会团体和公民都有义务向它提供必要的材料。”

市八届人大常委会第三十二次会议决定就武汉炭黑厂搬迁案成立特定问题调查委员会。6 月 25 日，市八届人大常委会副主任与部分提案代表共 8 人组成了特定问题调查委员会，赶赴天津、苏州、上海等地同类企业调查取经。走访发现，天津及苏州拟采用的新生产线虽然能够使“黑龙”现象大为好转，但仍无法避免一定程度的污染；上海采取的关闭老厂，合资建设新厂需要大笔资金。调查委员会多数成员于是建议市人大常委会，将已修改的《关于限期彻底解决武汉炭黑厂污染问题案》正式列为议案，交市政府办理，并提出将该厂污染较重的软质生产线外迁等措施。

1992 年 8 月 21 日，特定问题调查委员会向市八届人大常委会第三十三次会议汇报了调查结果。会议审议通过了将《关于限期彻底解决武汉炭黑厂污染问题案》列为市八届人大五次会议议案的决定，并限期 1994 年底彻底解决。立案后的一年多时间里，市九届人大常委会继续跟踪监督这项议案的办理，政府各部门做了大量工作，工厂局部停产、限产，转移了几条生产线与外地联营，还制定了搬迁方案，工厂整体并入葛化集团。1994 年底，经多方筹措，武汉炭黑厂全线迁至远郊，老厂停产。至此，群众呼吁多年的污染问题得到了令人满意的解决。

（三）建立“一府两院”向市人大常委会述职并接受评议的制度

1995 年 1 月，市九届人大常委会第十二次会议确定“一府两院”有关人员向市人大常委会述职并接受评议的制度。述职的对象包括市人大常委会任命的市人民政府组成人员和市中级人民法院院长、市人民检察院检察长、武汉海事法院院长。述职的内容包括执行《宪法》、有关法律法规和党的路线、方针、政策的情况；主要工作实绩；勤政廉政及思想工作作风情况；执行市人大及其常委会决议、决定和办理人代会议案、代表意见的情况。每个述职者须按照上述内容撰写《述职报告》。

1995 年 4 月，在市第九届人大常委会第十四次会议上，市农村工作委员会、市计划生育委员会、市机械工业局、市医药局、市政建设局、市司法局的 6 位主要负责人作为首批述职人员进行了述职。市人大常委会组成人员进行评议，在肯定成绩的基础上，重点是针对存在的问题提出严肃批评，以及改进工作和作风的要求，对述职人员思想触动很大。述职评议后，按照要求，6 位负责人又向市人大常委会提交了整改报告，进一步促进了法治意识、民主意识和公仆意识的提升。

## 四、发挥人大代表作用

为充分发挥人大代表的作用，市人大常委会采取了多项举措。

一是建立重大情况向人大代表通报制度。市人大常委会根据人大代表的建议和要求，建立重大情况向人大代表通报制度，结合人民代表大会会议通过的议案和作出的决议，每年安排 2 至 3 次通报会，请市人大代表小组组长到会听取“一府两院”有关情况的通报。每次通报会，都由市人民政府分管领导和有关部门主要负责人到会通报情况，面对面地听取人大代表的意见和建议。从 1995 年开始，在市人大常委会会议听取市人民政府重要工作汇报时，邀请市人大代表组长列席；市人大召开常委会会议，亦邀请人大代表列席。

二是建立人大常委会主任、副主任定期接待人大代表制度。确定每月 15 日为市人大常委会主任、副主任接待代表日。市人大常委会每年年初作出安排，向代表通报全年中每位主任、副主任接待代表的具体日期。人大代表就人民群众关心的问题向常委会进行反映。

三是定期走访人大代表。市人大常委会把走访代表作为常委会联系人大代表、听取人大代表对全市工作意见的重要工作之一。市人大常委会主任、副主任、秘书长和各专门委员会的负责人每年都安排时间，深入到人大代表的工作单位和家里，征求代表对全市工作的意见，了解基层代表的情况，解决代表遇到的困难。

四是跟踪、督办代表议案、意见办理工作。为了提高对代表建议的办案质量，有关专门委员会加强议案督办工作，有针对性地开展跟踪调研，组织提案代表检查办理情况，不断加大督办力度。[①] 市人大常委会统一印制了《代表意见办理情况反馈表》，请代表在接到所提意见的承办单位的办理情况答复后，及时向常委会反馈对办理情况的意见；对反馈不满意的，市人大常委会要求承办单位继续办理，直至达到代表满意的程度。市人大常委会还每年听取和审议市政府关于议案办理方案、办理情况和续办情况的汇报，提出改进办理工作的意见。

① 参见杨凯：《武汉市人民代表大会制度建设三十年》，载中共武汉市委党史研究室编：《中共武汉地方党史改革开放新时期专题资料选编》（第四辑），内部资料，2011 年版。

## 五、推进民主协商建设

### （一）从政协委员提案到政协组织建议案

政协武汉市委员会恢复工作与活动后，主要采取政协委员个人或者联名形式，政协全体委员会议期间以小组或者联组名义，参加政协的各党派和人民团体以本党派、团体名义，政协各专门委员会以本专门委员会名义等形式，向政协组织就有关国家或地方大政方针、社会生活等重大问题提出意见和建议，并通过政协组织向人民代表大会或人民政府提交。

1993 年 2 月 22 日，市政协副主席、武汉市民建主任委员李崇淮在第七届全国人大常委会第三十次会议上发言，建议在《宪法》序言中增加“中国共产党领导的多党合作和政治协商制度”。1996 年，政协委员经过广泛的调研和充分的准备，针对汉派服装厂品牌多却多而零散、规模大却大而不强的现状，提出《关于实施精品名牌战略，加快我市经济发展的建议案》；针对武汉投资环境尽管不断改善，但仍然存在诸多不足的问题，提出《关于进一步改善我市投资环境的建议案》；针对群众反映突出的问题包括私屠滥宰多正规屠宰场少、居民楼高层二次供水不足、假冒伪劣商品等问题，提出《关于解决好关系人民群众生活几个具体问题的建议案》。1996 年 3 月 6 日，市政协召开八届四次会议，将这三件建议案均以政协武汉市委员会正式文件送达市政府。[①] 这意味着，市政协工作由此前政协委员提出提案的时代，跃升到由政协组织提出建议案的时代。政协提案的全新起点和全新态势也带来了政府工作方式的转变。市政府召开市长办公会进行专题研究，部署建议案的办理，并建立责任制，分别确定一位副市长负责，做到了每件建议案的办理有切实成效。

1997 年，市政协又针对失业、下岗职工再就业、市容市貌等问题提出《关于加快实施我市再就业工程的建议案》《关于进一步加强市容卫生管理和环境保护的建议案》等。在政协建议案的推动下，武汉市政府制发了《武汉市再就业工程实施办法》，采取优惠政策、提供培训补助等方式鼓励下岗职工参加转岗培训。1997 年培训下岗职工约 2.2 万人，培训就业率一直保持在 80%以上。通过学习上海经验，将城市管理权责包括经费配套下放到区、街，全年共取缔违章占道 18.9 万处、还道于民 20.4 万平方米，落

---

① 参见胡照洲：《市政协建议案工作的六个“第一次”》，《武汉文史资料》2013 年第 6 期。

实“门前三包”28196 家，城区整体面貌得到较明显改观。[①]

（二）从政协委员提案到政协党派集体提案

1989 年以前，政协的提案范围有限，仅局限于各党派参加政协的政协委员，排除了参加政协的各民主党派，使得政协参政议政、民主协商的权力行使有限。随着改革开放的深入，及时扩充提出政协提案的主体范围，从而根据社会形势的发展制定行之有效的提案成为必然。1989 年，《中共中央关于坚持和完善中国共产党领导的多党合作和政治协商制度的意见》提出，“在政协会议上，民主党派可以本党派名义发言、提出提案”，[②] 为各民主党派集结和凝聚本组织成员的意志和智慧，提升政协提案的质量和影响力，调动积极性，完善政治协商制度提供了制度遵循。据不完全统计，1993 年至 2019 年，以武汉市各民主党派、工商联为主体的集体提案共 3068 件，其中被确定为重点提案的 86 件，上升为建议案的 73 件。[③]

（三）探索民主监督的新途径

王哲南任第七届、第八届市政协主席时，[④] 提出要发扬“敢为人先”精神，率先以开展民主评议行业风气活动为突破口，探索以协商讨论和批评建议为主要形式的民主监督。1996 年，市政协主题会议对其进行专题研究，提出《关于进一步加强民主监督工作的意见》，并很快被中共武汉市委以文件形式予以转批，成为武汉市关于民主监督工作的第一个规范性文件。[⑤]

1996 年，市政协针对公安、工商等行政执法部门和供电、电信等垄断性行业，开展行业风气和职业道德的民主评议。该民主评议历时 5 个月，调查上千人，发放调查问卷 7000 份，召开座谈会和听取意见会达到 100 多次，与会人员达 2000 多次，4 个被评单位和行业心服口服。该评议活动得到社会各界的充分肯定，认为有效地发挥了政协民主监督职能，使被评议单位做到既发扬长处，也整改问题的效果。

1997 年，市政协再次针对公安、工商、供电、电信部门开展民主评议，

① 王炳炎：《市政协建议案的诞生》，《武汉文史资料》2019 年第 8 期。

② 中共中央文献研究室编：《十三大以来重要文献选编》（中），人民出版社 1991 年版，第 829 页。

③ 赵信国：《我所经历的政协提案工作》，《武汉文史资料》2019 年第 8 期。

④ 王哲南担任第七届、第八届市政协主席，其中担任第八届市政协主席的时间为 1993 年 3 月至 1996 年 2 月，后由李岩担任第八届市政协主席。

⑤ 杨光：《我所了解的武汉政协民主评议活动》，《武汉文史资料》2019 年第 8 期。

并根据群众反映强烈的问题，增加评议教育和卫生部门。民主评议在促使相关部门切实转变工作作风，维护人民群众利益上发挥了重要作用。在当年的民主评议行风中，64.4%的群众认为公安系统行风好转，54.64%的群众认为工商系统以权谋私的少了，刁难工商户的少了，乱扣乱罚的少了；中小学乱收费的现象基本上得到了整治；乱、脏、差现象减少，市容市貌在逐渐转变。[①]

## 第三节　市场经济法制建设与时俱进

这一时期，武汉市初步建立起社会主义市场经济体制基本框架并不断完善，所有制结构得到初步调整，以公有制经济为主体、多种所有制经济平等竞争、共同发展的格局初步形成。改革开放前那种所有制结构单一、非公有制经济几乎为零、国有经济和集体经济一统天下的局面已不复存在。[②] 全市指令性生产和分配计划的范围比重大大缩小，高度集中的行政指令性计划管理体制已经解体。政企基本分开，初步建立了“产权清晰、权责明确、政企分开、管理科学”的现代企业制度。市场初成体系，多种商业新业态竞相发展。

### 一、国有企业：依法建立现代企业制度

#### （一）实现政企分开、政资分离的产权制度改革

1993年第八届全国人大常委会通过《中华人民共和国公司法》，确立了现代企业制度模式。这部法律连同1988年通过的《中华人民共和国全民所有制工业企业法》，对保障企业及公司的合法权益，增强其活力，促进社会主义现代化建设起到了规范和保障作用。

1992年邓小平同志发表南方谈话后，武汉市解放思想，加大了国有企业改革的力度。1992年7月国务院颁布《全民所有制工业企业转换经营机制条例》，武汉市许多企业探索实行“一厂两制”“一司两制”，加快国有企业股份制改造步伐，引进外资，完善承包经营责任制等措施，企业改革从过去以放权让利、政策调整为主转向以产权制度改革为主，进入了实现制度创新的新阶段。同时根据《公司法》的规定，搞好国有企业公司制改造，对大多数国有大中型企业实现制度创新，建立企业法人财产制度、有限责任制

---

① 参见杨光：《我所了解的武汉政协民主评议活动》，《武汉文史资料》2019年第8期。

② 参见武汉地方志编纂委员会：《武汉市志（1980—2000）·第二卷·改革开放·经济综合管理》，武汉出版社2006年版，第5页。

度和管理制度；将大部分国有企业改组为有限责任公司，并逐步将企业集团改组为股份集团公司；并对亏损、微利企业实行兼并或拍卖，对长期严重亏损、资不抵债的企业依法实行破产；实行公司制的企业推行董事会领导的经理负责制，其他企业坚持和完善厂长（经理）负责制。

1994 年 1 月 1 日，武汉市委、市政府制发《关于转换国有工业企业经营机制建立现代企业制度的若干意见》，确定建立产权清晰、权责明确、政企分开、管理科学的现代企业制度，使企业成为自主经营、自负盈亏、自我发展、自我约束的法人实体和市场竞争的主体，是武汉市国有企业改革的方向和目标。试点的主要内容为开展清产核资，清理债权债务，界定产权，核定国有资本金，在此基础上明确投资主体，落实国有资产保值增值责任；按照《公司法》规定，制定、修改公司章程，建立和完善公司权力机构、决策机构、执行机构、监督机构各自权责分明、各司其职、相互独立、相互制约的法人治理结构和运行机制。此外，还配套进行国有资产管理体制和营运机制、统筹解决国有企业的历史包袱、健全社会保障制度、加快政府管理经济职能的转变等改革。

1995 年，武汉市委、市政府为进一步推进试点工作，又印发《武汉市深化国有企业改革建立现代企业制度方案》，部署全市试点工作。企业的法人财产制度得到建立健全，资产投资主体得到确定；劳动、人事、分配制度进一步进行改革；企业历史债务包袱通过贷改投、债转股等途径得到一定程度的减轻，资产负债结构得到调整和改善；富余人员分离分流和减轻企业办社会负担迈出实际的步伐。

### （二）对长期亏损、资不抵债的企业依法实施破产

在探索建立社会主义市场经济初期，武汉市的破产案件逐年上升。以 1994 年为例，武汉市各级法院受理企业破产案件 38 家，涉及职工 1.97 万人，总占地面积 1533 亩，总资产 3.18 亿元，总债务 7.74 亿元。这些破产企业中既有集体小企业，也有较大规模的国有企业，如武汉阳逻纺织印染总厂，职工 3920 人，资产 8957 万元，负债 1.58 亿元；武汉合成纤维厂，职工 1400 人，资产 5000 万元，负债 1.5 亿元。[1] 依据《中华人民共和国企业

---

① 参见高鹤君：《破产中的观念冲撞——关于武汉 38 家企业破产的调查与思考》，《瞭望新闻周刊》1995 年第 20 期。

破产法》（试行），武汉市依法组织财政、银行、税务等相关部门成立清算组，按照破产清偿顺序进行债务清偿。

破产案件中出现了一系列需要解决的问题。如债务清偿比例较低，1994年38家破产企业负债总额7.7413亿元，债权人仅拿回9901万元；如武汉合成纤维厂宣布破产后，职工安置困难等问题。因此，武汉市在处理破产案件时，注重债权人利益保护和社会秩序的维护，强调企业财产的整体性考虑。审查其财产状况，不能将一个企业的有效资产分离出去后，将差的部分实施破产，借破产之名行逃债之实。对破产分配，以货币为主、实物为辅，以竞价方式变卖债权，变卖流产的，折价分配。为防止破产财产被低价转让，要求转让价格应以资产评估机构评估为准，确定底价后采取竞价或协商转让。另外，处理破产程序中最为困难的职工安置问题时，注重考察接收安置职工的企业自身实力和发展实力，条件符合的方可进行接收。

**二、个体私营经济：保障合法产权，鼓励有序发展壮大**

在狠抓国有企业改革的同时，武汉市积极促进个体私营经济的发展。党的十四大明确提出个体私营经济是公有制经济的补充，各种经济成分长期共同发展。党的十五大将非公有制经济确定为社会主义市场经济的重要组成部分，把个体私营经济纳入到社会主义基本经济制度之中。武汉市认真落实党的十四大和党的十五大精神，先后于1993年5月颁发《关于加快个体私营经济发展的若干规定》、1995年颁发《关于加快个体私营经济发展的补充规定》、1998年6月发布《关于加快发展个体私营经济的决定》等三个重要文件，把支持和推动个体私营经济发展作为市委、市政府一项全局性重要工作来抓。

为发展壮大个体私营经济，1994年武汉市委、市政府在发展壮大私营经济座谈会上宣布实行“三不变”“三同样”政策。所谓“三不变”是：发展国有民营、公有私营和股份合作经济的政策不变；保护个体工商户和他们股份合作经济的政策不变；保护个体工商户和私营企业合法权益的政策不变。“三同样”即在武汉市权限范围内，吸引外资的优惠办法和变通办法，私营企业可同样享受；国有企业之间兼并、购买、租赁、承包的优惠政策，私营企业可同样享受；私营企业购买、兼并特困企业后，市里对同类企业的扶持政策可同样享受。1995年，武汉市提出把加快发展个体私营经济作为富民强市的一项战略措施来抓，在规划安排上，全市个体私营经济发展要实现“两个高于”，即高于全国平均发展水平，高于全市经济发展的速度。1997年，武汉市又提出发展个体私营经济“两个不限”，即不限发展比例，不限经营方式，要求到2002年形成国有、集体、非公有制经济“三足鼎立”的格局。

通过放宽从业人员范围、经营范围和经营方式，简化办照手续，加大资金扶持力度，妥善解决个体工商户和私营企业生产经营用地，改善经营环境，保护个体工商户、私营企业的合法权益等方面的政策措施，为个体私营经济创造更为宽松的发展环境，提供了公平竞争的良好法治环境。1997年，全市个体工商户发展到14.9万户，私营企业发展到1.31万户。企业规模不断扩大，出现了一批私营企业集团，其中实有资产过亿元的有20家。行业分布更加广泛，由劳动密集加工型向科技型，由传统的商业服务业向农业、采掘等基础产业发展，为社会就业、国家税收，推动国有、集体企业改革和经济结构调整做出了贡献。个体私营经济在全市国民生产总值中占17.4%，在全市国民经济中的地位和作用日益重要。①

### 三、外资企业：不断优化对外开放的法制环境

#### （一）依法建立外资企业管理体制

1993年11月，市政府办公厅发出《关于做好外商投资企业管理工作的通知》，对外商投资企业管理工作的原则、体制、职权划分等进一步作出明确的规定：外商投资企业管理工作实行分层次、分行业“条块”结合式的管理体制。各区和各开发区审批的外商投资企业分别由其外资部门归口管理；市外商投资办公室审批的外商投资企业，其中方主管部门是市直各委、办、局的，由市直各委、办、局外资部门归口管理；其中方主管部门是各区、开发区和中央、省、外地在汉单位及无中方的，按其所在地域分别由各区、开发区外资部门归口管理。市外资办为全市外商投资企业的综合管理部门。

#### （二）制定法规并成立改善投资环境机构

根据国家政策，武汉市相继采取一系列改善投资环境的措施，出台一系列政策、法规。1992年3月，《武汉市外商投资企业管理条例》获得湖北省

① 参见武汉地方志编纂委员会：《武汉市志（1980—2000）·第二卷·改革开放·经济综合管理》，武汉出版社2006年版，第16页。

人大常委会第二十五次会议批准，这是武汉市第一个关于外商投资的地方性法规，就外商投资企业的法律地位、企业设立、经营管理、优惠政策做出了系统规定。随后又连续发布《武汉市利用外资经营房地产管理办法》《武汉市外商投资企业用地管理规定》《武汉市城镇国有土地使用权出让和转让实施办法》《武汉市房地产抵押管理办法》和《市人民政府办公厅转发市外资办关于下放部分外商投资项目审批管理权报告的通知》五个政策性文件，对国有土地使用权的出让、转让，利用外资开发房地产、房地产抵押、用地管理、下放审批权限等作了专门规定。此外，还制定《武汉市人民政府关于进一步扩大对外开放有关政策问题的通知》《武汉市人民政府关于引进外资改造工业企业有关问题的通知》《武汉市外商投资企业土地使用费征收暂行规定》《武汉市外商投资企业按期缴付注册资本的暂行规定》等，以吸引更多外资来汉。

1995 年 5 月 30 日，武汉市外商投资环境投诉中心正式成立，该中心的职能是及时受理外商、外地来汉投资者的投诉，保护其在汉投资的合法权益，并逐步建立遍布全市各区县开发区各部门的投诉处理网络；修订完善《武汉市外商投资企业管理条例》等地方性法规，建立相应的联席会议制度，以及编制《外商投资指南》，汇编每个涉外部门的办事程序、收费标准及其他服务项目。1996 年 7 月通过的《武汉市外商投资企业投诉处理办法》规定：在企业申办筹建、投资、建设、生产、经营和清算中合法权益受到侵害，对有关部门及其工作人员不履行职责、办事拖拉、相互推诿、处事不公等有意见，或外商投资企业的中外投资者在生产经营管理过程中产生争议、纠纷等，诉请外商投诉处理机构协调解决。同年 3 月，武汉市成立第一家专门从事涉外经济调解的国际调解机构——中国贸促会（国际商会）武汉调解中心。6 月，武汉市外商投诉协商委员会和投诉中心正式成立。通过不断改善法制软环境，武汉市实际利用外资居中西部之首，成为华中地区利用外资的头号重镇，城市国际化程度不断提高。

### 四、依法推动城市开发区建设

作为对外开放的前沿阵地，开发区是指一个国家或地区为吸引外部生产要素、促进自身发展而划出一定范围并在其中实施特殊政策和管理手段的特定区域。东湖新技术开发区是武汉市第一个开发区，有着智力密集的显著优势。1984 年 2 月，在武汉市人民政府咨询委员会召开的世界新技术革命武汉对策讨论会上，武汉地区一批专家学者纷纷建议，在智力密集的东湖地区兴办新技术密集经济区，以迎接世界新技术革命挑战，发挥东湖地区智力密集的优势，促进科技成果转化为生产力。[①] 1985 年 12 月 17 日，国家科委在北京召开试办新技术开发区座谈会，国家科委在会上宣布，决定北京中关村、武汉东湖等 5 个地区试办新技术开发区。1991 年 3 月 6 日，国务院正式批准武汉东湖新技术开发区等 26 个国家高新技术产业开发区，颁布《国家高新技术产业开发区高新技术企业认定条件若干政策的暂行规定》和《国家高新技术产业开发区税收政策的规定》。同年 10 月 21 日，国家体改委和国家科委确定东湖开发区为全国高新技术产业开发区综合体制改革 5 个试点开发区之一。1994 年 7 月 21 日武汉市第九届人大常委会第九次会议通过，10 月 22 日湖北省第八届人大常委会第九次会议，批准《武汉东湖新技术开发区条例》。该《条例》包括总则、管理与服务、企业的设立与经营、优惠待遇和附则等五章。它的颁布实施，从根本上确立了东湖新技术开发区的法律地位，将开发区的建设与管理纳入法制化轨道，比较全面地理顺了开发区与省市各职能部门、高新技术企业的行政、经济利益关系，进一步明确了开发区的地位、作用、任务、优惠政策、管理体系和开发区管委会的职权，健全了支撑服务体系和政策法规体系，为东湖新技术开发区的发展提供了法律保障。此后，东湖新技术开发区步入快速发展阶段，体制机制不断健全完善，一大批高新技术企业知识创造和技术创新能力显著，综合实力和品牌影响力大幅提升，成为武汉经济发展的亮点。

1987 年，在国家决定集中发展轿车工业，确定轿车工业“三大三小”的发展战略[②]的背景下，武汉市在争办二汽轿车项目中脱颖而出。1988 年 10 月，经国务院批准，二汽轿车总装厂及公司总部定在武汉沌口。1991 年 5 月，开发区正式动工新建。1992 年 6 月，武汉轿车产业开发区更名为武汉经济技术开发区。1993 年 4 月，经国务院批准为国家级经济技术开发区，实行沿海开放城市经济技术开发区的政策。[③] 1993 年 12 月 21 日，武汉市第

---

① 参见武汉地方志编纂委员会：《武汉市志（1980—2000）· 第二卷 · 改革开放　经济综合管理》，武汉出版社 2006 年版，第 176 页。

② 即一汽、二汽年产轿车 30 万辆，上海大众年产轿车 10 万辆，天津、北京、广州年产轿车各 5 万辆。

③ 参见武汉地方志编纂委员会：《武汉市志（1980—2000）· 第二卷 · 改革开放　经济综合管理》，武汉出版社 2006 年版，第 207 页。

九届人大常委会第五次会议通过《武汉经济技术开发区条例》，1994 年 1 月 25 日经湖北省第八届人大常委会第五次会议批准。该《条例》按照武汉市经济发展长远规划，遵循外引和内联相结合的原则，引进资金、人才，引进先进技术和管理经验，以兴办生产性企业和科技型项目为主，大力发展汽车产业及相关产业，推动武汉市大中型企业的技术改造，促进外向型经济的发展。武汉市人民政府设立开发区管理委员会，代表市人民政府对开发区实行统一管理。开发区管委会可以行使包括依据法律、法规和有关规定制定开发区行政管理规定，按规定权限审批或审核在开发区内的投资项目，保障开发区内的企业依法自主经营等权利。现在，经过 30 年的发展，武汉经济开发区已形成以汽车及零部件、电子电器等为支撑的产业集群，综合实力在 219 家国家级开发区中排名第十，居中西部首位。

## 五、构建公平公正的市场竞争法制体系

### （一）破除垄断，营造公平竞争的市场秩序

市场经济也是法治经济。法治对维护市场秩序公平公正，保障市场主体合法权益，促进市场交易安全高效发挥着重要作用。1993 年 9 月 2 日，第八届全国人民代表大会常务委员会第三次会议通过了《反不正当竞争法》，明确提出打破垄断，实现公平竞争。

武汉一直有着“九省通衢”的美誉，但由于历史形成的以行政手段为主的计划经济体制，导致行政垄断等不正当竞争行为时有发生，严重削弱了武汉在组织商品生产和商品流通中的中心地位。为依法营造公平竞争的市场秩序，早在 1985 年 6 月，武汉市就公开宣布武汉三镇市场向全国敞开，地不分南北，人不分公私，一律欢迎来武汉办工厂做生意。打破地区和部门垄断，鼓励全民、集体、个体一起兴办商业、服务业和交通运输业，实际上拉开了由传统的计划经济体制转向社会主义市场经济体制的改革序幕。

社会主义市场经济体制初步建立后，武汉市乘势破除影响生产力发展的体制性障碍，塑造公平竞争的市场环境。通过国有企业体制转换和结构调整的攻坚，进一步打破市场体系建设上的部门、行业垄断和地区封锁，减少政府审批、审核事项，开展机构改革进一步转变职能。在对外开放方面，进一步扩大利用外资的规模和提高利用外资的质量，进一步改善投资环境。逐渐理顺和协调政府市场监管职能，行业协会、商会、行业自律、行业规范开始在市场诚信体系建设发挥重要作用。

（二）维护价格秩序，健全物价执法监督机制

20世纪80年代中期，市场形成价格的比例逐渐增大，单一计划价格一统天下的局面有所改变，武汉市逐步形成了价格管理和改革调（整）、放（开）、管（理）相结合的机制，面向市场经济的价格调控体系开始建立。

1992年至1997年，武汉市物价工作以贯彻实施《价格法》为中心，加强价格法制建设，围绕全市经济发展和改革开放的需要，通过价格体系、价格管理机制、价格调控等方面的改革，从计划价格为主向社会主义市场价格逐步过渡，以经济手段为主，综合运用经济手段、法律手段、行政手段、舆论手段、群众监督手段的调控价格体系初步形成。1995年，为了健全价格管理制度，武汉市制定了《武汉市价格管理工作规范》和《副食品价格调节基金管理办法》，从主客观两个方面，规范了价格主体及价格行政主体的行为准则；在蔬菜、猪肉、鸡蛋、食油价格上涨时，物价部门灵活地运用价格调节基金，适时调控市场，保持了物价的稳定。此外，在直接关系居民生活必需品价格、居民服务性价格等方面，物价部门制定了一系列的价格管理办法，包括粮食经营差价管理、早点品种价格管理、民用煤销售价格管理、农贸市场价格管理等九个行业的价格管理办法。同时针对价格欺诈、牟取暴利等乱涨价、乱收费问题严重的情况，制定了《武汉市查处价格欺诈和牟取暴利行为实施办法》，从反暴利、反欺诈的角度规范了经营者的价格行为，对价格欺诈和牟取暴利行为进行了有效遏制，保护了生产者、经营者和消费者的合法权益。另外，物价部门还为改善投资环境，结合全市反腐倡廉工作实际，对全市外商投资企业收费进行了全面清理整顿。在此基础上，市人民政府于1996年11月28日，发布了规范对外商投资企业收费的规章《武汉市对外商投资企业收费管理办法》。

（三）加强对金融行业的监督管理，治理证券市场乱象

金融市场是从事银行间同业拆借、买卖有价证券、推销和购买保险产品、进行金融衍生工具交易等活动的场所。改革开放后，武汉市通过资金拆借小市场、城镇资金拆借市场、农村资金拆借市场、资金市场的轮流开市，构成多层次金融市场的框架。同时，建立跨地区、跨系统、多层次的资金横向融通网络。到1994年，武汉市已形成证券发行市场和交易市场协调动作，“一点”（以武汉证券交易中心为依托进行国债和基金的集中交易）、“两通”（连通沪、深两家交易所的证券交易）统一开放的证券市

场格局。此外，武汉市保险市场外汇调剂、商业票据承兑贴现等业务活动，也十分活跃。迅速发展的金融市场，要求必须加强监管，防范与化解金融风险。

国家计委、国家证券委下达武汉市 1993 年 5000 万元股票上市额度后，市计委根据产业政策、企业在全市国民经济中的地位、建设项目及企业的经济效益、社会效益等，向市委、市政府推荐上市企业，并参与其方案的审定和股票发行的指挥组织。对准备定向募集的股份制企业，市计委根据分工深入实际，了解企业的经营、财务、项目准备情况，提出合理设置股权结构，规范股票筹资的监管、使用等意见。

1993 年初，市政府成立证券领导小组及其办公室。同年 7 月，经市政府批准成立市证券委员会，依法对全市证券市场进行统一管理。1996 年以前，国家对股票实行额度管理期间，市计委每年组织编制 A 股、B 股年度计划，向国家争取发行额度。

1995 年 2 月，市各类金融机构已发展到 2001 个，存贷款余额 822 亿元，发行各类有价证券 36 亿元，交易量达 4957 亿元，很好地促进了地方经济的发展。[①] 武汉市的监管始终把审批当作头等大事，1994 年全市申请设立的金融机构有 300 多个，但只批了 193 个，不合标准的一概未获通过，并查处了 6 家非法设立的金融机构。

市金融管理部门还注意抵制外地机构向武汉城市信用社参股和违规揽存的不良做法。例如 1994 年 2 月 22 日，鄂州市工商银行的工作人员在武汉邮电科学院内的经营部非法设点以年息 20%的利率违规揽储一年期存款 59.7 万元。3 月 14 日，红安县邮电局在武汉邮电三公司招待所设点高息揽储，吸收存款 6.7 万元，一年期利率达 19.33%。两者的利率均大大超出了国家规定的一年期为 10.98%的法定利率。在高利率的引诱下，一些储蓄所被大量突击提款，导致现金告急。多起外地金融机构在汉高息揽储事件，严重地扰乱了金融秩序，造成了不良的社会影响。省、市人民银行采取坚决措施，严肃查处了在汉非法高息揽储的鄂州市工行等外地金融机构，有关当事人分别受到行政和经济处罚。

① 参见刘先海：《武汉金融市场管而不死活而不乱》，《长江日报》1995 年 2 月 17 日。

## 第四节　推进依法行政与加强行政执法

1993 年 3 月 5 日，第八届全国人大第一次会议通过的政府工作报告正式确定了依法行政的原则，明确提出："各级政府都要依法行政，严格依法办事。一切公职人员都要带头学法懂法，做执法守法的模范。"① 1996 年第八届全国人大第四次会议通过的《关于国民经济和社会发展"九五"计划和 2010 年远景目标纲要及关于（纲要）报告的决议》更进一步将依法治国，建立法治国家作为国家的治国方针。自此，依法行政原则在我国逐步形成并最终正式确立。这一时期，武汉市依法行政工作由原来主要适应计划经济的模式向适应市场经济的模式转化，由过去主要执行"管理"职能的模式开始向既具有"管理"职能，又具有"规范和控权"职能的模式转化。

### 一、出台加强政府法制工作的决定

1991 年，全市复议机关受理的复议案件达 242 件，此后几年一直维持在每年 150 件左右。案件主要集中在公安、土地、工商等部门，申请人主要是对限制人身自由的强制措施、对财产的强制措施和罚款等行政行为不服而提起行政复议。政府部门及其工作人员的依法行政意识开始确立并逐步增强。

为进一步提高对政府法制工作重要性的认识，采取切实有效的措施，加强行政立法、行政执法、行政复议和政府法制机构建设，使全市的政府法制工作有一个明显的提高，1993 年 12 月 22 日，市政府专门作出《关于加强政府法制工作的决定》，明确提出：政府法制工作机构的任务是在政府或者政府部门的领导下，对本地区、本部门的政府法制工作进行规划、协调、监督、服务，主要是做好以下几个方面的工作：根据政府和政府有关部门的法定职责，组织起草或者修改法律草案、法规草案、规章草案；负责法规、规章备案工作；组织行政法规、规章的清理工作；协调行政执法中有关部门或者单位由于对有关法律、法规的理解不同而产生的矛盾；指导或者受有关政府或者政府有关部门委托参与行政案件的复议、应诉；根据政府或者政府有

① 全国人民代表大会常务委员会办公厅编：《中华人民共和国第八届全国人民代表大会第一次会议文件汇编》，人民出版社 1993 年版，第 28 页。

关部门的统一部署，参与或者组织行政执法检查。各级政府和政府各部门可以根据各自的职责和情况，对所属法制工作机构的具体任务、职责作出规定。

## 二、充实调整市人民政府法制办职能

随着我国法制建设的不断完善，市政府法制办的定位和职能也在不断拓展，从编制立法计划、审查规章、检查法规规章执行情况、组织清理法规规章、对区县和市政府委办局部门法制工作机构进行业务指导等项工作任务到增加行政复议职能。1993 年，市政府明确将市政府法制办定位为市政府领导在政府法制工作方面的参谋、助手和法律顾问，并增加（受理）行政赔偿请求等项职能。由此，法制办的机构和编制也相应予以增加，以适应武汉市法制建设的需求。1996 年 12 月 8 日，市政府法制办公室内设机构增至 5 个，即综合秘书处、法规一处、法规二处、法制监督处、行政复议处，人员编制增至 30 名。

市政府各委、办、局和区、县政府法制机构也逐步建立和扩展，人员编制不断增加。1996 年，市人民政府 43 个委、办、局和武汉市 13 个区、县政府，都建立了法制工作机构，全市配备的政府法制干部约 700 余人。

武汉市政府法制机构系统初步构建，从机构上保证了武汉依法行政的推行，为进一步全面推进依法行政奠定了坚实的基础。政府法制干部的人员素质也显著提高，人员的专业结构优化，学历层次提高，并逐步向年轻化方向转变。1997 年底，政府法制干部中法律专业类人数最多，约占总数的 31%；经济专业居其次，约占 12%。大学本科约占总数的 30.1%；研究生学历以上约占 11.5%。30 岁以下的占总数的 28%。[①]

## 三、加大行政执法力度

### （一）建立相对集中执法权的综合执法模式

实施相对集中行政执法权、推进综合行政执法改革，是深化行政体制改革和行政执法体制改革的重要任务，也是规范市场秩序、推动经济社会持续健康发展的迫切需要。武汉探索相对集中执法权的综合执法模式是从巡警综合执法开始的。1994 年，市政府制定《武汉市人民警察巡察暂行规定》，组

---

① 参见武汉地方志编纂委员会：《武汉市志（1980—2000）· 第五卷 · 政治（上）》，武汉出版社 2006 年版，第 332 页。

建巡警队伍，对交通、治安、市容等诸多领域进行综合执法，着力解决权责交叉、多头执法问题，建立权责统一、权威高效的行政执法体制。

1995 年 2 月，市政府决定将市环境卫生管理局与原负责管理市容工作的市城市管理办公室合并组建市容环境卫生管理局，同时将隶属市建委的市城建管理监察大队交市容环境卫生管理局管辖。同年 3 月，经市人大常委会通过、省人大常委会批准的《武汉市城市市容环境卫生管理条例》规定：武汉市市容环境卫生管理局为市容环境卫生管理的行政主管部门和《条例》执法主体。同时，各城区环境卫生管理局与区城市管理办公室合并组建区市容环境卫生管理局，街仍为环境卫生管理所，居民委员会逐步建立环境卫生站，形成三级管理、四级网络。市容环境卫生管理局成立后，管理范围由原来的地面——道路清扫、生活垃圾收运、公共厕所管理，扩大到立面——门面招牌和水域市容环境卫生及户外广告设置管理。

（二）加强城市拆迁管理执法

从 1992 年 11 月 10 日，市政府公布《武汉市城市房屋拆迁管理办法补充规定》开始，市政府和市相关部门连续出台有关城市拆迁的多项制度。同年 12 月 18 日，市政府制定《武汉市城市道路桥梁及公用设施建设征地、房屋拆迁安置补偿办法》。1993 年 7 月 26 日，市拆迁办发出《关于调整我市房屋重置价格的通知》，附有《武汉市房屋重置价格标准》《房屋建筑结构、装修及设备标准》《房屋新旧程度评定标准》等规范。8 月 1 日，市物价局、市拆迁办发出《关于调整房屋拆迁各项补偿费用的通知》。2 月 6 日，市物价局、市拆迁办发出《关于调整拆迁过渡费的补充通知》。

（三）加大查处违建执法力度

20 世纪八九十年代，武汉市产生的违法建筑呈逐年上升态势。其原因是多方面的：有的是明知不符合城市规划的要求，按规定正式申报不会批准，妄想以既成事实来达到建房的目的；有的虽已报批，但不按批准要求建，擅自修改和扩建；有的是明目张胆地强行抢建，如有的商店为了扩大营业面积擅自乱搭乱盖，部分居民乱搭乱盖以扩大住房面积，也有单位盖房出租增加收入。市规划部门进一步加大了查处违建执法力度。

1995 年，武汉市动员全市人民创建国家卫生城市。市城市规划管理局加强查违力量，成立市规划土地执法监察大队，重点加强大案要案和重点地段违法建设的查处。市规划土地执法监察大队成立当年对部分单位在天河机场路绿化带控制范围内违法建别墅的行为进行了坚决查处，对全市 73 条道路、公园景点进行了集中整治。

1996 年，集中力量查处天河机场、大专院校周围的违法建筑以及东湖、南湖的“水上餐船”，对水果湖地区进行全面整治，对全市范围内的湖泊填占情况进行全面调查摸底，提出初步的查处意见。参与全市拆除燃气管道上方违法建筑的行动，协助防汛部门拆除沿江堤内违法建筑 510 起、计 3.5 万平方米。

1997 年，结合全市开展的“讲文明、树新风”活动，市城市规划管理局对全市一些重要地段、地区、居民住宅小区和主要道路进行清理整治。3 月，拆除中南路、武昌南站广场等处违法建筑 10 万多平方米，对京广铁路（武汉段）沿线的违法建筑进行查处，对老京广铁路（汉口段）沿线违法建筑进行拆除，为京汉大道顺利建设扫除了障碍。6 月，根据市政府发布《关于清除东湖风景名胜区水域经营性餐饮设施的通告》，市城市规划管理局成立拆除东湖和南湖“水上餐船”指挥部，共拆除东湖、南湖水面上的 41 艘餐船。其后，又对东湖周边违法建筑进行进一步整治，共拆除违法建筑计 0.36 万平方米。10 月，对市委机关大院和周边环境进行综合整治 107 处，拆除违法建筑 0.16 万平方米。

（四）在全国率先实行执法责任制

执法责任制，是指依法确定执法主体资格，明确执法职责，规范执法行为，追究执法责任，加强执法监督的一整套制度。依法治国的关键是执法，难点和重点也是执法。行政执法作为依法行政的“窗口”，与社会公众的切身利益直接相关。能否做到执法严格规范公正文明，事关政府法治权威的树立。然而，从实际情况来看，尽管出台了相应制度，仍然存在少数执法人员有法不依、执法不严、违法不究的情况，为解决这一问题，武汉市开始在全国率先探索推行执法责任制。

1. 规范执法责任制

1995 年 2 月 21 日，市人大常委会作出了《关于在我市市级国家行政、审判、检察机关实行执法责任制的决定》，要求行政、审判、检察机关根据本机关执行法律、法规的职责，明确本机关及其工作人员的执法责任，完善执法规范，建立错案和执法过错追究制度，做到执法主体明确、责任落实。① 当

① 参见刘建平：《武汉市依法行政的成就、问题及对策》，《长江论坛》2004 年第 4 期。

年，市法院通过实行执法责任制，加强二审对一审的监督，再审对一、二审监督，防止了重大失误，及时纠正了一批错误裁判，有45件误判案件受到追究，其中16名直接责任人受到处理。1996年初，市检察院下发《关于开展对1995年错案的鉴别和追究责任工作的通知》，提出对批捕后作无罪处理的案件，控申部门已受理的申请赔偿的案件，因徇私舞弊、刑讯逼供、玩忽职守造成的错案逐案登记，并对责任人进行处理。

2. 开展首批执法责任制试点

1995年7月，市政府向各区、县人民政府和市政府各部门、各直属机构下达《行政执法责任制实施方案》的通知，要求在5个市级行政机关即工商、税务、市容卫生、技术监督和公安机关实行执法过错追究责任制度试点。在城市执法部门普遍推行执法责任制，武汉开创了全国特大城市的先河。①

1996年1月29日，市八届人大常委会召开第二十一次会议集中听取实行执法责任制情况的汇报。其中，市容环卫管理局实行执法责任制以来，先后对22起不依法实施行政处罚的人员进行追究，其中8人被辞退。

3. 实行行政执法人员资格管理制度

市政府坚持行政执法人员资格管理制度，要求所有行政执法人员必须经过严格资格审查和培训考试才能持证上岗，坚决杜绝聘用临时工、合同工以执法主体的名义对外执法。实施执法责任制以来，共清退不合格执法人员即无执法证件人员13000余人。市政府每年制定培训计划，确定培训重点，组织各级行政机关采取多种形式经常性地开展学习培训活动。所有执法人员基本做到每年轮训一次，“有权必有责、用权受监督、侵权须赔偿、违法要追究”的责任意识明显提高。

**四、开展行政复议工作**

1990年11月9日，国务院第七十一次常务会议通过《行政复议条例》，自1991年1月1日起实施。为全面贯彻实施该条例，市政府作出《关于贯彻实施〈行政复议条例〉的通知》，要求各级行政机关认真搞好《行政复议条例》的学习宣传工作，提高思想认识，加强复议机构和队伍建设，加强程序制度建设，认真做好案件受理、审理等工作，依法及时解决行政争议。

---

① 参见黄斌、李永江：《我市下月试行执法过错责任追究制》，《长江日报》1995年8月23日。

《行政复议条例》施行的第一年即1991年，全市复议机关受理的复议案件达242件，此后逐渐减少，一直维持在150件左右，市人民政府直接受理的行政复议案件在10件以内。据统计，1991年至1995年，全市各级行政复议机关共受理行政复议案件919件，案件主要集中在公安、土地、工商等部门，申请人主要是对限制人身自由的强制措施，对财产的强制措施和罚款等行政行为不服而提起的行政诉讼。1991年4月21日，市人民政府受理公民李某不服某区公安分局罚款决定而提起的第一件行政复议申请。① 全市各级行政复议机关通过办理行政复议案件，不仅纠正了一批错案和处理不公的案件，而且积极、慎重地处理了一些历史积案，维护了社会的稳定。

## 第五节 社会治安的有效维护

在市场经济高速发展的新时期，随着社会关系的重大调整，各类社会矛盾开始出现并逐步累积，社会治安同时承受着工业化、城市化、市场化等多重压力的冲击与挑战。全市政法机关把维护国家安全和社会稳定作为政法工作的首要任务，努力建设高水平的法治武汉。

### 一、开展第二次“严打”斗争

1996年4月，中共中央做出在全国组织开展“严打”斗争集中统一行动的决策。4月28日，市委、市政府召开全市“严打”斗争动员大会，认真贯彻“全党动手、全民动员、重拳出击、齐抓共管”的指示，部署在全市开展为期两年的“严打”集中行动。根据中央部署，全市政法机关在市委、市政府的领导下，针对不同时期的突出问题，分别组织五次统一行动，有效地维护了社会治安的持续稳定。

这次“严打”斗争，由市委、市政府直接领导，市公安局设立“严打”指挥部。全市公安机关在社会各界的大力支持下，与政法各部门协调行动，以“破大案、追逃犯、打团伙、抓现行”为重点，一批重特大案件纷纷告破，一大批穷凶极恶的犯罪分子受到严惩。经过连续不断地“严打”统一行动，公安机关先后组织集中搜捕、集中清查、破案会战、集中追逃等行

① 参见武汉地方志编纂委员会：《武汉市志（1980—2000）·第五卷·政治(上)》，武汉出版社2006年版，第339页。

动，有力打击刑事犯罪活动，共破获各类刑事案件15081起，其中重大案件8451起。侦破包括中南商都价值100万元黄金首饰被盗、蓝天宾馆旅客被持枪抢劫等性质恶劣、危害严重的大案。摧毁各类犯罪团伙953个，其中严重犯罪团伙144个，绑架人质、勒索巨款和危害一方的流氓恶势力团伙35个。对大型厂矿、首脑机关、窗口地区、中小学校周边等56个重点地区进行综合整治。[①] 通过一系列整治工作，社会治安面貌明显改观，治安问题减少，群众安全感增强。

**二、推进社会治安专项斗争**

1992年至1994年，根据中央统一部署，武汉市针对工厂企业和居民聚居区等重点地区、车站码头、大型集市贸易、歌厅舞厅等复杂场所的突出治安问题，不间断开展集中整治和专项治理，开展为期三年的“反盗窃斗争”，查处了对工农业生产、国防建设和人民生命财产造成重大损失的盗抢犯、销赃犯、窝赃犯和坑蒙拐骗犯；同时，结合铁路治安秩序整治和春节客运安全保卫，开展打击车匪路霸的专项斗争，结合农村社会治安综合治理，对称霸一方的流氓恶势力进行严厉打击。

1993年至1994年，武汉钢铁公司辖区发生多起盗窃原材料和哄抢矿渣案件，国家和企业利益蒙受巨大经济损失，人民群众反映强烈，也引起中央领导及省、市委的高度重视。1995年，经过调查摸底，决定由市综治委牵头，青山区、洪山区政府和公安、城管、工商、房地等部门参加，成立各种工作专班80余个，成员近500人。通过追捕逃犯，设卡布网，治理整顿周边废旧金属收购站点，建立健全暂住人口登记管理站，对武钢及周边地区治安秩序进行彻底整治，有效改变了武钢及周边地区治安混乱状况。1996年12月，公安部、冶金部在汉召开经验交流会，向全国推广武汉经验。

1995年，为了优化学校教书育人环境，由市综治委牵头，以公安机关为主，工商、城管、民政等有关部门通力配合，对湖北大学、武汉交通科技大学、武汉工业大学、武汉汽车工业大学和华中理工大学等10余所大专学院校园及周边进行清理整顿。通过打击盗窃自行车专项斗争、扫除“六害”和清理违章占道等行动，使学校的治安、交通秩序明显改善。1996年，根

① 武汉地方志编纂委员会:《武汉市志（1980—2000）·第五卷·政治(上)》，武汉出版社2006年版，第172页。

据中央综治委、公安部、国家教委《关于整顿高等学校治安秩序的通知》，在全市各高校及周边深入开展治安整顿工作，采取查处与教育相结合的办法，对校内集贸市场、违章占道商业网点、违章经营“三厅一室”（歌厅、舞厅、卡拉 OK 厅、游戏机室）、乱搭乱盖违章建筑等进行清理、清除和取缔，并依法打击处理一批违法犯罪分子，治安防范措施进一步落实，师生员工安全感明显增强。

盗窃自行车一度成为城市多发犯罪活动。为保护市民财产，1995 年，市公安局制定方案，成立打击盗窃自行车专项斗争办公室，在全市开展为期两个月的专项斗争。在市、区综治委的领导下，公安机关各警种整体作战，并与宣传、城建、保险、工商等部门紧密配合，组织了三次全市统一行动。万名公安民警、联防队员、治保人员，对自行车地下交易市场、废品收购业、典当寄售行进行全面清理整顿；对进出市区的主要道口、码头和长途汽车站点流出市区的自行车设点进行盘查；还发动社会力量，大力推进自行车车棚、地环、壁环等防范设施的建设，组织各种形式的群众性防范网络，落实专门力量看护，建立健全自行车日常管理制度，增强人民群众安全防范能力。

为了维护社会稳定，保障人民群众生命财产安全，一批政法战线的英模挺身而出，许庆就是其中典型代表。许庆（1958—1995），安徽省肥东县人，中共党员，生前系水上分局刑警大队副大队长。1995 年 9 月 12 日凌晨，许庆奉命带队前往江岸区丹水池上墩 26 号，缉捕以王某忠为首的持枪犯罪团伙时，与犯罪团伙展开枪战。战斗中，许庆置生死于度外，英勇顽强，舍身救战友，中弹壮烈牺牲。11 月，省政府批准其为革命烈士，公安部追授其全国公安系统一级英雄模范称号，市委追授其模范共产党员称号，市政府追授其特等劳动模范称号。

## 第六节　加快推进司法机关与司法行政机关改革

1993 年，党的十四届三中全会明确提出“改革、完善司法制度”。经过充分酝酿和精心准备，武汉市司法改革最先从检察体制改革和审判方式改革入手，从民商经济领域逐渐向刑事司法领域拓展，取得了初步成效。

### 一、推动检察体制改革

《刑事诉讼法》修改后，为推进检察体制改革，武汉市检察机关内设机构进行了调整。1995年，市反贪污贿赂工作局改名为反贪污贿赂局（以下简称“反贪局”），随后各区（县）院相继成立反贪污贿赂机构，其前身经济检察处工作职能为反贪局所取代。

1992年9月，市检察院成立检察官培训中心，专司检察干部教育培训工作。1992年12月，成立市检察院驻市税务局税务检察室，1995年改为市检察院税务检察室①。1996年3月，武汉经济技术开发区人民检察院正式挂牌办公（系市院派出机构）。1997年10月建立市检察院票据监测鉴别中心。②

1996年11月，为了贯彻全国检察机关第五次法纪检察工作会议精神，市检察院组建法纪检察特别侦查队，专门负责查办全市有影响的大案、要案以及重大疑难案件，组织攻坚与协调跨区、县的复杂案件，以发挥法纪检察侦查骨干的整体优势。特别侦查队成立后，始终把司法人员的渎职侵权案件作为查处重点，取得了较好的法律效果和社会效果。③

（一）强化检察监督

在立案监督方面，1993年，市检察院开始立案监督试点工作，采取八条措施：对公安机关破案情况进行跟踪，落实案件处理情况；对近两年来退查案件进行统一登记，跟踪反馈督促；对是年公安机关提请批准逮捕和移送起诉中反映的在逃人犯进行登记，督促追抓；对公安机关在报捕和起诉阶段认定的另案处理人员进行登记，并督促拿出具体处理意见和结果；对以罚代刑的案件线索，抓住典型自行侦查；对群众反映强烈的公安机关未处理的案件，充分运用检察职权，采取检察建议与督办卡形式跟踪督办；对侦查活动中的违法情况要敢于监督；对侦查活动中的对公安机关移送的赃款赃物进行监督。1994年，市检察院全面开展立案监督，把工作做在侦查机关案件报捕之前，掌握立案监督的主动权，有效地防止了“有案不立，有罪不究，以罚代刑”情况的发生。1996年3月17日第八届全国人民代表大会第四次会议《关于修改〈中华人民共和国刑事诉讼法〉的决定》实施后，检察机关把立案监督作为重要内容考核，并成立工作专班负责立案监督案件的审查处理，着

① 1997年9月，最高人民检察院、国家税务总局通知该机构撤销。

② 根据中共中央《政法机关不再从事经商活动》规定，1998年9月该中心被撤销。

③ 中共武汉市委政法委《武汉政法志》编纂委员会：《武汉政法志·第三卷·检察卷》，武汉出版社2011年版，第255页。

重查处以罚代刑、降格处理案情重大或社会上有影响的案件。在立案监督工作中，检察院注重群众路线，发动群众举报，注重捕捉发案信息并深查细究。其中，群众举报的立案监督案件有58件70人，占总数的87%。检察机关立案监督的第一起案件，是1996年杜某、王某故意伤害案，硚口区检察机关认定该案不立案理由不成立，应当立案，最终被告人受到法律制裁。①

在侦查监督方面，1993年，江岸区检察院为提高业务技能和办案质量，制定《关于追究错案责任的试行办法》，对错案的概念、范围，责任的确定、处罚等方面进行规定。1993年10月，市检察院审查起诉部门在认真研究的基础上，确定了2件拟作免诉的案件，举行了免诉辩护听审会。1994年，蔡甸区检察院率先把追逃工作列入侦查监督的内容，推动了“严打”斗争的深入发展。1996年，全市检察院普遍建立了对案件中涉及的“另行处理”“在逃”“不捕”人员和退查案件的跟踪了解，加强对侦查部门的监督与制约。

在审判监督方面，各级检察机关既对刑事审判程序进行监督也对司法裁决进行监督。如1994年8月，市检察院认定犯故意伤害罪李某为累犯应予以从重惩处，而青山区法院判决6年有期徒刑量刑畸轻，向市中院成功进行抗诉，最终李某被改判15年有期徒刑。

（二）设立刑事赔偿工作办公室

1994年5月12日，第八届全国人民代表大会常务委员会第七次会议审议通过《中华人民共和国国家赔偿法》，自1995年1月1日起施行。1995年10月上旬，市检察院决定设立刑事赔偿工作办公室，隶属控告申诉检察处办公室。当检察机关及检察人员在刑事诉讼中发生侵犯公民、法人和其他组织的合法权益造成损害时，按照“主动赔，认真赔，依法赔”的原则，建立完善办案责任制和错案追究制，严肃执法纪律，提高执法水平，严格执法，秉公办案。

（三）聘任廉政监督员

1996年7月，为拓宽监督渠道，健全检察机关廉政建设的社会监督机制，市检察院下发《廉政监督员工作办法（试行）》。10月，市检察院正式聘请首批33名廉政监督员，包括全市党政机关、经济管理部门、群众团体、

---

① 武汉地方志编纂委员会：《武汉市志（1980—2000）·第五卷·政治(上)》，武汉出版社2006年版，第297页。

民主党派和新闻机构，其中民主党派和无党派人士占30%以上。廉政监督员可以参加检察机关的有关会议及活动，阅读检察机关廉政建设方面的文件；有重要情况，随时约见检察机关纪检监察部门负责人或检察长；并且受理本单位、本系统的基层组织或群众对检察人员的举报、控告；向检察机关提供线索；协助检察机关纪检监督部门调查取证。随后部分区（县）院也相继聘任廉政监督员。

## 二、优化审判工作机制

武汉市审判机关推进以审判方式改革为主导的司法改革取得明显成效：一是从审判方式改革切入，通过赋予当事人充分的程序参与权，确保了司法程序的公开、公正性。二是刑事诉讼、行政诉讼和民事诉讼“三大诉讼”的司法结构基本形成，业务庭分离、立审分离和审执分离的“三大分离”司法程序机制基本健全。三是司法人员遴选日益规范化，司法专业化水平有明显提升。尤其是1995年2月28日第八届全国人大常委会第十二次会议通过了《中华人民共和国法官法》，正式拉开了武汉市法官职业化建设的序幕。四是人民司法理念下的多元纠纷化解机制形成，从20世纪80年代初期的重视“调解结案率”到20世纪90年代中期的“自愿合法、不调就判”，法院调解与审判的关系得以理顺。

审判方式改革的全面推进，有力地推动了庭审模式的深刻转变，促进了审判质量的提高，也有力配合了这一时期的法制建设。

### （一）增设基层法院及派出法庭、内设机构

1996年2月，武昌县撤县建区，3月该县法院更名为江夏区人民法院。1996年4月，武汉经济技术开发区审判庭升格为武汉经济技术开发区人民法院，属一审法院，内设办公室、刑事审判庭、行政审判庭、民事审判庭、经济审判庭，其中刑事审判庭与行政审判庭合署办公，民事审判庭与经济审判庭合署办公，编制15名，审判员、执行员以上审判职务由武汉市人大常委会任命。1997年9月11日，市法院知识产权审判庭（涉外经济审判庭）成立。10月，市法院经济审判第一庭设立审判员组、书记员组，率先实行审书分开制度。[①] 20世纪90年代后期，武汉市基层人民法院增至12个，派出人民法庭为94个，

① 参见中共武汉市委政法委《武汉政法志》编纂委员会：《武汉政法志·第四卷·法院卷》，武汉出版社2011年版，第265页。

打击犯罪与调节民事、经济纠纷的司法力量进一步增强，为社会主义物质文明与精神文明建设提供了有力的司法保障。另外，1995 年 1 月，市中院还成立人民法院赔偿委员会。同年 5 月，制定了受案范围和办案细则。1996 年 1 月，市法院首次适用《国家赔偿法》受理申请人陈某友请求汉阳区人民检察院赔偿案。

（二）规范制度建设

为加强办案规范化建设，1992 年 6 月 1 日，市法院审判委员会印发《武汉市中级人民法院关于行政案件立案、审理、执行程序暂行规定》《武汉市法院系统政纪案件立案标准暂行办法（试行）》和《武汉市法院系统关于追究错案责任的暂行办法》。1993 年 11 月，市法院错案责任追究领导小组成立。1994 年印发《武汉市中级人民法院关于民事经济纠纷案件审执分工和执行庭受案范围的暂行规定》《关于在审判工作中实行回避制度的有关规定》，1995 年 1 月印发《武汉市中级人民法院关于执行庭受案范围的规定》，1996 年 3 月印发《关于追究执法危机责任的暂行规定》《关于严格制止“关系案”“人情案”的暂行规定》。

1996 年 3 月 17 日，第八届全国人民代表大会第四次会议审议通过修改的《中华人民共和国刑事诉讼法》。同年 8 月 8 日，市法院按照修改后的《刑事诉讼法》公开开庭审理了被告人张某良、刘某胜、张某（女）运输、贩卖毒品案。为保障刑事案件规范审理，11 月 1 日，市法院拟定《第一审刑事（附带民事）案件庭前审查细则》《第一审刑事（附带民事）案件庭审细则》《第一审刑事案件简易程序庭审细则》《第一审刑事自诉案件普通程序庭审细则》以及《第二审刑事案件庭审细则》印发全市法院参照执行。

此外，为保障农民工合法权益、提升司法公信，市法院还分别于 1993 年 4 月印发《关于审判工作中注意保护农民合法权益的通知》，1996 年 4 月印发《关于发挥行政审判职能减轻农民负担的通知》。为做好涉外、涉港台案件的审理，1996 年 8 月，市法院印发《关于加强涉外、涉港台案件审判工作的意见》。

（三）服务经济发展

市法院采取一系列举措为推动社会主义市场经济发展保驾护航。在机构设置上，1992 年 7 月 21 日，市法院在东湖新技术开发区设立审理经济纠纷案件合议庭。同年 11 月 4 日，市法院成立经济纠纷调解中心。1994 年 1 月

1 日，市法院经济审判第三庭正式办公。同年 5 月 20 日，市法院诉讼证据鉴定所正式开展诉讼中涉及有关会计账务的查证鉴证，以及证据（票据）的复查业务。1995 年 1 月 18 日，市法院民事审判第一庭增挂房地产审判庭牌子。同年 3 月 16 日，市法院与建设银行武汉分行联合成立“建设经济纠纷司法鉴定中心”。

在规则制定方面，1992 年 5 月 7 日，市法院印发《关于全市法院审判工作为经济建设服务的意见》。1992 年 10 月，市法院就审判工作为服务武汉改革开放提出新举措：加快破产案件的办案速度；积极试办房地产案件；设立经济纠纷调解中心；重点抓好一批大标的额经济纠纷案件的审理；宣传一批保护改革者，帮助失误者，制裁违法犯罪的典型经济犯罪案件。1994 年 3 月 25 日，市法院印发《武汉市中级人民法院关于民事经济纠纷案件审执分工和执行庭受案范围的暂行规定》。同年 5 月 13 日，市法院印发《全市法院开展为企业提供法律服务活动的工作方案》。

在解决经济纠纷方面，1994 年 8 月，市法院审理了武汉市首起国营企业财产分割案，判决原告市国棉一厂和被告武汉针织服装厂分别享有财产权利和各自应给予对方的经济补偿数额。[①] 1996 年 3 月 24 日，市法院公开宣布建院以来受理的最大集团诉讼案——李某毛等 1746 名原告诉被告武荷石油液化气公司、市民政工业公司等单位供气合同纠纷的一审判决。[②] 是年 5 月，市法院对拥有上千万资产、数百员工的私营企业武汉电气设备制造有限公司一起合伙纠纷案调解结束，促成双方当事人达成解除合伙关系的协议，并对财产进行了合理分割。

在服务企业方面，1992 年 8 月 28 日，市法院召开部分厂长、经理座谈会，征求对法院服务经济建设的意见。1994 年 6 月 23 日，市法院召开为企业提供法律服务工作座谈会，35 家大中型企业代表参加。1994 年 9 月，市法院组织集中开展走访百家企业的专项调查活动，共走访本市企业 430 家，帮助清理债权债务 95 亿元，向有关企业提出司法建议 500 多条。[③]

---

① 参见中共武汉市委政法委《武汉政法志》编纂委员会：《武汉政法志 · 第四卷 · 法院卷》，武汉出版社 2011 年版，第 257 页。

② 参见中共武汉市委政法委《武汉政法志》编纂委员会：《武汉政法志 · 第四卷 · 法院卷》，武汉出版社 2011 年版，第 261 页。

③ 参见中共武汉市委政法委《武汉政法志》编纂委员会：《武汉政法志 · 第四卷 · 法院卷》，武汉出版社 2011 年版，第 257 页。

在打击经济犯罪方面，1994 年 1 月 22 日，市法院召开宣判大会，对江岸、硚口、武昌三个区的假烟、假酒、假药和假冒商标 6 案 8 犯宣布判决结果。10 月 27 日，市法院召开打击非法印制倒卖假发票犯罪宣判大会，依法判处邓某、李某利死刑，对其他 17 名罪犯分别判处有期徒刑、无期徒刑和死刑缓期二年执行。12 月 29 日，市法院召开经济犯罪宣判大会，公开宣判 7 名严重经济犯罪分子。

除此之外，市法院还在金融秩序的维护、建立和完善企业优胜劣汰机制等方面的审理上取得了成效。

市法院对上市股票纠纷审理，主要依据《民法通则》，参照执行股份有限公司、有限责任公司的规定、《关于立即制止内部职工股不规范做法的意见》《股票发行与交易暂行规定》等证券、金融部门规范性文件及交易习惯、国际惯例等规定。在期货案件的审理中，把握主体资格、交易程序、客户亏损事实认定等环节，依据邮电部、国家工商行政管理局、证券委联合通知中的规定，处理期货纠纷。在国债回购案中，根据三部委《关于认真清偿证券回购到期债务的通知》《中国人民银行信贷资金管理暂行办法》等文件精神受理案件，确立以资本金交割地为回购合同履行地，从交易的主体资格、交易的内容、交易的方式认定合同的效力。1994 年 6 月 16 日，市法院审结首起期货交易纠纷案，判决认定原、被告签订的合同有效，判令被告赔偿原告经济损失 5 万余美元。1994 年 12 月 14 日，市法院审结武汉市首例股票交易透支案。1995 年 10 月 6 日，市法院审结原告郭某英等 211 名半球集团认股证持有人诉被告申某珍等 5 人及广东半球实业集团股份有限公司购买股票纠纷及返还财产案，依法判处被告返还原告人民币 57.2 万元。

随着国有企业改制，为建立和完善企业优胜劣汰机制，国务院实行企业优化资本结构试点，武汉成为 18 个试点城市之一，武汉市特困企业增加导致破产案件大幅上升。市江汉丝织厂因负债 1725 万余元成为当时最大的破产清算案件。1992 年 4 月，该厂债权人市纺织工业物资供应公司向市法院申请破产还债。程序开始后，法院通知银行停止办理结算业务，成立破产清算小组，刊登公告，发出债权登记通知，经过三次债权人会议，认定负债 1725 万余元。1993 年 4 月，市劳业股份有限公司以 550 万元购得其有效净资产 321 万余元，优先拨付破产费用及清偿所欠职工工资、劳动保险费用和税金后，45 家债权人受偿比例为 17.99%。原企业职工被全部安顿安置。7 月，市法院裁定终结破产还债程序。为加强指导，规范办案，1994 年 1 月，市法院邀请有关专家学者开展破产案件研讨，形成《武汉市法院审理破产案件工作研讨会议纪要》，加强了破产案件指导，规范了破产案件办理。1995 年，针对破产案件持续增多的形势，为保护债权人和债务人的合法权益，防止国有资产流失，市法院根据 5 月市法院与市经济体制改革委员会联合下发《关于受理企业破产案件有关问题的通知》精神，确定市法院受理经市有关部门论证后的中央、省、市属在汉国有大中型企业和集体企业、中外合资、合作和外商独资等“三资”企业破产案，区、县法院受理区、县属国有企业、乡镇和街办集体企业以及私营企业破产案，并报市法院经济审判第二庭备案，接受该庭指导、协调和督促。9 月，市法院再次开展破产案件理论与实践研讨，重申严格掌握破产宣告条件，做好产权转让，防止国有资产流失，正确认定贷款抵押效力；同时指出专业银行作为债权人不宜参加清算组，人民银行可派人进入清算组。1995 年 6 月 30 日，市法院审结市第五棉纺织厂破产还债案。债务人申请破产后，市第二棉纺织厂以 1.11 亿元的价格整体收购第五棉纺织厂，并接受全体职工。

（四）民事权益保障

1. 强化人身权保护

人身权是与人身不可分离而又没有直接经济内容的权利，包括人格权和身份权。随着时代发展，人们对自身权益越来越重视，期望权利得到尊重并获得公正社会评价。市各级法院强化人身权保护，对未经他人同意以营利为目的，侵犯他人姓名权或肖像权的，判令赔礼道歉、停止侵害、赔偿损失，为人们自尊、自爱的安全利益提供法律保障。1987 年 1 月 1 日《民法通则》施行后，公民之间的名誉权纠纷为多数。此后人身权纠纷还呈现侵权主体以新闻媒体居多的现象。其中，仅 1992 年至 1993 年 4 月，市各级法院审结起诉报社、电台、电视台等新闻单位侵犯名誉权、肖像权 19 件，调解 11 件，判决 8 件。1993 年 8 月，全市法院根据最高人民法院《关于审理名誉权案件若干问题的解答》审理人身权纠纷案件更加准确。例如 1993 年 8 月 16 日，市中院审结周某宇诉周某麟、中国河运报社侵害名誉权及周某麟反诉周某宇侵害名誉权案。一审判决两被告共同赔偿原告精神损失人民币 9000 元，原告赔偿周某麟精神损失人民币 800 元。[①] 1997 年 1 月 31 日，市法院审理电影演员王某诉长江日报社等侵害名誉权案，一审认定长江日报社的报道对原告名誉权和肖像权构成侵犯，判决被告在其周末版面刊文，载明“相关报道及评论部分欠妥”，赔偿原告人民币 3 万元。原告提出上诉，经省法院调解，双方当事人自愿达成按原判决执行的调解协议。[②] 1997 年 4 月，武汉市首例涉外名誉侵权案在经济开发区法院审结。香港居民李某诚诉荷兰籍职员冯某坤（中文译名）对其使用侮辱性语言侵害名誉权案，经法院审理，双方当事人庭前和解，李某诚接受冯某坤赔礼道歉。[③]

2. 强化知识产权保护

1986 年《民法通则》颁布后，市中院开始受理知识产权案件。1988 年后，知识产权案件逐年增多。1992 年 7 月 9 日，市法院判定《洪湖赤卫队》歌剧剧本著作权由湖北省歌舞团享有，张某安等 6 人对该剧本享有执笔人的署名权，驳回原告、第三人的其他诉讼请求。[④] 某公司生产销售与江苏昆山市好孩子童车厂“好孩子”专利产品相似的“小天使”“童霸”型号童车，市法院受理后，查明事实，侵权公司主动提出调解，同意停止侵权，销毁剩余侵权产品及模具，赔偿损失 7 万元。[⑤] 为进一步提升知识产权案件的审理水平和专业化，1996 年 4 月市法院组建专业合议庭实行专门化审判；1997 年市法院成立了知识产权和涉外案件审判庭。1998 年 4 月，市法院审理了武汉市首例涉台软件侵权诉讼。原告杨某明（中国台湾省人）诉被告市吉星服饰有限公司公开非法复制、销售原告研究开发的“光明绘图软件 DO-CAD”，经市法院调解后双方达成协议，被告在《长江日报》登报道歉，并给与一定的经济补偿。[⑥]

---

① 参见中共武汉市委政法委《武汉政法志》编纂委员会：《武汉政法志 · 第四卷 · 法院卷》，武汉出版社 2011 年版，第 255 页。

② 参见中共武汉市委政法委《武汉政法志》编纂委员会：《武汉政法志 · 第四卷 · 法院卷》，武汉出版社 2011 年版，第 263 页。

③ 参见中共武汉市委政法委《武汉政法志》编纂委员会：《武汉政法志 · 第四卷 · 法院卷》，武汉出版社 2011 年版，第 263 页。

④ 参见中共武汉市委政法委《武汉政法志》编纂委员会：《武汉政法志 · 第四卷 · 法院卷》，武汉出版社 2011 年版，第 254 页。

⑤ 参见中共武汉市委政法委《武汉政法志》编纂委员会：《武汉政法志 · 第四卷 · 法院卷》，武汉出版社 2011 年版，第 144 页。

⑥ 参见中共武汉市委政法委《武汉政法志》编纂委员会：《武汉政法志 · 第四卷 · 法院卷》，武汉出版社 2011 年版，第 265 页。

## 三、完善司法行政体制

### （一）开展律师管理体制改革

1993 年 6 月召开的全国司法厅（局）长会议，提出要放手发展律师队伍，大胆突破使用经济概念和生产资料所有制模式套用律师等法律服务机构的束缚；突破使用行政级别的概念和行政组织的模式套用法律工作者和法律服务机构的束缚，从而建立起适应市场经济需要、具有中国特色的社会主义律师制度。由此，一系列律师制度改革举措得以推行，包括：逐步建立起适应社会主义市场经济需要的律师工作机构；逐步建立起宏观管好，微观放活，既发挥司法行政机关的行政管理职能，又发挥律师协会行业管理职能的律师管理体制；逐步建立起符合我国实际、开展公平竞争的律师资格考试制度；鼓励由律师自己决定其律师事务所的组织形式，并支持律师组建各种不同类型的律师事务所，使律师事务所逐步成为不占国家编制、不要国家经费的自律性律师机构，以适应律师职业的特点。

1994 年以后，市司法局根据司法部《关于深化律师工作改革的方案》精神，逐步实施司法行政机关的行政管理与律师协会的行业管理相结合的管理体制。具体内容是：司法行政机关对律师实施行政管理，制定律师行业发展规划，起草和制定有关律师工作的法律草案、法规草案和规章制度；批准律师事务所及其分支机构的设立；负责律师资格的授予和撤销；负责执业律师的年检注册登记；加强律师机构的组织建设和思想政治工作。

武汉市的律师制度改革在全国处于领先地位。1985 年律师事务所探索经费自收自支。1988 年 10 月，青山区司法局三名律师辞去公职，组建了湖北省第一家合作制律师事务所——武汉市扬子江律师事务所，突破了律师事务所“官办”的单一格局。1993 年 4 月 8 日，全市第一家涉外合作制律师事务所——天元律师事务所成立，该律师事务所由 8 名辞去公职的律师组成，以办理涉外、涉台港澳经济法律事务为重点，全面开展律师业务。1993 年 11 月，8 家国办律师事务所聘用了 21 名“合同制律师”，打破“仅凭干部身份定员定编”的律师任用制度。1994 年武汉开放法律服务市场，允许外地律师来办律师事务所，同时市司法局鼓励武汉律师到外地去设点办案。为提高律师业务竞争能力，推广律师事务所主任选举制，创办大型律师事务所，实行律师分工专业化，探索新的律师事务所产权制度等。

（二）做好安置帮教工作

武汉市逐年加大对安置帮教工作的管理力度，安置帮教工作中的衔接率、重新犯罪率等指标还被纳入政府一级目标的重点目标实施管理，相继制定、实施一批扶持政策，主要有刑释解教人员回归社会后在就业、入学、社会救济方面享有合法的权利和义务；其中确实表现突出的，在入党、入团、受奖等方面按有关规定正确对待。

市政府专门成立了全市刑释解教人员安置帮教工作领导小组，并在全市各区县及街、乡、镇层层建立了相应机构。同时有关部门还设立基金，创办一批过渡性安置实体，解决刑释解教人员就业问题。市司法局所属劳教场所还对即将刑释解教的人员开展“送一程”活动，每年办解教前法制教育班100多期，受教育人员达800多人。1994年12月14日，市刑满释放、解除劳教人员安置帮教基金会首次运作，帮助8名解教人员就业。司法部在给这一帮助刑满释放人员、解除劳教人员逐步就业基金会的贺电中评价“这是一项开创性的社会公益事业”。据市司法局对全市1994年至1996年的刑释解教人员进行调查统计，其中70%得到妥善安置，90%以上的人员有明显转化，有些还入团入党，立功受奖。①

（三）“二五”“三五”普法

1. “二五”普法

1991年2月，中共中央、国务院发出通知，批转中宣部、司法部《关于在公民中开展法制宣传教育第二个五年规划》；3月2日，第七届全国人大常委会第十八次会议通过《关于深入开展法制宣传教育的决议》，要求法制宣传要以宪法为核心，以专业法为重点，一切有接受教育能力的公民都要积极参加普法学习，不断增强法律意识。与“一五”普法教育相比，“二五”普法的法制宣传教育涉及面广，专业性强，要求以学习、宣传《宪法》为核心，普及《行政诉讼法》《义务教育法》《集会游行示威法》《国旗法》《婚姻法》，以及全国人大常委会关于禁毒的决定、关于惩治走私、制作、贩卖、传播淫秽物品违法犯罪分子的决定等法律基础知识，还包括民事、刑事和国家机构的基本法律知识，促进学法用法结合，因此普法任务更为艰巨。

---

① 参见杨于泽、王继明：《我市释解人员安置帮教工作成绩显著》，《长江日报》1996年5月2日。

1991年3月26日，全市普法动员大会召开，部署“二五”普法规划，强调普法重点是各级领导干部尤其是区、县、局级以上领导干部，执法人员，青少年尤其是大、中学和各类中专、职业学校的在校学生，并号召掀起学法新高潮。4月16日，市八届人大常委会第二十三次会议通过《关于实施法制宣传教育第二个五年规划的决议》。

1992年“二五”普法进入全面实施阶段。3月5日，市委、市顾委、市人大、市政协、市纪委及市直部委正职以上领导干部率先开始进行集中辅导。10月，根据全国“二五”普法汇报会和全省第八次法制宣传教育工作会议精神，全市“二五”普法工作逐步转到以《全民所有制工业企业转换经营机制条例》为重点的专业法律、法规的学习上，以促进各级政府部门转变职能，落实企业经济自主权，深化改革。当年，全市共有150万名干部群众参加了普法学习，105万在校中小学生开始了系统、规范的法制教育课堂教学。①

1993年是“二五”普法的关键一年，全市紧密结合建立和完善社会主义市场经济体制，大力宣传《宪法修正案》颁布实施的重大意义，组织了《宪法》《行政诉讼法》《义务教育法》等中央和省、市普法规划所规定必学的法律法规教育，全面开展与各部门业务工作有直接关系的专业法规知识的学习。全市完成普法学习的人数达310万人，占应普法人数的84.2%；开展专业法规学习的人数达250万人，占应普法人数的68%。②

1994年是“二五”普法的最后一年，市普法领导小组一方面着力组织学习《公司法》《反不正当竞争法》《消费者权益保护法》等法律，另一方面着手对普法对象进行考核验收。市十五中学把法制教育纳入人才素质教育的总体目标，将普法学习内容编入初一到高三学生的政治课教学计划，成为全市第一所“二五”普法合格中学。③ 江汉区从1991年开始，法律知识普及率达到96.2%，41个普法实施单位共15.9万人接受了以宪法、专业法为主要内容的普法教育，成为全市第一个验收合格单位。

武汉市“二五”普法成果丰硕、亮点纷呈，得到全国人大和省普法领导小组充分肯定。“二五”普法期间，全市参加普法学习的有461万人，各

① 参见吴冬三：《我市部署今年“二五”普法工作》，《长江日报》1993年5月17日。

② 参见吴冬三：《我市成人普法过半》，《长江日报》1993年12月4日。

③ 参见李开荣、张知汇：《课内课外结合搞活法制教育》，《长江日报》1994年7月21日。

类人员平均学习的法律法规达 15 个以上。根据不同对象编写了武汉市“二五”普法辅导读本“通读部分”“居民部分”“村民部分”和“个体工商户部分”等一批普法学习材料，其中村民普法读本被中宣部、司法部推荐为全国农民普法教材。建立普法工作机构 2507 个，市、区、县各级人大组织检查普法工作达 1000 余人次。举办干部普法培训班 500 多期，2 万多名副处级以上领导干部参加了普法培训学习。举办专题讲座、报告会、研讨会 1000 余场次。先后组织 50 多万名干部职工参加《全民所有制工业企业转换经营机制条例》和《消费者权益保护法》等法律知识竞赛活动。将法制教育纳入了全市中小学的教学计划，注意把法制教育与德育教育、学生日常行为规范教育结合起来，开展模拟法庭、普法夏令营等形式多样的课外活动，建立起一批青少年法制教育基地。开辟了新闻宣传、群众文化、出版发行、基层宣传阵地等法制宣传渠道。建立了 1 万多人的普法工作专（兼）职人员队伍，400 多人的普法讲师团队伍，25 万人的普法宣讲骨干队伍和一支法制文艺演出队。举办“走向法制”大型文艺晚会，并进京向八届全国人大三次会议和全国政协会议作了汇报演出。

2. “三五”普法

1996 年 5 月，中共中央、国务院发出关于转发《中央宣传部、司法部关于在公民中开展法制宣传教育的第三个五年规划》的通知；同年，第八届全国人大常委会第十九次会议通过《关于继续开展法制宣传教育的决议》，要求认真总结前两个五年普法工作的经验，采取切实措施，逐步实现法制宣传教育工作的规范化、制度化，在全社会形成学法、用法和守法的良好风气，努力提高广大干部、群众的法律素质，为坚持依法治国、建设社会主义法制国家打下坚实的基础。

1996 年 7 月，市人大常委会第二十四次会议听取和审议了市司法局《关于在全市公民中开展法制宣传教育规划意见的汇报》，通过了《关于实施“在全市公民中开展法制宣传教育的第三个五年规划”的决议》。这次普法教育的重点对象是处级以上领导干部、司法人员、行政执法人员、企事业经营管理人员和青少年，并提出把“三五”普法工作的突破点定在依法治理这一关键环节上。普法教育的内容为《宪法》《劳动法》《公司法》《国家赔偿法》和农业法律知识等以及与公民工作生活密切相关的基本法律知识。

1997 年 6 月，市依法治市（普法）领导小组下发了《关于成立武汉市法制教育高级讲师团的通知》，以高校法学院（法律系或政法系）、党校法律教研室、市委组织部干训处、市委宣传部理论处为依托成立普法教育讲师团，为市领导和各区县、市委各部、市级国家机关、各委办局及大型事业单位领导干部学习法律法规进行辅导；举办各种法律专题讲座；为普法主管机关组织法律宣传教育提供、审定宣传教育资料；为依法治市提供决策咨询和服务。1997 年 11 月 15 日，5.8 万名企事业单位干部在各区县 150 个考点参加法律知识考试，这是开展“三五”普法以来，在全市组织的规模最大的一次法律知识考试。①

市教育部门注重全面推进“源头普法工程”建设，加强青少年法治宣传教育，真正做到法治教育从娃娃抓起。制定下发《武汉市中专和普通中小学校学生“三五”普法教育规划》，在经费、教材、师资、课时上实现“四落实”，建立学校、家庭和社会三位一体的法治教育体系，要求中小学在校学生除学习《思想政治课》外，还要学习《宪法》《国旗法》《国徽法》《未成年人保护法》《义务教育法》《治安管理处罚条例》《环境保护法》等基础法律。中小学生学法时间为：小学每学年 6 课时，中学每学年 8 课时（均不含政治课和思想品德课），每学年度的思想政治课考试中（含中考），法律常识的考查内容不得少于 10%。市属中专学校学生在一二年级进行法律基本常识教育，时间为一个学期，每周一课时；三四年级进行专业法律法规教育。市属高校在校学生从 1997 年秋季开学起，按 3—4 年完成普法教育；各高校学生视不同专业，在校学习期间学习法律知识时间不得低于 50 至 90 学时。在校学生法制教育考核验收由各级教育行政部门和普法主管机关共同组织实施。

在“三五”普法期间，武汉市还注重充分发挥市普法宣讲团、市法治宣传协会、市普法网、《依法治市》杂志、电视专栏节目等普法平台的作用，利用媒体网络、社区宣传栏、校园、企业等普法阵地，加大法治宣传教育力度。

各级领导干部是“三五”普法的重点。各地区、各单位，通过举办培训班和利用党委（组）中心组学习形式组织学习。市人大常委会对其任命

① 参见王继明：《万名干部参加法律知识考试》，《长江日报》1997 年 11 月 19 日。

的政府组成人员实行考试，逐步建立领导干部学法制度。各级党校也把法律知识作为干部培训的内容列入教学计划。

“三五”普法还注重开展面向基层的法治创建活动。全市共有 1882 个村、1133 个社区和 848 个单位开展了法治创建活动，推动社会主义法治理念得到社会普遍认同，公民法治精神得到普遍提升，在全市形成学法、知法、守法、用法的良好社会氛围。

在“三五”普法中，武汉市还注重提升市民素质、改善市容环境和治理“脏乱差”，将市民“十不行为规范”列为依法治市和“三五”普法工作的重要内容，坚持将法制宣传与道德教育相结合，普法与依法治理相结合，学法与用法相结合，进一步增强市民的法律意识和社会公德意识。2000 年，湖北省验收工作组来汉考核“三五”普法并予以验收，认为武汉市“三五”普法重点突出，效果明显，有力推动了武汉市的法治化进程。

## 第七节　加强社会管理健全基层群众自治制度

1993 年，党的十四届三中全会通过的《关于建立社会主义市场经济体制若干问题的决定》提出“加强政府的社会管理职能”。经济转轨带来了社会转型，政治、市场和社会加速分离，单位制加速弱化，社会流动人口增多，社会矛盾冲突加剧，上述因素导致依法加强社会管理的任务变得日益紧迫。武汉市在进一步健全完善基层群众自治组织、不断发展人民调解制度等方面进行了积极探索。

### 一、健全基层群众自治制度

#### （一）完善居民委员会制度

20 世纪 90 年代后，单位行政职能逐渐弱化，这就要求基层组织承接更多城市管理事务。随着个人生活事务不断脱离单位转移到居住区，居委会在社会事务管理上的重要性不断上升。[①] 这一时期，武汉的居委会在协助政府加强社区服务、社会主义精神文明建设、安全居委会创建、综治维稳、外来人口管理等方面进行了诸多有益的探索和尝试，为最终形成“两级政府、三级管理和四级网络模式”的城市行政架构奠定了良好基础。

① 参见费孝通：《居民自治：中国城市社会建设的新目标》，《江海学刊》2002 年第 3 期。

1994年3月至9月，全市有1532个居委会进行第二次换届选举，占城区居委会总数的88.4%。市民政局举办培训班，编印下发有关学习宣传资料和各类报表，召开现场经验交流会和总结大会，推动换届选举工作正常有序开展。通过选举，形成了一支以退休人员为主，其他成分相结合的基层干群队伍。1997年，武汉推行上海"两级政府、三级管理"模式，加强居委会建设，制定《武汉市街道工作条例》，在第三届换届选举工作时，拓宽居委会干部来源渠道，向社会公开招聘居委会干部874名，使换届后的居委会干部平均年龄降为48.9岁，比上届的55.6岁下降了6.7岁。①

1992年，武汉市民政局结合物质文明和精神文明建设，提出创建"十好"② 模范居委会，为武汉市取得并保持"国家卫生城市"的称号夯实了坚实的基层治理基础。1993年，全市有200个居委会和1000个人被评级为全市治安安全居委会和治安工作先进个人，35个居委会被评为市民调工作先进单位。武昌区紫阳路街紫阳居委会被国家司法部评为全国民调工作的先进单位。③ 1995年青山区武东街六村居委会被民政部授予全国模范居委会。④

1995年，全市城区1737个居委会中有1647个居委会建立居民代表会议制度，占城区居委会总数的94.8%，而且多数代表都承担了居委会下属工作委员会的职责，在涉及全体居民利益的重要问题方面，由居民代表会议民主决策。年底，全市已选出居民代表5万余人，从组织上完善了基层民主政治制度建设。

1992年7月，武汉市政府颁布《武汉市社区服务管理办法》，该办法对社区服务内容、宗旨、概念等作了明确规定。这是武汉市倡导开展社区服务以来出台的第一个地方性行政规章，是在新的历史条件下，加快建立健全社会保障体系和社会化服务体系的重要举措。同年，市民政局下发《关于贯彻执行〈武汉市社区服务管理办法〉意见》，提出贯彻执行管理办法的

① 参见武汉地方志编纂委员会：《武汉市志（1980—2000）·第六卷·政治(下)》，武汉出版社2006年版，第17页。

② "十好"即"思想建设好、组织建设好、制度建设好、自我管理好、自我教育好、自我服务好、精神文明好、社会治安好、环境卫生好、委办经济好"。

③ 参见邵伯定、何信生：《城市居委会工作存在的问题及对策——武汉市城市居委会工作调查简析》，《法商研究》1995年第1期。

④ 参见武汉地方志编纂委员会：《武汉市志（1980—2000）·第六卷·政治(下)》，武汉出版社2006年版，第10页。

具体意见，对全市社区服务实行行业管理，统一印制《武汉市社区服务证书》，对市内已经开业的社区服务设施机构项目进行清理、注册、登记，并在统一清理登记的基础上，按规定发放证书，实现了管理的规范化、制度化。

（二）完善村民委员会制度

20 世纪 80 年代中期，武汉市按照《中华人民共和国村民委员会组织法（试行)》的规定，在农村普遍建立起村民委员会。进入 20 世纪 90 年代，面对从乡土社会到陌生人社会转型、从传统农业社会向现代工业社会转型、从高度集中的计划经济向市场经济转型的时代变迁，以村民自治为主体的社会主义基层民主制度也随之不断健全完善。1992 年 6 月至年底，各区、县在试点的基础上制定切实可行的村委会换届选举实施方案，采取分批实施、分类指导的方式进行村委会换届选举。经过民主选举，提高了村民民主参与的意识和能力，搞好了村务的民主决策和民主管理，逐步把村委会工作纳入法制化、规范化轨道。为保证质量使选举不走过场，村委会换届选举工作结束后，各区、县和乡（镇）对照《村委会选举法》进行检查验收，对不合格的村限期整改，对好的经验及时总结。至年底，90%的村委会完成换届选举工作。1995 年 4 月至 12 月，武汉市各区、县分期分批组织实施换届选举。为保证选举工作顺利进行，各乡、镇人民政府都成立了由党政主要领导人参加的村委会换届选举工作领导小组，抽调人员负责，对村委会换届选举工作的具体指导和联络工作。每个村有一至三人参加由所在村党支部领导下的选举工作班子。至年底，全市农村 1931 个村委会完成换届选举。①

1993 年底，在原有选择的乡镇、村试点的基础上，经检查验收，市民政局命名首批村民自治示范村。从 1994 年开始，在开展村民自治示范活动的基础上开展创建村民自治模范单位社会活动。创建活动以《村民委员会组织法》为指导，以“民主选举、民主决策、民主管理、民主监督”为内容，以制度建设为基础，以维护社会稳定、调动农民群众的积极性，促进农村基层民主政治建设为目标，以目标管理为手段促进村委会建设。1995 年，

① 参见武汉地方志编纂委员会：《武汉市志（1980—2000）· 第六卷 · 政治(下)》，武汉出版社 2006 年版，第 12 页。

全市各试点乡镇均有80%的村达到村民自治示范村标准，60%的乡镇达到村民自治示范乡镇标准。1995年汉阳区被湖北省政府命名为村民自治模范区。①

此后，随着武汉城市化进程的推进，村委会在城中村改造、兴办实体、村民生活保障、失业技能培训方面发挥了重要作用。村党委也在不断探索党内决策、党务公开、党内监督等制度，实现依法决策，完善党内民主，健全群众与党员、党组织有效沟通桥梁。随着村民自治的逐步发展和不断完善，村民自治、村党支部、村民委员会、农村基层民主、村级民主选民登记、新农村建设、村委会成员、基层民主建设、村民委员会和村民小组等词汇也进一步深入广大农村，村民的民主意识与民主能力得以提高，依法享有的民主权利进一步彰显，推动了政治民主化进程。实践证明，扩大农村基层民主，保证农民直接行使民主权利，是社会主义民主在农村最广泛的实践，也是充分发挥农民积极性，促进农村两个文明建设，确保农村长治久安的一件根本性的大事。

**二、人民调解制度的新发展**

1993年，武汉市制定《标准化、规范化人民调解委员会的条件及要求》，规范调解委员会印章、牌子、机构设置、人员配备以及各种制度。1994年4月，武汉市台商独资企业华中农艺有限公司在全市的外商独资企业中成立第一家人民调解委员会。在建立健全基层三级民调网（居委会调委会、调解小组和调解员）的基础上，全市普遍建立街道民调办公室，并逐渐向司法办公室、法律服务所过渡，各街建立“一室一所”（司法办公室、法律服务所），推广江汉区统一街道“街、店、摊联合搞民调”的经验，建立深入基层的民调组织，推动民调工作向联片方向发展，适应了维护社会和谐稳定、建设社会主义民主和法制的需求。

① 参见武汉地方志编纂委员会：《武汉市志（1980—2000）·第六卷·政治(下)》，武汉出版社2006年版，第9页。

# >>第八章　依法治国方略引领“依法治市”向纵深推进<<

1997 年召开的中国共产党第十五次全国代表大会，将“依法治国”确立为治国理政的基本方略，将“建设社会主义法治国家”确定为社会主义现代化的重要目标，并提出了建设中国特色社会主义法律体系的重大任务。1999 年，“中华人民共和国实行依法治国，建设社会主义法治国家”载入宪法，标志着社会主义法治建设进入了高速发展的重要历史时期。

进入 21 世纪，中国的法治建设继续向前推进。2002 年召开的中国共产党第十六次全国代表大会，将社会主义民主更加完善，社会主义法治更加完备，依法治国基本方略得到全面落实，作为全面建设小康社会的重要目标。2004 年，“国家尊重和保障人权”被写入宪法。2007 年召开的中国共产党第十七次全国代表大会，明确提出依法治国基本方略深入落实，全社会法治观念进一步增强，法治政府建设取得新成效。

从 1997 年到 2012 年，武汉市委、市政府认真贯彻党中央的重大决策和战略部署，紧紧围绕改革发展大局，立足城市发展实际，扎实推进“依法治市”工作，形成了具有武汉特色的经验做法和工作亮点，在全省乃至全国范围内产生了重要影响，使武汉一度成为全国城市法治建设的“示范地”和“样板田”。

## 第一节　依法治国开启社会主义法治建设的新篇章

在新中国法制史的伟大历程中，党的十五大写下了浓墨重彩的一笔。1997 年 9 月，党的十五大报告在科学总结我国社会主义民主和法制建设经验教训的基础上，首次提出了“依法治国，建设社会主义法治国家”的重大战略任务。1999 年 3 月，九届全国人大二次会议将“依法治国”的基本方略和奋斗目标庄严地载入宪法，从而使“依法治国”从党的意志转化为国家意志。经过改革开放初期法制建设恢复时期和全面建设时期后，武汉法治建设进入了崭新的发展阶段。从 1997 年至 2001 年，武汉市委、市政府高度重视“依法治市”工作，在立法、执法、司法、守法等领域大胆改革创新，勇于先行先试，形成了具有武汉特色的经验做法和工作亮点。依法治市呈现出显著变化，尤其是政府法治建设，突破了以往以执行行政权力，保障公民、法人和其他组织的实体权利为重点的时期，转而开始注重政府程序法治的建设。时任湖北省委常委、武汉市市长周济明确提出，依法治市要以人为本，武汉市政府部门要为企业发展创造良好的法治环境、信用环境和社会环境，加强《行政监察法》《行政复议法》等重要法律的宣传、贯彻和实施。这一时期，武汉法治建设涌现了很多“先行先试”的重大改革举措，例如“两型社会”立法、“城管革命”等改革创新举措都独具武汉特色，被其他许多城市借鉴，产生了较为深远的影响。

党的十六大将“依法治国基本方略得到全面落实”列入全面建设小康社会的重要目标，依法治国开始从宏观战略走向具体落实，社会主义法治建设的任务目标、具体内容得到进一步细化，政府法治建设深入推进。从 2002 年至 2006 年，武汉市认真落实中央和湖北省关于依法治国、依法行政、建设法治政府的工作精神和要求，结合武汉市的工作实际和地方特色，以依法保障和促进行政体制改革成果为重点，着力加强对政府权力规范和约束的制度建设，切实提高政府及其职能部门依法行政的能力和工作成效。2005 年，时任湖北省委常委、武汉市委书记苗圩指出，只要是对发展能起到促进作用的方法和政策，要敢于先行先试。全市各级行政执法机关结合实际，逐步建立健全了规范性文件备案制度、行政执法检查制度、行政处罚听证制度、重大行政处罚决定备案制度、重大行政强制决定备案制度、行政执法审核制度、行政执法公示制度、执法情况报告制度、违法执法举报投诉制度、执法评议考核制度、违法执法责任追究制度、行政执法人员培训制度、法律法规规章宣传制度 13 项执法和执法监督制度。着力推进简政放权，政府职能加快转变。按照高效、便民、快捷的原则，深化服务型政府各项制度，依法对行政许可、收费、处罚和强制等行为的执法程序予以规范，逐步规范了行政执法行为。此外，随着政府法治建设的逐步深入，武汉市深入开展治庸问责专项行动，责任追究更加严格，政府权力运行在人民群众的监督中更趋规范。

党的十七大明确提出，坚持依法治国基本方略，树立社会主义法治理念，实现国家各项工作法治化，为党和国家长治久安提供政治和法律制度保障。尤其是提出加快建设社会主义法治国家，标志着社会主义法治建设正式驶入“高速路”和“快车道”。2007 年至 2011 年，武汉市深入贯彻落实市委关于全面推进依法行政和法治城市建设的意见，在市人大及其常委会监督支持下，紧紧围绕建设职能科学、权责法定、执法严明、公开公正、廉洁高效、守法诚信的法治政府目标，以信息公开、政务公开、服务型政府为标志，积极推进政府决策制度化、规范化、程序化；深入开展社会治安综合治理，不断创新社会管理机制；积极稳妥推进司法改革，不断提高司法效能。加快推动行政体制改革，在社会管理、生态环境管理、市容市貌管理、市政管理、公共交通和城市规划与土地管理等诸多具体城市行政领域实现执法行为合法化、规范化。

## 第二节　依法治国方略促进“依法治市”迈上新台阶

依法治国方略的贯彻落实，既需要自上而下的强力推动，也需要自下而上的主动作为。自 1987 年确立“依法治市”的基本市策以来，武汉市一直在依法治市的道路上砥砺前行。改革开放以来经济社会快速发展取得的巨大成就，为城市法治建设奠定了坚实基础，加快推进“依法治市”的重要性和紧迫性更为明显。党的十五大首次将“依法治国，建设社会主义法治国家”列为国家重大战略任务，法治武汉建设迎来了崭新的机遇期。

### 一、健全“依法治市”组织领导体制

#### （一）“依法治市”（普法）领导小组成立

依法治市是一项全局性的工作，需要建立一个在党委领导下的依法治市综合协调部门，从宏观层面对依法治市工作进行科学谋划、整体推进。1997 年，在市委领导下，成立了由湖北省委副书记、武汉市委书记钱运录，市长王守海以及市人大、政协领导和市直各有关部、委、办、局负责人为成员的

市依法治市（普法）领导小组及其办公室，市依法治市领导小组还起草了依法治市五年规划和工作方案。随后，全市各区县全部成立依法治理领导小组及其办公室，推动依法治市工作在全市范围内形成合力。

依法治市（普法）领导小组成立以来，先后起草、下发了《关于加强依法治市若干问题的意见》《关于进一步加强依法治市的工作意见》《武汉市依法治理工作原则标准》等一系列文件，夯实了依法治市的制度基础。为进一步加强服务型、法治型政府的制度建设，依法治市（普法）领导小组通过建立行政执法公示制度和责任制度、开展治庸问责、实施绩效管理、再造审批流程、进行大部制改革、明确政府权力清单等举措，涤荡了机关不正之风，优化了政府职能与机构，提高了政府的服务效能。通过认真组织实施基层、地方、行业依法治理三大工程，广泛开展市民“十不”行为规范宣传，在346个不同类型的单位进行了依法治理的“十个一”工程试点。此外，还将依法行政知识列入普法和公务员培训的重要内容，通过专家讲座、媒体报道、互联网等形式加大依法行政宣传力度，采取多种方式组织各级干部、行政执法人员系统学习依法行政知识，政府工作人员法治意识和依法行政水平不断提升。随着依法治市工作不断推进，立法、执法、司法、普法工作得到全面加强，社会治安综合治理成效显著，全市社会政治大局稳定，为武汉经济社会发展提供了坚实法治保障，营造了良好氛围。

### （二）市委出台《推进法治武汉建设的意见》

为落实中共湖北省委2009年7月印发的《法治湖北建设纲要》要求，2011年市委印发《推进法治武汉建设的意见》，进一步完善了法治武汉建设的制度设计。2011年底市委明确提出“建设国家中心城市、复兴大武汉”，以建设国家中心城市为目标，以国家创新中心、国家先进制造业中心、国家商贸物流中心和生态宜居武汉、文明武汉、幸福武汉为具体任务，对武汉法治建设提出了更高要求。《意见》确定的总体目标是：到2020年，基本实现城市经济、政治、文化和社会建设的法治化，依法治国基本方略得到全面落实。具体部署包括：2011—2015年全面贯彻落实《意见》各项任务，基本实现法治化目标；2016—2020年巩固建设成果，全面提高城市法治化水平。湖北省委常委、武汉市委书记阮成发，武汉市委副书记、市长唐良智要求全市各级各部门统一思想，深刻认识法治武汉建设的重大意义，着重抓好四大方面任务：强化法治理念，着力改善经济发展软环境；强化依法行政，着力推进法治政府建设；强化司法公正，着力维护社会公平正义；强化民生法治，着力维护社会和谐稳定。为贯彻落实《意见》精神，市委、市政府印发了《武汉市法治区、法治单位创建考评工作实施细则（试行）》《武汉市法治区创建考评标准（试行）》《武汉市法治单位创建考评标准（试行）》，全面构建法治武汉建设目标考核体系，将法治武汉建设纳入各级党委、政府共性目标责任制考核范围，纳入年度绩效目标管理、社会治安综合治理、精神文明创建考核范畴，与领导干部的任期目标及奖惩、任免紧密挂钩，真正形成涵盖广、刚性强的评估考核体系。

（三）市人民政府在全国率先提出“合法性审查”

为进一步健全完善依法行政的领导机制，市人民政府率先垂范，敢于创新，率先提出“政府合法性审查”，要求主动向人大报告工作，加强监督检查。1998 年 1 月，市政府发文明确，凡以市人民政府或市人民政府办公厅名义制发的非事务性文件，在送市领导审签之前，要先送市政府法制办审核把关。这是全国首个关于政府合法性审查的规定，在全国产生了深远的影响。从 2004 年开始，市政府要求各区政府和市政府各部门在每年年底前对依法行政工作情况进行认真检查，总结成绩，查找问题，提出改进措施，并向市政府书面报告；市政府再向人大常委会和上一级政府报告本地区推进依法行政的进展情况、主要成效、突出问题和下一步工作安排。在听取和审议推进依法行政工作情况报告前，市人大常委会专门组织常委会组成人员到相关部门进行依法行政工作情况的视察，并召开座谈会，听取市人大代表、行政管理相对人、群众对市政府及其部门依法行政工作情况的反映和评价。

（四）市政协积极建言资政

为充分彰显多党合作和政治协商重要机构的独特优势和地位，积极发挥社会主义协商民主独特优势，武汉市政协不断提高资政和凝聚共识水平，更好服务于党和国家工作大局。2006 年，市政协主席刘善璧在全国政协会议上的提案《把防汛当产业抓，提高城市防洪综合效益》，2009 年市政协主席叶金生在全国政协会议上的提案《构建绿色工业体系是加快“两型社会”建设当务之急》，均受到国家有关部门高度关注。这一时期，市政协还提出了关于深化国有企业改革、解决经济发展软环境等多项建议案，有针对性地为武汉发展建言献策。其中，《进一步加强民营高科技企业发展的建议》《促进我国高新技术产业发展的建议》《建立环境与发展综合决策机制实施可持续发展战略案》《关于加强保障性住房后续管理的建议》等提案还被全国政协列为大会重要提案加以督办。

（五）在全市范围内积极推进法治单位建设

2007年，全市各级行政执法部门普遍成立了法治创建领导小组，制定了实施意见和考评标准，将其列入单位工作目标管理，并提供专项经费保障。各单位严格对照创建标准，搞好建章立制，健全完善行政决策制度、政务公开制度，清理规范性文件，夯实依法行政基础建设。企业单位积极开展创建“诚信守法企业”，大力推行厂务公开，建立法律顾问制度、重大决策咨询制度和劳动合同、招标投标及经济事务等依法管理制度。截至2011年，全市共有2166个单位开展了法治创建活动。[①] 如市水务局不断完善民主决策机制，制定了一系列明确行政决策的范围、决策程序、评价要求、责任划分等内容的规章制度，有效提高了决策水平。市农业局制定了关于政务公开工作的规章制度，并通过农业信息网、政务公开栏、电子显示屏、新闻媒体等多种渠道公开农业政策法规、办事指南和工作动态等政务信息，大力推进阳光政务。市地税局在全国率先推出“先办后审”税收征管新模式，[②] 有效配置了执法资源，降低了税收流失率和征纳成本，提高了办事效率。针对餐饮行业合同利用格式条款肆意侵害消费者权益的乱象，市工商局与餐饮行业协会联手推出《武汉市订餐服务合同》，打破强制消费和限期消费等“潜规则”，[③] 促使经营者规范自身的经营行为。

（六）全市政法系统实行“收支两条线”

1998年12月，财政部、国家计委、监察部、高法院、高检院、公安部、国家工商局共同印发通知，要求在政法部门实行行政性收费和罚没收入“收支两条线”管理。这是加强党的建设和政权建设，从源头上预防和治理腐败的一项重要举措，做好这项工作有利于司法机关、行政执法机关公正执法和依法行政，有利于加强财务收支管理，规范财政分配秩序。武汉市逐步加强对政法经费规范管理，实行了“收缴分离”“罚缴分离”，但由于财政

① 参见孙天文：《武汉市人民政府关于“六五”普法工作情况的报告》，《武汉人大》2013年5月10日。

② 参见黄璐：《武汉在全省地税系统推出“先办后审”征管新模式》，《湖北日报》2012年5月16日。

③ 参见汪志：《武汉推〈订餐服务合同〉示范文本　打破餐饮业潜规则》，《长江商报》2013年11月15日。

拨款乏力，政法经费保障不足，一些单位收与支难以彻底分离。2004 年 3 月 19 日，市委、市政府专题部署全市政法机关彻底实行“收支两条线”，湖北省委副书记、武汉市委书记陈训秋提出，市区要实行“刚性”预算，收支彻底脱钩，基本全额保障政法经费。[①] 从实际出发，优先保障政法机关的人员经费和办案办公经费，对政法机关实行全额拨款，全额保障。市、区委政法委会同财政审计、监察部门，对实行“收支两条线”情况开展督促检查。彻底实行“收支两条线”，肃清政法机关乱收滥罚，有力推动全市政法队伍建设上了新台阶。

**二、城市行政体制改革加快启动**

行政管理体制改革对简政放权、加快政府职能转变具有重要的意义。1997 年以来，国家先后经历了多次较大的行政管理体制改革，武汉市在依法治国的宏观背景下，紧跟中央和湖北省的改革步伐，依法对城市行政管理体制进行了优化调整，探索建立“两级政府、三级管理”的新型城市行政体制，改革取得了显著成效。

1997 年 4 月 9 日，市委、市政府作出重大改革决策，提出建立和完善“两级政府、三级管理”的新型城市行政体制，[②] 在市、区两级政府的基础上，形成市、区、街道办事处三级纵向管理体制。通过扩大区和街道办事处管理权限，引进“小政府、大社会”“小机构、大服务”的行政理念，形成一种高效、有序的行政管理体制。在这项改革决策的指导下，市政府诸多部门按照规定下放权力，并促进了自身的职能转变和机构改革。1998 年，武汉市新型城市行政体制改革主要集中在四个方面：一是根据法律和行政法规变化，调整界定政府的基本职能、特殊职能和过渡职能，并以此为据来配置政府机构的职能；二是加强宏观调控部门；三是调整和减少专业经济部门；四是适当调整社会公共管理部门，逐步发挥社会中介组织的作用，加强政府监管。本轮政府改革的突出成就在于：政府职能转变取得重大进展；阻碍市场经济发展的工业专业经济部门被大量撤销；政府机构和人员得到了极大的精简；中介组织开始在社会公共事务管理中发挥作用。

2003 年，经过改革，武汉市的政府职能发生了巨大的变化：一是通过

---

① 周敬：《武汉政法系统实行“收支两条线”解读》，《长江日报》2004 年 3 月 19 日。

② 张绍春等：《“两级政府、三级管理”——武汉城市行政体制研究》，《长江论坛》1998 年第 6 期。

政企分开，最大限度地将生产经营职能转交给了企业，使企业有了生产经营的自主权；二是通过政事分开，将一部分公共服务的职能下放给了事业单位；三是通过政社分开，将一部分社会事务的治理职能下放给了社会中介组织；四是通过改革，武汉市政府的经济管理部门和市场监管部门得到了强化，政府机构设置的改革适应了市场经济体制改革的需要。例如，把原来分散在各个部门的国有资产、人事和事务等管理权集中起来，组建市国有资产监督管理委员会。

2005 年，市委、市政府印发《武汉市政府机构改革方案》，经调整，市政府办公厅和工作部门 40 个，直属特设机构 1 个，议事协调机构的常设办事机构 3 个，部门管理机构 2 个。同时，还印发《武汉市区级政府机构改革意见》的通知，对市、区级政府机构改革做出具体规定。2008 年，在市委十一届五次全会上，湖北省委副书记、武汉市委书记杨松指出，要深入改革行政管理体制，为武汉发展奠定良好的基础。全会审议通过了市委、市政府《关于围绕“两型社会”建设完善城市管理体制的若干意见》，进一步推进城市管理权限下放，逐步建立了“两级政府、三级管理、四级网络”“统一领导、分级负责、以区为主、街为基础”的城市管理体制，按照责权对等、分级负责的原则，重新调整市、区两级城市管理职责，建立了全社会管理、全过程监督、全行业覆盖的城市管理网络。

2009 年 7 月新一轮的政府机构改革正式启动实施，此次改革的目标是努力把武汉市政府建设成为全国行政效率最高、行政透明度最高和行政收费最少的政府之一，着力解决全市经济社会发展的体制机制问题，着力解决政府部门职责交叉、权责脱节、效率不高和权力集中问题，着力解决人民群众最关心、最直接、最现实的利益问题。此次改革中，对 14 个市级机构进行全面调整，4 个市级机构被更名。同时，41 个市政府工作部门均在媒体和政务网上公开本部门的为民服务承诺，接受群众监督。截至 2011 年，新一轮政府机构改革全面完成，市级行政机构由 56 个减为 46 个，① 部门职责进一步理顺，“两级政府、三级管理”体制进一步完善，向区下放审批和管理权限 215 项。

---

① 参见陈凌墨：《武汉大部制改革缩减 4 千人　56 政府机构减为 46 个》，《楚天都市报》2009 年 7 月 31 日。

## 三、行政审批制度改革深入推进

对行政审批制度依法规范，把减少行政审批作为职能转变的突破口，大幅减少和下放行政审批事项，是法治政府建设的关键环节。对此，市委、市政府自2001年开始，决定加快推进行政审批制度改革，以期真正向市场放权，减少政府对微观事务的干预，激发经济社会发展活力。

2001年，武汉首次提出行政审批改革，主要任务是让各行政主管部门设立审批窗口，梳理规范各部门行政审批事项，并向社会公开。2002年为巩固审批制度改革，市政府制发了《武汉市行政审批暂行规定》《武汉市行政审批责任及其追究暂行办法》等两个政府规章，规定新设审批项目必须有法律依据，违法设定审批要追究相关人员的法律责任。2001年以来，武汉市不断深化改革，将原有1496项行政审批项目逐渐精简为228项。[①] 2004年，《行政许可法》正式施行。市委、市政府专门出台了《关于深化行政管理体制改革的实施意见》，重点推进行政审批制度改革，坚持市场取向，转变政府职能，把能够通过市场机制调节的职能交给市场，把可以由中介组织解决的事务交给中介组织，行政审批项目进一步精简到221项，成为当时全国保留审批项目最少的城市之一。[②] 按照市委、市政府关于下放审批权限、办事不出区的要求和依法行政、有效监督、高效便民的原则，对221个审批项目中的163项进一步改革，下放各区审批42项（含部分内容下放19项），委托各区审批6项，由单位派人到区审批服务中心办理46项，通过互联网审批69项，其他58项仍由市直有关单位审批。2006年，武汉市重点组织开展了行政审批制度改革，使行政审批从重事前审批向重事后监督管理，从多头管理向综合管理，从重管理轻服务向服务型转变，[③] 杜绝公务员在行政审批中的不作为、乱作为的现象，促进了公务员执法责任制的深入实施。着力形成与法律法规相符合的行政审批项目体系，以转变职能、理顺关系为重点，调整8个市直部门，划转22个市直部门的相关职能35项。[④] 2007年，武汉市进一步下放“区审区办”的审批权。在新认定的82项许可项目中，

---

① 参见荣冀、王南方、肖薇：《武汉市行政审批制度改革出台重大举措》，《长江日报》2004年8月30日。

② 参见荣冀、王南方、肖薇：《武汉市行政审批制度改革出台重大举措》，《长江日报》2004年8月30日。

③ 参见刘建平：《武汉市依法行政的成就、问题及对策》，《长江论坛》2004年第4期。

④ 参见《武汉市2007年政府工作报告》。

74 项委托区级办理。此外，进一步完善了 41 个“一条龙”“一站式”服务窗口；进一步创新了网上年检、并联审批、超时默许等行政审批方式。同年，全面推行企业注册登记和基本建设项目并联审批，13 个区和 2 个国家级开发区建立了网上行政审批系统。加强行政审批电子监察，对 139.5 万件行政审批和公共服务办理件进行了在线监察。2011 年 7 月 26 日，市政府出台《关于公布保留和调整的行政审批事项的决定》，将行政审批时限整体压缩 50%以上，免征 31 项行政事业性收费，为促进政府职能转变创造了良好条件。同时，优化审批流程，完成工业项目审批流程再造，并向服务业、建筑业等领域延伸。启动工业项目行政审批制度改革，工业项目审批环节由原来的 31 个减少到 14 个，审批时限减少到最短 15 个、最长不超过 60 个工作日。[①]

从 1997 年至 2011 年，是武汉市行政审批制度改革取得决定性成果的关键时期。在市委、市政府正确领导下，经过十几年坚持不懈的努力，行政审批制度改革取得了明显的成效。一是行政审批事项大幅精简，废止、取消了一大批不利于经济发展的审批政策和事项，为经济转型和企业发展松绑，为武汉经济抢位争先式发展创造了良好条件。把不该由政府审批的部分事项交给社会，由企业、行业组织和社会中介组织自律，更好地发挥了市场在资源配置中的基础性作用，促进了政府职能的转变。二是行政审批流程不断优化。一方面各个审批事项都依法确定了办事时限，所有的审批事项必须在时限内办理完毕；另一方面推行办事时限承诺制度和即办制度，各审批部门在法定时限基础上均承诺了办事时限，审批窗口逐步下移，积极推进“区审区办”，加大审批权下沉力度，实行委托审批，解决了人民群众办事两头跑的问题。三是行政审批方式逐步创新。建立市级审批服务中心，推行窗口审批、并联审批、集中审批。在 13 个区和 2 个开发区共设立了 15 个综合性、规范性审批服务中心，积极探索乡镇审批管理方式改革，推行便民服务。四是行政审批监管日益规范，先后制定了《武汉市实施行政许可若干规定》《武汉市实施行政许可听证程序规定》《武汉市建设工程并联审批实施方案》《武汉市工商企业注册登记并联审批实施方案》《行政审批电子监察预警纠错实施细则》《行政审批绩效量化测评细则》《武汉市行政许可案卷评查标

① 李晓萌：《工业项目行政审批新流程下月试行》，《长江日报》2011 年 7 月 29 日。

准》等规章制度30多项，落实了窗口首问负责制、首席代表制、一次性告知等办事规定，制度建设上了新台阶。

## 四、狠抓作风建设落实责任追究

### （一）“责任风暴”和“治庸计划”

党的十六届四中全会明确提出科学执政、民主执政、依法执政是党执政能力建设的总目标，依法治国、依法执政对党的作风建设提出了新要求。武汉市委坚持运用法治思维加强和改进党的作风建设，运用法治方式全面提升党风廉政建设水平。

2011年4月，武汉市委以打造“全国发展软环境最优城市”为目标，在国内首次掀起“责任风暴”、实施“治庸计划”，彻底转变部分官员“庸、懒、散”的工作作风。市委专门出台了《武汉市党政机关干部“庸懒散”行为问责暂行办法》。2011年3月至2015年的四年间，武汉市在治庸问责上，共问责5499人，其中局级干部41人，处级干部810人；给予纪律处分941人，组织处理4559人。① 治庸问责坚持“问题导向”，从群众最不满意的干部队伍作风建设、行政效能建设等领域存在的突出问题着手，每年重点解决十项突出问题，重点打击吃、拿、卡、要等损害发展环境行为。② 每年通过新闻媒体向社会征集意见，梳理市长专线、行风热线、信访举报中群众反映居前的问题。后来又新增通过万人电话抽访，相关职能部门自行申报，党的群众路线教育实践活动中群众、企业的意见和省委巡视组反馈的问题等渠道收集遴选问题，平均每年11万余条，在此基础上筛选和归纳出“十个突出问题”。2011年5月，武汉市公布了首批十个亟待解决的突出问题，包括选人用人不正之风的整治问题，各级政务服务中心改进服务提升效能，政府职能部门与中介机构彻底脱钩，保障性住房建设保质保量推进，市区环境脏乱差问题，交通秩序混乱，车站、机场窗口地带综合整治，“麻木”“黑的”非法营运，建筑工地“砂霸”“石霸”，免费自行车租赁服务及自行车道缺乏等，③ 由各责任单位“一把手”集中向社会作出对上述问题限期整改

① 参见IUD中国政务舆情监测中心：《武汉治庸问责　四年六大看点》，《领导决策信息》2015年第19期。

② 参见张滢：《地方政府治庸问责机制优化研究》，湘潭大学硕士学位论文，2018年。

③ 参见李晓萌：《“治庸问责”首批十大问题整改承诺下周公布》，《长江日报》2011年5月27日。

的公开承诺。“治庸问责”启动首月，全市有 109 名干部被问责。其中对 3 名市管局级干部进行诫勉谈话，问责正处级干部 10 人（撤职 1 人）、副处级干部 9 人。[①] 及时对各责任单位承诺整改工作落实情况、曝光问题的整改及问责情况进行检查和抽查，对不落实治庸问责工作责任制的相关单位和责任人严肃问责，以实际成效取信于民。把投诉人不满意件、问题未查清件、处理偏轻件作为重点，安排专人审查各单位回告并深入调查。对整改承诺未兑现或兑现不力、群众反映问题未解决或解决不到位的，坚决严肃处理，发现一起、查处一起，绝不姑息、绝不留情、绝不手软、决不搞“下不为例”。实行严格的“责任买单制”和倒查机制，既问责到“庸懒散”行为、问责到直接责任人，也视具体情况追溯问责到分管领导及主要领导，对不主动问责或问责不力的，及时追究相关责任。

（二）“电视问政”和“万人评议”

通过广播电视等媒体渠道开展监督，更加贴近市民生活，门槛低、辐射广，更容易为群众接受。市纪检监察部门与武汉电视台联手，于 2011 年 11 月 22 日推出首场“电视问政”，聚焦“黑车整治”问题。电视台耗时近半年时间暗访拍摄的一个个电视短片直面尖锐话题，让在场接受问政的四名局长如坐针毡。“电视问政”遵循“问题由群众提、标准由群众定、效果由群众评”的思路，邀请相关市领导、承诺单位负责人走进电视演播厅，接受市民代表和特约评论员的考评。坚持“百姓参与、百姓评说、百姓监督”的理念，把“电视问政”打造成群众代表、专家代表与问政对象之间平等对话的平台，打造成汇集民意、集中民智、聚集民力的“议政”“谋政”“助政”平台，也是武汉市开展治庸问责行动的一个平台。它将治庸问责风暴立体地呈现在公众面前，通过媒体这一载体，倒逼政府各部门兑现承诺。新闻媒体予以广泛关注，全国数百家省、市、区党政部门来汉考察，电视问政“武汉模式”花开全国。节目播出后引发强烈社会反响，“电视问政”作为一种长期常态化机制被确立下来。

为进一步检验治庸问责整改承诺兑现效果，2011 年 11 月 14 日，在全市范围内开展“万人评议”，让群众对政府部门和公共服务企业进行评效率、评公开、评服务、评整改的“四评”活动。评议结果在网络、电视、

① 参见吴睿：《武汉治庸月考成绩：问责 109 名干部》，《长江商报》2011 年 5 月 10 日。

报纸等媒体上向社会公布，作为评定各单位、各工作部门成效的重要依据。对民评民议得分在 80 分以下且排名末位的责任单位，给予“黄牌”警告。开设“武汉行风连线（行政投诉）”网站，对各上线单位办件“回复率”和群众“满意度”进行实名排名，接受企业、群众评议和监督，形成“评议—监督—整改—教育—规范”的良性循环。

## 五、加强法治理念普及与宣传教育

1997 年至 2011 年，随着依法治国理念深入人心，武汉市在整体推进依法治市工作的基础上，侧重于将普法工作和依法治理紧密结合，在法治理念普及、宣传教育和法治文化领域取得了重大成效。[①] 法治武汉建设以邓小平理论和“三个代表”重要思想为指导，深入贯彻落实科学发展观，按照依法治国基本方略的总体要求和法治湖北建设的总体部署，通过完善立法、公正司法、普法教育、法律服务和强化监督等途径，全面推进经济、政治、文化和社会建设的法治化进程，为加快“两型社会”和武汉东湖国家自主创新示范区建设营造良好的法治环境，初步形成了与超大城市发展相适应的城市法治文化。

### （一）领导干部带头学法

从 1997 年开始，武汉市多次举办了由市委、市人大、市政府、市政协、市纪委领导和市直部、委、办、局的主要负责同志参加的法治讲座，市管干部和处级干部开展了分期分批的轮训工作，系统地学习了邓小平民主法治思想、依法治国的理论与实践以及社会主义市场经济、对外开放、国际关系等方面的法律知识。为保证各级干部普法学习的落实，市委作出决定，将全市党政机关干部的普法学习内容纳入到党政机关干部现代必备知识之中，实行统一命题考试，作为干部考核、任用、晋级的依据。同时，把各级司法、行政执法人员的法治教育作为提高执法人员整体素质，加强队伍建设，落实执法责任制的一项基础性工作来抓，分期分批脱产培训，实行闭卷考试，成绩合格者领取统一制作的执法证件，持证上岗执法。[②]

### （二）“四五”“五五”普法工作

1.“四五”普法

2001 年至 2005 年，为保质保量地实现“四五”普法的任务目标，武汉

---

① 参见胡敬文：《中国特色社会主义法治文化建设探析》，《文化学刊》2019 年第 2 期。

② 参见沈既滋、桂幼南、杨洋：《把握结合点　推进武汉依法治市工作》，《学习与实践》1997 年第 5 期。

市依法治市工作领导小组将普法和依法治理工作全面纳入党委、政府对部门的目标管理范围，实行目标管理责任制；推行市依法治市工作领导小组成员单位年度工作报告制度；大幅度增加市级和区级普法和依法治理专项工作经费；在市级新闻媒体上开辟普法和依法治理专栏、专刊，认真积极贯彻落实全国法制宣传教育工作会议精神，注重健全完善“四大机制”：组织领导机制、目标考核机制、奖惩激励机制和经费保障机制。武汉市“四五”普法工作走在了湖北省前列。全市有450万名普法对象参加了普法教育活动，1030所中小学聘请了法制副校长，开展一校一警，警校共建覆盖面达80%。[①] 完成对各区、各战线和基层单位的普法考核验收，单位和个人普法合格率都达到了99%以上。

2.“五五”普法

2006年至2010年，市委、市政府把服务全市发展大局作为普法工作的第一责任，推动法治宣传教育服务于“扩内需、调结构、保增长”，加快经济发展方式转变；服务于综合配套改革试验，推进武汉市“两型”社会建设；服务于创新武汉建设，增强城市发展实力；服务于全市重点项目建设，提升城市综合功能，促进武汉市经济社会发展。[②] 全市深入开展法律进机关活动，发挥领导干部“以上率下”的示范作用，使得法律学习制度化、常态化。“五五”普法期间，市委、市人大、市政府、市政协每年定期举办法治报告会和专题讲座，配套实行干部法律知识考试考核制度，学法用法形成了长效机制。在2430家企业设立了法律顾问点，律师深入企业进行咨询、法律讲座100余次，减免困难企业的律师费、公证费500余万元，组织企管人员法律培训班4314期，培训人数达到15万人次。[③] 把普法工作作为推进精神文明建设的重要内容和有效手段，与争创“全国文明城市”“文明社区”“文明单位”等活动相结合，将全市公民的行为准则和道德规范渗透到法治宣传教育之中，组织开展了“法律进万家”的宣传活动，编印宣传资料32万份，提高了广大市民的文明创建知晓率和参与率。针对人民群众关

① 参见田传平：《关于实施第四个五年法制宣传教育规划的报告》，《武汉人大》2006年12月12日。

② 参见李云雄：《深入开展法制宣传教育、扎实推进法治武汉建设——武汉市“五五”普法工作的实践与思考》，《中国司法》2010年第7期。

③ 参见李云雄：《深入开展法制宣传教育、扎实推进法治武汉建设——武汉市“五五”普法工作的实践与思考》，《中国司法》2010年第7期。

心的难点、热点问题，重点就企业改制、征地拆迁、农村土地流转、校园安全、医疗事故、食品安全、环境保护等容易引发社会矛盾的领域，开展专项普法宣传活动。[①] 建立人民调解、司法调解、行政调解相互衔接配合的大调解工作机制，每年调处各类社会矛盾纠纷 5 万多件,[②] 有力维护了社会和谐稳定。2010 年 8 月，湖北省依法治省工作领导小组对武汉市“五五”普法和依法治理工作进行了检查验收，并给予充分肯定。2011 年，武汉市荣获“全国法治宣传教育先进城市”称号，汉阳区、黄陂区和市司法局、市教育局分别荣获“全国法治宣传教育先进县（市、区）和先进单位”称号。

## 第三节 敢为人先的城市立法探索

这一时期，武汉市正确把握地方立法的阶段性与前瞻性的关系，充分发挥地方性法规的规范和引导作用，使立法更好地围绕城市发展、服务城市发展、促进城市发展，着力运用法治方式解决武汉经济社会发展中面临的实际问题，地方立法工作走在全国前列。

### 一、坚持科学立法

一是将经济立法作为地方立法的重中之重，通过立法破除制约市场经济发展的体制性壁垒。这一时期出台的地方性法规、规章中，经济方面的占一半以上。[③] 二是坚持依法行政的指导思想。规范行政权力的法规、规章逐年增多，行政权力膨胀的势头得到较大遏制。如《武汉市行政处罚听证程序试行规定》《武汉市执法责任制工作条例》等，都对整合行政资源、规范行政执法行为和非行政管理性行为、完善地方立法制度等具有重大的现实意义。三是围绕行政管理体制改革加强地方立法。按照市委、市政府关于管理重心下移的要求，遵循市区两级政府、三级管理体制的思路，先后出台了《武汉市街道办事处条例》《武汉市街道市容监察规定》。[④] 此外，《武汉市户外广告设置管理暂行规定》《武汉市水上市容环境卫生管理规定》《武汉

① 参见王继明：《武汉市荣获“全国法制教育先进城市”称号》，《长江日报》2011 年 7 月 15 日。

② 参见王继明：《武汉市荣获“全国法制教育先进城市”称号》，《长江日报》2011 年 7 月 15 日。

③ 参见武汉地方志编纂委员会：《武汉市志（1980—2000）· 第五卷 · 政治(上)》，武汉出版社 2006 年版，第 334 页。

④ 参见武汉地方志编纂委员会：《武汉市志（1980—2000）· 第五卷 · 政治(上)》，武汉出版社 2006 年版，第 335 页。

市饮食娱乐服务业环境保护规定》等规章也体现了简政放权，管理重心下移的精神。四是地方立法更加贴近群众。民生保障立法、社会管理和公共服务的立法分量逐年加大。很多立法项目都是针对人民群众关心的热点问题，涉及广大市民的切身利益，受到普遍关注。《武汉市全民健身条例》《武汉市城市客运出租汽车管理条例》《武汉市住房公积金管理条例》《武汉市禁毒条例》《武汉市水上治安管理条例》等法规、规章的颁布实施，有力保证和促进了全市经济建设和改革开放的顺利进行。五是立法程序更加精细。2004年市人大常委会召开立法工作会议，制发了《关于进一步加强和改进我市立法工作提高立法质量的意见》，对立法提高立法质量提出了明确的要求。[①] 2006年市人大常委会多次召开立法工作会议，研究确定了进一步加强和改进立法工作、提高立法质量的思路和措施。如建立立法公众参与制度、专家咨询论证制度、政府规章公布制度、听取和采纳意见情况说明制度、立法后评估工作、政府规章译审工作制度等。赵零担任市第十一届人大常务委员会主任时提出，地方立法要牢固树立“立法为民”的观念，坚持求真务实的作风，突出法规的地方特色和可操作性。2010年市人大立法首次改用电子表决的方式，制定法规实行“两次会议审议第三次会议表决”，保证法规草案审议、修改有充裕时间，促进了法规质量的提高。[②]

## 二、坚持民主立法

《中华人民共和国立法法》第5条规定：“立法应当体现人民的意志，发扬社会主义民主，坚持立法公开，保障人民通过多种途径参与立法活动。”[③] 地方的立法工作中要坚持走群众路线，体现人民意志。市人大常委会积极探索和实践公众参与立法的途径和方式，从组织座谈会听取意见，到通过报刊、网络等媒体公开征求公众意见，再到运用论证会、听证会等形式有重点地听取公众意见，形成了较为完善的法规征求公众意见的工作机制。为及时有效地整合社会各阶层的利益诉求，扩大立法的群众基础和群众认可程度，1999年1月，市人大常委会首次进行“开门立法”，对《武汉市外商

① 武汉地方志编纂委员会：《武汉市志（1980—2000）·第五卷·政治（上）》，武汉出版社2006年版，第335页。

② 武汉地方志编纂委员会：《武汉市志（1980—2000）·第五卷·政治（上）》，武汉出版社2006年版，第335页。

③ 《中华人民共和国立法法》，人民出版社2015年版，第18页。

投资企业管理条例》召开立法听证会。该条例于2000年3月第一次修改，2002年1月第二次修改，2010年12月第三次修改，每次修改都会召开立法听证会，积极听取各方意见，加强公众参与度。2005年市人大常委会在审议《养犬管理条例》草案过程中，不仅举行了听证会，还组织部分常委深入社区调研，直接听取居民群众的意见和建议。2008年，市人大常委会采取不同方式主动征求有关方面意见。《农业机械化促进办法》草案、《水土保持条例》草案都通过书面形式征求市人大代表意见；召开《精神卫生条例》草案立法论证会，在《长江日报》、武汉人大常委会网站上将《人民调解条例》草案面向社会公开，提高公众参与立法的程度。

### 三、坚持依法立法

市人大常委会以《立法法》的贯彻实施为契机，理性调整地方立法的权力结构，增强问题意识，坚持依法立法。武汉的行政立法工作程序与技术逐步成熟，市人民政府为贯彻实施《立法法》，决定自2000年7月1日以后，全部采用“令”的形式发布规章，并将原来内部发行的《武汉政报》改为公开发行的《武汉市人民政府公报》，刊登法规规章和规范性文件，免费向社会发送。[①] 2000年，《武汉市人民代表大会及其常务委员会制定地方性法规办法》颁布施行，对地方性法规的范围、制定程序及其解释、修改和废止进一步明确规定。此外，为了规范地方性法规草案和行政规章起草制定工作，适应经济体制改革和加强城市管理的需要，武汉市根据《地方组织法》，规定了制定政府规章的相关程序，建立了专家参与制度、征询意见制度、分歧意见协调制度、重大事项请示制度、规章解释制度，细化了草案审查制度、审批制度和发布制度，有效地规范了政府立法行为，同时也增强了制定规章的民主性，提高了公民参与程度。[②]

### 四、先行先试、敢于创新的代表性城市立法

这一时期，武汉市更加注重立足城市发展实际，积极开展创新性立法，充分彰显出武汉地方特色，多部地方性法规、规章走在全国地方立法前沿。

---

① 参见武汉地方志编纂委员会：《武汉市志（1980—2000）·第五卷·政治(上)》，武汉出版社2006年版，第336页。

② 参见武汉地方志编纂委员会：《武汉市志（1980—2000）·第五卷·政治(上)》，武汉出版社2006年版，第336页。

（一）全国首部规范执法责任制工作的地方性法规

为完善行政责任追究机制，促进依法行政，1998 年出台《武汉市执法责任制工作条例》，这是全国首部规范执法责任制工作的地方性法规。此后还陆续出台《查处违法建筑领域行政过错责任追究办法》《武汉市行政过错责任追究办法》《武汉市违反土地管理规定行政首长问责暂行办法》等。通过建立健全执法责任制，为加快推进法治政府建设夯实了制度基础。

（二）全国首部城市湖泊保护条例

2002 年《武汉市湖泊保护条例》颁布施行，它是全国第一部对湖泊进行全面、综合性保护和管理的地方性法规。《武汉市湖泊保护条例》明确了湖泊保护范围和具体名称，负责湖泊保护、管理、监督的主管部门和有关责任单位。市水务局成立了湖泊保护管理领导专班，组建湖泊保护机构，充实执法队伍，认真执行《武汉市湖泊保护条例》，及时制定《武汉市湖泊执法巡查制度》等相关制度，并召开首次湖泊占用审批听证会，会同公安、交管、城管等部门查处湖泊违法行为，加大了执法力度。2003 年，开展对填占沙湖违法行为的专项执法。2004 年，武汉市依法办理湖泊整治和占用许可 22 项；举办纪念“世界水日”“中国水周”座谈会，加大了湖泊保护宣传的力度；健全湖泊保护制度和机制，制发《关于加强湖泊保护和强化湖泊执法管理责任的通知》和《武汉市湖泊保护条例实施细则》。2005 年，武汉市继续推进湖泊截污、清淤、修复、岸线整治工程，大力开展湖泊专项执法活动。2006 年，在实施东湖截污工程和水果湖近岸底泥清淤截流工程的基础上，继续开展东湖综合整治，完成喻家湖排污口全面截污工程和东湖水生态修复示范项目，启动东湖落雁景区湿地处理系统建设。开展梁子湖和汤逊湖综合整治。2007 年，武汉市依法立案查处了 6 件涉湖违法案件，处理政府督办单 17 件，共受理水行政许可事件 184 件，湖泊执法和湖泊许可没有出现“不作为”和“乱作为”问题。同年 12 月，市水务局湖泊管理处正式设立。2008 年，武汉市湖泊管理水平有了新的提高。实施生态修复、岸线整治等专项综合治理工作，努力推进“一湖一景”工程建设。2009 年完成中心城区 40 个湖泊“三线”（水域控制线、绿化控制线和建筑控制线）修订规划，建立各有关职能部门湖泊保护联合审批机制，为湖泊治理打下了良好基础。市水务局依照《武汉市湖泊保护条例》赋予的职责，加强了对城区 27 个湖泊的巡查和水事案件的查处力度，全面查处违法填占湖泊、违法排污、水域水产养殖及周边生猪养殖情况。武汉市湖泊生态治理工程持续推进，经过多年截污及综合治理，湖泊水质持续好转。

（三）全国副省级城市首部人大代表工作立法

2004 年颁布的《武汉市人民代表大会代表议案和建议工作条例》是全国副省级城市首部人大代表工作立法，对人大代表议案和建议怎样提出，怎样办理，首次有了细化的考量标准，同时在具体规范内容的设置上也十分注重对上位法的细化，避免了对上位法的简单重复。在《武汉市人民代表大会代表议案和建议工作条例》中，鉴于议案与建议具有相同的特点，该条例将人大代表提出的议案和建议统一进行规范，将两类内容整合到一起，以避免重复提案，节约资源。

（四）积极出台优化营商环境的地方性法规

李岩担任市第十届人大常委会主任时指出，地方立法要善于把立法决策和改革决策、发展决策结合起来，用立法促进市场经济体制的逐步完善，保障推进经济发展。[①] 在整顿和规范市场经济秩序、完善社会主义市场经济体制方面，为了满足投资发展和优化经济发展环境的需要，1997 年 12 月，市人大常委会颁布《武汉市民营科技企业条例》，对民营科技企业行为进行管理与规范，有效保障其合法权益，为民营科技企业迅速发展壮大营造了良好的环境。1999 年 11 月，市人大常委会审议并通过《关于修改〈武汉市外商投资企业管理条例〉的决定》。2000 年 4 月，市人大常委会审议并通过《武汉市村集体经济组织财务管理条例》。2000 年 11 月，市人大常委会审议并通过《武汉市专利管理条例》。2001 年 7 月，市人大常委会审议并通过《武汉市禁止生产和销售假冒伪劣商品条例修正案》等。

## 第四节　法治政府建设取得显著成效

2004 年，国务院颁布《全面推进依法行政实施纲要》，确立了建设法治政府的目标，明确提出经过十年左右坚持不懈的努力，基本实现建设法治政府的目标，规定了全面推进依法行政的指导思想和具体目标、基本原则和要

① 参见李岩：《以“三个代表”重要思想为指导进一步做好人大工作》，《楚天主人》2000 年第 8 期。

求、主要任务和措施。2008 年，国务院和湖北省政府相继出台《关于加强市县政府依法行政的决定》（国发［2008］17 号）和《湖北省人民政府关于加强市县政府依法行政的实施意见》（鄂政发［2008］59 号）。武汉市深入贯彻落实《全面推进依法行政实施纲要》精神，以建立行为规范、运转协调、公开透明、高效廉洁的有限政府、责任政府、有效政府、廉洁政府为目标，以加强队伍法治建设、规范行政执法行为、改进执法方式为抓手，以加强制度建设、完善执法机制、强化监督问责为保障，大力推进依法治市和城市行政法治化，切实提高政府及其职能部门依法行政的能力和工作成效，法治政府建设取得了重要进展。不断推动行政体制改革，完善行政审批、政府机构改革、政务公开、权力清单和行政执法制度，并在社会管理、生态环境管理、市容市貌管理、市政管理、公共交通和城市规划与土地管理等诸多具体城市行政领域实现执法行为合法化、规范化，在外部监督机制、合法性审查、法律顾问制度、治庸问责、反腐倡廉等方面不断创新工作机制，成效斐然。

### 一、完善法治政府建设制度体系

按照国务院《全面推进依法行政实施纲要》要求，武汉市积极推进依法决策、科学决策、民主决策，于 2005 年制定了《关于全面推进依法行政的若干意见》。作为武汉市依法行政的纲领性文件，该《意见》对全面推进依法行政，建设责任政府和法治政府提出了详细的意见和要求，确立武汉市推进依法行政、建设法治政府的总体目标是：到 2010 年，基本形成科学化、民主化、法治化相统一的行政决策制度，基本建立结构科学、主体合法、权责明确、程序严密的行政执法体制和严谨、高效、便捷的行政监督体制，基本确立行为规范、运转协调、公正透明、廉洁高效的行政管理体制。《意见》规定了 7 个方面 34 项主要任务的具体实施办法和配套措施；提出到 2006 年，在全市施行规范性文件事前审查制度；到 2007 年，将全市财政供养人员控制在人口的 2.2%以内；严格执行行政执法主体资格和行政执法人员持证上岗制度等。多次修改《武汉市人民政府工作规则》（2004 年、2007 年、2013 年都曾做过修改），于 2005 年出台《武汉市人民政府重大决策程序规定（试行）》，从行政决策的范围、权限、程序、责任等方面，逐步完善了武汉市行政决策的机制，引进了调查研究、评估论证、合法性审查、专家咨询论证、公众参与、决策听证、决策跟踪反馈及立法后评估等程序制度，为武汉市依法、科学、民主决策奠定了坚实的基础。2006 年，出台《武汉市人民政府重大行政决策事项专家咨询论证办法（试行）》和《武汉市人民政府重大行政决策事项听证办法（试行）》，对促进武汉市各级政府及其部门依法、科学、民主决策起到了积极的促进作用。[①] 2009 年，为贯彻落实《国务院关于加强市县政府依法行政的决定》和《省人民政府关于加强市县政府依法行政的实施意见》，又制定了《关于加强市区政府依法行政的实施意见》，该意见确定了制度建设、规范执法等 16 项工作任务和工作要求，并明确了每项工作的牵头单位、责任单位和配合单位。

## 二、充实政府法制机构

2001 年 9 月 19 日，根据《市人民政府办公厅关于印发武汉市人民政府法制办公室职能配置内设机构和人员编制规定的通知》，市政府法制办定为正局级，明确法制办主要职责和内设机构。2004 年 4 月 30 日，根据《市机构编委会关于同意市法制办行政复议单设等事宜的批复》，单独设置市法制办行政复议处；成立市政府法制研究中心（处级事业单位），隶属于市法制办。

## 三、健全依法行政各项工作机制

一是完善行政决策机制。建立重大行政决策的公众参与、专家咨询论证、合法性审查、集体决定制度，完善行政决策信息和智力支持系统，增强行政决策的透明度和公众参与度。建立重大行政决策实施情况评价、行政决策责任追究制度，加大对行政决策执行的监督力度。

二是完善规范性文件管理制度。建立规范性文件的制定发布、事前合法性审查、备案审查、有效期、定期清理等各项制度，促进规范性文件管理的制度化、规范化。建立受理、处理公民、法人和其他组织提出的审查规范性文件建议的制度，认真接受群众监督。

三是改革行政执法机制。落实《中共武汉市委、武汉市人民政府关于围绕“两型社会”（即“资源节约型社会、环境友好型社会”）建设，完善城市管理体制的若干意见》的规定，强化属地管理，适当下移行政执法重心，减少行政执法层次。继续推进相对集中行政处罚权和综合行政执法试

---

① 参见《〈武汉市人民政府重大行政决策程序规定〉解读》，《武汉市人民政府公报》2015 年第 16 期。

点工作。健全行政执法争议协调制度，逐步健全权责明确、行为规范、监督有效的行政执法体制。

四是完善行政执法经费保障机制。行政执法机关履行法定职责所需经费统一列入财政预算予以保障，严格执行罚缴分离和收支两条线管理制度。

五是严格规范行政执法行为。依法履行职责，加大对危害群众生命健康、扰乱市场秩序、影响城市管理、破坏资源、污染环境等违法行为的监管力度。行政执法遵循法定程序，深化规范行政自由裁量权工作，促进合理行政。大力推行网格化行政执法方式，解决基层行政执法机构岗位不固定、责任不明确等问题。建立监督检查记录制度，完善行政执法案卷评查制度，不断提高行政执法质量。

六是深化行政执法责任制。实行行政执法主体资格合法性审查制度，禁止无行政执法资格的人员履行行政执法职责。梳理执法依据，明确执法职责，将法定职责分解到具体执法机构和执法岗位，切实做到职权清晰、责任明确。建立健全行政执法质量评议考核机制，加大行政过错责任追究力度。

七是加强行政复议和行政应诉工作机制。切实维护行政相对人的合法权益，努力把行政争议化解在基层。推进法治政府建设，各级政府及其部门认真清理规范性文件，深化行政管理体制改革，完善行政审批制度，健全政务信息公布制度和公开办事制度，提高政府工作透明度。深入开展“依法办事示范窗口单位”创建活动，进一步推进执法规范化。

八是强化监督问责工作机制。如主动接受外部监督，全面推进政务公开，加强行政复议工作，依法纠正行政违法行为，深入开展治庸问责专项行动等，政府权力运行在人民群众的监督中更趋规范，责任追究更加严格。

九是建立法律顾问制度。2007 年，市政府正式出台聘请法律顾问制度。法律顾问一般都是在法学等各个领域作出过较大贡献和具有影响力的专家学者，参与研究市政府推进依法行政、建设法治政府工作，向市政府提出完善制度和解决问题的意见和建议；为市政府的重大决策、重大突发事件处置、合同行为等提供法律咨询意见；参与地方性法规（草案）、政府规章和重要规范性文件的起草和论证；参与市政府行政执法监督活动并对行政执法、行政执法监督工作提出意见和建议；受委托办理市政府的诉讼、仲裁、执行及其他非诉讼法律事务；受委托办理市政府其他涉法事务。市政府法律顾问室与市政府法制办公室合署办公。市政府法制办公室主任兼任法律顾问室主任，主持法律顾问室全面工作。当年，共聘用35名优秀律师组成律师顾问团。该顾问团积极为政府提供法律服务，协助处理具体法律事务，为加快推进法治政府建设作出了积极贡献。

十是健全依法行政考核工作机制。根据《湖北省依法行政考核办法（试行）》的要求，结合武汉市实际，经市政府同意，2011年市政府法制办出台了《武汉市依法行政考核办法（试行）》，作为全市依法行政检查的依据；为了进一步健全考核机制，加强学习检查，还颁布了《武汉市依法行政考核计分办法》，明确具体考核内容、分值和考核方法，并将考核结果纳入政府工作绩效目标考核体系。要求各区政府和市政府各部门结合本单位的实际，制定本区、本部门的依法行政考核办法，加强对其执法机构和执法人员的评议考核，总结成绩，查找问题，提出改进措施，并向市政府书面报告。市政府再向人大常委会和上一级政府报告本地区推进依法行政的进展情况、主要成效、突出问题和下一步工作安排。

### 四、加快城市执法体制改革

1997年至2011年，武汉市坚持贯彻依法治国和依法治市精神，强化执法管理，注重法治教育，加强队伍管理，促进了城市管理和综合执法体制的不断完善，提高了依法行政水平和行政执法工作效能。这一时期的城市执法体制改革主要表现在以下几方面。

#### （一）城市管理综合执法制度建设

这一时期，市城管执法的法规、规章、制度密集出台，初步形成了较为完整的地方立法体系。在执法体制方面，修订和出台了《武汉市城市管理相对集中行政处罚权试行办法》《全市城市管理系统依法行政实施意见》《武汉市城市管理执法督察办法》和《武汉市城管执法协管员管理办法》；在执法程序方面，制定了《武汉市城市管理行政许可实施办法》《武汉市城市管理常见案件工作程序》《武汉市城市管理行政调解暂行办法》；在市容环境整治方面，制定了《武汉市市容环境卫生管理条例》《武汉市“门前三包”责任制管理办法》；在公共设施维护方面，出台了《武汉市景观灯光设施建设和管理办法》《武汉市城市公共厕所管理办法》《武汉市燃气设施安全保护范围》；在违法责任追究方面，出台了《武汉市查处违法建设领域行政过错责任追究办法》等，进一步完善了城市管理法规体系，细化了城市管理执法程序和办法，为城市管理和综合执法提供了法治保障。2009 年，全年共清理、审查各类规范性文件 60 余件，维护了城市管理法治统一。

（二）城管体制改革

进一步强化执法队伍建设，完善纪律约束机制，确保严格、公正、文明执法。大力推进城管领域综合执法，对农业、文化、水务、交通运输、卫生计生等领域组织开展了行政执法体制改革专题调研，探索建立城市综合执法体系，[①] 具体分为四个阶段。

1. 第一阶段（2001—2002 年）

正式启动综合行政执法改革试点。综合行政执法改革是深化行政管理体制的重要内容，也是建设法治政府的主要载体之一。[②] 2001 年 5 月，经国务院法制办公室同意，武汉市正式推行相对集中行政处罚权试点工作，出台《城市管理相对集中行政处罚权试行办法》，成为全国首批推行相对集中行政处罚权试点工作的城市。此后通过出台《市人民政府关于进一步加强农产品质量安全监管工作的意见》，推动市级农业行政执法、检验检测和涉农服务体制改革，建立了“监管执法以区为主、市级监督统筹、街（乡镇）协助配合”的农产品质量安全监管新体制；通过出台《关于优化整合武汉市妇幼保健、计划生育技术服务及卫生计生综合监督执法资源的指导意见》，成立了市卫生计生执法督察总队，推动卫生计生执法督察重心下移；通过出台《关于进一步完善区、街道（乡镇）城市管理综合执法体制机制的实施意见》，探索建立资源整合、职责清晰、权责一致、权威高效的区、街（乡镇）城市管理综合执法体制机制。2002 年，市城市管理执法局设立，下设城市管理执法分局（大队）作为综合执法的具体执行机构，在人员编制上重心向基层、执法现场下移。新组建的市城市管理执法局相对集中了市容环卫、规划、绿化、市政、环保、工商、公安交通等七个方面的全部或部分行政处罚权，即统一行使这些部门的全部或部分行政处罚权。[③] 推行城市执法队伍“马路办公”，强化路面管理，采取宣

---

① 参见张革文、韩慧芳：《严格依法行政 建设法治政府——湖北省武汉市法治政府建设取得成效》，《人民法治》2017 年第 8 期。

② 参见王锡锌：《中国行政执法困境的个案解读》，《法学研究》2005 年第 3 期。

③ 参见耿祥建、危莹：《相对集中行政处罚权制度实施中存在的问题及对策——以武汉城市管理执法局的设立为例》，《陕西理工学院学报（社会科学版）》2008 年第 4 期。

传车、执法车、运输车、执法队“三车一队”巡回执法的方式，加强对流动摊点的控管。

2. 第二阶段（2003—2006 年）

整合执法资源、完善执法队伍。2003 年，加速推进行政审批制度改革，将城管系统内的 22 项行政审批项目精简到 11 项。稳步推进城管系统的电子政务和政务公开工作，利用城市管理网站，实行网上受理和申报。2005 年，建立区域网格化巡逻控管责任制，实行执法巡查机制，推行定人、定岗、定责任、包区域“三定一包”的路面管理制度，完善路籍档案管理，配备 GPS 巡逻监控系统。2006 年，全市 7 个远城区农业部门先后成立了农业综合执法大队。洪山、新洲、黄陂、东西湖区农业综合执法大队采取“大综合”模式，即将种植业、畜牧、水产的执法权限全部集中到执法大队行使。江夏、蔡甸、汉南采取的是“小综合”模式，只将种植业的执法权限集中到执法大队行使。

3. 第三阶段（2007—2009 年）

优化行政审批、严格执法程序。2007 年，全市开展行政审批“一个窗口”建设工作，对 11 项行政审批事项实行公开承诺办理。2008 年，开展全员岗位练兵活动，进一步明确执法程序和步骤，细化处罚标准，有效提高城市管理执法规范化水平。开发城市管理执法网上办案系统，实行行政处罚网上登记和审批。2009 年，全面落实《城市管理相对集中行政处罚权执法依据、步骤及自由裁量权适用标准》，推行电子办案系统，开展执法办案网上监督。开展城市管理执法优秀案件和办案能手评选活动。

4. 第四阶段（2010—2011 年）

形成“大城管”工作格局。经过多年的努力，2010 年初步形成了主要领导亲自抓、分管领导具体抓、相关部门齐配合、市区两级衔接互动的“大城管”工作格局，激发了各区街、相关部门和单位的积极性，提升了全市城市综合管理工作效益。2011 年，下放城市管理事权，将建筑物垃圾处置核准权、道路临时占用和挖掘许可权、垃圾中转站建设、燃气管理、交通护栏、铁路沿线、城区桥梁（通道）市容环境管理事权、城区桥梁（通道）执法管理、路名牌设置、窗口部位综合管理等权限和 2800 万元的工作经费全部下放到区，理顺了区街的城市管理主体地位，较好地解决了“见事不管事、管事不见事”的问题。加强信息化建设，城市管理行政处罚电子办案系统全面推开。

（三）全面落实行政执法责任制

1998 年开始，行政执法责任制从单纯的执法检查、个案监督过渡到对行政许可、行政决策等行为的共同规范。① 2003 年，全面推行区域执法责任制，市、区城管执法部门对重点路段和区域实行全天候执法管理；对其他路段和区域实行“七对七”（早 7 点至晚 7 点）执法管理。中心城区划分 78 个城管执法责任区域，确定区域长 156 个，强化日常巡查和控管。2004 年至 2006 年，连续三年对全市城管系统办理各类行政处罚案件进行监督检查，合格率达到 95%以上；对现场检查和投诉发现的违法行为查处率均超过 90%，执法不作为现象明显减少；对全市城管系统实施行政收费、罚款及执法编制、经费情况进行了清理自查，对全市城管系统 6 类（行政处罚、行政许可、行政复议、行政诉讼、行政赔偿、行政过错追究）具体行政行为和相关案件进行了检查，并将办案情况纳入执法责任制工作考核的目标管理，执法违法责任追究率达 100%。2007 年，推行“阳光政务”，对行政许可、城管执法、城管收费、财务管理、政府采购及重大项目招标投标等工作进行重点行政监察。对社会公开政务信息 820 条、城管政策法规 71 件，共受理各类投诉、批示、督办件 2000 多件。2009 年，严格实施检查考核和奖惩，强化行政执法责任制目标管理，确保执法监督件件有落实，考核效果受到社会好评。

（四）规范自由裁量权和执法主体

针对行政执法实践中，容易出现处罚畸轻畸重、执法随意等问题，2007 年，武汉市在规范行政自由裁量权的过程中，积极探索规范行政强制自由裁量权，完善行政处罚自由裁量权的细化标准，梳理市直各行政执法部门行政强制自由裁量权 93 项。同时开展行政执法案卷评查工作。通过制定评查标准，促使行政执法案卷评查工作实现常态化。评查内容涵盖执法主体资格、案件事实认定、证据收集、程序流程、法律适用、处理决定等各方面。

为了规范执法主体，2010 年始，定期组织对全市具有行政执法职权的执法主体基本情况、单位性质、主体类别进行全面清查。加强行政执法人员执法资格管理，对于临时工、合同工、借用人员、工勤人员等从事执法工作

---

① 参见武汉地方志编纂委员会：《武汉市志（1980—2000）· 第五卷 · 政治（上）》，武汉出版社 2006 年版，第 338 页。

的，坚决清退、调离或调整工作岗位，实现执法队伍主体的合格化。2011年4月，正式组建市文化市场综合执法支队，负责统一查处违反文化、广播电视、电影、新闻出版、版权行政管理秩序的行为，以及承担法律、法规规定的其他相关的行政执法，督查、指导、协调区文化市场综合执法队伍开展执法工作，标志着武汉市建立责任明确、行为规范、监督有效、保障有力的文化市场综合执法体制迈出了新的一步。

（五）依法行政、有情操作治理城市“麻木”

维护交通运营秩序一直是困扰大城市治理的难题。治理城市“麻木”①是武汉市开展人性化执法最具有代表性的案例。从1980年到1990年，武汉三镇陆续出现大量从农村进城的人和下岗失业人员，这些人身无长技，为了生存，开始从事“麻木”载客生意。据统计，1997年到2003年，武汉市没有证照的非法“麻木”超过3万辆，加上持有证照的合法“麻木”，总数超过5万辆。“麻木”给城市发展带来了诸多问题，如挤占道路、危及安全、影响秩序、污染环境、损害市容等。2003年，市长李宪生在《政府工作报告》中正式提出把妥善解决“麻木”问题作为工作任务。市政府于5月20日公布《关于修改〈武汉市城市道路交通管理若干规定〉的决定》，6月19日颁布《关于禁止营运人力三轮车上路行驶的通告》，在七个中心城区和两个开发区禁止三轮摩托车行驶营运。在执法过程中，充分彰显以人为本的指导思想，以民众的利益为出发点，考虑到“麻木”车主多为弱势群体，采取政府补贴、安排生计、残疾人统一更换标准助动车等办法，出台了一系列彰显人文关怀的执法政策。在整治“麻木”过程中，市政府本着“依法整治、有情操作、回收车辆、帮助择业”的原则，通过有“温度”的人性化执法，赢得社会一致称赞，一个按契约规则运行的新型政府形象油然而生。2003年6月24日，市政府郑重宣布：经过85天的时间，武汉市“彻底告别麻木时代”。②

（六）“城管革命”深入推进

2011年7月，市政府召开城市综合管理专题会议，出台《关于全面提升城市综合管理水平的意见》，提出3个月内城市环境明显变化，年内城市

---

① “麻木”是武汉市民对无证三轮摩托车、有证三轮摩托车和人力三轮车的统称。

② 参见江华：《“麻木”告别城市》，《南方周末》2003年8月21日。

环境大变样，2012 年城市环境面貌发生根本性变化，2013 年实现全省最优、国内一流水平的工作目标。[①] 这次会议标志着武汉“城管革命”正式启动，掀起了破除旧观念、树立新理念、改变脏乱差、建设新环境的城市治理重大变革。

会议提出，通过实施“六大工程”，重点整治十七个突出问题，使大武汉彻底摆脱“大县城”的形象，重新塑造“大武汉”的新形象。“六大工程”包括：实施“洁面冲凉”工程，让市容变得洁净清爽；实施“减肥瘦身”工程，让城市形体优美；实施“穿衣戴帽”工程，让城市形象靓丽；实施“畅通工程”，让城市运转有序；实施“文明行为”工程，根治不文明陋习；实施“机制创新”工程，推进城市管理科学化、规范化、常态化。十七个突出问题包括：垃圾暴露、占道经营、广告招牌、房屋立面、道路管养、违法建设、窗口地带环境、建设工地、道路拥堵、绿化、水域生态环境、空气质量、空中管线、“城市家具”、“五小”规范管理、公共自行车系统建设等。

为确保改革目标实现，武汉市着力强化“大城管”的指挥调度机制，建立市长任主任、政府相关领导任副主任、各区相关部门负责人为成员的城市综合管理委员会。市城市管理局作为城管委办公室履行统筹协调、监督检查的职能，坚持每月调度制度，年内深入各区、各战线召开 6 次“城管革命”推进会，推动“城管革命”不断深入。加强城市综合管理巡查督办，城市综合管理委员会办公室就内部检查、专班巡查、群众投诉、媒体曝光、上级督办涉及的城市环境和市政设施相关问题，督促责任单位及时整改。对涉及 12 个区的 30 余个权责不清的“插花地”进行责任划分，确保全市每一个角落都有责任主体。各级城管部门实行包区包街和马路办公制度，市城管局领导包区，处级干部包街道，区城管局领导包街道，科级干部包道路，深入基层、现场调度，促进环境问题及时整改落实。完善和落实考评奖惩机制。年内武汉市城市管理部门将检查考核内容增加到 16 个大项，19 个子项，并通过公开招标选取第三方机构，对城市综合管理实行“背靠背”考核，全市全年奖励总额达 4870 万元，处罚总额 960 万元。为配合推进城管

① 参见魏程琳、齐海滨：《都市街头冲突的生成与治理机制研究——基于城管执法调研》，《青年研究》2018 年第 4 期。

革命和城市综合治理，还陆续出台《武汉市城市管理相对集中行政处罚权试行办法》《武汉市城市管理相对集中行政处罚权办法》《武汉市城市综合管理条例》等地方性法规和政府规章。经过多方努力，当年基本实现了“城管革命”的阶段性目标。

## 五、依法推进生态文明建设

### （一）环境保护规章制度健全完善

1999 年，市政府成立以分管副市长任组长，市政府办公厅、市建委、市交委、市环保局、市公安局等 21 个部门负责人为成员的机动车排气污染防治工作领导小组，并设立领导小组办公室，明确各级政府和有关部门的职责。2000 年，发布《2000 年环保达标车型目录》，全市设机动车尾气检测点 20 个、观测点 30 个，共抽检各种机动车 72558 辆，抽检合格率 75. 9%，督促治理超标机动车 2 万余辆。控制入籍新车排气污染。2001 年，基本完成了全市机动车排气全面达标（达标值为 90%）的任务，并使机动车排气污染防治工作纳入正常的环境污染管理轨道。

2002 年，大力推广公交车辆、出租车更新应用清洁燃料，实施“油改气”，强化摩托车管理，强抓机动车停放地的车辆尾气监测。2004 年，首次在重点工程开工前实行“公众环境评价”。武汉市城建、环保部门在常青花园社区召开公众调查会，介绍即将开工的城市交通项目，征求居民对工程环境影响的意见。

2009 年，《武汉市机动车排气污染防治办法》正式施行，市政府召开全市机动车排气污染防治工作动员大会，部署 13 项具体任务，印发《全市机动车排气污染防治工作方案》《全市在用机动车排气污染路检抽检工作方案》。2010 年，发布《武汉市环保局关于实行机动车环保分类合格标志管理的通告》。2011 年，武汉市率先在湖北省出台文件实施黄标车限行，[①] 推动出台黄标车淘汰更新补偿政策，配合健全资源有偿使用和生态补偿制度，积极参与排污权交易试点。

### （二）武汉城市圈建设改革试验促进条例

2009 年 10 月，湖北省人大常委会颁布了《武汉城市圈资源节约型和环

---

① 参见王凯、鄢祖海：《武汉市规定一环“黄标车”限行 9 月起实施》，《长江商报》2011 年 6 月 21 日。

境友好型社会建设综合配套改革试验促进条例》。该条例明确规定：以科学发展观为指导，坚持解放思想、先行先试，因地制宜、突出特色，政府推动、市场导向，扩大开放、互利共赢，科学规划、有序推进的原则，根据建设资源节约型和环境友好型社会的要求，以推进基础设施、产业布局、区域市场、城乡建设、环境保护与生态建设“五个一体化”和体制机制创新为突破口，[①] 为构建促进中部地区崛起的重要战略支点提供有力支撑。为加强组织领导，省政府建立由省相关部门、武汉城市圈各市政府及有关方面共同参与的协调会议制度，对改革试验中跨部门、跨行政区域的重要事项等进行协调。武汉城市圈各市政府通过建立行政首长联席会议、部门负责人联席会议等多层级的协商机制，对跨行政区域的改革试验事项进行协商。在考核评价体系中，进一步加大总量减排、环境质量改善等体现生态文明建设关键指标的考核权重。建立健全武汉城市圈改革试验中各方利益统筹协调、激励导向和补偿约束机制，破除行政壁垒，实现资源共享、信息互通、优势互补。该条例的出台，为实现可持续发展提供了良好的法治保障，系统构建起武汉城市圈“1+8”环境保护协调推动机制。

（三）环境保护执法

充分发挥市环保委员会等机构的作用，强化部门环境管理职责，按照“统一监管、分工负责”的原则，推动相关部门进一步加强生态建设、湖泊治理、饮用水源保护、生活污水处理、生活垃圾处置、扬尘污染控制等环保执法工作。强化区域联防联治机制，推进与武汉城市圈城市环保部门的协作，共同做好跨界江河湖泊环境保护、大气污染综合防治、危险废物跨区转移处置等工作。2002 年至 2003 年，市环境保护局、市质量技术监督局等部门组织实施了内环线内 2 蒸吨/小时以下燃煤锅炉全部改用清洁能源的计划。截至 2003 年底，该计划全面完成，共投入 1590 万元，有 251 台燃煤锅炉改用清洁能源或拆除；全市每年减少用煤 8 万多吨，减少烟尘排放量 4360 吨、二氧化硫排放量约 1560 吨。2006 年采取拆除、关闭、改燃、治理等综合手段，治理了 129 座冒黑烟烟囱。安排改燃补助资金，促进了改燃工作全面完成。2007 年完成燃煤锅炉改燃 300 台。2009 年深入高等院校、部队驻

① 参见《武汉城市圈资源节约型和环境友好型社会建设综合配套改革试验促进条例》，《湖北省人民政府公报》2009 年第 20 期。

地、企事业单位等重点单位，全年共完成291台燃煤锅炉改燃任务。2010年武汉市完成禁燃区内58台工业燃煤锅炉和小浴池燃煤锅炉改燃。2006年，武汉市在全国率先完成加速淘汰消耗臭氧层物质工作，被联合国开发计划署、环境规划署和国家环境保护总局授予“保护臭氧层示范城市”荣誉称号。同年，武汉市还建立起了全国第一家ODS（消耗臭氧层物质）回收中心，[①] 主要进行车载空调中氟利昂的回收，年约回收5000台废旧汽车，超过武汉市总回收量的60%。[②] 2009年至2010年，开展餐饮油烟综合整治，共整治餐饮油烟单位1464个。大力加强建设工地防尘降尘工作，狠抓渣土运输以及建设、拆迁工地扬尘污染防治，大力建设城市绿地，扬尘得到有效控制。2011年，创新大气污染综合防治监管体制机制，将空气质量纳入“城管革命”考核指标，实行空气质量月报制度。

（四）依法开展城市规划建设

完善城市规划法制体系。1997年至2011年，武汉市在贯彻执行国家、省相关法律规范和政策文件的基础上，先后制定了《武汉市城市规划管理办法》《武汉市城市规划管理局勘察测绘工作管理办法》《武汉市人民政府关于公布文物保护范围和建设控制地带的通知》等政策文件，依法对全市的建设用地规划、建筑规划、市政工程规划、城市测绘进行管理，对违法建设进行查处，并依法开展行政复议、行政处罚听证、行政诉讼，实行行政执法责任制。2000年，市规划国土局印发《武汉市规划国土资源管理局行政复议办法》，在全局系统试行依法行政6项制度，即规划国土并行审批制度、重大项目规划批前听证制度、建设项目批后公示制度、违法建设通报制度、行政执法行为投诉制度、行政执法责任目标管理制度。2005年起草《武汉市城市规划管理条例》，出台了《武汉市建设工程规划设计市场管理暂行办法》，推行了规划设计标准合同，加强了规划设计市场管理。

加大违建惩处力度。1999年，市规划国土局成立执法责任制领导小组，制定工作方案，实行执法目标分级负责制、分工负责制和分项负责制。2003

---

① 参见刘晓星、于平：《七省市获“保护臭氧层示范省市”称号》，《中国环境报》2006年9月18日。

② 参见文慧、鄢祖海：《武汉建成全国首个ODS回收中心 在三镇均有回收网点》，《湖北日报》2006年8月23日。

年武汉市加大建设项目批后管理力度，依法拆除黄冈汉办不按审批意见施工、擅自超扩的违法建筑，实施全市批后管理“第一拆”。建立规划国土资源管理区、街（乡）、村三级管理网络体系，筹建乡城管执法中队，将违法建设和违法用地有效制止在萌芽状态。2010 年，加大“规划执法在线监控平台”应用力度，严肃查处批后违法建设行为，全年对 689 个建设项目进行跟踪检查，立案查处违法建设项目 22 个，拆除 2 个严重影响城市规划的违建项目。

实现规划管理“一张图”。2008 年，依照上位法规定，城市规划编制统一数据平台正式建立，出台了《武汉市规划管理“一张图”数据建库技术标准》和《武汉市规划管理“一张图”数据校核标准》，用“一张图”进一步推动城市规划管理的制度化水平，重构了包含协同办公系统、综合一张图系统、综合监管系统的信息平台，实现了全市国土规划项目的实时浏览、效能监察、综合统计和动态分析。武汉成为全国首个副省级“数字城市地理空间框架建设”试点城市。

（五）国土资源管理法治工作

依法加强土地资源监察管理。1997 年至 2011 年，武汉市土地使用权登记发证历经多头管理到集中统一管理的过程，建设用地管理历经“管、办合一”到“管、办分离”的历程。为了促进经济、社会和环境的协调发展，市土地管理部门采取多种措施依法加强土地资源监察管理，保证土地资源的合理利用。2000 年，市土地管理局制订土地执法监察动态巡查责任制工作方案。2001 年，市土地管理局任命东西湖、汉南、蔡甸、江夏、黄陂和新洲区土地监察专员 6 人，建立建设用地会审制度、土地监察工作报告制度、巡回检查制度、土地违法行为举报制度、土地工作统计制度、廉政建设制度。2003 年，在全市范围内全面推行土地动态巡查责任制，进一步加强土地执法监察管理。2005 年，实行基本农田管护巡查制度，建立武汉市基本农田保护管理信息系统。

依法开展土地产权交易。1999 年和 2000 年，市土地整理储备供应中心和市土地交易中心相继成立，标志着武汉土地产权交易进入新的阶段，以土地整理储备供应中心和土地交易中心为载体，以土地储备制度和土地交易制度为核心，以土地收购（含收回）、土地征用、土地供应、土地交易和土地整理的土地资产经营运作体系初步建立。2001 年，《武汉市土地储备管理办法》《武汉市土地交易管理办法》相继公布，全部采取土地使用权招标拍卖挂牌方式出让国有土地使用权，实现全市土地集中统一供应。2003 年市政府出台《武汉市土地登记管理办法》等规章，制定《土地登记公开查询工作制度》等规范性文件，开展停（未）建工程整顿，市城市规划管理局（武汉市国土资源管理局）制订了启动为主、拆除为辅的整治方案。年末，全市 52 项停（未）建工程相继启动复工，占停（未）建工程总数的 81.3%。[①] 为加强国有土地使用权出让转让管理，公布了市区土地出让金标准；建立土地招拍挂底价保密制度、土地交易招标评标回避制度、经营性土地出让应急预案等工作制度，进一步规范了土地市场。

依法查处违法案件。土地执法监察动态巡查制度、土地监察专员制度、土地矿产卫片[②]执法检查等逐渐成为遏制土地违法案件发生的重要手段。2005 年，市政府下达《关于加强土地管理依法查处违法用地的通知》，规划国土执法监察工作进一步加强。下发了《武汉市国土资源管理部门移送涉嫌犯罪案件暂行办法》，建立国土资源管理部门向司法机关移送土地违法案件制度，畅通了与司法机关联合办案的渠道。集中开展土地执法“百日行动”，对自 2005 年 1 月 1 日以来清理出的 19 件“以租代征”违法用地案件和 90 件未批先用土地违法违规行为依法依规进行了处理。2010 年，全市及所辖各区国土资源主管部门对 172 宗违法用地全部依法进行立案查处，结案 172 宗，立案率 100%、查处率 98.3%、结案率 100%，依法履行职责到位率 99.4%。自动履行处罚决定书内容结案 95 宗，申请法院强制执行 77 宗，依法对 11 个相关责任人向纪检监察机关提出党纪政纪处分的建议。[③]

（六）出台征地和拆迁管理制度

2002 年 2 月 8 日，市政府公布《武汉市城市房屋拆迁管理实施办法》，2002 年 3 月 1 日起实施。随后，又制订《关于制定武汉市中心城区房屋搬迁补助费和临时安置费等标准的通知》《武汉市城市房屋拆迁评估管理暂行规定》《武汉市城市房屋拆迁评估操作技术规范（试行）》等一系列配套政策，对如何协调旧城改造与新区建设的关系，如何保护拆迁人的利益等做了

---

① 参见武汉年鉴编纂委员会：《2004 年武汉年鉴》，武汉年鉴社 2005 年版，第 163 页。

② 即土地矿产卫星遥感图片。

③ 参见武汉年鉴编纂委员会：《2011 年武汉年鉴》，武汉年鉴社 2012 年版，第 85 页。

明确规定。拆迁管理部门依法行使行政立法、拆迁许可、房屋拆迁告知、行政裁决、申请强制执行、行政处罚、行政监督、检查、协调等职能，对房屋拆迁实施管理。1998 年，市拆迁管理部门对还建资金施行监控，加强对建设单位拆迁项目的资金监控管理。2000 年 12 月 8 日，市拆迁管理部门制订《武汉市城市房屋拆迁安置补偿专项资金监控管理暂行办法》。1997 年后所有资金监控的项目，未出现拆迁后因资金问题导致不能按时安置的现象。这一依法规范拆迁安置补偿资金使用的创新举措，在全国副省级城市中尚属首创。

### 六、政务公开和电子政务建设

1998 年，武汉在全市初步建立了行政执法公示制度，全面依法推进政务公开，市政府专门印发了《关于推行行政执法公示制度的通知》。[①] 2003 年，全面开展电子政务建设，先后出台了《关于大力推进武汉市电子政务建设的通知》《关于认真做好电子政务外网平台建设工作的通知》《武汉市政务网站管理暂行办法》和《武汉市宽带信息交互中心管理办法》等文件。2004 年，市政府召开新闻发布会，通报《全市政府信息公开工作方案》，正式实施《武汉市政府信息公开暂行规定》，揭开了市政府信息公开法治建设的序幕。2005 年，全面实施新闻发言人制度，全市相关部门均建立了新闻发言人制度，并对各部门指派的新闻发言人进行了专门的培训。

2006 年，武汉市积极推动全市 13 个区和 2 个开发区建立政务服务中心，完善市直部门“一个窗口对外”的工作机制，大力推进电子政务建设，武汉政务宽带平台和宽带交互中心两大基础工程投入运行，市、区、街电子政务平台网络实现联通。[②] 先后推动 79 家政府信息公开责任部门和单位的 32 万条信息向社会公开，开通 48 条“行风连线”，搭建政府部门与市民互动平台。[③] 此后，武汉市进一步加大了政务信息公开的力度，建立统一的市、区、街、社区四级政府信息公开网络体系，“中国武汉”政府门户网站可提供 900 余种应用表格下载、2100 多项网上公众服务项目，整合公共服

① 参见万玲英：《武汉市新洲区将现行文件报送纳入政务公开考核内容》，《湖北档案》2013 年第 5 期。

② 参见李宪生：《2017 年武汉市政府工作报告》，《长江日报》2007 年 1 月 22 日。

③ 参见李宪生：《2017 年武汉市政府工作报告》，《长江日报》2007 年 1 月 22 日。

务电话为“12345”一号通，24 小时人工接听、解答、办理市民来电。出台了政府信息公开保密审查、政府网站建设与管理等规定。组织各级行政机关，将除法律法规明确规定不能公开事项外的行政管理和公共服务事项，通过各种渠道向社会公开。①

## 第五节　打造“平安武汉”法治建设品牌

平安武汉建设，不仅关系城市社会治安综合治理大局，更是人民群众对民生福祉最基本的诉求。1997 年，全市政法综治战线紧密围绕“平安武汉”创建工作，主动适应治安维稳新变化、新形势，深入推进平安武汉、立体化社会治安防控体系建设，紧紧围绕影响群众安全感的突出问题，加强社会治安综合治理，深入推进平安建设，为保障人民安居乐业、维护社会大局稳定、服务经济社会发展作出了重要贡献。

### 一、“平安武汉”建设从点到面逐步推进

#### （一）“安全小区”创建

1997 年，武汉市将创建平安活动作为加强社会治安综合治理基层基础工作的一个重要载体纳入规划，全市各级党委、政府成立由文明委、公安、教委、城建等多个部门参加的专班，围绕治安秩序稳定、防范机制完善，基层组织健全、小区环境优美、社会风气良好的总目标，因地制宜开展安全文明家庭、楼院、村镇、小区、街道、单位等多种形式和不同规模的创建活动。1998 年，市社会治安综合治理委员会部署开展安全小区创建活动，制订《武汉市“安全小区”标准及考核（暂行）办法》，促进了各项安全防范工作落实。2000 年，武汉市的创建安全小区工作以巩固创建成果、推进薄弱小区创安为重点。全市组织专门力量，对已达标的 352 个省、市级安全小区进行全面回访检查，对发生案件、居民群众有意见的小区通报批评，限期整改，巩固了一批各具特色的创建模式，各区确定了一批创安工作薄弱小区，明确责任，制定创建措施，督促检查，使薄弱小区的创建工作有了突破。市公安局对 130 个高发案管段实行户籍民警责任制，市、区加大督办力

① 参见张革文、韩慧芳：《严格依法行政　建设法治政府——湖北省武汉市法治政府建设取得成效》，《人民法治》2017 年第 8 期。

度，限期整改，一批高发案的小区治安面貌得到明显改观。至年底，居民小区的发案已连续两年呈下降趋势，安全小区覆盖面达到80%。[①] 2002年，立足于居民群众迫切需要解决的问题，开展“社区建设883行动计划”[②]，重点推进“就业和社会保障、城市管理、社会治安综合治理、社会服务”四到社区。对此，武汉市市长李宪生指出，以“社区建设883行动计划”为抓手，真情面对、切实解决群众生活特别是弱势群体的困难和问题，使各方面的利益得到了照顾，促进了社会的相对公平和人与人的和谐。2003年2月，市公安局部署开展了“无盗社区”创建活动，并成立以分管局长为组长，局办公室、政治部和户政、刑侦、治安、国保、缉毒等部门参加的创建活动领导小组，在户政处设工作指导专班。在此基础上，制订《2003年社区安全防范工作计划》《关于开展无盗社区或季度无盗创建工作的实施方案》。截至年底，全市有3300多个小区被评为安全小区，占全市小区总数的80.0%，有113个小区被命名为“三星级安全小区”，18个小区被命名为“四星级安全小区”，156个社区成为安全社区，涌现出民意街、百步亭社区等一批创建安全小区先进典型。

（二）“平安城区”创建

2005年，武汉以“平安武汉”建设为载体，全面落实社会治安综合治理各项措施，先后8次召开平安创建工作经验交流、讲评会，营造了“创建平安武汉，构建和谐社会”的良好氛围。通过创建，青山、汉阳、汉南等区成为首批“省级平安区”。江汉、洪山、武昌等区被评为“市级平安区”。2006年，市委、市政府下发《关于深入开展平安武汉建设的意见》，市社会治安综合治理委员会制定下发《关于平安社区创建标准及评比办法》，深入开展“平安社区村湾”创建活动，形成以社区民警为龙头、治保会为纽带、安保队员为骨干、多种群防力量参加的社区防范网络。通过创建，全市基本形成覆盖重点地区、社区、内部单位，人防、物防、技防相结合的防控体系。2006年，武汉市入室盗窃案件比上年下降11%，348个社区建成平安社区，一些社区实现零发案目标。[③]

---

① 参见武汉年鉴编纂委员会：《2011年武汉年鉴》，武汉年鉴社2002年版，第65页。

② 2002年10月，武汉市“社区建设883行动计划”正式启动，计划用3年时间，全面推进全市中心城区社区（当时为883个）的建设。

③ 参见武汉年鉴编纂委员会：《2007年武汉年鉴》，武汉年鉴社2008年版，第78页。

2007年，市委、市政府下发《关于进一步深化平安和谐武汉建设的意见》，将进一步创造良好的治安环境纳入市政府“十件实事”之一，推进社区物防、技防建设，充实安保服务人员、治安联系户等，使综合治理工作力量、网络延伸到了村湾。大力开展平安家庭、平安企业、平安景区、平安工地、平安场所、平安校园、平安铁路线建设，拓展了平安建设的领域和范围，提高城市平安建设总体水平。2008年，全市广泛动员、组织开展了“争创全国社会治安综合治理优秀市”活动，全市平安社区、平安街（乡镇）创建达标率均达到91%以上，13个区均被授予“市级平安区”称号，其中11个区被省委、省政府命名为“省级平安区”。[①]

## 二、维护国家安全和社会稳定大局

国泰民安是人民群众最基本、最普遍的愿望，保障国家安全和社会稳定就是保障人民群众的根本利益。武汉市从思想上和行动上高度重视，坚持国家安全一切为了人民，一切依靠人民，依法防范、制止、打击危害国家安全、社会安全犯罪，增强市民防范意识，形成维护国家安全和社会稳定的强大合力。

### （一）加强和深化国家安全工作

国家安全是安邦定国的重要基石。根据党中央有关政策部署，为适应改革开放新形势斗争需要，武汉市在20世纪90年代初组建市国家安全机关，作为全市反间谍工作的主管机关，在上级国家安全机关和市委、市政府领导下，坚持党的绝对领导，坚持国家利益至上，以人民安全为宗旨，以政治安全为根本，严格依照《国家安全法》《人民警察法》等法律法规行使权力、履行职责，守好武汉主战场，打造过硬铁军，为维护国家安全和武汉社会政治稳定发挥了特殊作用，作出了特殊贡献。

坚持首责重责，坚决维护政治安全。市国家安全机关把维护政治安全特别是政权安全、制度安全放在首位，以防范和抵御“颜色革命”为重点，紧扣重大活动和敏感节点，坚决防范各类反华敌对势力针对我市的渗透破坏活动，有力保障了政治安全。

坚持情报先导，依法搜集涉及国家安全的情报信息。市国家安全机关坚持情报先行，做到预警在先、预防在前，向上级有关部门报送了一大批深层

① 武汉年鉴编纂委员会：《2009年武汉年鉴》，武汉年鉴社2010年版，第57页。

次、内幕性、预警性情报信息。部分重要情报信息获得中央及省、市领导充分肯定。2011 年，武汉市国家安全机关围绕辛亥革命百年纪念活动前夕不稳定因素进行风险预警，为市相关部门及时处置提供有力情报支撑，迅速消除了安全隐患。充分发挥情报渠道优势，协助公安机关破获了一系列涉枪、涉毒、涉暴恐案件，维护了广大人民群众生命财产安全。

坚持标本兼治，深入开展反间谍斗争。市国家安全机关在全市各机关、团体、组织和人民群众的广泛支持下，不断强化专业斗争能力，成功破获了一批重大间谍案件，斩断了敌人的情报窃密渠道，粉碎了敌人布建的情报网络，依法严惩了一批罪行严重的间谍犯罪分子，坚决维护了国家利益和法律权威。1998 年，查处武汉某音像器材有限公司非法销售间谍器材案，收缴总价达 29 万元间谍器材，对公司负责人进行行政处罚，收到良好社会效果。2006 年，侦破一起境外间谍情报机关对我重点国防科研单位人员进行勾联策反的重大案件，拔掉境外间谍情报机关在我核心要害部位安插的“钉子”。该案在全国产生重大影响，专案组荣立集体一等功。

坚持专群结合，构建维护国家安全钢铁长城。市国家安全机关坚持专门工作与群众路线相结合，充分发挥专门机关和其他有关机关维护国家安全的职能作用，广泛动员全市广大群众和组织，防范、制止和依法惩治危害国家安全的行为。深入推进全市国家安全人民防线建设工作，开展国家安全教育专题巡展，推动国家安全教育进机关、进军营、进学校、进社区、进企业；结合“4·15”“11·1”等国家安全宣传节点，以电台广播、报刊撰文、法律咨询、专题讲座、布置展板、张贴标语、投放公益短片、发放宣传资料、短信群发等形式宣传《国家安全法》，不断增强全市干部群众的敌情观念、法治意识，筑牢全社会反奸防谍钢铁长城。12339 热线发挥重要作用，从群众举报中侦办了一批要案，相关举报人获国家安全部专项表彰。

（二）深入开展反邪教斗争

邪教是当今世界的一大公害，对社会政治稳定、人民生命安全造成严重威胁。武汉市高度重视处理邪教问题，1999 年成立市委处理“法轮功”及对社会有害气功组织领导小组，2001 年 1 月市委成立领导小组办公室，加强对防范和处理邪教工作的统一组织领导。充分发挥各职能部门作用和广大人民群众的积极性，深入开展打击取缔、教育转化、社会宣传等工作，有效遏制了邪教的蔓延和发展，促进了社会和谐稳定。2006 年 12 月，武汉市防范和处理邪教问题办公室被国家人力资源和社会保障部、国务院防范和处理邪教问题办公室授予全国反邪教系统先进集体称号；2007 年 4—5 月，武汉市作为全国反邪教工作巡回报告团成员，先后在河南等七省巡回宣讲交流。

依法打击取缔邪教组织。早在 1985 年，武汉市就开展了取缔邪教组织的工作。1999 年，按照中央和省委的统一部署和全国人大常委会《关于取缔邪教组织　防范和惩治邪教活动的决定》要求，政法机关始终保持对邪教组织的高压打击态势，公安机关一举摧毁“法轮功”武汉总站组织体系，破获一批“法轮功”“全能神”等邪教案件，摧毁一批制作反动宣传品窝点和地下组织，收缴大批“法轮功”书籍和音像制品，依法打击一批违法犯罪人员。

坚持不懈开展教育转化工作。认真贯彻落实中央“团结、教育、挽救”方针，始终将教育转化“法轮功”和其他邪教人员作为反邪教工作的治根之举。武汉是“法轮功”的重灾区，参与习练“法轮功”的人员较多，教育转化的任务十分繁重。取缔“法轮功”以来，市区联手，通过分类施策，建强专、兼职帮教队伍，成立关爱之家和转化能手工作室，坚持政策法律和时事政治教育和原“法轮功人员”转化典型现身说法有机结合，有组织有重点地常年开展教育转化工作。同时制定教育转化流程、考核验收标准，保证了教育转化质量。做实教育转化后的巩固帮扶工作，依托街道综治中心和社区（村）建设关爱工作室，建立政策、经济、就业、医疗、情感和生活等六大帮扶机制，有效巩固了教育转化成果。

深入开展反邪教宣传教育和无邪教单位创建工作。以崇尚科学，反对邪教为主题，将反邪教宣传纳入全市宣传教育总体规划，纳入党委中心组学习内容，纳入党校、行政学院和干部教育培训课程，纳入中小学校思想政治课教材。以科技大篷车、专题讲座、举办展览等多种形式开展专题宣传。以创作歌曲、相声、湖北大鼓等群众喜闻乐见的节目在公园、广场演出，教育广大群众崇尚科学，远离邪教，提高了干部群众识别邪教的能力和反对邪教的认识。创新夯实反邪教基础工作，在全市 3099 个社区和单位开展无邪教创建工作，明确创建标准，纳入社区网格化管理和防控；借助“万名警察进社区”、千名律师进社区等载体，将反邪教工作纳入公安民警、律师职责任务。

（三）处置非传统安全威胁

非传统安全威胁是相对传统安全威胁因素而言的，包括经济安全、金融安全、生态环境安全、信息安全、资源安全、恐怖主义等。随着社会发展和科学技术进步，传统安全威胁与非传统安全威胁交织一起，给维护国家安全和社会和谐稳定提出了新要求、新任务。1997 年后，武汉市处置非传统安全问题，主要是开展互联网上对敌斗争和防止发生暴力恐怖事件。

1. 开展互联网上斗争

1998 年，市公安局在计算机管理监察处组建国际互联网安全监察科，建立武汉地区国际互联网二级监控点。依法对武汉地区的公众网、金桥网、教育网、科研网 4 个接入单位实施安全监察，督促接入单位和互联网单位设置安全管理组织，配备安全员，建立健全安全管理制度。全年查处利用计算机违法犯罪案件 32 起，依法处理违法人员 36 人，查处违反《计算机信息网络国际联网安全保护管理办法》的案件 5 起，其中全国性大案 1 起。1999 年，针对新中国成立 50 周年大庆、澳门回归等重要时期，公安机关严密监控网上信息动态，加强网络安全工作，11 月 13 日破获蔡某利用国际互联网敲诈勒索香港富商李某某的案件。2000 年，互联网监控工作迈入正规化轨道，实行专人专机全天候定点监控，建设电子备案系统。2001 年，在全市网吧统一安装“网吧安全管理监控报警系统”，阻断上网者对反动、黄色、淫秽等有害信息的访问。全年屏蔽各类不良网站点击 4.2 万余次，查破各类互联网案件 32 起，删除、封堵网上有害信息 529 条，破获一起“黑客”攻击网站案，抓获犯罪嫌疑人王某。2002 年，开展全市互联网专项清理整治工作，共检查网站 800 余家，发现堵截有害信息 1173 条次，抓获在网上发布有害信息的民运骨干 4 人、“法轮功”分子 6 人。对全市网吧实行市、区两级管理，两级监控。2003 年，共封堵各类反动、黄色网站 427 个，破获各类涉网案件 217 起。2004 年，出台《武汉市互联网突发事件应急处置预案》，严防敌对分子、自由化分子网上串联组织、造谣煽动等破坏活动。加强规范化建设，制定《网监处办理刑事案件程序规定》《网监处工作规则》《网监处业务管理规定》等涉网案件办案规章制度。2004 年，建成开通“武汉市网络安全警报处置中心”网站，全天候接受群众网络安全报警。2005 年，进一步加强网上斗争，在互联网上设置“报警岗亭”和“虚拟警察”，互联网公开管理和侦控工作得到加强，侦破公安部督办的“遨游天堂”网站传播淫秽物品牟利案。2006 年，开展“网上追逃”“打击网络赌博”等专项行动，查获涉网刑事案件 123 起，成功侦破网上银行盗窃案、“中亚”网上制贩国家机关证件及事业单位印章案。2007 年，成功破获“许创网上特大传播淫秽物品牟利案”和“红桥会所”“伊甸园”“美女经济”等网上组织、介绍卖淫团伙，破案 24 起，成绩在全国名列前茅，被中央媒体报道。

2. 防止发生暴力事件

1998 年 2 月 14 日上午 10 时 8 分，武汉电车公司 1 路专线车（车牌号鄂 A63538）行至长江大桥汉阳桥头堡附近发生爆炸，造成重大人员伤亡和财产损失。案发后，市公安局立即组织以刑侦处为主体的 310 人的专案组，明确分工，开展工作。经过奋力攻坚，获取大量确凿证据，认定该案系犯罪嫌疑人邹某某、曹某所为，邹、曹二人在车上引爆炸药当场死亡。同时由市政府组织公安、民政、保险等有关部门成立案件善后处理组，妥善处置安抚工作。

21 世纪初，国际国内形势发生新的深刻变化，影响国家安全和社会稳定的一些不稳定、不确定因素明显增多，暴力恐怖活动的威胁进一步加大。2003 年，市委、市政府决定成立由 35 个部门组成的反恐工作协调小组，日常办事机构设在市公安局指挥中心。2004 年，市公安局修改完善《武汉市处置大规模恐怖袭击事件预案》，编制《武汉市处置核辐射恐怖袭击事件预案》《武汉市处置生物化学恐怖袭击事件预案》和《武汉市公安局处置劫机、劫持人质、爆炸、投毒恐怖事件预案》，督促、指导有关单位制定应急预案，组织“荆楚 2004 反恐综合演练”和大练兵“实战综合演练”，先后破获中百仓储爆炸勒索案、汉阳公汽遭硫酸袭击案、系列恐吓敲诈案、协和医院持刀挟持人质案、组织他人偷越国边境案等一批有影响的恶性案件。2005 年，组建市公安局特警支队，边建边训边工作，较快地适应形势发展的需要，提高了处置突发事件和暴力恐怖活动的能力。2005 年至 2006 年，先后妥善处置汉阳绑架人质等 40 起事件，成功处置武昌丁字桥小学女教师被劫持案、协破特大贩毒案及汉川枪案、抓获公安部 B 级通缉犯张某等 6 名犯罪嫌疑人等涉暴类案件。2008 年，成功处置武汉机场、武汉广场等处发生的一批重大警情，全年没有发生暴力恐怖事件。为提高反恐怖实战能力，市公安局从 2006 年开始，每年都举行反恐实战综合演习，防范于未然。

在这期间，涌现出一批恪尽职守的英模人物，谭纪雄是典型代表。谭纪雄，1976 年 5 月生，湖南省茶陵人，中共党员，1999 年 7 月参加公安工作，现任特警支队突击大队副大队长。2009 年 6 月 3 日，谭纪雄在参与处置劫持人质案件的危急关头，主动请战，化装进入现场。面对穷凶极恶、欲杀害人质的持枪歹徒，谭纪雄舍生忘死，奋不顾身扑向歹徒，头部中弹，身负重伤。人质安全获救。6 月 26 日，人力资源和社会保障部、公安部授予其全国公安系统一级英雄模范称号，省政府授予其省劳动模范称号，团中央授予其中国青年五四奖章。

（四）依法奖励保护见义勇为人员

1998 年报经省、市人大批准，在全省率先颁布《武汉市奖励和保护见义勇为人员条例》。2002 年，市委办公厅、市政府办公厅批转市综治委、市民政局、市卫生局等 16 部门联合制发的《关于进一步做好见义勇为人员保护工作的通知》，对见义勇为人员的行为界定，申报审批、医疗救治、伤残鉴定、慰问抚恤和帮扶解困以及相关部门的职责任务作了明确规定，奖励和保护见义勇为人员工作逐步走上法制化、制度化轨道。在此期间，市见义勇为基金会通过政府拨款、社会募捐等，共募集资金 1000 多万元。用于奖金、医疗费和抚恤慰问等 100 多万元。2002 年在洪山区寿安陵园建立“武汉市见义勇为英烈纪念碑”，将发生在武汉地区的见义勇为英烈的名字刻在纪念碑上。每年清明节组织祭扫悼念，教育启迪后人。2004 年，市见义勇为基金会组建包括中百仓储珞狮路购物广场，军警民围堵持枪打劫匪英雄群体，蔡甸永安街四村乡民、派出所干警近 2 千人在九真山下围堵抢劫犯罪团伙先进群体等 5 个群体以及市新安客运有限公司司机李萍等 9 名先进个人在内的“见义勇为英雄事迹报告团”，到各区（单位）作巡回报告，激励人们勇做好人好事，弘扬中华民族的传统美德。2006 年至 2008 年，经过市、区两级见义勇为工作机构的发现、申报和审定，全市先后有 2144 人受到中央和省、市、区的表彰奖励。

## 三、依法从严惩治刑事犯罪

（一）刑事侦查工作改革

1997 年至 2011 年，全市公安机关大力充实刑侦警力，改革侦查预审分设的体制，实行侦审合一，各分局撤销预审科，预审职能全部移交到刑侦部门，刑警队从侦查破案到预审办案、移送起诉一包到底，减少办案环节，提高工作效率。从 1997 年开始，在全市逐步建立覆盖社会面的派出所刑侦队，市公安局刑侦处设立大案、有组织犯罪、追逃、快速反应、机动、反扒、技术等专业大队，各分局、经保和文保处刑警大队也设立了重案队、刑事技术队、预审指导队和情报资料队。建立完善信息指挥中心、“110”报警服务系统和巡逻民警队，提高各警种之间的密切配合、打击刑事犯罪活动快速反应能力。建立重大案件督办制度，制定案件管辖、破案分工、破案目标和考核奖惩制度，完善激励机制。1998 年，为了加强打击经济犯罪和毒品犯罪，市公安局和各分局设立经济犯罪侦查和缉毒专门机构。2000 年至 2001 年，全市公安机关开展以打击暴力犯罪、重大盗窃犯罪和恶势力犯罪为重点的“严打”斗争，先后开展打击“车匪路霸”、集中追逃、“收枪治爆”等专项斗争和刑侦破案战役，狠抓重大案件侦破。针对刑事犯罪和经济犯罪活动突出，暴力犯罪案件增多的情况，2009 年，全市公安机关组织开展春季、夏季、冬季治安战役和“打黑除恶”“打击拐卖妇女儿童”等专项斗争，完善特大案督办制度，强化刑侦基础业务建设，建立刑侦局域网络中心，引进运用扫描电子显微镜等先进刑侦技术，完善破案责任制，进一步提高刑侦部门破案水平。为实现“命案必破”目标，市公安局建立诸警联动快速反应机制，增强打击力度，提高了命案侦破效率。积极发挥刑侦综合信息系统的作用，建成逃犯数据库、指纹数据库、无名尸体数据库、失踪人员数据库、犯罪嫌疑人员数据库等信息系统，实现资源共享，为命案侦破提供了强大的技术支撑。

### （二）开展刑事犯罪活动专项打击行动

开展专项行动是集中打击某一类突出的刑事犯罪活动的一项措施，市公安机关从本地区实际情况出发，因地制宜，相继开展不同形式的专项行动。[①]

#### 1. 打击流窜犯罪

1997 年 10 月至 1998 年 1 月，根据全省打击流窜犯罪专项斗争要求，市区公安机关坚持适时组织集中清查打击行动，进一步打击流窜犯罪活动，一举抓获李某祥、陈某为首的 7 人纠合性流窜抢劫犯罪团伙。2000 年 6 月和 2002 年 11—12 月，为解决“三无”人员在全市引发的治安问题，市政府组

① 参见倪星、原超：《地方政府的运动式治理是如何走向“常规化”的？——基于 S 市市监局“清无”专项行动的分析》，《公共行政评论》2014 年第 2 期。

织公安、城管、工商、民政、民委等职能部门参加，分别开展打击拐卖少年儿童，以及在江汉路步行街等闹市中心流窜人员扒窃、抢劫违法犯罪突出的地域进行打击行动。全市商业闹市区、旅游景点、城区主干道流窜犯罪活动明显减少。2005 年，全年共打掉“剪刀帮”等外地流窜扒窃团伙 17 个，取得了震慑犯罪、保一方平安的社会效果。

2. 推进“打黑除恶”专项斗争

1990 年代末，在各种复杂社会因素的影响下，黑社会性质组织和各种恶势力犯罪活动沉渣泛起，愈演愈烈，成为危害治安稳定、破坏经济秩序、影响人民群众安居乐业的重大突出问题。2000 年 4 月，市公安机关按照公安部的统一部署，开展“打黑除恶”专项斗争。市公安局成立以刑侦部门为主、多警种配合的工作专班，明确打击重点，实行工作责任制。2001 年，市政府成立“打黑除恶”专项斗争领导小组，在市公安局设“打黑除恶”办公室加强对斗争的领导。市公安局多次召开“打黑除恶”专项斗争工作调度会、经验交流会，部署推进专项斗争的开展。4—12 月，共破获各类刑事案件 29020 起，其中，毒品罪案 726 起（含 1000 克以上案件 18 起），缴获毒品海洛因 102 公斤；刑事拘留犯罪嫌疑人 7929 名，逮捕 5384 名；查获黑社会性质犯罪团伙 7 个，涉恶犯罪团伙 435 个，抓获团伙成员 1804 名。① 及时查获以容某胜、石某强、周某林、曹某武、庄某、沈某忠、李某林等为首的一批作恶多端、危害一方的黑社会性质犯罪团伙。公安部领导评价：“武汉是全国打黑除恶斗争介入最早、打黑组织较为完善的城市”。

2002 年，公安机关以“打黑除恶”专项斗争为重点，严厉打击严重刑事犯罪活动。全市公安机关坚持“露头就打、打早打小、除恶务尽”的方针，及时破获了一批大案要案，震慑了犯罪分子。通过持续努力，社会治安防控体系建设不断完善，确保了全市社会政治稳定和治安大局平稳。2005 年全市命案发案数为近 3 年来最低。②

2006 年，武汉市公安机关通过深入调研，侦办了以江夏区曾某玲、东西湖区高某、张某义和洪山区陈某豹 4 个黑社会性质犯罪组织为重点的案件，并将其全部依法移送起诉机关和审判机关。全市确定的 78 件涉黑、涉

---

① 参见武汉年鉴编纂委员会：《2002 年武汉年鉴》，武汉年鉴社 2003 年版，第 63 页。
② 参见武汉年鉴编纂委员会：《2006 年武汉年鉴》，武汉年鉴社 2007 年版，第 58 页。

枪、争抢工地案件以及直接侵害群众的寻衅滋事、敲诈勒索、打砸等重点案件，逐案成立专班，督促办案，经全力攻坚，全部办结。通过专项斗争，共破获4个黑社会性质犯罪组织案，打掉恶势力犯罪团伙222个，抓获犯罪嫌疑人1232名，侦破各类案件1343起，收缴各类枪支79支，① 有力打击了黑恶犯罪活动。

2007年，建立江南、江北、东西湖“打黑除恶”工作站，严厉打击侵害工程建设的黑恶势力。先后查获舒某军、倪某、周某、李某建等黑社会性质组织。年内共查获恶势力犯罪团伙、黑社会性质犯罪组织299个，破获黑恶案件1596件，抓获犯罪嫌疑人1639人。2008年，充分发挥3个“打黑除恶”工作站作用，打掉黑恶犯罪团伙57个，蔡甸金某桥、金某宏等4个黑社会性质犯罪团伙全部移送起诉。

2009年4—12月，武汉市公安机关在全市范围内开展以强化重点涉黑专案攻坚、重点区域整治、重点行业整治、重点工程周边治安整治专项行动为重点的打黑除恶“飓风行动”。截至年底，共摧毁黑社会性质组织4个，破获各类刑事案件70件，依法处理黑社会性质组织成员73人；打掉恶势力犯罪团伙90个，抓获犯罪嫌疑人1369人，破获各类案件791件，收缴非法枪支142支、刀棍等凶器231件。②

2010年，武汉市实施突出重点，异地用警、异地关押、集中攻坚、强化指导和协调等措施，提高打击效能。强力推行市局、分局、派出所三级打击机制、“五级侦控责任”和犯罪嫌疑人“黑名单”制度，打黑专业队伍协调职能和攻坚水平明显提升。成功摧毁黑社会性质组织7个，打掉恶势力犯罪团伙74个，有效遏制了黑恶势力的滋生和蔓延，“打黑除恶”工作力度和成效在全国省会城市中名列前茅。

3. 开展“三打一防”等专项行动

1997年3月至6月，全市开展打击暴力犯罪、打击毒品犯罪、打击侵财犯罪、全面加强安全防范工作的“三打一防”专项斗争，打击重点是涉枪、杀人、绑架、重大抢劫、盗窃、诈骗、毒品和严重团伙犯罪。各级公安机关在专项斗争中，破获各类重大刑事案件4320起，其中杀人案件53起，

---

① 参见武汉年鉴编纂委员会：《2007年武汉年鉴》，武汉年鉴社2008年版，第71页。

② 参见武汉年鉴编纂委员会：《2007年武汉年鉴》，武汉年鉴社2008年版，第71页。

绑架人质、勒索巨款案件18起，重大盗窃、抢劫、诈骗等侵财性案件3331起，打掉犯罪团伙467个。查破贩毒案件301起，抓获贩毒人员3344人。[①]斗争中，针对20个发案多、治安不好的地区和部位开展整治。汉口火车站、汉正街市场、大专院校周边治安秩序经过整治有了明显好转。

2001年，全市公安机关采取集中整治和日常管理相结合的方法，打击和防范盗窃自行车违法犯罪活动。在打击盗窃的同时，大力推进自行车车棚、地环、壁环等防范设施的建设，组织各种形式的群众性防范网络，落实专门力量看护，建立健全自行车日常管理制度，增强人民群众安全防范能力。

2002年8月至11月，武汉市公安局开展打击抢劫、抢夺等多发性侵财犯罪专项斗争，成立打击“两抢”犯罪工作领导小组，以派出所为单位组织民警深入开展清查。刑侦部门对2002年以来未破抢劫、抢夺案件进行清理、串并案件，确定100起重点案件挂牌督办，建立定领导、定力量、定时间破案责任制。巡逻部门调整警力，设立布控盘查卡点，加强盘查，捕捉现行犯罪分子。各区分局成立反抢骑警队、打抢围剿队、打抢突击队，打击街头现行犯。全年共破获抢劫、抢夺案件3409起，查获抢劫、抢夺犯罪团伙146个，抓获违法犯罪嫌疑人10108人。[②]

2005年，市公安局开展集中“反扒”专项行动，以职业惯扒、外地流窜扒窃人员、以患疾病和吞食异物等手段逃避打击的人员为打击重点。市公安局交通管理局负责全市公交车上及站点，长途车站及周边，轻轨列车上及站内扒窃违法犯罪的打击和防控工作；各分局负责辖区内扒窃违法犯罪的打击和防控工作；对江汉路步行街等重点窗口地区，按属地管辖制定专门反扒工作措施。通过打、防、控、管等多项举措，公交扒窃警情得到有效控制。全年全市共破获扒窃案件3505件，查获扒窃犯罪团伙51个，抓获2921人，其中，刑事拘留1146人，行政拘留986人。[③] 2007年，公安机关调整全市打击扒窃违法犯罪工作机制，在武汉市公安局交通管理局内新设立了打击扒窃违法犯罪工作协调办公室。制发《关于进一步加强打击扒窃违法犯罪工作的意见》，规范了全市反扒工作。全市各级公安机关始终坚持警情主导，

① 参见武汉年鉴编纂委员会：《1998年武汉年鉴》，武汉年鉴社1999年版，第68页。
② 参见武汉年鉴编纂委员会：《2003年武汉年鉴》，武汉年鉴社2004年版，第87页。
③ 参见武汉年鉴编纂委员会：《2006年武汉年鉴》，武汉年鉴社2007年版，第57页。

强化信息研判，突出重点部位、重点时段和重点作案人群，组织便衣力量加强打击，便衣民警跟车反扒，站点控制，先后组织“百日反扒”会战、“春雷”行动和“打惯扒、摧团伙、保目标”的反扒风暴行动，全力压降扒窃警情。全市共破获扒窃案件872件，抓获扒窃违法犯罪嫌疑人705人，查获扒窃团伙35个，全市扒窃警情从上半年上升14.6%下降到上升0.3%，[①] 影响民生的扒窃问题有较大改观。

4. 禁毒工作全面加强

按照中央统一部署，1995年7月成立武汉市禁毒委员会，下设办公室，设在市公安局。1997年9月市公安局成立缉毒处，后改称禁毒处；各区、县公安局成立缉毒大队。1997年9月，《武汉市禁毒条例》颁布实施，全市禁毒工作步入法治化轨道。2002年6月，市人大常委会对《武汉市禁毒条例》进行修订，将国家规定管制的摇头丸、K粉等其他能够使人成瘾的麻醉药品和精神药品以及易制毒化学品列入查禁管理的范围，进一步完善禁毒工作法律制度。2005年至2007年，武汉市开展为期三年禁毒人民战争，全市公安机关通过开展“五大战役”（“破冰”行动、新型毒品专项整治行动、打击外流贩毒犯罪专项行动、公开查缉毒品违法犯罪行动、“07—砺剑”打击毒品犯罪专项行动），在遏制毒品来源、遏制毒品危害、遏制新吸毒人员滋生方面取得重大进展。[②] 打击外流贩毒，加强娱乐场所涉毒整治，加大禁毒预防教育力度，积极创建“无毒社区”等工作受到公安部充分肯定，禁毒工作取得显著成效。

5. 严厉打击经济犯罪

随着改革开放和经济体制改革不断深化，各类经济犯罪增多，涉案金额越来越大。1997年至2011年，全市经济领域犯罪的特点表现为：一是金融犯罪案件发案增多，犯罪手段狡诈。二是证券领域犯罪突出、涉案金额巨大、危害严重。三是合同诈骗案件手段翻新，私刻印章，冒充他人单位名义或虚构单位签订合同，骗取钱财。

1997年9月，市公安局成立经济案件侦查处（后改称经济犯罪侦查处），江岸、江汉、硚口、汉阳、武昌、青山、洪山、东西湖、蔡甸、江夏

① 参见武汉年鉴编纂委员会：《2008年武汉年鉴》，武汉年鉴社2009年版，第43页。

② 参见武汉市公安局禁毒处：《积极组织开展禁毒人民战争》，《湖北警官学院学报》2008年第5期。

区公安局设立经济案件侦查大队。全市公安机关经侦部门负责侦查破坏金融管理秩序、金融诈骗、扰乱市场秩序、危害税收征管和走私等经济犯罪案件。1999 年后，市公安局先后制定了《关于经济案件管辖分工暂行规定》《关于到市外和协外办理经济案件暂行规定》和《经侦处办理经济犯罪案件程序暂行规定》，落实案件管辖职责，明确任务，规范办案程序。各级公安机关严格执行国家法律，按照“更快地破大案、更多地破小案、更准地办好案、更好地控发案”要求，以专项行动为载体，严打突出经济犯罪，保障人民安居乐业。加强侦查破案，适时组织打击涉税、非法“三烟”（走私烟、伪劣烟、非法渠道营销的烟）、走私骗汇、金融票证犯罪；打击非法制售假发票、利用伪科学技术诈骗、“骗子公司”、非法传销、制贩假币犯罪；打击侵害国有企业合法权益经济犯罪；打击信用卡恶意透支、制造销售伪劣商品犯罪，追捕在逃经济犯罪嫌疑人；打击侵犯知识产权犯罪等专项行动，努力为国家、企业、群众挽回经济损失，维护武汉市经济安全和正常的经济秩序。

1997—2007 年，全市公安机关相继破获湖北省服装进出口公司被骗 4000 万元的信用证诈骗案，武汉市合作银行黄鹤信用社被骗 2000 万元案，振风六号海轮价值 1000 万元香烟走私案，武汉万隆工业园黄某斌等人非法吸收公众存款、贷款诈骗涉案金额 1. 05 亿元金融犯罪团伙案件，湖北宜昌民丰实业公司田某非法吸收公众存款 1. 08 亿元案件，朱某某虚开增值税发票 400 余份、价税合计 950 万元案件，南德集团 7507 万美元信用证诈骗案，兴业房地产公司非法吸收公众存款 1. 89 亿元案，李某某诈骗 1. 2 亿元资金案，原市农业银行水果湖办事处吕某某、高某违法放贷、诈骗、挪用资金 2. 2 亿元案，舒某江等人伪造 3 张假银行承兑汇票、票面总金额 1494 万元案等一批重大案件。

**四、武警部队武汉市支队助力“平安武汉”建设**

中国人民武装警察部队是中华人民共和国武装力量的重要组成部分，主要担负执勤、处置突发社会安全事件、防范和处置恐怖活动、海上维权执法、抢险救援和防卫作战以及中央军事委员会赋予的其他任务。中国人民武装警察部队湖北省总队武汉支队始建于 1949 年 7 月，其前身为武汉市公安总队，1983 年 1 月重新组建为武警湖北省总队武汉市支队，2005 年 6 月与原湖北省总队第一支队合并升格为旅级支队，2018 年 1 月 1 日整编调整为中国人民武装警察部队湖北省总队武汉支队（以下简称武警武汉支队）。

武警武汉支队常年担负武汉市委、市政府、长江大桥、天兴洲大桥、中航科工武汉研制实验室、天河机场、人民银行396重点库、汉口监狱、各区看守所等重要目标的固定执勤和重要路段的联勤武装巡逻，多次担负中央首长来汉专机警卫、火车站春运执勤和武汉市“两会”、归元寺庙会、国际渡江节、足球联赛、武汉马拉松等临时勤务，任务均圆满完成，为“平安武汉”建设作出了重要贡献。

（一）执勤安保

2016年成立巡逻中队，主要担负党政要地、重要商圈、机场车站等重要路段的武装巡逻，有力维护了武汉社会面安全稳定。

2004年10月16日，法国空军“法兰西巡逻兵”武汉站飞行表演在武汉机场举行。支队受领安全保卫任务后，深入现地勘察，拟制执勤方案，精心挑选100余名官兵进行专勤训练，任务中支队领导一线指挥，精心组织，确保了飞行表演顺利进行和现场6万多名观众绝对安全。

2008年5月31日至6月2日，支队出动200余名官兵，转战武汉、宜昌、荆州三地，担负奥运火炬传递现场安保任务。执勤官兵以良好的形象、过硬的素质、顽强的作风，确保了全程人员安全和路线畅通。

2011年10月，武汉市举行纪念辛亥革命100周年缅怀英烈祭奠仪式活动。支队出动600余名官兵，负责外围武装巡逻、现场清场、机动备勤、制高点观察、夜间封控、电视转播系统守卫、专机警卫以及仪仗礼仪任务，确保了纪念活动圆满顺利。

（二）处置突发社会安全事件

1998年2月14日长江大桥汉阳桥头堡附近发生公交车爆炸事件后，支队守桥大队90名官兵迅速赶至汉阳、武昌桥头堡，在公路面、铁路面各派一个巡逻组，对大桥实施全方位封控，保护事发现场，抢救遇难人员，疏散围观群众。根据总队首长指示和市公安局部署，11时50分调集警官集训队100人和一大队60人前往大桥增援，于15时30分将现场清理完毕，恢复长江大桥交通秩序。

2000年6月22日，武汉航空公司由恩施飞往武汉的“运七”客机在汉阳区永丰乡四台村坠毁，造成机上42人遇难。支队接到命令后，出动80余名兵力赶赴现场处置情况，协助有关部门清理搬运尸体和遗物，寻找飞机“黑匣子”，经过 4 个昼夜连续战斗，圆满完成任务。

2009 年 1 月 25 日至 26 日，根据市公安局指示，支队出动 260 名官兵处置武汉市东西湖区奶牛口蹄疫疫情，对该区染病奶牛焚烧掩埋，封锁控制掩埋现场周边区域，帮助消毒杀菌，有效控制了疫情。

2016 年 9 月 26 日 14 时 20 分许，光谷步行街金韩宫烤肉店突然闯入一名男子，手持餐刀将一名年轻女顾客挟持。获悉警情后，支队十九中队巡逻小组立即赶赴事发现场，公安干警和小组成员通力配合制服嫌犯，成功解救人质。

（三）抢险救援

1998 年夏，长江流域发生百年未遇的特大洪水，支队奔赴东荆河、晴川街、沌南洲、黄金口等抗洪战场，奋战 50 多个日夜，投入兵力 1680 余人次，出动车辆 90 余台次，加固子堤 6100 余米，排除险情 11 处，抢救物资价值千万余元。

2002 年 4 月 3 日 10 时 30 分，支队船艇大队瞭望哨兵发现距武汉长江大桥 5 号桥墩 200 米处，一艘“长江 62014”号油轮的驳船突然解体，船上的原油如果泄漏很可能发生剧烈爆炸，并导致桥毁、船沉、人亡的事故。在万分危急之时，船队 1709 艇和 1704 艇紧急出航，迅速靠上失控油驳，用船体挤压拖带横江而下的油驳，慢慢将失控的油驳变横行为直行，擦桥墩而过，险情被有效化解。

2016 年 7 月，武汉市遭受特大暴雨袭击，洪涝灾害严重。支队官兵把灾情当命令、把抢险当战斗、把防线当一线，累计出动兵力 600 余人次，连续奋战，圆满完成汤逊湖段、陈家湖、黄陂区祁家湾童家湖段、东荆河汉银泵站、消泗乡等地抗洪抢险任务 11 余起，挽回经济损失 100 余万元。

## 第六节　司法改革与司法行政改革初见成效

司法制度是社会主义政治制度的重要组成部分，司法公正是社会公正的重要保障。中国的司法制度总体上与社会主义初级阶段的基本国情相适应，符合人民民主专政的国体和人民代表大会制度的政体。同时，随着改革开放的不断深入特别是社会主义市场经济的发展、依法治国基本方略的全面落实和民众司法需求的日益增长，中国司法制度迫切需要改革、完善和发展。[①]在中央统一部署下，1997 年至 2011 年，全市司法机关和司法行政机关以维护司法公正为目标，积极、稳妥、务实地推进司法体制和工作机制改革，以优化司法职权配置、加强人权保障、提高司法能力、践行司法为民理念为重点，坚持适度司法能动，强化司法协调合作机制，扩大司法民主，推行司法公开，保证司法公正，为经济发展和社会和谐稳定提供有力的司法保障。

## 一、检察机关司法改革

1997 年至 2011 年，全市两级检察机关认真履行法律监督职责，以查办贪污贿赂、渎职等职务犯罪大案要案、打击严重刑事犯罪活动和加强执法监督三项工作为重点，司法改革取得长足进步，推动各项检察工作跨越式发展。

### （一）人民检察制度改革创新

2000 年，最高人民检察院印发《检察改革三年实施意见》，提出了实现七项改革目标的 35 项改革措施。围绕上述措施，市检察院开始启动检察业务工作机制、检察机关组织体系、检察官办案机制、检察机关干部人事制度、检察机关内外部监督制约机制、检察机关经费管理机制等领域的改革。[②]

#### 1. 检察机关机构设置加强

1998 年，根据《武汉市人民检察院机关机构改革方案》，市检察院审查起诉处和二审检察处分别设立。1999 年，市检察院专家咨询委员会成立，进一步提高了检察工作的科学化、民主化水平。2001 年，市检察院成立侦查指挥中心，统一指挥全市检察机关对于职务犯罪的侦查破案工作，保证了全市反贪斗争的整体协调运作。2004 年，成立东湖新技术开发区检察院。2008 年，设立市检察院鉴定中心。该中心是市检察院为适应司法鉴定体制改革的需要，整合全市检察机关检察技术鉴定资源，经最高人民检察院审批而设立，是市检察机关开展鉴定工作的专门鉴定机构。2010 年，明确提出检察机关机构设置必须顺应检察工作一体化发展趋势，探索转变侦查方式、提高侦查水平的有效途径，形成侦查、批捕、起诉、技术、预防多部门配合

① 参见中华人民共和国国务院新闻办公室：《中国的司法改革》，《人民日报》2012 年 10 月 10 日。

② 参见陈卫东：《改革开放四十年中国司法改革的回顾与展望》，《中外法学》2018 年第 6 期。

与制约的工作格局。

2. 主诉检察官制度建立

1999 年，最高人民检察院提出了“推行主诉检察官制度，健全执法办案责任制”的改革方向。2000 年，最高人民检察院先后颁布《关于在审查起诉部门全面推行主诉检察官办案责任制的工作方案》和《关于在检察机关侦查部门开展主办检察官办案责任制试点工作的意见》。2002 年 12 月，《武汉市检察机关主诉检察官制度》出台，在全市检察机关启动主诉检察官办案责任制，明确了公诉职能、转变了公诉人员的司法理念、减少了案件审批环节、提高了办案效率，使检察机关的公诉人员从行政职务中解放出来主攻业务，锻造了一支业务能力强、专业素质高的公诉队伍。

3. 行政执法与刑事司法衔接机制完善

2007 年，市检察院加强与相关单位的协作，进一步健全行政执法机关移送涉嫌犯罪案件的衔接机制，与市监察局、市整顿和规范市场经济秩序办公室、市工商行政管理局、市地方税务局、市药品监督管理局、市食品安全监督委员会分别建立移送涉嫌犯罪案件的衔接机制。从 2008 年起，逐步完善联席会议制度、信息通报制度、案件移送制度、个案协商制度、工作相互配合制度等行之有效的配套制度，全市立案监督工作步入制度化、规范化的轨道。

4. 坚持“三优先一及时”原则

2004 年，根据最高人民检察院要求，全市各级检察机关在民事行政抗诉案件检察中，坚持“三优先一及时”① 的原则，积极查办民事经济活动中严重损害国家利益和社会公共利益的案件，有效防止国有资产流失，为维护社会安定作出了新贡献。

5. 管理和监督机制创新加强

2000 年，市检察院推行一般干部双向选择制度等管理制度，并鼓励区级检察院加强内部管理，改革发展检察人事管理制度。2006 年，市检察院进一步规范业务工作流程，加强执法办案的过程控制、程序控制和节点控制，并积极推行绩效管理，试点建立检务督察、案件评查等制度。

① 优先办理国有企、事业单位的申诉，涉外企业的申诉和人大、政协交办的案件，及时办理涉及面广、影响大和危及社会安定的申诉案件。

2008年，根据《最高人民检察院检务督察工作暂行规定》，市检察院设立检务督察委员会、检务督察室，专门负责督察工作，检务督察制度逐步建立完善。

（二）重点抓好挂牌督办的“严打”刑事案件

在2000年至2001年开展的“严打”斗争中，市检察机关坚持以上级挂牌督办重大黑恶（黑社会、恶势力）案件为突破口，坚持标本兼治，把扫黑除恶与反腐败、加强社会治安结合起来，摧毁黑恶势力经济基础，铲除黑恶势力滋生的土壤，全力维护社会和谐稳定。一批挂牌督办的大案要案，包括1998年秦某敏颠覆国家政权罪案，1999年徐某兰利用邪教组织破坏法律实施案，2001年容某胜黑社会性质犯罪案，2005年周某、曾某玲、陈某松、龙某芳等组织领导参加黑社会犯罪活动案等被依法查办。全市检察机关还根据案件管辖规定，直接立案查处非法拘禁、重大责任事故等“侵权”和危害公共安全的案件，切实保护公民的人身、民主权利。2001年，为搞好“严打”刑事案件立案监督，市检察机关和公安机关建立了工作联系制度，互通情况，增进理解，在个案监督上达成共识，形成良好的监督与接受监督的氛围。2002年，全面开展对监管场所的法律监督，加强监管场所的安全防范，积极开展政治攻势，扩大了“严打”斗争成果。2007年，市检察机关针对人民群众反映强烈的问题，积极开展禁毒、整治建筑工地治安秩序和“打黑除恶”等专项行动，运用检察工作一体化机制，形成重大刑事案件的侦查、批捕、起诉、技术、预防多部门配合与制约的工作格局。10件黑社会性质组织犯罪案中的88名嫌疑人被依法从快批捕、起诉。

（三）职务犯罪检察工作

1997年至2011年，全市检察机关继续深入开展反腐败斗争，充分发挥检察职能。2001年，市检察院成立了职务犯罪侦查指挥中心，统一指挥全市检察机关对于职务犯罪的侦查破案工作，保证了全市反贪斗争的整体协调运作。2003年，为进一步加强和规范预防职务犯罪工作，制定出台《武汉市预防职务犯罪条例》。2008年，市检察机关贯彻落实中共中央《建立健全惩治和预防腐败体系2008—2012年工作规划》，积极探索预防职务犯罪工作、促进社会和谐发展的新途径、新方法。突出查办一批贪污、贿赂及渎职等职务犯罪的大案要案，包括1999年孟某平受贿案，2000年张某国贪污、受贿、徇私舞弊案，2001年金某贪污案，2002年张某孝受贿、玩忽职守案，

2004年杨某洪等人贪污、受贿、挪用公款案等，加强对举报线索的排查，理顺侦查指挥协调机制，在全市反贪部门形成整体格局，有力推动了全市反腐败斗争深入发展。

（四）检务公开工作

1999年至2001年，最高人民检察院先后颁布《人民检察院“检务公开”具体实施办法》《人民检察院刑事申诉案件公开审查程序规定（试行）》《人民检察院办理不起诉案件公开审查规则（试行）》。[①] 2000年，市检察院在监狱、劳教所和看守所等监管改造场所开展“检务公开”接待日活动，全面推行执法公示，落实检察环节告知制度。同年，市十届人大三次会议审议通过了《关于加强审判、检察及公安机关内部监督，促进司法公正的决议》。2002年，为加强对检察工作的监督，市检察院制订并推行《武汉市检察机关控告申诉工作首办责任制实施办法》，依靠人民群众大力开展举报工作。2003年，市检察院出台了《武汉市检察机关控告申诉工作“首办责任制”实施细则》，同年12月3日，人民监督员试点工作正式启动，促进了社会各界和人民群众对检察活动的有效监督。2003年至2006年，全市检察机关普遍建立了检察工作情况通报制度、民事行政抗诉案件、刑事不起诉案件和申诉案件公开审查制度等检务公开机制，把听证程序引入涉检信访处理，进一步规范业务工作流程，加强执法办案的过程控制、程序控制和节点控制，并积极推行绩效管理，试点建立检务督察、案件评查等监督制度。2006年，市检察院在推行检务公开的过程中又增加了检察人员任职回避和公务回避、检察机关保障律师在刑事诉讼中依法执业、适用简易程序审理公诉案件的程序、国家刑事赔偿等内容，使检务公开制度进一步完善。2008年，市检察院和15个区（13个市辖区、武汉经济技术开发区及东湖高新技术开发区）检察院全部建立“阳光检务”对外宣传网络平台，通过检民互动，实行了检务公开。

（五）未成年人检察工作

2000年5月，江岸区检察院对未成年人犯罪案件审查起诉工作实行改革，积极探索对未成年犯罪嫌疑人暂缓起诉的做法，制订了《关于对部分犯罪的未成年人实行暂缓起诉的规定》，对不属情节严重的初犯、从犯、可

① 参见何勤华、曹诗腾：《人民检察制度的发展历程》，《人民检察》2018年第20期。

能判处三年以下有期徒刑和内、外部帮教工作条件较好的犯罪未成年人实行暂缓起诉。具体而言，未成年人犯罪案件办案组在犯罪嫌疑人写出保证书、家长出具担保书、签订帮教、考察协议书的基础上，提出暂缓起诉的意见，由部门负责人审核后报检察长审批，并办理取保候审手续，向其宣布暂缓起诉决定。未成年犯罪人在3—12个月的暂缓起诉考验期内，每月来院汇报其表现情况，办案人员定期到有关单位考察。暂缓起诉考验期届满并经考察确认已改过自新，不致再危害社会，由检察委员会决定不起诉；发现有严重违法行为的，撤销取保候审，变更强制措施，予以起诉；在考察期间又犯新罪的，经公安机关侦查，与前罪一并起诉。①

2006年，建立健全办理未成年人犯罪案件工作制度，实行未成年人犯罪案件专人负责制，在有条件的区院试行未成年人分案起诉、特别告知、品行调查等制度，开展辩护律师在场见证活动和司法救助。2008年，创新未成年人犯罪检察工作机制，增强办案效果。继续深化未成年人犯罪办案方式改革，实行未成年人犯罪案件专人办理、分案起诉，探索建立未成年人犯罪非羁押风险评估、诉前考察等制度；完善青少年犯罪帮教机制，积极发挥社区法治教育联络员、青少年维权岗的作用。

为切实保障《刑事诉讼法》规定的犯罪嫌疑人权利，着力解决超期羁押问题，2001年至2003年，全市检察机关根据最高人民检察院《关于进一步清理和纠正案件超期羁押问题的通知》《关于在检察工作中防止和纠正超期羁押的若干规定》，探索建立了预防、纠正超期羁押的机制。2005年，在全市试行讯问职务犯罪嫌疑人全程同步录音录像制度，在保证证据取得合法性的同时，进一步保障犯罪嫌疑人权利，避免产生冤假错案。

（六）司法协调与合作

全市检察机关与公安机关、审判机关、司法行政机关在分工负责的基础上，持续开展密切合作，确保刑事诉讼程序顺利衔接，促进法律监督工作的健康开展。2007年，市检察院在健全对公安机关重大案件提前介入、引导侦查机制的同时，实行不批捕案件说理制度，凡检察机关作出不批捕逮捕决定的案件，均详细说明理由及法律依据，接受制约。与市法院会签《关于

① 参见中共武汉市委政法委《武汉政法志》编纂委员会：《武汉政法志·第三卷·检察卷》，武汉出版社2011年版，第257页。

建立民事行政审判与检察工作衔接机制的若干意见》和《关于在刑事诉讼活动中对司法建议予以回复的规定》，促进执法办案的相互监督、相互支持。与公安、法院、司法等部门联合会签了《关于预防和纠正超期羁押的规定》《监外罪犯监督管理工作规定》和《武汉市刑事立案与侦查活动监督办法》等，为检察机关加强监督、规范执法提供了保障。

## 二、审判机关司法改革

1997 年至 2011 年，武汉市法院系统忠实履行宪法和法律赋予的职责，倡导能动司法理念，强调司法的积极性、主动性和自觉性，为保障改革、促进发展和维护稳定作出积极贡献。

### （一）审判机关司法体制改革

1. 贯彻落实最高人民法院《改革纲要》精神

1999 年和 2005 年，最高人民法院根据党的十五大关于推进司法改革的要求，先后发布了《人民法院五年改革纲要》《人民法院第二个五年改革纲要》，对全国法院的司法改革作了统一部署。为贯彻落实《纲要》精神，1999 年至 2011 年，市各级法院加快司法改革步伐，重点围绕进一步深化审判方式改革展开，以完善诉讼制度为重点，逐步完善主审法官责任制、合议庭办案责任制，探索建立符合审判工作规律的审判组织形式，科学设置法院内设机构，优化执行机制，加强司法政务管理，深化法院人事管理制度改革，通过建立诉讼和诉讼外的纠纷解决机制来化解社会矛盾。

2. 人民法院内设机构改革

加快建立以审判工作为中心的机构设置模式和人员配置模式。1997 年，市法院全面实行“三定”改革，[①] 行政定编部门由 24 个减为 20 个，包括办公室、刑事审判第一庭、刑事审判第二庭、民事审判第一庭（房地产审判庭）、民事审判第二庭、经济审判第一庭、经济审判第二庭、知识产权审判庭（涉外经济纠纷审判庭）、行政审判庭、告诉申诉审判庭、执行庭、赔偿委员会办公室、法警支队、政治部（下设干部处、组织宣传处、教育处）、监察室等。1998 年，市法院将告诉申诉庭分立为告诉立案庭和审判监督庭，办公室与档案室（市司法诉讼档案馆）合署办公。1999 年设立执行局，局辖执行庭、协调组、裁判组。

① “三定”即定职能配置、定内设机构、定人员编制。

3. 追究错案责任工作机制建立

为体现司法公正，避免冤假错案，2000 年，市法院设立追究错案责任工作领导小组，其主要任务是负责全市两级人民法院各类案件评查组织实施工作，并对评查的错案加以确认，作出查处追究的决定。追错领导小组隶属人民法院审判委员会领导，对审判委员会负责，严格内部监督机制，审判监督工作得到加强。同年，市法院制定下发了《审判监督工作规程》，坚持实事求是，有错必纠的原则，确保裁判公正，从制度上防止权力的滥用，对事实不清、证据不足、程序不合法、裁判确有错误的案件，实行有效的纠正。2000 年底，武汉市区两级人民法院普遍建立了审判工作流程管理机制，使案件久立不审、久审不决以及久拖不结的问题得到了有效的治理。

4. 人权司法保障机制完善

1997 年 5 月 14 日，武汉市首次安排死刑犯与其近亲属会见，彰显人文关怀。① 2000 年 3 月，市法院执行案件开始实行听证制度。2001 年 1 月 4 日，申请人王某平因名誉权案要求听证，市法院举行首例听证式接待。2004 年至 2006 年，市两级人民法院大力推进庭审实质化，完善对侦查、起诉活动的监督制约机制，从源头上防范刑讯逼供、非法取证等违法行为。要求法院严格依照法律规定的程序和规则办案，不徇私枉法，不办关系案、人情案、金钱案，重视对公民人身权、财产权的保护，重视各种侵权行为，保证庭审在查明事实、认定证据、保护诉权、公正裁判中发挥决定性作用，保障每个案件当事人都获得公正审判的权利，确保侦查、起诉、审判的案件事实经得起法律检验。2010 年，进一步加大对刑事案件当事人合法权益的保障力度，为 236 名符合法律援助条件的被告指定辩护人，对不构成犯罪或证据不足不能认定有罪的 4 名被告宣告无罪。

5. 完善司法调解机制

2006 年，市、区两级人民法院把平等保护各类市场主体合法权益放在首位，依法妥善协调各方面的利益关系。按照“能调则调，当判则判，调判结合，案结事了”的工作原则，在民事案件审理过程中多做耐心细致的调解，以“调”为主，“调”“判”结合，通过多种途径化解矛盾，让当事

---

① 参见中共武汉市委政法委《武汉政法志》编纂委员会：《武汉政法志·第四卷·法院卷》，武汉出版社 2011 年版，第 264 页。

人心悦诚服地服判息诉。为建立完善司法调解机制，充分发挥司法调解在构建和谐社会中的积极作用，市法院出台《关于进一步加强调解工作意见》，采取得力措施进一步加强全市法院诉讼调解工作。2007 年，市、区两级人民法院注重对弱势群体合法权益的保护，坚持平等保护原则，依法调解经济关系。2008 年，市、区两级人民法院统筹兼顾依法判决与诉讼调解的关系，注重调解优先。

6. 法院人事管理制度改革

1998 年，市法院围绕司法公正主线，深入开展集中教育整顿，查处违法违纪人员 12 人。进行干部轮岗交流，使班子结构更趋合理，提高了工作效率。1999 年，在全市两级人民法院中，具有法律硕士学位的法官达 60 人，正在攻读硕士学位和研究生学历的 50 余人，市人民法院有 3 位法学博士，专家型、复合型高层次法官队伍逐步形成并在各项工作中担当重任。2000 年，市法院 36 位新任审判长宣誓就职，成为武汉市首批经选拔产生的审判长。2001 年，进一步加大人民陪审员陪审案件工作力度，市法院举行首例听证式接待，增强了审判工作的公开性和透明度。2003 年，市法院在机构改革中，推出内设机构处级领导职位实行竞争上岗举措，这在武汉市法院系统是第一次。2005 年，出台《规范法官与当事人、律师及其他诉讼参与人相互关系的若干规定》，对“规范执法行为，促进执法公正”专项整改活动进行专门部署。

（二）认真实施修订后的《刑法》《刑事诉讼法》

1999 年，全市两级人民法院坚定不移地贯彻依法从重从快打击严重刑事犯罪的方针，运用集中统一行动和专项斗争等形式，有针对性地开展了一系列区域性专项打击，维护了社会的稳定。积极参与社会治安综合治理，先后召开打击毒品犯罪、打击骗购外汇犯罪和集中整治汉口火车站周边环境治安秩序等种类专场公判大会 22 场次，宣判案件 102 件 170 人，[①] 震慑了犯罪，弘扬了正气。2000 年至 2001 年，根据中央提出的“严打”整治斗争要求，进一步强化刑事审判职能，坚持依法从重从快方针，运用集中统一行动和专项斗争等形式，突出打击黑恶势力等严重刑事犯罪。在“严打”过程中，少年法庭依法从轻判处未成年人犯罪，较好地发挥了教育、感化和挽救

① 武汉年鉴编纂委员会：《2000 年武汉年鉴》，武汉年鉴社 2001 年版，第 51 页。

的作用，产生了积极的社会效果。

2003年，全市刑事审判工作坚持“严打”方针不动摇，严惩危害国家安全和危害社会管理秩序，侵犯公民人身权利、民主权利的犯罪分子，维护国家安全和社会稳定。共审结煽动颠覆国家政权案、涉枪、交通肇事、故意杀人、抢劫杀人、故意伤害、强奸、寻衅滋事、涉毒、涉黄等各类案件2531件3438人，判处5年以上有期徒刑至死刑的631人，重刑案为18.0%。[①] 2006年，两级人民法院在刑事审判工作中，牢固树立“三种理念”（独立、平等、中立、透明、高效、文明的司法理念；“疑罪从无”的司法理念；打击与保护并重、实体与程序并重、证据为本、量刑均衡的司法理念），注重发挥人民法院惩治犯罪、化解矛盾和维护稳定的职能作用，依法严厉打击危害国家安全、社会治安和人民群众生命财产安全等严重刑事犯罪。2007年至2008年，结合国内形势变化，把维护稳定作为刑事审判工作的首要任务。刑事审判突出打击重点，严惩各种危害国家安全、公共安全和人民群众生命财产安全的严重犯罪。2010年，高度重视刑事案件中附带民事诉讼的审理和执行，全力实施对集资诈骗等涉众型经济犯罪的追赃工作，全年累计为受害人挽回经济损失和追索损害赔款6100万元。

（三）规范涉外经济纠纷案件和破产案件审理

1999年，市法院出台《审判工作为外商投资企业服务的六条措施》，建立健全涉外案件归口管理的协调机构，决定凡属涉外经济纠纷案件的审理均由市法院涉外经济审判庭统一协调处理。2000年，最高人民法院和欧盟组织选定武汉承办第二次中欧知识产权高级法官培训班，这不仅对加入WTO以后的武汉市对外经济起到积极促进作用，同时也提升了市法院涉外审判的能力，树立了形象。2003年，在涉外案件中普遍适用国民待遇原则，涉内案件无论是优势群体，还是弱势群体，强调实体公正，程序依法到位，中立审判。通过审结33名中国公民与美国罗泰克公司、三峡工程开发总公司因产品质量造成人身损害赔偿案，中国公民获得150万美元的赔偿，引发广泛关注。

2005年，市法院制定《关于规范企业破产案件若干问题的意见》，从法律与政策的适用、破产申请与受理、破产财产的处理和变现、破产费用与案

① 参见武汉年鉴编纂委员会：《2004年武汉年鉴》，武汉年鉴社2005年版，第49页。

件诉讼费、审判监督5个方面规范企业破产案件审理。2006年，市两级人民法院在妥善解决经济建设和经济体制改革中的行政纠纷时，注意处理好三个方面的关系，即履行司法审查职责与协调之间的关系，协调与保护国家利益、公共利益和他人合法权益的关系，协调与坚持法定程序之间的关系，从而保证了行政案件协调工作健康有序开展。[①] 2008年，针对《劳动合同法》《劳动争议调解仲裁法》实施后劳动争议案件骤增的状况，认真研究审判中出现的新情况、新问题，妥善处理争议，维护劳动者和用人单位双方的合法权益。全年共审结劳动争议案件2755件，同比增长55%。[②] 2010年，严格遵循法定程序，成功办结国内首例航空企业破产案——东星航空破产案，最大限度地维护了债权人和企业员工的合法权益，实现企业平稳破产。出台《为东湖国家自主创新示范区建设提供司法保障和法律服务的意见》，经呈报最高人民法院批准，东湖新技术开发区人民法院取得知识产权民事案件管辖权。同年，市法院经国家知识产权局批准成为全国专利保护重点联系基地，进入全国专利保护重点联系机制。

（四）履行司法监督职能

1997年，市法院认真贯彻落实《最高人民法院关于审理行政赔偿案件若干问题的规定》，明确调整行政审判工作方针，更加侧重于依法保护公民、法人和其他组织合法权益，支持和监督行政机关依法行使职权。2000年，全市法院系统行政审判工作强化司法监督职能，共审结一审行政案件1058件。与上年相比，收案上升162.8%，结案上升159.3%，未结案下降9%。[③] 2002年，全市法院系统共受理一审行政案件813件，有效化解管理者与被管理者之间特殊的人民内部矛盾和冲突，促进了依法行政。同时认真贯彻执行国家赔偿法，全年共审结国家赔偿案件25件，切实保障了公民、法人和其他组织的合法权益。2004年，针对审理拆迁案件中存在的问题，市法院制定了《关于审理拆迁案的规定》，规范审判活动，回应社会关切。2005年，两级人民法院在妥善解决经济建设和经济体制改革中的行政纠纷时，充分发挥行政审判职能作用，通过走访座谈、提出司法建议、组织副局

① 参见李正国、李莉荣：《武汉行政审判促进行政关系和谐》，《人民法院报》2006年12月12日。

② 参见宋兰兰：《法院讨回“公道债”近5亿》，《长江日报》2009年1月7日。

③ 参见武汉年鉴编纂委员会：《2001年武汉年鉴》，武汉年鉴社2002年版，第46页。

级以上领导干部旁听庭审等形式，促使行政机关自觉接受司法监督。2007年，积极探索行政案件处理新机制。在查明事实、分清是非，不损害国家、公共利益和他人合法权益的前提下，通过建议行政机关完善或改变行政决定等方式，补偿行政相对人的损失，促成、允许行政相对人自愿撤诉。审结的行政案件中，行政相对人自愿撤诉的案件达232件，占案件总数的25.4%。2010年，加强行政非诉讼案件审查与执行，对行政机关申请人民法院强制执行有关计划生育、城市管理、企业社保金缴纳等行政事项，依法裁定准予执行831件，不予执行8件；并就办案中反映出行政执法存在的问题及时通报有关行政机关，提出司法建议，促进行政执法水平提高。

（五）执行工作力度加大

1997年，市法院针对群众反映比较突出的“判决容易执行难”问题，对执行工作实行“三率”目标管理（案件执行率、标的额执结率和中止案件恢复执行率）、“三期”目标管理（一般案件3个月内执结、重大疑难案件6个月内执结、平均结案时限为3个月）和一周一检查、一月一总结的跟踪管理制度，维护生效法律文书的严肃性，切实保障了当事人合法权益。1998年，市法院出台《集中清理未结执行案件工作方案》，积极参与全国范围的集中清理未结执行积案工作，向社会公布一批长期拒不履行生效法律文书的赖债者，全年共执结各类案件16249件，执结标的总金额30.95亿元。[①]2000年，面对执行难“反弹”现象突出、暴力抗法事件时有发生的严峻形势，全市法院系统集中力量开展“执行大会战”，使“老大难”案件得以顺利执行。2001年，市法院进一步完善执行听证、重大事项集体讨论、中止执行案件逐级把关审批等制度，确立了执行登记权、决定权、实施权和变更权分立制衡的执行权运行机制。针对一些案件基层法院执行困难、执行不力的问题，采取指定执行、提级执行、交叉执行、集中执行等方式，突破地方保护主义的障碍，确保有执行能力、具备执行条件的案件能依法及时地执行完毕。

2003年，全市法院系统开展执行会战，严格案件执结率和标的额到位率、控制案件中止率，最大限度兑付债权人债权。先后对商业银行等金融机构、武汉钢铁（集团）公司等大型企业采取下达《敦促执行通知书》，依法

① 参见武汉年鉴编纂委员会：《1999年武汉年鉴》，武汉年鉴社2000年版，第53页。

执行了一批久执未结的案件。2010 年，深入开展“无执行积案先进法院”创建活动，配合公安机关对拒不执行生效裁判的犯罪嫌疑人实施网上追逃。加大促成执行和解力度，努力促成当事人自动履行或亲属代为履行债权兑现。

## 三、司法行政改革

1997 年至 2011 年，武汉市司法行政改革实现新突破，相关重要文件、改革举措相继出台，全面推行行政规范性文件合法性审核制度，加强行政复议工作。不断完善刑事执行体制，监狱系统坚守安全底线、践行改造宗旨，完善强制隔离戒毒制度。加快构建覆盖城乡的公共法律服务网络体系，不断满足人民群众和社会多层次、多领域、多样化、高品质的法律服务需求。

### （一）司法行政机关职能配置

1999 年，市司法局增设教育处，从 2000 年开始负责组织、实施武汉地区的国家司法考试工作。1999 年 10 月 19 日，“148”法律服务专线指挥中心正式开通运作，为群众提供更加便捷的法律服务。2001 年开始，市司法局根据国务院机构改革“三定”方案精神，内设机构由原来 10 个职能处室和政治部精简为 8 个处室和政治部。与此同时，将法律援助中心作为市局直属机构与“148”法律服务指挥中心合署办公；新设立司法鉴定管理处和法律援助工作管理处，使机构的设置和职能相一致。后经过数次政府机构改革，不断优化调整机构设置，机构设置日益完备。至 2008 年，市司法局内设处室达到 18 个。2009 年，市司法局与华中科技大学联合成立的全国首个“司法考试与法律职业教育中心”，促进了司法考试制度的完善和国家法治建设。

### （二）基层司法所

基层司法所是发挥司法行政功能的重要载体，是建设法治社会的重要力量。1998 年，市政府办公厅转发了市司法局《关于进一步加强基层司法所建设的报告》，全面推进基层司法所建设发展提档升级。2005 年，市司法局与组织、政法、机构编制、人事、财政等部门联合下发《武汉市乡镇（街道）司法所规范化建设办法》，为基层司法所建设建章立制。2006 年，武汉市把基层司法所建设作为重点工作来认真落实。市政府办公厅专门印发《关于进一步加强司法所建设的通知》，提出了加强司法所建设的措施方案。2008 年，市司法行政机关开展“基层基础工作强化年”活动，不断提高司法所建设的水平。列入国债投资建设和市财政投资建设的163个司法所中，有136个司法所完成了建设任务。2011年，全市“一所三中心”（司法所、社区帮教安置中心、人民调解中心、法律服务及法律援助中心）建设进一步加强，全市共建立社区（村）法务工作室327个，将司法行政工作职能延伸到村（社区）。全市有6个司法所被评为“全市群众满意基层站所”，市司法局和武昌区司法局被国家司法部评为“全国司法所建设工作先进单位”。

（三）法律援助

法律援助是指由政府设立的法律援助机构或者非官方的专业法律工作者，为群众无偿提供法律服务的一项法律保障制度。1999年10月，《武汉市法律援助条例》颁布实施，为全市法律援助事业提供了法律依据。2004年，市司法局统一制作《法律援助案件月报表》等4类业务报表，配套制发《办理法律援助案件管理办法》《法律援助经费管理办法》等多项管理规定，加大了对法律援助案件办理质量的监管力度。2001年，市“148”法律服务指挥中心被共青团中央、国家司法部授予“全国优秀青少年维权示范岗”称号。2003年，普遍建立了律师、公证、法律援助、基层法律服务人员的对口联系制度，7个中心城区的司法局整合力量，将触角向社区延伸。市属43个律师事务所和中心城区所属的25个律师事务所、7个公证处、74个基层法律服务所与869个社区建立了71个固定法律服务联系点，定点定时为社区群众提供法律服务。2005年，市司法局围绕构建“和谐武汉”的要求，在全市范围深入开展法律援助“质量年”活动。2006年，为做好农民工法律援助工作，市司法局专门制发《关于进一步加强农民工法律援助工作的通知》，对农民工申请法律援助，降低门槛，简化程序，快速办理，切实解决农民工打官司难的问题。2007年，武汉市律师顾问团成立。该顾问团的成立为市级领导机关依法执政、依法行政提供法律服务搭建了平台。全市有10个区组建政府律师顾问团，市、区两级政府共聘请201名律师担任法律顾问。2009年，实施“法律服务进企业”主题实践活动，组织全市法律服务人员为促进企业发展提供法律服务。2010年，进一步完善市区14个法律援助中心，全面加强“三个一”工程建设，设立街、乡、镇法律援助中心156个，残疾人法律援助救助岗位150个，社会法律援助联络机构69个。

（四）律师管理及社区矫正

1997年至2011年，市司法局先后制定《武汉市法律顾问处暂行细则》《武汉市律师收费暂行办法》《武汉市兼职律师酬金办法》《武汉市律师资格审批办法》《武汉市兼、特律师管理办法》等一系列规章制度，为依法规范管理律师提供了制度保障。1997年，市司法行政机关加大改革管理力度，加快律师事业发展的步伐。全市律师事务所达59家，由过去单一的国资所发展成国资所、合伙所、合作所等多种形式执业机构并存的格局。2002年，市司法局积极推荐并争取优秀律师当选省、市人大代表、政协委员，充分发挥律师参政议政的作用。10月14日，律师走进市委、市政府人民来访接待室，为来访群众提供免费法律咨询。2003年被市司法局、市律师协会确定为"全市律师职业道德执业纪律建设年"，在全市律师队伍中集中开展教育整顿活动，认真排查律师职业道德执业纪律中存在的问题，分析原因，制定和完善切实有效的工作制度，建立了律师从业审查制度、服务质量反馈制度、执业纪律记录制度、执业风险保障制度等规章制度，对违规律师进行严肃查处，保证了职业道德执业纪律建设的不断深化。2005年，市法院联合市司法局，出台《关于依法保障律师执业权利的若干规定》；市司法局与市信访局联合制定《武汉市律师参与涉法信访工作实施方案》，律师参与信访接待工作形成制度。2006年，组织49个律师事务所的147名律师定期参与政府信访接待工作，全年共接待上访群众1264人次。2010年，市司法局出台《关于在全市开展"所所对接"活动的实施意见》，组织60余个律师事务所为江岸区、江汉区、黄陂区、新洲区、汉阳区、硚口区基层司法所提供法律服务和民间纠纷化解的法律支持。

从2005年6月底开始，武汉市在7个中心城区的88条街道全面启动社区矫正试点工作，成为全国副省级城市中开展社区矫正试点工作时间最早、规模最大、起点最高的城市之一。截至2007年底，全市共接收矫正对象1380名，衔接率、监管率均达到100%。2008年9月，市社会治安综合治理委员会社区矫正试点工作领导小组、市社会治安综合治理委员会刑释解教人员帮教工作领导小组合并，成立市社会治安综合治理委员会社区矫正帮教安置工作领导小组。2009年，按照市委办公厅、市政府办公厅《关于进一步推进和深化社区矫正工作的意见》的精神，市司法局在全市各司法所设立了社区矫正警察编制，建立了社区矫正警察队伍。实现了"政府购买、社会协同、辖区管理”的专职社会工作者管理模式。2010年，积极推进社区矫正工作制度建设和管理方法创新，先后制定出台《武汉市社区矫正专职社会工作者管理办法（试行）》《武汉市社区矫正安置帮教工作信息化管理规定》和《武汉市社区矫正安置帮教工作考核办法（试行）》。建立区、街（乡镇）党委、政府一把手负责制，对刑释解教人员参与重大恶性刑事案件或群体事件实行责任倒查制；对辖区发生因帮教措施不落实而导致刑释解教人员重新犯罪引发重大社会影响的实行一票否决制。组织专班对2005年以来全市刑释解教人员摸底排查，全面清理刑释解教人员1.32万人，加强对2175名重点刑释解教对象的重点监管、帮教和困难帮扶。

（五）法治宣传教育工作

2006年，市司法局拟定《关于在全市公民中开展法治宣传教育的第五个五年规划》（征求意见稿），为全面启动“五五”普法工作奠定了基础。2008年，积极贯彻落实《全市干部法律知识学习安排》《关于加强农民学法用法的意见》和《中小学法治教育指导纲要》。以“法律进机关”“法律进学校”为重点，深入开展“法律六进”（进机关、进乡村、进社区、进学校、进企业、进单位）活动。[①] 2009年，市依法治市（普法）领导小组以“法律六进”为重点，创新形式，深入开展“依法治市（区）”创建活动，积极推进普法学习活动，取得明显成效。

（六）劳教、公证及司法鉴定工作

1997年至2011年，全市劳教场所各项管理教育制度和安全防范措施得到较好落实，劳教人员所外就医和准假管理规定进一步规范，吸毒型劳教人员管理教育工作进一步加强。1997年，劳教人员脱逃率为0.3%，低于全省平均水平，没有发生一起非正常死亡和重大恶性事故。全市强制戒毒劳教所收治戒毒人员1200人，戒断率100%，取得良好的社会效果。2001年，全市各劳教单位推行第一责任人制度，深入开展“公正执法年”“无责任事故年”“大排查”和“严打”整顿活动，强化日常管理和干警直接管理。2002年，全市各劳教单位全力以赴维护场所稳定，以“法轮功”劳教人员教育转化为重点，努力提高教育挽救质量。集中20多个转化典型到各城区和市

① 参见李云雄：《深入开展法制宣传教育 扎实推进法制武汉建设——武汉市“五五”普法工作的实践与思考》，《中国司法》2010年第7期。

外巡回演讲，现身说法，有力地推动了全市"法轮功"人员的教育转化工作。2003 年，以何湾劳教所为试点，在全国率先建立了以大队为分类管理单位，对劳教人员实施"封闭式、半开放式、开放式"三段式动态管理的模式，针对不同的收容对象和教育阶段，落实分级待遇，得到司法部充分肯定。2006 年，市司法行政机关深化劳教创办特色工作，积极开展"三种管理模式"（层次化的分级管理、渐进式的分级处遇、有序性的流动管理）的规范化、标准化、科学化建设，建立完善教育矫治质量评价体系，探索推行吸毒劳教人员预防复吸干预模式，全面试行劳教人员劳动报酬制。2010 年，市劳动教养管理机关继续贯彻"教育第一，生产第二""教育、感化、挽救"和依法管理、文明管理、科学管理的方针，严格落实"三个现场"直接管理制度。

1997 年至 2011 年，市公证部门不断优化服务方式，全方位开辟新的业务领域。2001 年，为长江堤防隐蔽工程、京珠高速公路以及武汉轻轨铁路、外环公路、城市排灌等重点建设工程提供了及时、优质的服务。市第二公证处为武汉国际会展中心首次会展提供招标公证，标的额达 2000 多万美元，受到政府充分肯定。2008 年，出台《武汉市公证机构改革实施方案》，推动中心城区 9 个公证处的机构改制。12 月，市琴台公证处作为第一家改制的公证处正式挂牌，公证体制改革工作迈出了坚实的一步。2008 年，司法鉴定"两结合"（行政管理与行业协会自律管理相结合）管理模式日趋完善。设在市一级的 7 个正处级公证处相继组建，全面完成了城区公证工作机构改制。

1997 年至 2011 年，全市司法鉴定机构强化责任担当，做实做细业务工作，不断提升司法鉴定质量和公信力，为诉讼活动顺利进行提供有力支撑和保障。2002 年，市司法局全面启动司法鉴定工作，相继成立了由 17 家成员单位组成的市司法鉴定委员会和司法医学、司法会计、建筑工程学等 3 个专家委员会，聘请专家 120 名。同时，对面向社会服务的司法鉴定机构和人员进行初步登记和审核，掌握了 97 家机构和 1392 名从业人员的基本情况，审批了 20 余家鉴定机构。加强制度建设，制订了市司法鉴定委员会工作规则、议事规则，司法鉴定委员会办公室工作职责、市司法医学鉴定专家委员会工作制度、市建筑工程司法鉴定专家委员会工作制度、市司法会计鉴定专家委员会工作制度等 6 项工作制度。2003 年，全市司法鉴定工作取得新进展。

全年共报批司法鉴定机构 18 个，涉及司法医学、物证技术、建筑工程、司法会计、资产评估等门类，经初审批报的鉴定机构数在全国副省级城市中排名第二。积极开展复核鉴定工作，共受理复核鉴定 4 起，法院采信率达 100%。

### 四、武汉仲裁委员会的起步与发展

自明清以来，汉口就是中国南方重要的商业重镇，商事交易纠纷已有中人公断、行会公议等解决之道。《天津条约》使汉口被迫开埠成为对外通商口岸后，仲裁制度也随之引入，商业繁盛更进一步推动纠纷解决机制的发展，当时汉口商务总会的纠纷解决功能得以充分发挥。南京国民政府时期，尽管仲裁在劳资、保险、码头工人争议等商事领域之外开始有了新的发展，但受制于当时国家社会背景，仲裁发展命运多舛。

武汉解放后，1949 年 7 月，成立武汉市财政经济委员会，负责处理机关、国营企业、合作社之间的合同契约纠纷。1960 年 3 月，成立武汉市经济委员会，负责对经济合同中发生的纠纷进行仲裁，调解纠纷。尽管在一定程度上解决了经济合同纠纷，但计划经济体制下并不发达的商品交易制约了仲裁的发展。

改革开放后，商品交易的发展要求仲裁制度必须有法可依。1981 年 12 月 13 日，《中华人民共和国经济合同法》颁布实施，明确规定发生经济合同纠纷的当事人既可以依据合同中的仲裁条款或者事后达成的书面仲裁协议，向仲裁机构申请仲裁，没有在经济合同中订立仲裁条款，事后又没有达成书面仲裁协议的，也可以直接向人民法院起诉。1983 年 8 月 22 日，国务院根据《经济合同法》的规定，颁布《经济合同仲裁条例》，明确规定经济合同仲裁机关是国家工商行政管理局和地方各级工商行政管理局设立的经济合同仲裁委员会，在其职权范围内处理经济合同纠纷案件，实行一次裁决制度。1983 年 12 月，武汉市工商行政管理局成立了武汉市工商行政管理局经济合同仲裁委员会，正式开展经济合同纠纷案件的仲裁工作。

随着我国进一步扩大改革开放，面对商品经济及国际贸易飞速发展的新形势，国内仲裁制度缺乏统一立法、仲裁机构的设置混乱、仲裁制度未能与国际商事仲裁制度有效接轨等弊端日益明显，亟须立法进行统一规范。1994 年 8 月 31 日，第八届全国人民代表大会常务委员会第九次会议审议通过了《仲裁法》，1995 年 9 月 1 日起正式施行。根据该法，武汉仲裁委员会于

1997年1月设立。1月21日，武汉仲裁委员会成立暨仲裁员聘任大会在武汉市委会议中心召开，马俊驹等155位同志受聘为武汉仲裁委员会首批仲裁员并举行了仲裁员聘书颁发仪式。

武汉仲裁委员会是目前武汉地区唯一依法设立的民商事仲裁机构，依法独立、公正、高效地解决自然人、法人和非法人组织之间发生的合同纠纷和其他财产权益纠纷。武汉仲裁委员会下设综合处、仲裁员工作处、信息处、国际仲裁院、金融仲裁院、海事仲裁院、知识产权仲裁院、综合服务中心等部门，其职能涵盖：负责宣传和推行仲裁法律制度；受理仲裁案件，负责组庭、文书送达、审理、文书核阅等仲裁程序管理和服务工作；负责对仲裁员管理、培训、联络和服务工作；组建和管理分支机构；管理仲裁委的资产、财务、人事和档案，负责后勤保障；组织调查研究、学术交流、对外交往等活动；处理仲裁委其他日常事务。

自设立以来，武汉仲裁委员会始终秉承"公正、廉洁、高效"原则，着眼于提高仲裁案件质效和强化仲裁公信力。先后颁布《武汉仲裁委员会章程》《武汉仲裁委员会仲裁规则（暂行）》《武汉仲裁委员会仲裁员聘、辞任办法》《武汉仲裁委员会仲裁员守则（试行）》《武汉仲裁委员会收费办法》《武汉仲裁委员仲裁庭审细则》等，通过制度建设以规范仲裁管理工作，促进仲裁机构健康发展，努力打造现代化、专业化、信息化和国际化的商事仲裁机构，在华中地区形成了纵横延伸的仲裁工作网络。1997年至2011年，武汉仲裁委员会案件标的额共计人民币459.73亿元。在全国209家仲裁机构中，武汉仲裁委员会受理案件的数量连续十年位列全国第一，受理案件的标的额连续多年位列全国前五位。历年审结的案件中，调解和解率在80%以上，自动履行率在90%以上，如通过磋商、调解，促成5000多名集资户和民意公司达成和解协议；通过仲裁协调和斡旋，促成城投公司和新世界集团签署关于长江二桥建成后的《投资补偿原则协议》等，在维护市场经济秩序、改善投资环境、增强外商在中国投资的信心等方面发挥了积极作用，成为华中地区最具影响力的具有涉外仲裁能力的仲裁机构。

## 第七节　依法推进社会管理创新

2002年，党的十六大将社会管理明确为政府的主要职能。2004年党的十六届四中全会进一步提出“加强社会建设与管理，推进社会管理体制创新”①。2007年，党的十七大再次强调“加快推进以改善民生为重点的社会建设”，“健全党委领导、政府负责、社会协同、公众参与的社会管理格局”②。充分彰显出党中央对社会管理创新的高度重视。在这一背景下，1997年至2011年，武汉市委、市政府立足城市发展实际，着力聚焦社会管理创新工作，将其放在更加突出的位置。按照科学发展观和建设和谐社会的要求，相继提出了建设“平安武汉”“和谐武汉”“幸福武汉”口号，努力将武汉建设成为一个经济更加发展、民主更加健全、科教更加进步、文化更加繁荣、社会更加和谐、人民生活更加殷实的社会。③

### 一、武汉市社会管理综合治理委员会成立

2011年6月，武汉市社会治安综合治理委员会正式更名为“社会管理综合治理委员会”。该委员会下设10个专项工作领导小组，除保留原有的机构外，还新增法规政策、社会矛盾调解、非公有制经济组织和社会组织、社会治安等4个专项小组，新增成员单位15个。④ 同年8月，市委、市政府还专门出台了《关于进一步加强和创新社会管理的若干意见》，提出加强社会管理，必须从理念创新、文化创新、体制机制创新等方面进行驱动，并在此基础上建设以民生为基础的法治社会，做到既全面又有重点地深化武汉社会管理创新；列出5类33项社会管理创新重点项目，资金投入多达90多亿元，并纳入武汉市“十二五”规划全力推进。

### 二、全国社区建设试点工作加快推进

武汉是全国最早的社区建设试点城市，早在2000年2月，民政部就批准江汉区为全国社区建设实验区。随后，省民政厅批准青山、江岸、硚口区为省内社区建设实验区。3月，市长王守海主持召开市长办公会，决定在全市推进社区建设工作。6月，湖北省委副书记、武汉市委书记罗清泉召开市

① 中共中央文献研究室编：《十六大以来重要文献选编》（中），中央文献出版社2006年版，第287页。

② 中共中央文献研究室编：《十七大以来重要文献选编》（中），中央文献出版社2009年版，第29、31页。

③ 赵军：《社会治理法治化的本土及创新之维——以交通辅警“独立警务”问题为中心》，《法律科学》2019年第3期。

④ 林鑫、俞征锦：《深化武汉市社会管理创新的路径研究》，《高等函授学报（哲学社会科学版）》2013年第2期。

委常委会，通过《中共武汉市委、市人民政府关于改革城市基层管理体制、加强社区建设的意见》，确定全市社区建设的指导思想、基本原则和奋斗目标。各区也成立了由区党政主要负责人任主任的社区建设指导委员会。

（一）社区管理组织

2000 年，武汉市在对原居委会人、财、物进行清理的基础上，按照地缘关系明确、地域范围清晰和社区资源能得到整合利用的要求，对原居委会进行调整划分。将全市 13 个区、2 个开发区原有的 1936 个居委会调整划分为 1029 个社区，[①] 组建 13 个新建住宅区社区居委会。到 2000 年底，全市各城区的城市基层管理体制改革基本完成，全市社区的体系架构，主要分为地域板块型、单位型、小区型三大类。

武汉市社区自治组织的名称定为“社区居委会”。社区居委会组织构建之时，各社区普遍进行选民登记，从居民和单位中推送产生若干名代表，组成社区成员代表大会。坚持“公开、公平、公正”三原则，通过面向社会招聘和居民选举，产生新的社区居委会班子。而且选举之后，全市居委会干群的平均年龄年轻化，学历层次有所提高。社区居委会建设工作完成后，市、区两级大力开展社区工作人员的培训，提高社区工作者的素质。同时，制定了社区自治章程和社区成员公约、社区组织工作人员的岗位职责、社区居委会成员管理办法和社区资产管理办法等一系列规章制度，并经社区成员代表大会通过后公示实行。2000 年 4 月 18 日，武汉市满春街长堤社区居委会诞生，这是社区建设试点工作启动以来湖北省产生的第一个社区居委会。

（二）社区工作运行机制

2000 年以来，武汉市坚持把转变政府职能作为创新社区工作运行机制的突破口。全市要求政府各部门和街道办事处要明确摆正与社区居委会的关系，要强化服务意识、大力提高工作人员的素质，转变观念，依法尊重和指导社区自治活动，要依法支持帮助社区居委会加大投入，加强社区服务设施建设，以增强社区的自治功能。在强化社区自治功能中，注意处理好社区自治与党的领导、社区居委会与政府各部门和街道办事处、社区居委会与辖区单位、社区居委会与辖区居民群众的四大关系。为此，江汉区在区属 5 个政

① 参见武汉市民政局：《探索改革创新之路　筑牢幸福民生之基——新中国成立 70 周年武汉经济社会发展成就系列报告》，2019 年 9 月 29 日。

府部门和 3 个街进行了试点。之后，青山、江岸、硚口 3 个省社区建设实验区也进行了试点。2000 年 6 月，市委、市政府召开会议专门推广江汉区的经验。

新的社区居委会普遍建立之后，武汉市有关部门明确了街道、职能部门与社区居委会的关系是“指导与协助、服务与监督”的关系。社区居委会在街道办事处的指导下开展社区公共事务福利保障事务和自治工作，协助街道办事处做好涉及社区成员切身利益的管理与服务工作，并组织社区成员对街道和职能部门的工作人员进行民主评议和民主监督。政府职能部门在履行各自职能、负责各项行政执法和行政管理工作，实现部门工作目标，为社区搞好服务的同时，充分尊重社区居委会自治的法律地位，指导社区开展各项专业工作，主动接受社区监督。街道和政府职能部门将工作重心下沉到社区，切实做到将政府职能部门的本职工作做好、做到位，决不推给社区；对属于政府职能部门的工作如果确需社区配合，在与社区协商后，按照“权随责走，费随事转”的原则，由职能部门与社区共同完成，做到责权利配套到位。初步形成以社区居委会为中心，条块结合、以块为主的责权利统一的社区管理体系。同时，还着手进行新的探索：包括适当撤并街道，如硚口区把原管辖汉正街市场的 4 个街道办事处撤并为 1 个街道办事处，探索小政府大社会的社区建设模式；江岸区百步亭花园社区之上不设街道办事处，实行政府引导、企业建设、社区居民自治管理的社区建设模式。

2001 年，民政部部长多吉才让等人实地考察武汉市社区建设工作，认为武汉市社区建设工作非常扎实、规范，具有创新意识，在转变政府职能、理顺社区与各方面的关系等方面走在了全国前列，评价武汉市社区建设起点高，创新力度大，为全国提供了宝贵的经验。民政部要求武汉市努力率先步入全国社区建设示范市。2001 年，百步亭花园社区被国家建设部授予“中国人居环境范例奖”，成为全国唯一获此荣誉的社区，也是武汉市最早的社会管理创新样板社区。

2004 年，市政府转发了市民政局制定的《社区社会事务居民听证会制度》，积极探索建立社区社会事务居民听证会制度。2005 年武汉市常青花园社区被国家民政部、中央精神文明建设指导委员会办公室、国家新闻出版总署、国家广播电影电视总局授予“全国百佳学习型社区”称号。该社区还以总冠军的成绩获得全国社区文明风采电视大赛金杯。

2006年，全市中心城区的18个街道共219个社区和远城区区政府所在地的6个街道共15个社区开展了社区建设连片提档升级工作。截至年底，中心城区的18个街道全部完成连片提档升级工作，192个社区提升为优秀等次，27个社区提升为良好等次；远城区区政府所在地的6个街道共15个社区全部提升为优秀等次。

2008年，武汉市积极推进“两型社区”① 建设，进一步加强社区长效管理和连片提档升级工作，全力构建“三位一体”的社区服务体系，全年共投入各类资金3.75亿元，有力地促进了全市社区建设的深入发展。全面推进农村集镇型社区创建，坚持典型引路，通过现场会、座谈会等形式，全面推广江夏区集镇型社区经验，远城区集镇型社区建设扎实推进。10月6日，武汉市公布施行《关于进一步加强社区建设的若干意见》。是年，武汉市民政局制发《关于武汉市“两型社区”建设的实施意见（试行）》，在全市200个社区启动了“两型社区”示范创建试点。

2009年，社区建设重点围绕两型社区试点创建、一门式社区服务中心（站）建设、中心城区社区建设连片提档升级、远城区集镇型社区创建以及第四届社区居民委员会换届选举展开，工作水平稳步提升。9月全市社区建设的成功经验被国家发改委评为影响中国改革十大成功案例之一。江岸、汉阳、江汉、武昌、洪山5个区，汉阳区洲头街等6个街道以及江岸区百步亭花园社区等8个社区分别被国家民政部授予“全国和谐社区建设示范区”“全国和谐社区建设示范街道”和“全国和谐社区建设示范社区”称号。

2010年，武汉市共安排27个社区开展“两型社区”示范创建、234个社区开展“两型社区”的基础建设工作，并确定3个不同类型的社区作为市区共建示范社区。2011年，武汉市安排了200个社区启动社区居委会规范化建设示范创建活动，通过示范创建，社区组织关系进一步理顺，社区管理制度进一步健全，社区工作者素质进一步提升，社区自治制度进一步完善，社区管理和服务逐步规范化、制度化。

经过长期探索，全市社区建设工作形成了“五个结合”的工作模式：将社区的调整划分和社区组织建设相结合，形成较为合理的社区区域概念和健全的社区组织体系，为社区建设的深入推进构建了一个良好的工作平台；

---

① “两型社区”即资源节约型社区、环境友好型社区。

将推进社区体制改革与建立社区服务设施网络相结合，形成社区服务网络化；将加强社区建设与转变政府职能、理顺关系有机结合，初步形成“政府依法行政、社区依法自治”的城市基层管理体制和工作运行机制，政府部门与社区自治组织相互之间“指导与服务、协助与监督”的关系逐步确立；将加强社区组织建设与发展社区建设各项实体内容有机结合，形成满足社区居民多方面需求的服务体系；将加强社区工作者队伍建设与工作制度建设相结合，形成社区工作规范化良性运行机制。

**三、社区“创安”和“883 行动计划”**

社区“创安”（创建安全小区）始于 1998 年，是加强社会治安综合治理的重要举措。市长李宪生提出，实施“883”，就是要让每一个社区都成为安居乐业的场所，让广大市民对武汉有一种归属感、亲近感，对武汉越来越亲、越来越爱，从而激发出为武汉做贡献的热情和动力。市综治委根据市委、市政府《关于加强社会治安防范工作的意见》制定全市创建安全小区 3 年规划，各级综治部门与公安机关在调查研究的基础上，提出物业管理、封闭半封闭小区管理、单位派员落实宿舍关照、居民轮流关照、居民出钱请人关照、保安服务、楼房安装单元电控门 7 种防范措施，要求各居民因地制宜，选择适合模式，实施人防、物防、技防相结合，以 26 个市级安全小区为示范，全面开展安全小区、星级安全小区、安全社区创建活动，并把“不发生入室盗窃案、不发生自行车盗窃案”与“不发生刑事大案、不发生火灾事故”作为评选市级安全小区的标准。1999 年，社区“创安”初见成效。全市实行物业管理小区 440 处，聘请有偿关照人员 27180 人，全市 75% 的居委会平均组织 50—100 人的群防骨干队伍，1052 个居民小区基本实现全天候值守，新建、扩建自行车棚 395 个，为住户安装防盗门等物防设施 12992 处。1999 年，全市安全小区达 2944 个，占小区总数的 63. 37%。① 并树立江岸百步亭小区、汉阳鹦鹉小区等一批样板小区。2000 年，社区“创安”工作以巩固原有成果，推进薄弱小区“创安”为重点，组织专门力量对已达标的省市级安全小区进行全面回访检查，对发生案件、群众不满意的小区进行通报批评、限期整改；对“创安”工作薄弱的小区，制定整改措施，明确责任，督促检查，狠抓落实。2001 年，全市进一步加强社区安保服务队建

---

① 参见武汉年鉴编纂委员会：《2000 年武汉年鉴》，武汉年鉴社 2001 年版，第 73 页。

设，开展“十无星级安全小区”（开展无重大刑事案件、无火灾事故、无入室盗窃案件、无自行车被盗、无影响社会治安的其他问题、无乱搭乱盖、无暴露垃圾、无污水漫溢、无乱停乱放、无物业投诉）创建活动，城区安全小区达到80%，郊区达到70%；其中“三星级安全小区”达到80个。

2002年10月，市委、市政府为推进文明城市建设，以居委会为载体，以社会保障、城市管理、社会治安综合治理、社会服务“四进社区”为内容，在全市开展基层文明创建活动，又叫社区建设“883行动计划”，计划用3年时间，全面推进全市中心城区社区（当时为883个）建设。市区综治部门以“883行动计划”为契机，在深化星级安全小区创建的基础上，开展创建安全社区活动。武汉市综治委制定了安全社区8条标准。同时进一步调整充实社区综合治理力量，对社区综治特派员缺位的进行调整补位，在敞开型社区建立由政府出资的安保服务队，培训治保骨干，优化整合社区防范力量，在全市城区逐步形成一个以社区居委会、综治工作领导小组为龙头，综治特派员、责任区民警、安保服务队员、治安积极分子为骨干，居民群众广泛参与的群防群治体系。2002年，武汉市被评为“全国社区建设示范市”。[①] 2003年，“社会治安综合治理进社区”纳入市委、市政府“社区建设883行动计划”。2005年，按“883行动计划”要求，最后9个社区顺利通过验收，为这项历时三年的惠民工程画上圆满句号。武汉“社区建设883行动计划”作为亲民、利民、惠民的民心工程，是武汉社会管理创新的一大品牌。2006年9月20日，中国城市论坛通过新华网、中国政务网评定，授予全国8个城市“中国城市管理进步奖”，武汉市“社区建设883行动计划”名列其中。截至2008年底，全市平安社区达825个，创建率达73.3%。有3300多个小区被评为安全小区，占全市小区总数的80%。[②]

## 四、物业管理法治化

20世纪80年代中后期，随着房地产市场不断发展，武汉市物业管理进入起步阶段。1997年，市政府制定《武汉市物业管理服务收费实施办法》，下发《关于推进全市物业管理工作的通知》，成立以分管副市长为组长的物业管理工作领导小组，全面指导全市的物业管理工作，并明确市、区房地产

① 参见武汉地方志编纂委员会：《武汉市志（1980—2000）·第五卷·政治（上）》，武汉出版社2006年版，第316页。

② 武汉年鉴编纂委员会：《2009年武汉年鉴》，武汉年鉴社2010年版，第78页。

管理局为物业管理的行政主管部门，市城市综合开发管理办公室将全市住宅小区管理职能及住宅小区物业管理工作移交市房地产管理局。同年，武汉市逸居苑小区、花北小区、南湖花园（宁静苑）获得全国城市物业管理优秀住宅小区称号。武钢106小区、武汉市复兴村合作小区获得全国城市物业管理优秀示范住宅小区称号。1998年底，武汉市物业管理协会成立，进一步拓展了政府与企业、企业与社会沟通联络的渠道。先后制发了《业主公约》《业主管理委员会章程（示范文本）》《武汉市物业管理企业资质等级管理暂行规定》等6部政策性规定，为武汉市物业管理改革奠定了良好基础，使得武汉市物业管理行业逐渐步入正轨。

1999年，武汉市在全国省会城市中率先颁布《武汉市住宅区物业管理条例》，全市物业管理进入依法规范、快速发展阶段。2000年，《武汉市物业管理服务收费实施办法》《武汉市住宅共用部位共用设施设备维修基金管理实施办法》《武汉市物业管理招投标管理办法》《武汉市业主自治管理实施办法》和《武汉市住宅区物业管理移交办法》等一系列配套政策文件陆续出台。武汉市开始对物业管理企业和从业人员实行资质管理和持证上岗制度，逐步提高物业管理从业人员的素质。2000年初，在武昌南湖华锦花园开展前期物业管理试点，同年4月，武昌南湖中央花园率先进行了武汉市第一个招投标试点，打破了长期以来自建自管的模式，迈出了市场化进程的第一步。2001年，市物价局、市房产局联合发布《武汉市物业管理综合服务价格和车辆管理服务价格的管理办法》，确立了协商定价、价格公示、物价核准的物业服务收费方式。2002年，制发《武汉市住宅区物业管理职责分工若干规定》《关于物业管理招投标有关程序规定的通知》，市房产局、市财政局印发《关于商品房共用部位共用设施设备维修基金具体缴存管理的通知》，启动了商品住宅维修资金归集工作。这一时期，武汉市物业管理相关行政主管部门不断创新思路，加大制度建设，为行业健康快速发展奠定了坚实的制度基础。2003年，武汉市房产管理局拟定《武汉市商品住宅维修资金使用管理办法》，出台《武汉市前期物业管理招标投标管理暂行办法》，同时还建立了物业管理企业信用档案管理系统，完成了391个物业管理企业资质年检工作。

2004年，武汉市物业管理进入全面提升阶段。武汉市制定《武汉市物业服务收费管理办法实施细则》，对物业收费进行规范。2005年，湖北出版文化城、汀香水榭等5个大厦、小区获得“全国物业管理示范项目”称号。截至2005年底，全市共有物业管理企业590个，物业管理从业人员达3万余人，物业管理企业每年以三位数的数量递增，经营规模和综合实力全面提升，物业管理向各种物业类型拓展，涉及的类型从住宅和写字楼，延伸到工厂、医院、学校、企业、政法机关、车站码头、体育场馆甚至部队军营。

2006年，市政府制定《武汉市业主大会规程实施细则》等规范性文件，指导、规范业主大会和业主委员会组建工作，对全市70余个业主委员会进行了登记备案。2009年，武汉市启动中心城区老旧住宅物业服务全覆盖工作，并将其列入市政府“十件实事”之一。截至年底，全市中心城区658个社区老旧住宅区划分为2869个物业服务区域，惠及86万户、270余万名居民。[1] 2011年1月1日，新版《武汉市物业管理条例》正式施行。中心城区老旧住宅区物业服务覆盖率达100%；物业服务企业对口支持非专业化物业服务模式的社区帮扶面达72%；100%的社区启动了物业服务收费；社区群众对物业服务的平均满意率达到80%以上，物业管理法治化水平进一步提升。

## 五、构建校园安全长效机制

校园安全是社会治安综合治理的重要领域，也是民生关注的焦点。武汉市相关部门通力合作，加快构建校园安全长效机制。

1998年，武汉市教委与市公安局联合下发《关于集中整治中小学门前治安秩序的通知》，建立了综合治理领导责任制、警校联手制、辍学生报告制。

1999年11月，市公安局组织开展全市大专院校及周边地区的治安、交通秩序综合整治，查破各类案件323起，抓获犯罪嫌疑人574人。2002年8月，为遏止高校及周边治安问题反弹，市局再次组织全市高校及周边治安环境整治，整顿高校周边文娱场所，收缴无证“三车”，清理占道经营，拆除违章建筑。2004年，市、区社会治安综合治理部门联合市教育局对全市2000余所中小学周边环境问题进行全面摸排，共摸排出各类问题2459个，其中治安问题354个。对摸排出的问题，逐校建立台账，整治一个，验收一个，截至2004年底全市解决各类问题1938个，占总数的78.8%，其中治安

① 参见武汉年鉴编纂委员会：《2010年武汉年鉴》，武汉年鉴社2011年版，第134页。

问题解决了309个，占87.3%。整治过程中，查获“揺肥”（搜刮他人身上钱物）、“洗钱”等侵害师生人身安全的案件119件，其中刑事案件24件，治安案件95件，抓获违法犯罪嫌疑人154人。2004年6月，武汉市被湖北省评为全省学校及周边治安综合治理先进单位。2008年6月，中央综治委在汉召开现场会，交流推广武汉市学校及周边治安综合治理经验。

2006年，武汉市先后4次召开大专院校维护稳定工作会议，制定整改问题清单，将35所高校反映的140个问题分解到各区及相关职能部门，要求限期解决。年内，已解决132个，整改率为94.3%。对全市中小学校周边环境问题开展问卷调查，对反映出的381个问题，组织相关部门开展整治，整治率达到98%。

2007年8月，武汉市开展了声势浩大的娱乐场所“毒赌黄”专项整治行动，取缔学校周边地区无证网吧237个，处罚学校周边地区违规经营网吧177个，查处违规经营文化娱乐场所511个，收缴盗版、淫秽书刊及非法出版物5.54万册、音像制品48743张、博彩卡2000张。同年9月，全市综合治理干警在90余万名高等学校学生陆续返校和报到之际，围绕车站、沿途、校内3个关键环节和治安、交通两个突出问题，严厉打击侵害师生的各类违法犯罪活动。加强学校周边文化娱乐场所管理，经营秩序进一步规范。2008年，武汉市在春、秋季开学前夕，组织开展5次集中整治行动，共查获“揺肥”“洗钱”等侵害师生案件76件，抓获违法犯罪嫌疑人85人。2010年，全市公安机关组织刑侦警察、治安警察、巡警警察等警种，实施打击抢劫、“揺肥”学校师生等违法犯罪的“护学护校”专项行动，集中整治全市中小学校、幼儿园周边治安秩序，对违反规定在距学校不足200米范围内经营的发廊、休闲屋、游戏机室、网吧等全部清理取缔，落实“一校一警”措施，在全市2300余所中小学校、幼儿园上学、放学时段逐一落实“见警灯、见警察、见警车”三项措施。全年全市各类学校、幼儿园未发生致人伤亡的治安灾害事故，校园及周边地区刑事、治安类有效报警比上年下降14.6%。社会各界对校园及周边治安满意率明显提高。

**六、农村基层法治建设**

武汉是全国特大城市，农业人口占相当比例，农村普法和依法治村的工作任务非常艰巨。1997年至2011年，市委、市政府高度重视，将依法治村、民主管理作为基层民主政治建设和法治建设的重要工作不断推进。

（一）依法治村的组织领导

把依法治村作为依法治市、治区、治乡镇的一项重要基础工作纳入议事日程，加强组织领导。到2000年，全市绝大多数村都制定了依法治村规划或实施方案，建立健全了组织机构。不少区和乡镇还结合依法治区、治乡镇规划的实施，制定了依法治村工作标准和实施细则。相关部门还将依法治村纳入年度目标考核，年初层层下达任务指标，年终进行检查考核，形成一级抓一级，一级促一级，层层抓落实的工作局面。①

（二）农村普法教育

不断增强农村基层干部和广大群众的法律意识，进一步提高村级规范化管理的水平和村民自我管理、自我教育、自我服务的能力。在普法教育中，始终把增强村干部的法律意识，提高依法办事的能力作为重点，使村干部成为既是实施依法治村的组织者，又是学法用法、依法办事的带头人。如江夏区大桥街大花岭村，从1999年开始，就明确要求普法方案必须围绕依法治村制定；普法活动必须围绕依法治村开展；普法内容必须围绕依法治村安排。从而避免了普法与治理两张皮、两脱节的现象，使普法和依法治村工作相互促进，协调发展。

（三）乡村治理规章制度

基于村民自治而形成的《村规民约》《村民守则》等规章制度，是发扬基层民主的主要载体，在依法治村过程中发挥着关键作用。例如江岸区湛家矶乡先锋村，在1998年就结合本村的实际制定了《依法治村、民主管理规定（试行）》。通过实施，村里的面貌发生了很大的变化，村委会严格依章办事，村民缴纳提留款这一历来最难办的事情也变得比较容易办了，全村90%以上的农户都自觉按合同上交了提留款。②

（四）依法治村的具体举措

依法治村是一项全方位的工作，不仅工作内容多，涉及面广，而且关系到家家户户的切身利益。因此，在实施过程中，只有抓住中心环节，才能收到好的效果。首先，实行村级民主决策，提高农村基层干部依法决策和依法

---

① 参见杨洋、刘松：《加强依法治村工作　推进农村法制建设——武汉市依法治村工作的现状及对策研究》，《学习与实践》2000年第1期。

② 参见杨洋、刘松：《加强依法治村工作　推进农村法制建设——武汉市依法治村工作的现状及对策研究》，《学习与实践》2000年第1期。

办事的能力。汉南区水洪乡捞子湖村，从20世纪90年代后期开始就坚持凡是村委会的重大决策，都要开好“三会”：村委会会议、村党支部大会和村民代表大会，始终坚持把群众满意不满意、拥护不拥护、支持不支持、答应不答应作为工作的立足点和出发点。在1998年的土地延包工作中，对土地是否进行大调整，通过“三会”广泛征求意见，获得95%农户的赞同，结果该村第二轮土地延包工作进行得非常顺利。其次，实行村级民主管理，保障广大群众的合法权益。洪山区霞光村实行民主管理，重大问题由村民集体讨论。1997年，该村有一笔集体余留款，有的村干部建议用来购买豪华轿车，但多数村民则要求将余留款用在兴修水利、改善环境等投资上，经村民代表大会讨论后，采纳了多数村民的意见。最后，以村务公开为切入点，切实加强民主监督。通过“公开栏”“公开墙”等形式，定期将村里的重大事项向村民公布，增强村务工作透明度，自觉接受监督。江夏区大花岭村坚持实行村务决策公开、财务收支公开、经营项目公开等“三个公开”。既给群众一个明白，又还村干部一个清白。各地在实施依法治村过程中，注意把改革、发展和稳定进程中的热点、难点问题列入专项治理的内容，通过“突出问题集中治，普遍问题综合治，重点、难点问题专项治”的办法，较好地解决了在新的历史条件下，依法正确处理人民内部矛盾的问题，逐步形成了一个坚持以普法宣传教育为前提，以健全组织机构为基础，以全面提高农村基层干部素质为重点，以实施村务公开、强化民主监督为切入点，以加强农村民主政治建设为目标，系统规范、整体推进的农村法治建设格局。

# >>第九章　全面推进依法治国新时期砥砺奋进的五年<<

党的十八大以来，在全面建成小康社会的决胜阶段、实现“两个一百年”奋斗目标的关键时期，以习近平同志为核心的党中央以保证党和国家长治久安的远见卓识和责任担当，提出了全面依法治国的新理念新思想新战略，开辟了全面依法治国理论和实践的新境界，开启了中国特色社会主义法治的新时代。[①] 党的十八大报告将“依法治国基本方略全面落实，法治政府基本建成，司法公信力不断提高，人权得到切实尊重和保障”作为全面建成小康社会的奋斗目标，提出了“全面推进依法治国”的明确要求[②]。党的十八届三中全会强调建设法治中国要坚持“三个共同推进”“三个一体建设”。党的十八届四中全会通过《关于全面推进依法治国若干重大问题的决定》，明确了全面依法治国的总目标和总蓝图、路线图、施工图，是我们党历史上第一次专题研究、专门部署全面依法治国的中央全会，在新中国法治史上具有重要的里程碑意义。党的十八届五中全会进一步要求“运用法治思维和法治方式推动发展”，吹响了加快建设社会主义法治国家的进军号。

在全面推进依法治国新时期砥砺奋进的五年，武汉法治建设面临前所未有的发展机遇。在法治下推进改革，在改革中完善和强化法治，一系列重大创新举措有力展开，展现出朝气蓬勃的宏伟气象。中共武汉市委、市政府带领全市人民团结一心，砥砺奋进，牢固树立法治理念、不断厚植法治元素，法治城市建设迈出坚实步伐。探索超大城市治理的新路子，民主法治建设不

---

① 参见袁曙宏：《党的十八大以来全面依法治国的重大成就和基本经验》，《求是》2017 年第 11 期。

② 胡锦涛：《坚定不移沿着中国特色社会主义道路前进　为全面建成小康社会而奋斗——在中国共产党第十八次全国代表大会上的报告》，人民出版社 2012 年版，第 27 页。

断加强，地方立法工作走在全国同类城市前列，依法行政水平不断提升，司法体制改革扎实推进，“六五”“七五”普法卓有成效，信访维稳工作得到加强，社会治理模式不断创新，武汉蝉联全国社会治安综合治理的最高荣誉“长安杯”，进入全国最安全城市行列，书写了城市法治发展史的新篇章。武汉法治建设正在沿着建设全国一流法治城市的宏伟目标，阔步迈向新起点、新高度、新境界。

## 第一节　落实全面依法治国和全面从严治党战略部署

沧海横流显砥柱，万山磅礴看主峰。在百年未有之大变局中，面对全面依法治国进程中的各种复杂挑战，只有始终坚持党的领导，发挥党总揽全局、协调各方的领导作用，才能加快推进法治城市建设进程，顺利实现依法治市的目标。2012—2017 年，武汉市委、市政府认真贯彻落实党中央关于全面依法治国和全面从严治党的战略部署，不断健全党领导全面依法治国的制度和工作机制，加强党风廉政建设，把党的政治领导、思想领导和组织领导贯穿于法治城市建设的各方面和全过程，确保党中央的决策部署不折不扣地落实。

### 一、加强党对全面依法治国的领导

#### （一）出台“法治武汉”建设纲领文件

2012 年，武汉市委认真贯彻落实《推进法治武汉建设的意见》提出的阶段性任务目标，健全完善市委领导法治武汉建设的总体布局，推动重大行政决策科学化民主化法治化，强化行政权力监督制约。2013 年，进一步加强法治建设绩效考核，全面构建法治武汉建设目标考核体系，采取内部评估和外部评估相结合的方式，充分发挥社会中介组织和专家学者的作用，定期进行社会化评估和满意度调查，作为检查考核的依据。

在党的十八届四中全会精神指引下，2014 年 12 月 29 日，市委召开十二届七次全体（扩大）会议，决定全面推进“法治武汉”建设，为武汉市创造更加公平公开公正的法治环境，也为武汉市高质量建成小康社会、建设国家中心城市提供坚强的法治保障。会议审议通过了《中共武汉市委关于贯彻落实党的十八届四中全会精神，全面推进法治城市建设的意见》（以下简称《意见》)，围绕武汉“探索建立适应特大中心城市治理的法治体系，推进法治建设走在全国前列”的总体目标，对加强和改进党对法治工作的领导、加强和改进立法工作、法治政府建设、公正司法、增强全民守法、法治人才队伍培养等六项重大任务作出全面部署。《意见》明确提出，必须坚持党委在立法中居于领导核心地位，发挥人大及其常委会在制定地方立法中的作用，强化重点领域立法；建设居于全国前列的职能科学、权责法定、执法严明、公开公正、廉洁高效、守法诚信的一流法治政府。该文件是全面依法治国新时期武汉推进法治城市建设的纲领性文件，发挥了纲举目张的作用。

（二）成立法治建设领导小组

由于法治城市建设体系具有主体多元化、架构多层级、路径多样化、发展多阶段的特征，自党的十五大以来，武汉市委先后成立了多个法治工作领导机构，为加强党对全面依法治国的领导夯实了基础。在全面推进依法治国的新时期，市委高度重视，科学谋划、统筹推进，逐步建立起覆盖市、区两级的法治建设领导体制机制。在这一基础上，2015 年 6 月 1 日，市委、市政府成立法治城市建设领导小组，全面领导武汉市法治城市建设。组长由中共湖北省委常委、武汉市委书记、武汉市人大常委会主任阮成发担任，第一副组长由武汉市委副书记、市人民政府市长万勇担任。该领导小组的主要职责是：贯彻落实中央、省委关于加强社会主义法治建设的方针政策，研究制定法治城市建设的目标任务、工作重点和重大工作措施；制定具体实施意见，作出工作部署，领导推动法治城市建设；提出地方立法、依法行政、公正司法、法治宣传教育和权力监督等重大问题的指导性意见；研究法治城市建设的重要情况，解决制约法治城市建设的重大问题。[①] 全市各城区同步成立了区委主要领导任组长的法治建设领导小组，率先把法治建设作为对领导班子和领导干部政绩考核评估的重要指标，并纳入年度绩效考核指标体系。

2016 年 11 月 30 日，中共中央办公厅、国务院办公厅印发《党政主要负责人履行推进法治建设第一责任人职责规定》。根据该规定，市委、市政府与各区和市直部门主要领导签订责任状，紧紧抓住身为“关键少数”的领导干部，压实法治建设第一责任，让领导干部首先成为尊法学法守法用法

① 参见《市法治城市建设领导小组成立》，《武汉市人民政府公报》2015 年第 12 期。

的模范，做到重要工作亲自部署、重大问题亲自过问、重点环节亲自协调、重要任务亲自督办，再通过层层传导、层层压实责任，真正推进法治建设落地生根。根据中央要求，2017 年市委决定将市委法治城市建设领导小组更名为市委法治建设领导小组，[①] 并对其组成人员进行了调整，由湖北省委副书记、武汉市委书记陈一新担任市委法治建设领导小组组长。市委常委会、市政府常务会多次听取法治建设工作汇报，研究解决法治建设中的重大问题。

（三）“1+5+N”法治建设工作机制

2016 年，武汉市不断完善法治建设的顶层设计，建立起市委统一领导下“领导小组牵头抓总、牵头单位分工负责、各部门共同参与推进”的法治建设工作机制（即“1+5+N”工作运行机制）。明确市委办公厅、市人大常委会办公厅、市政府法制办、市委政法委、市司法局（市普法办），分别牵头负责依法执政、科学立法与法律监督、依法行政、公正司法和法治社会建设工作，制定和完善了领导小组工作制度、牵头单位协调制度、重点工作督办制度和党委法治办例会等一系列制度，厘清各个机构和部门在法治武汉建设中的权利和义务。市委认真落实“全面依法治国”要求，完善工作规则、议事规则、决策规则，明确了市委及其全体会议和常委会会议的职责、议事范围、决策程序。健全决策咨询机制，实现全市党群系统法律顾问全覆盖，注重发挥法律顾问的参谋智囊作用，将市委重大决策纳入法治化轨道。全市各街（乡镇）和市直单位普遍建立法治建设领导小组和工作机构，将法治建设经费纳入本地财政预算，既实现了法治建设的全覆盖、无遗漏，也从财政上有效保障各项法治工作落实，形成了适应超大城市治理现代化的“大法治”工作格局。

（四）普遍建立党委（党组）学法制度和法律顾问制度

根据 2016 年 12 月 14 日中共中央办公厅、国务院办公厅印发的《党政主要负责人履行推进法治建设第一责任人职责规定》，武汉市各级党委（党组）中心组普遍建立学习宪法法律和党内法规制度，以法治思维和法治能力建设为重点，研究部署法治建设工作成为新常态：落实领导干部述法用法制度；支持人大常委会全面落实干部任前法律知识考试制度和宪法宣誓制度；及时研究解决法治政府建设有关重大问题；推动宪法法律和党内法规学

① 参见武汉市法学会：《武汉法治建设年度报告（2017）》，武汉出版社 2018 年版。

习培训纳入党校、行政学院的培训内容。

2016 年 6 月，中共中央办公厅、国务院办公厅印发《关于推行法律顾问制度和公职律师公司律师制度的意见》。武汉市结合本地法律资源丰富、法学教育研究氛围浓厚的特色，在党政机关普遍建立党委（党组）法律顾问制度，在各区成立区委法律顾问团。截至 2017 年，全市党政机关法律顾问覆盖率达到 100%，涵盖全市 543 个党政机关、4037 个企事业单位。[①] 法律顾问主要由高等院校、科研院所、社会团体等机构中法学理论、法律实务、政府法制、经济建设、社会管理、科学技术等领域的专家学者和法律实务工作者来担任，围绕武汉市重大决策部署、重大项目建设、重大活动安排、制度建设等认真开展研究论证，既参与重要规范性文件的起草和审查把关，加强法律风险评估，也参与化解信访矛盾纠纷，处理行政复议、诉讼、仲裁等法律事务，提供法律咨询服务和专业意见，有效解决武汉市改革发展稳定面临的重点难点问题。

## 二、完善法治武汉建设的制度设计

### （一）编制《法治武汉建设规划（2016—2020 年）》

法治建设，规划先行。“十三五”是贯彻落实“全面依法治国”战略部署的关键时期。为推动法治城市建设提质升级，明确法治城市建设的“路线图”，2015 年市委常委会议审议并且原则通过了《武汉 2049 远景发展战略》。2016 年 11 月 25 日，市委印发法治建设五年规划《法治武汉建设规划（2016—2020 年）》（以下简称《规划》），这是武汉建市以来首个法治建设规划，也是在全国大城市中率先启动编制的法治建设规划，具有重要的现实意义。[②]《规划》从加大知识产权保护、规范市场竞争秩序、依法规范城市建设、完善“大城管”工作机制、规范智慧城市建设、推进城市生态文明建设、开展“法治惠民”等多个方面，对法治建设保障改革创新、提升城市功能品质、引领共享发展进行了总体设计，涵盖了法治建设基本任务，彰显武汉特色，实现了以立法服务全市中心工作，以立法保障市委重大决策部署贯彻落实。2017 年 3 月 17 日，市委办公厅、市政府办公厅印发《武汉法治城市建设工作要点》，进一步加强党委对法治建设的统筹领导、强化立法

① 参见武汉市法学会：《武汉法治建设年度报告（2017）》，武汉出版社 2018 年版。

② 参见武汉市法学会：《武汉法治建设年度报告（2016）》，武汉出版社 2017 年版。

和法律监督、加快推进法治政府建设、扎实推进司法为民公正司法、积极打造最优法治环境等20项重点工作，按职能分工，逐个明确责任单位，推动武汉法治城市建设。

（二）建立法治建设考核体系

党的十八届三中全会提出“建立科学的法治建设指标体系和考核标准”。法治建设既需要先进理论引领，也需要法治评估推动。2016年5月6日，市委法治城市建设领导小组分别印发《各区及市直单位党政领导班子和领导干部法治建设绩效考核办法》。其中，区级考核设定为推进依法执政、人大监督、依法行政、公正司法、全民守法5项主要内容，考核评分标准包含5项一级指标、24项二级指标、46项三级指标。市直单位考核设定为共性目标7项，主要包括落实法治建设主体责任，健全法治建设工作机制；法治思维和依法办事能力建设；推进依法决策；领导干部遵纪守法，率先垂范；组织开展本单位、本系统法治创建活动，重点组织推进法治惠民办实事项目；深化法治宣传教育，落实普法责任制；尊重并执行人民法院生效判决等。个性目标分为党群综合部门和行政执法部门、司法部门三类，根据不同职能设置了不同的项目指标和评分标准。法治建设绩效考核与市管领导班子和领导干部年度考核、落实党风廉政建设责任制等其他五项检查考核统一部署，同步开展。通过自查自评、年终考核和民主测评、平时考核、综合汇总等程序进行综合评分，推动了法治城市建设各项任务的落实。同时，为保障法治绩效考核结果能发挥“指挥棒”和“牵引器”的作用，不仅建立起法治建设绩效考核结果的通报制度，还将法治建设绩效考核纳入全市绩效考核内容，作为党政领导班子和领导干部政绩考核的重要组成部分，按相关规定纳入领导班子和领导干部档案管理。

2017年，市委法治办与湖北大学合作编撰《武汉市法治建设测评指标体系研究报告》，从党委领导法治建设，人大强化立法及监督，法治政府建设，司法公平正义，法治社会建设等多维度对法治建设指标体系进行分解和细化，实行绩效目标项目化、过程化管理，较好地契合了武汉法治建设的实际需要。

## 三、深入推进全面从严治党

（一）成立“治庸问责办”

2012年2月，武汉将市委原“治庸办”“优化办”整合成“治庸问责办”。[①]

① 参见胡孙华：《市治庸办、市优化办　合并为市治庸问责办》，《长江日报》2012年2月15日。

治庸问责和优化发展环境工作由纪检监察部门主抓。将“十个突出问题”承诺整改纳入民评民议，变集中测评一年一次为一季度一次，及时向社会公布测评结果，年终计入各单位绩效成绩。整合投诉举报受理平台，对治庸投诉电话、行政投诉中心、市长专线、行风连线（行政投诉）网站等各类涉及行政投诉的平台进行整合，实现“一个电话对外、一个网络受理、一个平台分办、一个部门督办”。严格落实问责工作责任制，建立健全责任“买单制”和倒查机制，对整改承诺未兑现、群众反映问题未解决或解决不到位的，除追究直接责任人的责任外，还要倒查追究分管领导直至主要领导的责任。此外，2012 年武汉市治庸问责办发布了《关于设立治庸问责群众监督奖的暂行办法》。这一年，电视问政改一年一次为一年两次，并启动网络问政，全年电视问政曝光的 99 个问题和网络问政的 47 件投诉，全部得到了整改，共问责处理 57 人，建章立制 44 项。[①] 为方便群众监督，这一年 4 月将治庸投诉电话与市行政投诉中心电话、场所、人员及工作整合。

（二）探索试行“两个责任”清单制

党的十八大以来，强化党风廉政建设党委主体责任和纪委监督责任成为层层责任传导和正确履职尽责的“加压阀”。2015 年，市委以上率下，出台并严格执行《关于落实党风廉政建设党委主体责任纪委监督责任的意见》，明确了党委主体责任，并对落实“两个责任”情况报告和通报、检查考核、评议、廉政谈话、纪委约谈和函询等方面进行了严格规定。[②] 明确市委监督室承担落实党委主体责任日常工作，以党风廉政建设和反腐败工作为抓手，通过主动抓、直接抓、具体抓，不断强化责任担当，党风政风焕然一新。同时，为了更好地厘清和细化责任，市纪委认真落实监督责任，探索试行“两个责任”清单制，逐条列出党委、党委书记、班子成员和纪委的正面及负面清单，包括每年市委常委会专题研究部署党风廉政建设和反腐败工作不少于 2 次，制定党风廉政建设年度计划，加强对全市主体责任落实情况的指导督促，督促指导下级党委（党组）履行主体责任。此外，还将落实“两个责任”纳入全市绩效考评，对落实党风廉政建设责任制检查考核结果进

① 参见胡孙华：《2012 年武汉治庸问责查处 940 人　涉及局级干部 7 人》，《长江日报》2013 年 2 月 7 日。

② 参见陶涛：《武汉严格落实党风廉政建设主体责任和监督责任》，《中国纪检监察报》2015 年 9 月 5 日。

行通报，5 个排名靠后的单位党委负责人受到约谈。2015 年全市共查办“两个责任”落实不力问题 32 件 45 人，追究主体责任失职问题 37 人，追究监督责任失职问题 8 人。[①]

（三）组建市级巡察机构

习近平总书记指出，巡视是党章赋予的重要职责。作为党内监督的战略性制度安排，巡视和巡察是全面从严治党的利器，本质是上级党组织的监督。2016 年 8 月，根据中央和省委统一部署，武汉建立市、区党委巡察制度，组建了巡察机构，迅速实施了首轮巡察。[②] 2016 年 11 月至 12 月，市委巡察组以习近平总书记系列重要讲话精神为指导，牢固树立“四个意识”，深化政治巡察，突出问题导向，对市科技局等 5 家单位党组织进行了巡察，向被巡察单位反馈面上问题 166 个，向市纪委等移交问题线索 105 件，被巡察单位清退违规发放津补贴 1164.9 万元。市纪委及其派驻纪检组对 23 名党员干部进行立案审查，局级干部 3 人，处级干部 15 人；组织处理 63 人，其中局级干部 2 人，处级干部 44 人，其中武汉农业集团原党委书记、董事长胡某某被开除党籍并移送司法机关处理。[③] 通过巡察，有效地发挥了“政治体检”的作用。

（四）规范党内规范性文件备案制度

完善的党内法规体系是中国特色社会主义法治体系中重要的组成部分。为加强规范党内规范性文件备案制度，武汉市单独设立市委法规室，扩充组建党内法规联合审查组，加强全市党内规范性文件备案工作建设，建立备案工作考核制度，并组建成立市委法律顾问团队，对新中国成立以来市委制定的党内规范性文件进行集中清理，同步推进党内规范性文件降密、解密工作，着力解决党内法规制度中不适应、不协调、不衔接、不一致的问题。严格落实党内规范性文件备案审查制度，市委批准设立的党组（党委）制定的规范性文件纳入备案审查范围，实现了备案审查全覆盖。2016 年，武汉市委向湖北省委报送党内规范性文件 198 件，合法合规率 100%。同时对各

---

① 参见唐煜、杨华、段晨晨：《落实两个责任不力　武汉去年 45 人被追责》，《长江日报》2016 年 4 月 14 日。

② 参见郑汝可：《坚决贯彻落实巡察制度　不断提高巡察工作水平》，《长江日报》2017 年 5 月 19 日。

③ 参见胡弦、陶涛、王振：《武汉：公布 2016 年首轮巡察整改“成绩单”》，《湖北日报》2017 年 7 月 12 日。

区委、市委各部门向市委报送的440件党内规范性文件进行了审查，对其中58件与法律法规、政策规定不一致的文件进行了纠正。[①] 2017年，共向省委报送党内规范性文件62件，报备率100%；审查各区委、市委各部门、市委批准设立的党组（党委）报送的党内规范性文件385件，并对其中29件与法律法规、政策规定不一致的文件进行了提醒、纠正，[②] 不仅保证了党内法规必须与党章、党的理论、路线、方针、政策相一致，与宪法法律相一致，而且保证了党内法规制度体系内在的统一性和权威性。

（五）落实专项督查

以问题导向为指引，以强化担当、落实责任为抓手，2016年武汉市聚焦群众、企业、社会组织等社会各界反映强烈的精准扶贫工作、智慧城市建设、路网及停车场建设、环境污染治理、市场秩序监管、医疗服务监管、中小学社会化培训办学监管、交通管理、城市绿化水平以及旅游景点监管"十个突出问题"，积极落实全市"十个突出问题"承诺整改专项督查。按照市委统一部署，市政协组织委员参与群众反映强烈的"十个突出问题"整改落实专项督查，组成十个专项督查组，到一线、到问题集中的地方进行监督评议，全年共召开协调会50多场次，参与委员达1100多人次，在沟通协调、提出意见、敦促落实中促进了相关部门有效整改和法律法规有效执行。通过搭建报纸、电视、电台、网络"四位一体"的全媒体监督平台，受理并转办督办解决各类问题733个；创办常态化直播节目《现在督办》，共播出8期，推动整改15类82个问题。

（六）开展党内法规制定试点工作

加强制度建设，是提升全面从严治党水平的关键一招。2017年5月，党中央作出决策部署，首次将党内法规的制定权下放至副省级城市和省会城市党委，要求武汉、深圳、福州、南宁等7个城市重点围绕基层党建、作风建设等内容开展党内法规制定试点工作，这是党内法规制定主体扩容的重要政策试点和党的建设制度改革的重要探索。2018年，武汉市出台首部党内法规《武汉市委加强基层党员干部作风建设若干规定（试行）》。[③] 聚焦形

① 参见武汉市法学会：《武汉法治建设年度报告（2016）》，武汉出版社2017年版。

② 参见武汉市法学会：《武汉法治建设年度报告（2017）》，武汉出版社2018年版。

③ 参见《武汉市委加强基层党员干部作风建设若干规定（试行）》，《长江日报》2018年5月9日。

式主义、官僚主义、享乐主义、奢靡之风“四风”问题和“新衙门作风”以及“微腐败”问题，明确界定基层党员干部的范围，从作风培育、日常监督、作风巡查、作风评议、查处问责等方面，把武汉在基层作风建设实践中探索形成的一些创新做法和成功经验加以制度化、规范化。

（七）成立市监察委员会

完善党和国家监督体系，强化对权力运行的监督制约，是新时代夯实党的执政根基的关键举措。组建监察委员会，实现监察委员会和纪委合署办公，目的是加强党对反腐败工作的集中统一领导，构建集中统一、权威高效的国家监察体系，实现对所有行使公权力的公职人员监察全覆盖，推进国家治理体系和治理能力现代化。2017 年，武汉市委高度重视，全市上下迅速行动，认真贯彻执行中央和省委指示精神，市委书记亲自抓，精心组织指导，人大、纪委、检察机关等相关方面密切配合，不断推进改革创新，探索和完善监察工作运行机制，研究制定线索移送、涉案款物管理等制度，建立完善巡察制度，确保武汉市监察体制改革试点工作顺利进行。

2018 年 1 月 12 日，经武汉市第十四届人民代表大会第二次全体会议选举，张曙当选为武汉市监察委员会主任。2018 年 1 月 15 日，市监察委员会正式挂牌成立。各区纪委积极会同城区组织、人事、编办等相关部门按程序、严要求把好检察院涉改部门转隶干部的政治关、廉洁关和监委委员人选关，做好监察体制改革后监察对象初步统计，完成区纪委、监委机关内设机构、派驻机构设置和人员编制核定等工作，加快推进办公经费、办案设备、监视居住办案区等资产划转，通过强有力的措施、保障，使各区监察委员会组建工作顺利完成。当年，全市共立案 3462 件、处分 3424 人；采取留置措施 136 人，移送司法机关 92 人。①

## 四、运用法治思维和法治方式推动全面深化改革

（一）制定《武汉市政府职能转变和机构改革方案》

将行政体制改革纳入法治化轨道，依法破解改革中遇到的深层次体制性障碍，是武汉加快建设法治城市的关键路径。2014 年，市委、市政府研究制定《武汉市政府职能转变和机构改革方案》，出台《武汉市政府职能转变

① 参见王雪、陶涛：《武汉亮出 2018 年党风廉政建设和反腐败成绩单》，《长江日报》2019 年 1 月 31 日。

和机构改革实施意见》等规章和规范性法律文件，进一步明确改革重点和方向，为政府职能转变和机构改革工作提供了立法依据。优化政府组织结构，推进市场监管、农业农村管理、交通运输、城乡规划建设等领域机构和职责调整；市、区、街（乡镇）三级食品药品监管机构基本建立；积极开展公务员聘任制试点。①

（二）深入推进行政审批制度改革

为加强简政放权的顶层设计和部门之间的统筹协调，克服仅追求形式减量、实质增权和各自为战的弊端，2012 年武汉市进一步加大自上而下的行政审批体制改革力度，着力处理好“接、转、放”的关系，不断创新工作机制。一是贯彻落实《行政许可法》，围绕“减项目、减程序、减时限、减费用、下放审批权”目标，市级行政审批事项由 2011 年的 748 项削减至 2014 年的 240 项；保留事项的审批流程控制在 5 个以内；审批时限整体压缩 50%以上；不收费项目占 97%。86 项原市级审批项目下放各区办理，保留事项中 158 项委托给各区办理。二是优化审批服务体系，依托市、区两级政务服务中心，建成了全市统一的网上审批平台和电子监察平台。② 三是探索实现“一枚印章管审批”。武汉经济技术开发区试点成立了行政审批局，东湖高新区试点成立了政务服务局，统一行使全区审批职能。四是稳步推进经济发达街行政管理体制改革试点。蔡甸区奓山街、黄陂区武湖街、江夏区金口街等试点街道行政事业资源整合基本完成。

2015 年，武汉市启动行政审批升级版改革，实现市直部门审批职责、审批机构、审批人员“三集中”，承担行政审批职责的 28 个部门全部设立了行政审批处，对行政审批事项统一受理、统一发证。对应承接和实施国务院、省政府下放的行政审批事项 19 项，对市级 183 项行政许可事项进行优化调整，对市级 57 项非行政许可事项进行依法取消，不再保留“非行政许可”这一审批类别。市级保留的行政许可事项由 240 项减少到 160 项，武汉成全国副省级城市中保留市级权力事项和市级行政审批事项最少的城市。③

① 参见张革文、韩慧芳：《严格依法行政　建设法治政府——湖北省武汉市法治政府建设取得成效》，《人民法治》2017 年第 8 期。

② 参见张革文、韩慧芳：《严格依法行政　建设法治政府——湖北省武汉市法治政府建设取得成效》，《人民法治》2017 年第 8 期。

③ 参见耿珊珊、吕翔宇：《武汉发布法治城市建设白皮书　市级保留权力事项减六成》，《长江日报》2016 年 8 月 26 日。

2016年，全市市级行政审批事项进一步减少至157项。在全市12个行政区和4个开发区（功能区）全面推行以审批职责、审批事项、审批环节“三个全集中”为主要内容的综合行政审批改革，区级行政审批局全部正式挂牌运行。2016年11月21日，在李克强总理主持召开的全国深化简政放权放管结合优化服务改革座谈会上，武汉市委副书记、市长万勇就武汉市“放管服”改革作了经验交流。2017年初，国家发改委将武汉市的经验做法列为向全国复制推广的创新改革试验举措之一。

（三）开展事业单位分类改革

贯彻落实《中共中央　国务院关于分类推进事业单位改革的指导意见》，自2012年开始，武汉市围绕“助推政府职能转变，建设服务型政府”的目标，按照“政事分开、事企分开和管办分离”的要求，稳步推进事业单位分类改革。2016年，在清理规范基础上，逐一明确了562家市属事业单位的具体类别，划为行政类事业单位4家、经营类事业单位33家、公益一类事业单位305家、公益二类事业单位104家，其他26家，调整90家；着力推进公益类事业单位“九定”工作，在机构名称、隶属关系、职责任务等九个方面进行严格规范。[①]

（四）推进行政执法领域大部制改革

2016年新组建市城市管理委员会、市文化新闻出版广电局、市卫生和计划生育委员会三个部门。经过调整，武汉市属正局级机构减少2个，其中，市政府组成部门减少1个，市政府直属机构减少1个。调整后，市政府设置组成部门24个、直属特设机构1个、直属机构1个。在市场监管执法领域，食品药监、工商、质监管理体制由市垂直管理调整为市、区分级管理。定期组织全市各级行政机关梳理执法依据，规范执法主体。对全市具有行政执法职权的执法主体基本情况、单位性质、主体类别进行全面清查。加强行政执法人员执法资格管理，对临时工、合同工、借用人员、工勤人员等从事执法工作的，坚决清退、调离或调整工作岗位。

（五）聚力推进“三办”改革

是否能够做到“马上办”“网上办”“一次办”（以下简称“三办”），

---

① 参见张革文、韩慧芳：《严格依法行政　建设法治政府——湖北省武汉市法治政府建设取得成效》，《人民法治》2017年第8期。

对提高政府治理能力和服务水平，满足企业和群众的获得感提出了更高要求。2016 年，武汉东湖高新区坚持以人民为中心发展思想，以企业群众办事极致体验为导向，以政务服务极致效率为着力点，以互联网为手段，率先进行“三办”改革。为企业和群众提供更优质、更便捷的服务，要求能够实现来了就办、立等可取，在“互联网+”环境中也能足不出户实现需求，尽量减少跑腿环节，节约时间精力。2017 年，武汉市将“三办”改革经验向全市推广，出台《武汉市推行审批服务“马上办网上办一次办”实施方案》。[①] 市直部门承担审批职责的处室由 121 个精简至 28 个，市级第一批 575 项“三办”事项的审批服务办理时限较法定或者原承诺时限平均每个事项压缩 10.6 天；申报材料平均每个事项减少 0.87 份。[②]

## 第二节　加强地方立法与完善监督机制

党的十八届四中全会提出，要健全有立法权的人大主导立法工作的体制机制，发挥人大及其常委会在立法工作中的主导作用。制定符合地方实际的地方性法规是实现城市治理体系和治理能力现代化的制度依托和关键举措。这一时期，武汉市聚焦国家中心城市建设、城市高质量发展、海绵城市建设、城市文明提升、民生保障等经济社会发展亟须和人民群众反映强烈的重点问题，不断加强地方立法的针对性，健全完善法律监督与民主监督渠道。

### 一、发挥地方人大立法主导作用

#### （一）完善立法工作机制

武汉市人大常委会坚持在立法的起草、论证、协调、审议等各个环节都主动作为，将提高立法质量贯穿于立法工作始终。要求一审前各专门委员会和常委会工作机构提前介入法规草案的调研、论证、起草和修改；每件法规都广泛征求人大代表特别是基层代表的意见，邀请与法规调整对象有密切关系或熟悉该事项的代表参与立法；完善常委会立法审议机制，重视听取常委会组成人员对法规草案的审议意见，坚持法制委员会对法规草案逐条审议制度，对有争议的条款，实行单独表决。对法规中设定的行政许可、行政处

① 参见《中共武汉市委、武汉市人民政府关于印发〈武汉市推行审批服务“马上办网上办一次办”实施方案〉的通知》，《武汉市人民政府公报》2017 年第 15 期。

② 参见武汉市法学会：《武汉法治建设年度报告（2017）》，武汉出版社 2018 年版。

罚、行政强制，严格审查其合法性、必要性与合理性，规范行政权力的行使，保障行政相对人合法权益。2012 年，市人大常委会认真开展法规制度廉洁性评估，对法规内容中可能存在的风险点进行查找，提前防范。2015 年，改变过去由单一部门主导的立法起草模式，由各领域相关专门委员会牵头起草《武汉市志愿服务条例（草案）》。开展法规草案表决前评估，邀请第三方对《武汉市旅游条例（草案）》《武汉市志愿服务条例（草案）》等进行评估论证，为立法决策提供参考。通过召开专场座谈会等形式，征求市政协委员、民主党派、无党派人士、人民团体对法规草案的意见、建议，最大限度汇聚智慧、凝聚共识，提高立法质量。

（二）开展中长期立法规划研究

2014 年，市人大常委会开展中长期立法规划研究，重点开展武汉市与 5 个国家中心城市地方立法比较研究，编制《武汉 2049 远景发展战略 2014—2020 年立法规划》，增强立法的前瞻性、系统性、科学性。2016 年，围绕城市中长期发展，编制《武汉 2049 远景发展战略 2016—2020 年立法规划》。通过加大立法规划工作力度，有利于增强立法工作的统筹性、协调性、科学性，为推进高质量立法夯实工作基础。

（三）实行“两审三通过”的常委会审议制度

2013 年 3 月 19 日，湖北省十二届人大常委会第十六次会议通过修订的《湖北省人民代表大会及其常务委员会立法条例》，首次提出“两审三通过”的常委会审议制度。“两审三通过”的主要内容是：列入常委会会议议程的法规案，常委会会议第一次审议时应听取提案人的说明，由小组会议进行审议；常委会会议第二次审议时应听取法制委员会的报告，由小组会议再次审议，但该次常委会会议不付表决；下次常委会会议在听取法制委员会修改情况的说明后再进行表决。如意见比较一致，也可两次或一次常委会会议审议后即交付表决；个别法规草案也可经常委会多次审议后交付表决。通过“两审三表决”，能够在审议表决环节进一步增强常委会行使立法权的权责意识，提高常委会会议的工作水平和立法效率。

（四）注重发挥代表在立法中的作用

充分尊重人大代表主体地位，扩大人大代表对立法工作的参与渠道。一是积极支持代表依法履行职责。加强常委会与代表的联系，2014 年制定《武汉市人大常委会联系市人大代表办法》，常委会组成人员通过多种方式同代表建立经常联系，畅通民意表达渠道。邀请代表列席常委会会议，参加视察检查、专题询问、电视问政等活动，进一步激活代表职能。上述举措，得到全国人大常委会充分肯定。二是重视代表立法议案建议的办理，将有关立法议案转化为立法项目。2016 年，市人大常委会认真倾听人大代表提出的志愿者服务立法议案和建议，将代表建议立法纳入立法计划。三是健全法规草案征求代表意见制度，邀请代表参与立法调研、论证、修改等环节。例如 2017 年，在《武汉市客运出租汽车管理条例》起草过程中，市人大常委会以座谈会等方式多方听取和吸纳代表的意见，彰显了地方立法的“人民性”和“管用性”。

（五）拓展公众参与立法途径

市人大及其常委会广开言路，充分发扬“开门立法”精神，通过基层立法联系点、常委会立法顾问组、市法学会地方立法研究会、各区人大常委会等机构向社会公开、广泛征集立法建议，扩大立法的民主化程度。一是通过召开专场座谈会、书面征求意见等形式，征求市政协委员、民主党派、工商联、无党派人士、人民团体、社会组织等对法规草案及立法规划、立法计划项目的意见建议，切实发扬协商民主。二是通过人大官方微博、报刊、网站等途径广泛征集公众意见。从 2012 年开始，建立听取和采纳意见情况说明制度，对于公众提出的意见和建议，进行整理、汇总，在网上公开地方性法规、规章草案及处理情况。三是深入街道、社区、企业、农村，倾听基层单位、基层群众、管理相对人的立法诉求。2014 年在修订和制定《武汉市湖泊保护条例》《武汉市全民健身条例》时，充分运用报刊、广播电视、网络新媒体、基层立法工作联系点等载体，让公众及时了解立法信息，鼓励和引导公众有序参与立法。2015 年在制定《武汉市文明行为促进条例》时，通过媒体开辟专栏收集意见，通过多种途径发放调查问卷近 30 万份，将立法活动全程向媒体开放，夯实了立法的民意基础，保证了立法的公开公平公正。

## 二、地方立法工作成绩斐然

（一）加强基本生态控制线管理

依法开展城市规划、依法加强基本生态控制线管理是建设“两型社会”、加强生态文明建设的重要内容。早在 2004 年，武汉市就编制了《2005—2020 年城市总体规划》，当年划定的武汉市城镇建设用地（又称

“都市发展区”）面积控制在667平方千米，结果随着城镇化进程不断深入，市内基础设施建设对土地利用的要求越来越大，导致基本生态控制线内的土地被大量占用，到2005年底总体规划就需要修编。2006年7月，市政府向市人大常委会报告了《武汉城市总体规划（2006—2020年）》修编情况，重新确定武汉市2020年都市发展区面积应控制在1030平方千米，其中主城区部分为450平方千米。然而，这一目标在2010年就提前十年实现，总体规划再次面临修编。为确保城市总体规划的严肃性，2013年6月26日，市十三届人大常委会第十二次会议通过了《关于加强武汉市基本生态控制线规划实施的决定》，首次规定：“修改调整基本生态控制线规划前，区政府应先向区人大常委会报告规划实施情况，提出规划修改的必要性和可行性，并征求利害相关人意见，再向市规划行政主管部门提出报告；市规划主管部门提出的修改专题报告须经上级主管部门同意方可编制修改方案。修改方案经征求各方意见，尤其是利害相关人意见，经市规划委员会审议通过，报市人民政府批准，并以市政府议案形式报市人大常委会备案。”在会议上，湖北省委常委、武汉市委书记、市人大常委会主任阮成发提出“不能填江、不能填湖、不能摊大饼式的无边界扩大城市建成区的外延、不能环湖铁桶式开发”等“十不”要求，以此落实基本生态控制线规划。2014年，市政府对既不符合准入要求、又不具备合法手续的426个项目，要求其逐步迁出基本生态控制线。①

2016年5月26日，市十三届人大常委会第三十六次会议表决通过了《武汉市基本生态控制线管理条例》，这是全国首部基本生态控制线保护地方立法。② 根据条例，基本生态控制线范围内区域分为生态底线区和生态发展区，实行分区管控；严格保护饮用水水源一级、二级保护区，风景名胜区核心景区，自然保护区，森林公园，郊野公园以及需要进行严格保护的农田、林地、绿地、生态廊道、城市公园等六类区域，严禁非法占用，从而维护生态系统完整性；基本生态控制线的管理应当遵循保护优先、严格管控、有序利用、绿色发展的原则，实行严格的生态保护制度；非依法定条件和程

① 参见周舜尧：《武汉生态保卫战新城区打响第一炮 426个项目被清退》，《长江商报》2015年1月12日。

② 参见郑汝可：《武汉通过全国首部基本生态控制线保护地方立法》，《长江日报》2016年5月27日。

序，不得调整基本生态控制线。此外，还特别提出了实行责任终身追究制，强调对基本生态控制线实施最严格的保护。

（二）依法提升城市治理水平

城市治理是依法治国在法治城市建设领域的具体表现，也是转型时期社会关注的重点难点问题。2012 年，武汉市人大常委会制定了《武汉市城市综合管理条例》《武汉市轨道交通管理条例》《武汉市历史文化风貌街区和优秀历史建筑保护条例》等多部地方法规。其中，《武汉市城市综合管理条例》是我国第一个城市综合管理方面的地方性法规，首次明确了城市管理精细化的标准，涵盖建筑景观、临街商业网点、建筑立面容貌、道路桥梁、公共排水等 20 多项内容，涉及 20 多个职能部门，[①] 在填补城市管理法制空白、加大环境惩处力度方面均有创新突破，有效解决了以前长期存在的城市管理机构与委托单位的法律关系不明、权责边界不清等问题。该《条例》经过多年实践，在一定程度上解决了城市管理体制存在的一些弊端和问题，为相对集中执法进一步提供了法律保障。2013 年，市人大常委会制定和修订了《武汉市城市绿化条例》《武汉市燃放烟花爆竹安全管理规定》，进一步充实完善了城市管理立法体系。

为促进旅游业依法、规范、健康发展，2015 年市十三届人大常委会第三十三次会议表决通过《武汉市旅游条例》。该条例有诸多亮点，如与时俱进强化信息水平建设，将俱乐部、车友会等召集游客纳入监管；推动诚信社会建设，公开旅游企业资质、经营服务质量、失信惩戒记录等信息；保障旅游资源的有序开发，维护旅游者和旅游经营者的合法权益；等等。不仅有利于武汉市旅游业的持续健康发展，也有利于加快国家旅游中心城市建设。

城市卫生环境事关城市形象大局。2017 年市十四届人大常委会第二次会议审议通过并施行《武汉市爱国卫生促进条例》。这是武汉市第一部关于爱国卫生工作的地方性法规，规定了市民的健康权利和提升健康素养的责任以及参加爱国卫生活动的义务，倡导公民绿色健康生活，推进卫生创建和健康城市建设。该条例的施行有利于巩固国家卫生城市创建成果，动员全社会参与爱国卫生运动，加强生态文明建设，实践健康城市理念，推动提高社会卫生水平。

---

① 参见张芹：《中国内地首部“大城管”法规实施》，《共产党员》2013 年第 5 期。

（三）发挥法治在弘扬核心价值观中的作用

2015 年 2 月 28 日，武汉市荣获第四届“全国文明城市”称号。为将文明建设纳入法治化、常态化轨道，2015 年 9 月 23 日，市十三届人民代表大会常务委员会第三十一次会议表决通过《武汉市文明行为促进条例》，自 2016 年 2 月 1 日起施行，这是武汉市第一件、国内第二件综合性、系统化的文明行为地方性法规。该条例坚持“奖励为主、处罚为辅”和对公职人员严格要求的原则，构建了党委统一领导、政府组织实施、社会积极参与、各方协同配合的工作机制，提炼出公共秩序、交通出行、旅游观光、休闲娱乐、环境保护、网络文明以及家庭七个方面的文明行为基本规范，有利于巩固和深化武汉市文明城市的创建成果，健全文明建设长效机制，持续提升市民素质和城市文明水平。

见义勇为是中华民族的传统美德，对弘扬社会正气、构建和谐社会具有积极促进作用。2015 年 7 月 22 日，市十三届人大常委会第三十次会议表决通过《武汉市见义勇为人员奖励和保护条例》。该条例以“鼓励见义勇为、倡导见义智为”的立法理念进行制度设计，对见义勇为行为进行奖励和保护的责任主体，突出见义勇为社会组织的作用，规范见义勇为的确认等进行规定，对见义勇为人员的基本生活、医疗救治、社会保险、就业、教育、住房保障、法律援助，以及对见义勇为牺牲人员及其家属的抚恤和补助，市人大常委会都对人民群众普遍关心的问题提供了全方位、多层次的制度保障。

为进一步推动“志愿者之城”建设，武汉市率先在志愿服务立法方面先行先试，于 2016 年 1 月 8 日通过《武汉市志愿服务条例》，对志愿服务工作体制、志愿者权利义务、志愿服务组织职责、志愿服务范围以及保障与激励措施等作出规定，确立了志愿服务注册登记制度，建立了志愿服务多方协同机制，明确了志愿者行为能力和专业资质要求，将“邻里守望”“支教助学”“水上救援”等有武汉特色的志愿服务品牌纳入其中，彰显了武汉市志愿品牌。该条例的施行，有利于鼓励和规范志愿服务活动，促进志愿服务事业长足发展。

（四）加强特定领域立法

武汉市江夏、蔡甸、黄陂、新洲 4 个新城区、26 个街（乡镇）既是革命老区主要分布地，也是扶贫攻坚的重点区域，经济基础薄弱、基础设施落后、公共服务欠缺、生态环境脆弱等问题亟待解决。为深入贯彻落实习近平总书记关于脱贫攻坚的重要论述，2016 年 11 月 23 日，市十三届人大常委会第三十九次会议通过《武汉市促进革命老区发展办法》。这是全国副省级城市中首部促进革命老区发展的地方性法规，从规划、资金、人才、生态等各个方面进行明确规定，为革命老区建设发展提供了坚实保障。尤其是提出建立生态补偿脱贫机制，对森林资源、农作地资源、水源地、湿地自然保护区等重点领域加大生态补偿的投入，在地方立法中具有开创性意义。

孩子是祖国的未来，保护未成年人关乎千万家庭的幸福。2017 年 9 月 19 日，市十四届人大常委会第六次会议通过《武汉市未成年人保护条例》。该条例既有对上位法的落实和细化，也有结合当下社会发展和武汉地方特色的应对和总结，专门设立“家庭保护”一章，强化家庭在未成年人保护中的首要地位，强调父母的监护职责和抚养义务；针对校园欺凌，从学校、家庭构筑起事前预防、事中制止、事后处置机制；针对网络不良信息，规定父母、学校、政府部门及网络服务提供者等主体的责任，形成对未成年人更加系统的保护机制，构筑起社会各界分工协作、共同努力的教育和监管屏障。

为建设“文化五城”，① 加强非物质文化遗产保护，2016 年 5 月 26 日，市十三届人大常委会第三十六次会议通过《武汉市非物质文化遗产保护条例》，这是全国副省级城市中第一部非遗保护地方性法规。突出“保护”为立法主线，明确各级政府是保护工作主体，应将非物质文化遗产总体保护规划纳入国民经济和社会发展规划；对非物质文化遗产代表性项目和传承人实行重点保护、分级保护、分类保护。此外，该条例还按照“政府主导、社会参与”的原则，鼓励和支持社会力量兴建非遗基础设施，参与非物质文化遗产保护工作。

### 三、全面清理法规

随着经济社会发展高速发展，宪法、法律、行政法规以及省级地方性法规经常出现立、改、废等情形。地方立法亟待调整优化和全面清理，以避免出现立法抵触。2014 年，市人大常委会对全市 91 件法规进行全面清理，重点清理法规中涉及行政审批、行政强制和行政收费等事项，提出法规集中修改、重新制定和废止的方案。2015 年 5 月 20 日，经市十三届人大常委会第

① “文化五城”是指武汉建设读书之城、博物馆之城、艺术之城、设计创意之城和大学之城，进而提升城市文化品位，打造文化强市。

二十九次会议审议通过，修改了《武汉市未成年人保护实施办法》《武汉市禁止生产和销售假冒伪劣商品条例》《武汉市劳动力市场管理条例》《武汉市商品交易市场管理条例》《武汉市档案管理条例》《武汉市精神卫生条例》《武汉市艾滋病性病防治管理条例》《武汉市农业机械化促进办法》8 件法规。2017 年 11 月 22 日，市人大常委会再次修改《武汉市防洪管理规定》《武汉市水土保持条例》《武汉市湖泊保护条例》《武汉东湖风景名胜区条例》《武汉市森林资源管理办法》《武汉市湿地自然保护区条例》6 件地方性法规的部分条款，废止《武汉市环境保护条例》《武汉市城市排水条例》2 件地方性法规，确保地方性法规与上位法保持一致。

**四、推动人大常委会工作机制创新**

（一）完善密切联系代表和选民的工作机制

代表工作室是加强、促进人大代表与选民的紧密联系的桥梁和纽带，是人大代表最能“接地气”的地方。2012 年，全市建立代表工作室 98 个；2013 年，代表工作室增加到 167 个，覆盖全市 147 条街道。通过架起一座座民意“连心桥”，真正实现想群众之所想，急群众之所急，回应群众关切，使人大闭会期间代表开展活动有阵地、联系群众有渠道、执行职务有平台。

（二）设立首个咨询专家库

2014 年 2 月 25 日，市人大常委会首次设立咨询专家库。经过全市征集遴选，38 人受聘常委会咨询专家，分属立法顾问组、监督司法工作专家组、财经专家组和预算专家组。这些专家中既有来自本地高校的知名教授、博导，又有来自专业研究机构的学者、研究员，也有来自政府经济部门、审计部门以及“两院”、律师事务所的实务工作者。专家通过参加座谈会、论证会、听证会，以面谈、信函、传真、电子邮件等方式提出意见，为市人大制定地方性法规、开展预算审查监督、监督司法等工作提供智力支持。

（三）实施宪法宣誓制度

宪法是国家的根本法，宪法精神和宪法权威需要弘扬和维护。党的十八届四中全会正式确立了宪法宣誓制度，全国人大常委会作出了关于国家工作人员宪法宣誓的决定。为了更好地忠于宪法、遵守宪法、维护宪法，加强宪法实施，2016 年 1 月 8 日，市人大常委会制定了《武汉市人民代表大会及其常务委员会选举和任命的国家工作人员宪法宣誓实施方案》，并指导、督促市政府、市法院、市检察院开展宪法宣誓工作。方案规定，宣誓一般在国家工作人员依照法定程序产生后当即进行，遇特殊情况时，应当在30日内进行。宣誓可采取单独宣誓或集体宣誓的形式。仪式场所应当庄重、严肃，悬挂国旗或国徽，宣誓人员应当用普通话诵读誓词，着装整洁得体。同时，宣誓活动应当通过新闻媒体向社会公开。2016年1月23日下午闭幕的武汉市十三届人大五次会议上，新当选的武汉市人大常委会及有关专门委员会部分组成人员等13人，共同完成了向宪法宣誓仪式。这是武汉市人大首次举行新当选的国家工作人员向宪法宣誓仪式。

## 五、切实加强法律监督

### （一）加强对重大民生问题的法律监督

市人大常委会以办案质量检查工作为抓手，在正确处理好人大监督与公检法依法独立行使司法权的关系，保证人大监督既不失职又不越权，确保办案质量检查工作合法性的前提下，积极探索新形式、新方法，形成了一整套较为严谨周密的检查方法：开展单位自查、组织人大代表公开评议和参与检查、现场抽查、检查专班集中评查、提请常委会审议、整改意见反馈督办，为武汉发展营造了和谐稳定的法治环境。

开展询问是人大及其常委会依法实施监督的新常态。2012年1月，市人大常委会选择养老事业发展为首次专题询问内容，并纳入人大工作要点。组成6个调研组，分赴基层走访各类养老服务机构70多家，召开座谈会16场次，发放调查问卷330份，形成《武汉市养老事业发展情况的调研报告》。调研发现的五大类15个问题，成为专题询问的“素材”，集中向市政府“发问”。[①] 对于这些问题，市政府给出了一系列答复，承诺“建设拥有2200张床位和3800张床位的市第一、第二社会福利院”，“建70家居家养老中心”，“压减三公经费，加大养老事业投入”，“建养老基础数据库提供医疗服务”，加快“10分钟养老圈”建设进度等目标和安排。[②] 专题询问后，市政府制定了《关于加快推进社会养老服务体系建设的意见》，出台了一系列政策措施，推进了我市养老事业的新发展。2015年，市人大常委会积极回应群众关切，首次把社区物业管理工作纳入专题询问议题，通过成立

---

① 参见殷娜：《武汉人大首次专题询问养老问题》，《检察日报》2012年8月20日。

② 参见吕友明、殷娜：《让百姓老有所依——武汉市人大常委会监督养老事业发展回眸》，《楚天主人》2013年第1期。

5 个调研组，深入基层、进入社区、访问居民，充分了解各方诉求，边调研边督促解决问题。2015 年 11 月 25 日，市十三届人大常委会第三十三次会议听取和审议了市政府关于《武汉市物业管理条例》实施情况的报告，14 位人大常委会委员和人大代表就物业管理收费标准、业主委员会运转、房屋保修、车位配置、电梯安全运行等与群众利益切身相关的问题，向副市长及相关政府部门负责人展开专题询问，推动市政府出台了《关于加强住宅小区综合管理的实施意见》。①

（二）加强规范性文件备案审查工作

规范性文件备案审查既是立法的延伸与扩展，也是法制统一的监督与保障。市人大常委会积极开展规范性文件的备案审查工作，不断健全工作制度，规范备案的流程，实现备案审查全覆盖。2014 年 12 月，修订《武汉市人大常委会规范性文件备案审查工作规程》，使备案审查工作从内容到程序更具体化、更有操作性。2015 年，引入第三方审查机制，对向市人大常委会报备的 78 件规范性文件（市政府规章 9 件、其他规范性文件 14 件，区人大常委会决定、决议 55 件）依法进行备案审查，维护法制统一。

（三）加强执法检查

保证法律严格实施是宪法法律赋予人大监督权的重要职责。每年市人大常委会都对人民群众普遍关心的问题，有计划、有重点地开展执法检查，注重监督实效和监督质量，在检查中深化对执法检查工作规律的认识，在检查中完善执法检查工作流程。2012 年，市人大常委会执法检查组对《武汉市宗教事务条例》的实施情况进行了执法检查，并向市十三届人大常委会第五次会议作出报告。通过市人民政府及其有关职能部门、各区人大常委会提交自查报告，召开座谈会、汇报会，开展对立法实施情况满意度抽样调查，实地视察宗教活动场所等方式，对贯彻实施中存在的问题提出改进执法工作的建议。

2015 年，市人大常委会针对部分地区中小学校布局规划执行缓慢、教师结构性缺编较为突出、教育经费保障水平有待提升等问题，开展《中华人民共和国义务教育法》执法检查，要求政府加快规划落实进度，加大财

① 参见郑汝可、吕友明、田亮亮：《防止部门利益法制化和争权诿责》，《长江日报》2016 年 1 月 23 日。

政投入力度，改善薄弱学校办学条件，重视农村教师队伍建设，推进我市义务教育优质均衡发展。此外，还检查了《中华人民共和国兵役法》《武汉市城市综合管理条例》《武汉市农业投资保障条例》等的执行情况，督促政府不断改进执法工作，做到严格规范、文明执法。

（四）加强司法监督

为更好回应人民对司法公正的期盼，市人大常委会进一步加强司法监督力度，认真听取和审议市法院、市检察院和市公安局的工作报告，督促三机关开展办案质量自查工作，要求向常委会书面提交关于上年度办案质量检查情况的报告，以投票方式进行满意度测评，量化考评司法机关办案质量。2013 年，市人大常委会出台《武汉市人民代表大会常务委员会监督司法工作规定》，明确了常委会监督司法工作的方式包括组织工作满意度测评、组织执法检查和办案质量检查、提出询问和质询、组织对特定问题的调查等 7 种方式，进一步将人大的司法监督职能纳入制度化、透明化和规范化的轨道。

**六、完善政协民主监督**

民主监督是人民政协的主要职能之一。党的十八大以来，以习近平同志为核心的党中央高度重视政协民主监督工作，多次强调要推进政协民主监督制度化、规范化、程序化，要求各级党委支持和保证人民政协依章程进行民主监督。2012 年至 2017 年，武汉市人民政治协商会议团结带领各民主党派、工商联、人民团体和社会各界人士，切实履行民主监督职能，为推动武汉经济社会持续健康发展作出了贡献。

（一）开展立法调研和协商

在政协开展立法协商既是实现各界别委员有序参与立法的途径与方式，又是推进科学立法、民主立法的重大改革探索。2012 年，在市政协主席吴超带领下，积极开展立法调研和协商工作。牢牢把握党领导立法的根本原则，完善重大利益调整的论证咨询机制，健全立法机关与社会公众的沟通与反馈机制。2014 年，市委出台《关于加强人民政协政治协商的意见》，强调要充分发挥政协党组在政治协商中的重要作用，把重大问题在决策之前和决策实施之中提交人民政协进行协商的规定，纳入党委议事规则和政府工作规则。为加强法治武汉建设，市政协社会法制委员会与市人大法制委员会、武汉市政府法制办公室共同做好立法调研与协商工作，主要采取邀请市政协委员参加立法调研、座谈会、论证会和寄送材料书面征求意见等形式，就地方性法规草案和市人大常委会立法计划草案征求和听取对立法工作的意见建议，探索建立健全地方立法协商体制机制。

拖欠农民工工资问题，触及民生底线，社会各界予以广泛关注。2015年，围绕即将制定出台的《武汉市建设领域防范拖欠农民工工资管理办法》（征求意见稿），市政府法制办专程到市政协征求意见建议。8名市政协常委、委员就征求意见稿共提出66条修改完善意见。2015年7月10日，市政协社会法制委员会、人口资源环境委员会联合开展《武汉生态基本控制线条例》立法协商活动，市政协委员中的法律专家、生态环保专家、律师顾问团成员提出了修改意见和建议。2016年3月29日，市政协社法委召开立法协商座谈会，围绕即将制定出台的《武汉市公共信用信息管理办法》征求意见建议，市法制办、市发改委参加会议听取意见，增强了立法协商实效。

### （二）2015年市政协1号建议案

2015年初，市政协十二届二次会议通过《政协武汉市委员会关于进一步健全我市政府重大行政决策机制的建议案》，围绕依法行政，提出“明确范围、细化规定、畅通渠道、健全机制”等目标，被列为武汉市政协1号建议案。市政府成立市1号建议案办理工作领导小组，认真督办落实。6月19日，市政协召开常委会议，围绕“健全政府重大行政决策机制”开展专题协商讨论。10月29日，市政协召开十二届四次会议1号建议案督办会，对1号建议案的办理工作进行民主测评，为进一步推动法治政府建设做出了贡献。①

### （三）政协专项督查

2015年10月21日，为探索创新民主监督的新形式，武汉市政协组织开展实地监督议政。围绕“加强建筑扬尘防治”这个“小切口”的监督性议题，市政协主席吴超带队实地察看江岸区三阳路拆迁工地、大智路地铁工地，硚口区恒隆广场工地建筑扬尘防控情况，组织委员与武汉城乡建设委员会、武汉市城市管理执法局等政府职能部门负责人协商座谈提出意见建议。

① 参见蒋太旭、阮鹏：《武汉市政协1号建议案：对议案办理工作进行民主测评》，《长江日报》2015年11月1日。

2016年，市政协主席胡曙光提出，要遵循“创新、协调、绿色、开放、共享”五大发展理念，积极主动适应新常态、新发展，全力打造经济、城市、民生“三个升级版”。市政协积极组织政协委员参与群众反映强烈的“十个突出问题”整改落实专项督查，组成10个专项督查组，到一线、到问题集中的地方进行监督评议，全年共召开协调会10多场，参与委员达1100多人次，在沟通协调、提出意见、敦促落实中促进了相关部门有效整改和法律法规有效执行。2016年11月18日，市政协主席会议成员督办《关于建设海绵城市　提升武汉生态文明的建议案》，实地视察青山区临江港湾社区和青山港湿地，听取武汉市城乡建设委员会、市水务局和青山区政府负责人关于建议案办理工作情况汇报，组织委员开展满意度民主测评。

## 第三节　高标准打造法治政府

“经过坚持不懈的努力，到2020年基本建成职能科学、权责法定、执法严明、公开公正、廉洁高效、守法诚信的法治政府。”这是党中央、国务院在《法治政府建设实施纲要（2015—2020年）》中作出的庄严承诺。2012—2017年，武汉市人民政府重点围绕健全完善科学民主决策制度、深化行政审批制度改革、行政执法体制改革及创新行政复议工作机制等领域，不断加大依法行政力度，法治政府建设实现了跨越式发展。

### 一、抓好法治政府建设的组织领导

#### （一）成立加强法治政府建设领导小组

为加强对全市依法行政工作的组织领导，深入推进法治政府建设，2012年12月31日，市政府印发《关于成立市加强法治政府建设领导小组的通知》，对市依法行政领导小组进行调整，成立了以武汉市委副书记、市长唐良智任组长，市政府有关部门主要负责人为成员的市加强法治政府建设领导小组，领导小组办公室设在市政府法制办公室，负责全市加强法治政府建设的日常工作。此外，还建立了领导小组联席会议制度，定期对法治政府建设工作进行专题研究，部署推进法治政府建设工作。

#### （二）出台《关于加快法治政府建设的决议》

法治政府基本建成是党的十八大确立全面建成小康社会的重要目标之一，也是依法治市实现治理体系和治理能力现代化的核心关键。为贯彻落实市委全面推进法治城市建设的决策部署，2015年7月22日，市十三届人大常委会第三十次会议通过《关于加快法治政府建设的决议》，针对法治政府建设现状及存在的问题，要求全市各级政府切实增强责任感和紧迫感，科学编制和实施法治政府建设规划，健全行政权力运行机制，深入推进严格、规范、公正、文明执法，增强执法人员法治意识和能力，依法接受司法监督，提高依法行政水平，确保2020年以前率先基本建成法治政府。武汉市人大常委会就加快法治政府建设作出专门决议，充分发挥了权力机关在全面推进依法治国中的重要作用。

## 二、明确法治政府建设规划目标

### （一）制定《武汉市法治政府建设规划》

为科学谋划法治政府建设的顶层设计，2013年市政府编制了《武汉市法治政府建设规划(2013—2017年)》，明确法治政府建设的指导思想、总体目标、主要任务和措施，从总体上对法治政府建设进行谋划，从整体上加强法治政府职能的设计；提出了今后一段时期加强法治政府建设的7个方面34项主要任务，包括推进政府管理创新、切实转变政府职能，提高依法行政意识和能力，提高制度建设质量，提高行政决策水平，规范行政执法行为，健全监督体系以及依法化解社会矛盾纠纷等方面；[①] 并制定具体实施计划，解决突出问题，以进一步推进政府工作法治化，特别是要重点推进完善权力清单、程序清单、责任清单制度，健全完善重大行政决策程序，加强行政应诉和全面落实政府法律顾问制度等10项工作。为完善行政责任追究机制，2014—2015年相继出台了《武汉市执法责任制工作条例》《查处违法建筑领域行政过错责任追究办法》《武汉市行政过错责任追究办法》《武汉市违反土地管理规定行政首长问责暂行办法》等。同时，市政府还不断加强对各区各部门依法行政工作的指导，并以依法行政考核为抓手，不断完善考评体系，加大检查考核力度，以此促进全市依法行政工作整体水平的提升。

### （二）出台《武汉市法治政府建设实施方案》

2016年11月17日，《武汉市法治政府建设实施方案（2016—2020年)》经市委常委会审议通过，共分为总体要求、主要任务和具体措施、组

① 参见武汉市人民政府：《市人民政府关于印发武汉市法治政府建设规划（2013—2017年）的通知》，《武汉市人民政府公报》2014年第4期。

织保障和落实机制三大部分。结合全市近几年来法治政府建设好的经验和做法，对依法行政的重点任务进行细化分解规定，要求2018年底前基本完成《法治政府建设实施纲要（2015—2020年）》确定的各项工作任务；2019年进行查漏补缺，基本建成职能科学、权责法定、执法严明、公开公正、廉洁高效、守法诚信的法治政府；2020年进行巩固提高，力争使武汉市法治政府建设走在全国前列。还在附件中明确了法治政府建设主要工作任务的可检验成果形式和完成时限，确保各单位在规定时限内高质量地完成各项工作。

（三）督查《法治政府建设实施纲要(2015—2020年)》贯彻落实

为进一步压紧压实法治政府建设的主体责任，2017年武汉市组织开展全市法治政府建设情况督查活动，对各区人民政府和市人民政府各部门贯彻落实《法治政府建设实施纲要(2015—2020年)》的情况进行检查考核，重点抓好对“放管服”改革，推进行政决策科学化、民主化、法治化，严格规范公正文明执法，强化对行政权力的制约和监督等依法行政领域的督办检查力度。

### 三、率先开展“三单联动”改革

（一）制定公布“权力清单”

权力清单是把各级政府及其所属工作部门的各项公共权力进行全面梳理和统计，并将权力的列表清单向社会公开，主动接受社会监督，是全面深化改革，建设法治创新廉洁高效政府，增强国家治理体系和治理能力现代化的重要举措。2012年，国务院启动的新一轮行政体制改革中，就把权力清单制度作为行政审批制度改革和行政体制改革的抓手和突破口。

2012年11月，武汉市召开动员会，部署制定和公开“权力清单”。武汉将权力和政务服务事项分为15大类开展清理。经过一年多努力，按照“职权法定、应清必清”原则，市级55个部门行政权力和政务服务事项总数从8000余项压减至4530项。2014年3月31日，4530项市级“权力清单”在武汉市政府门户网站上正式向社会公布，涉及55个市直部门。每项权力的公开，都包括实施主体、权力依据、确认时限、需提交材料和联系电话等内容，目的是让群众办事时一目了然。如该找哪个部门哪个机构办、怎么办、应具备什么条件才能办、需要多长时间办结、办事应走什么程序等。[①] 在建立权力清单

① 参见胡弦、胡杨：《武汉55个政府部门晒权力清单》，《湖北日报》2014年3月31日。

制度的过程中，权力事项动态调整贯穿始终。经过第二轮调整，截至2014年底，市级权力事项由4530项减少为4516项，进一步精简14项。2015年，武汉市在已公布的4516项市级权力清单基础上，继续对“权力清单”进行提质升级，围绕“减事项、放权限”两个重点，按照“三单一图”的统一模式，组织开展了新一轮市级权力事项程序清单和责任清单的优化调整工作。市级保留权力事项1822项，较上轮的4516项减少2694项，事项减少了近60%，是全国副省级城市中保留权力事项最少的城市。① 同时，在市级清单的基础上，武汉市着力组织推进了区级权力清单清理，并公布了调整后的区级权力清单。

（二）保留和调整行政审批事项

2013年10月7日，市政府公布《市人民政府关于公布保留和调整的行政审批事项的决定》，完成与国务院、湖北省取消调整行政审批事项的对接。在组织对市级单位实施的行政审批事项进行了全面清理的基础上，《决定》将市级实施行政审批事项由339项减为259项，下放23项行政审批事项，取消17项行政审批事项，不再作为行政审批、调整为其他行政权力的事项40项，列为审核转报的事项26项。② 同时，建成市、区联动网上并联审批系统，审批服务事项提前办结率达到93%。③

（三）配套出台“程序清单”

2014年，在权力清单基础上，武汉市配套制定了15类“程序清单”（即“办事指南表”），市级4516项权力全部有了简单明晰的流程图并向社会公开。“程序清单”以事项登记表为基础，包括权力名称、实施主体、权力依据、收费依据及标准、办事条件、办事流程、办事时限、需提交的材料、颁发证件、承办机构及联系电话、监督投诉机构及投诉电话等要素内容，将行政相对人办事过程中需要了解的相关信息以及需要配合的相关要求一次性告知，做到办事信息、办事流程“一表清”，④ 市民办事只需要“按

① 参见李晓萌：《武汉精简调整权力清单“瘦身”至副省级城市最少》，《长江日报》2015年11月27日。

② 参见武汉市人民政府：《市人民政府关于公布保留和调整的行政审批事项的决定》，《武汉市人民政府公报》2013年第11期。

③ 参见唐良智：《2014年政府工作报告》，《武汉市人民政府公报》2014年第1期。

④ 参见武汉市人民政府办公厅：《市人民政府办公厅关于进一步推进市级行政权力和政务服务事项清理规范工作的通知》，《武汉市人民政府公报》2014年第5期。

图索骥”，清清楚楚、明明白白。武汉市此次编制和审核“程序清单”，重点落实两个对照：一是与有关法律、法规、规章、政策、规范性文件对照，保证每一项权力的运行流程必须有明确、合法的依据；二是与工作实际相对照，力求简单明了、客观真实、信息全面、方便监督。[①] 对于行政处罚、行政征收、行政强制等权力事项，必须严格按照法定程序办事，法定环节不得随意减少；对于行政许可、非行政许可审批、行政给付、行政奖励、行政服务和其他权力事项等，不得随意增加办事环节，能够优化的尽量优化。同时，严禁将内部程序外部化，变相转嫁给行政相对人承担。

（四）明确追究行政过错的“责任清单”

经过多年实践探索，武汉市于2014年制定并公布了《行政过错责任追究办法》，在原《武汉市行政机关工作人员行政过错追究试行办法》基础上扩大了行政过错责任追究范围，增加了“行政强制”“行政给付”“行政裁决”“行政确认”“专项资金分配”及“信息公开”等权力种类及应当追究行政过错责任的行为。此外，还吸收了“治庸问责”最新制度成果，行政机关工作人员应被追责的行为由原来的14项增加到23项，新增了办事拖拉、服务态度不佳、泄露个人隐私、滥用自由裁量权等方面的内容。将行政过错种类由原来的6大类细分为“权力清单”确定的15大类，与“权力清单”所列权力类型紧密对应，“责任清单”规定了140多种追责的情形，分别明确了每一类权力事项的职责，涵盖了法定职责、工作职责和岗位职责三个方面的职责，对权力运行的每一个环节、每一个岗位、每一名工作人员应该履行什么职责，都有明确的要求，做到有权就有责、权责一致。

（五）在全国率先推出“三单联动”制度

2014年9月，武汉市在全国率先推出“三单联动”制度，在晒出“权力清单”的同时，创造性地将其与“程序清单”和“责任清单”整合起来，构建相互配套、互为支撑、全周期运行的工作衔接机制，配套打出依法行政“组合拳”。“三单联动”为建立权责清晰、程序严密、运行公开、制约有效的权力运行机制，打造“阳光政府”奠定了良好基础。其中，“权力清单”是用法规制度给政府职能部门、岗位权责“确权勘界”，编织“权力笼子”；与“权力清单”匹配，“程序清单”明确告知群众和企业办事情该找哪个部

① 参见蔡木子：《4516项权力有了明晰流程图》，《长江日报》2014年8月19日。

门，走什么程序，需要多长时间和费用多少；“责任清单”明确规定不执行“程序清单”者应给予何种惩处措施。“三单联动”制度在全国引起了广泛关注，中央编办曾面向全国推广这一改革经验。

## 四、积极开展商事登记制度改革

### （一）从“三证合一”到“二十八证合一”

商事登记制度是市场经济法治建设的重要内容。为进一步优化营商环境，从2012年开始，武汉市探索试行注册资本“实缴改认缴”“先照后证”“企业网上年检”等新制度，进一步降低市场准入门槛，简化手续、缩短时限、便民利民。2015年9月10日，在全市开展“三证合一”（工商营业执照、组织机构代码证、税务登记证）改革，将三个办证手续简化为一个。东湖高新区在全市首创外资企业注册“四证联办”改革，[①]外资企业注册由2周缩短为2个工作日办结，市场活力得到充分释放。从此以后开办企业，直接凭身份证去工商部门即可办妥。2016年，武汉市在原有“三证合一”的基础上继续深化商事制度改革，全面实施“五证合一”（工商营业执照、组织机构代码证、税务登记证、社会保险登记证和统计登记证）登记制度改革。2017年8月1日，武汉市率先在全国启动“二十八证合一”[②]登记制度改革，最大限度地减少环节、时限和程序，力争将武汉打造成审批事项最少、审批流程最简、审批时限最短、审批服务最优的城市。通过大刀阔斧的商事制度改革，持续激发了“大众创业、万众创新”的活力与激情。截至2017年12月底，全市登记各类市场主体总量达到107.48万户，注册资本（金）总额3.66万亿元，同比分别增长8.80%、30.47%；其中新登记各类市场主体18.17万户，同比增长24.39%，[③]改革成效显著。

---

① 在一个窗口，填一张表格，一次性办理工商营业执照、组织机构代码证、税务登记证、外商投资企业批准证书“四证”。

② 即湖北省实施企业、农民专业合作社工商营业执照、组织机构代码证、税务登记证、社会保险登记证、统计登记证“五证合一”和个体工商户“两证整合”的基础上，进一步整合出入境检疫、公安、住建、旅游、文化、商务、交通、食药监等8个行政部门的22项登记和备案事项，通过“一套材料、一表登记、一窗受理、一口对接”的工作模式，实现了企业信息“一次采集、一档管理、共享互认”，统一整合到营业执照上的“27证合1”，即能达到一般经营项目的生产经营状态。武汉市在此基础上，增加一项，即人行武汉分行营管部的基本存款账户开户许可，从而最大限度降低市场主体创设的制度性交易成本。

③ 参见王刚、张镝、张超：《武汉创新推进商事制度改革全国推广　市场主体一年新增18万户》，《长江日报》2018年1月16日。

（二）推行市场监管“双随机、一公开”制度

2015 年 8 月，国务院办公厅发布《国务院办公厅关于推广随机抽查规范事中事后监管的通知》，要求在市场监管过程中随机抽取检查对象，随机选派执法检查人员，抽查情况及查处结果及时向社会公开，即“双随机、一公开”制度。2017 年武汉市政府出台《武汉市“双随机、一公开”监管工作办法（试行）》①，编制《武汉市随机抽查事项清单》，开通运行“武汉市双随机抽查系统”，研发建设网络交易监管“两网一中心”，构建“互联网+事中事后监管”新体系，入库近 3 万个网络经营主体信息，将“双随机、一公开”作为市场监管领域简政放权、放管结合的创新举措，积累了可复制、可推广的经验。

**五、健全完善重大行政决策制度体系**

2015 年，武汉市着力打造重大行政决策“1+5”制度框架体系。“1”是指一部地方政府规章，即 2015 年 6 月 29 日出台的《武汉市人民政府重大行政决策程序规定》。该规定界定了应纳入重大行政决策范围的六类事项，提高了重大行政决策的公众参与度，把公众参与、专家论证、风险评估、合法性审查、集体讨论决定确定为法定程序，要求决策起草单位应当邀请提出重大行政决策事项的人大代表、政协委员、公民、法人或者其他组织参与起草重大行政决策草案，同时强化了对重大行政决策的强化风险评估、合法性审查、决策后评估等。“5”是指 5 个配套执行文件，即《武汉市人民政府 2015 年度重大行政决策事项清单》《武汉市人民政府 2015 年度重大行政决策事项目录》《武汉市人民政府重大行政决策事项清单和年度目录管理办法》《武汉市人民政府重大行政决策风险评估办法》《武汉市重大行政决策责任追究暂行办法》。“1+5”制度框架体系为进一步规范政府重大行政决策行为，健全依法、科学、民主和公开的行政决策机制夯实了制度基础。

2017 年，为进一步提升重大行政决策的透明度和公众参与度，完善重大行政决策信息和智力支持系统，武汉市在已出台重大行政决策相关文件基础上，又出台了《武汉市重大行政决策公开征求意见规定》和《武汉市重大行政决策听证办法》，要求关系本行政（管辖）区域内经济社会发展全

① 参见武汉市人民政府：《市人民政府关于印发武汉市“双随机、一公开”监管工作办法（试行）的通知》，《武汉市人民政府公报》2017 年第 22 期。

局、社会涉及面广、与人民群众切身利益密切相关的重大行政决策事项，应当向社会公开征求意见，与利害关系人进行充分沟通，并注重听取有关人大代表、政协委员和人民团体、基层组织及其他社会组织的意见。具有法律、法规、规章规定应当听证的，市、区政府重大行政决策年度目录确定需要听证的，以及其他需要听证的重大行政决策事项，决策起草单位报经同级人民政府决定举行听证的情形，应当组织听证。[①]

### 六、改革创新行政执法体制机制

#### （一）组建武汉市城市管理委员会（武汉市城市管理行政执法局）和市卫生计生执法督察总队

2013年，武汉市按照大部制改革要求，以市城市管理局（市城市管理执法局）为基础，组建市城市管理委员会（市城市管理行政执法局）。将武汉市城管局“升格”为城管委，高于一般委办局。规划、建设、水务、环保、食品药品等10多个部门中涉及城市管理的综合执法权归并到城管委，[②]由城管委统一指挥、监督、考核。在2013年《武汉市城市管理相对集中行政处罚权办法》修订后，环保部门承担的关于建筑施工噪声、社会生活噪声、餐饮单位噪声和油烟污染行政执法职责，也移交给市城管部门行使。[③]与此同时，武汉市在大力推进城管领域综合执法的基础上，对农业、文化、水务、交通运输、卫生计生等领域组织开展了行政执法体制改革专题调研，建立综合执法体系。食药监、工商、质监管理体制由市垂直管理，调整为市、区分级管理。

同年，武汉市成立了市卫生计生执法督察总队，主要承担以下工作职责：实施市行政区域卫生计生监督工作规划和年度计划；承担全市卫生计生执法工作的指导和监督检查任务；对全市各监督执法大队和人员进行督查、检查、考核、培训、指导；承担跨区及重大重要区域和有关公共场所、大型医疗机构相关事项的卫生计生执法监督工作；负责市行政区域内卫生监督信息的汇总、核实、分析上报；开展卫生计生法律法规的宣传教育工作。

---

① 参见武汉市人民政府：《市人民政府关于印发武汉市重大行政决策公开征求意见规定和武汉市重大行政决策听证办法的通知》，《武汉市人民政府公报》2017年第1期。

② 参见唐良智：《2014年政府工作报告》，《武汉市人民政府公报》2014年第1期。

③ 参见蔡木子：《工地夜间施工扰民最高罚10万》，《长江日报》2013年12月3日。

（二）规范行政强制自由裁量权

行政自由裁量权是指行政主体依据法律法规授权，基于合理合法原则，针对具体行政法律关系，在法定幅度和范围内有选择余地的作出行政决定的权力。由于行政强制直接涉及公民的人身自由以及法人或者其他组织的财物，必须对其自由裁量权作出明确界定，使权力运行合法合规，不至于出现越位、缺位和错位。2015 年，市政府制发《关于开展规范行政强制自由裁量权工作的通知》，指导市政府各部门制定并公布行政强制自由裁量权细化标准。同时制定行政强制案卷评查标准，并对各行政执法部门规范行政强制自由裁量权工作开展了监督检查。

（三）清理执法主体和执法人员

2015 年，武汉市根据省政府统一部署，对本市行政执法主体及行政执法人员进行清查，加强对行政执法人员执法资格管理。对临时工、合同工、借用人员、工勤人员等没有取得行政执法资格却从事执法工作的人员，坚决予以清退、调离或调整工作岗位。清查工作结束后，在市、区两级政府网站和政府法制网站上公告经审核确认具备行政执法主体资格的部门，并督促各部门在其网站上对本部门目前在编在岗并持有效执法证件的人员予以公告，建立执法人员档案，接受社会监督。

（四）探索建立区、街（乡镇）城市管理综合执法体制机制

在早期的城市管理实践中，普遍发现两大突出问题：行业管理部门因力量有限管不到底，街（乡镇）因缺乏相应职权管不到边。为解决这一问题，2014 年 3 月市政府出台《关于进一步加强农产品质量安全监管工作的意见》，推动建立“监管执法以区为主、市级监督统筹、街（乡镇）协助配合”的农产品质量安全监管新体制。2015 年 11 月 25 日，市委办公厅、市人民政府办公厅印发《关于进一步完善区、街道（乡镇）行政执法体制机制的实施意见》，将区级政府部门的城市管理、公安、食药监、工商等行政执法权交由派出（驻）机构或依法委托给街道（乡镇）行使，强化街道（乡镇）对区级政府执法部门派出（驻）机构的统筹协调和监督考核，加强街道（乡镇）执法队伍建设，形成执法合力，提升管理效率，真正发挥基层单位在文明城市建设中的主体作用。

（五）创新行政执法监督方式

积极开展行政执法行为突出问题专项治理工作，坚持问题导向，创新行

政执法监督方式，强化监管与执法互动衔接。2014 年，市质监、工商等部门成立“行政执法专项治理工作专班”，负责行政执法突出问题专项治理活动的总体部署和有关重大事项研究处理工作，建立受理举报、接待来访、跟踪督办工作制度，公布了举报、投诉电话，确保受理投诉工作高效运转。积极开展行政执法案卷评查工作。通过制定评查标准，促使行政执法案卷评查工作实现常态化。评查内容涵盖执法主体资格、案件事实认定、证据收集、程序流程、法律适用、处理决定等各方面。2014 年，全市行政执法案卷评查共抽查 16 个区（含各管委会）和 39 个市直部门办理的行政执法案卷 493 卷。[①] 针对发现的问题，逐一制发反馈意见函，督促执法部门整改。

### 七、开展行政复议和行政指导

#### （一）建立行政执法案例指导制度

行政执法指导性案例是我国行政司法理念的一大特色。确立行政执法案例指导制度有助于充分释放案例本身蕴含的法治宣传教育、权力依法行使、拓展监督渠道等潜能。2014 年，市政府法制办制发了《武汉市行政执法案例指导办法（试行）》，正式建立行政执法案例指导制度。该指导办法要求：坚持合法、规范、实用原则，市、区人民政府定期发布行政执法指导案例，对市、区各行政执法部门执法具有指导意义，市、区各行政执法部门处理与行政指导案例相同的行政事务，除法律依据和客观情况变化以外，应当参照本级人民政府发布的行政指导案例。2015 年，从市政府各部门报送的近 200 件候选案例中，由专家筛选出社会普遍关注、容易发生执法偏差，且法律效果和社会效果结合较好的 8 个典型案例，编撰成《武汉市行政执法指导案例》，以“武政办”通报形式予以印发，社会反响较好。

#### （二）推进全市行政复议体制改革

行政复议作为行政机关内部纠正不当行政行为和化解行政争议的一种重要制度，在推进法治政府建设方面发挥着独特优势和功能作用。2012 年起，武汉市积极推进行政复议体制改革，相继出台包括设立行政复议办公室、整合包括集中受理集中审理集中决定的行政复议职责、创新行政复议机制、加强工作保障等一系列改革方案。2017 年 12 月 18 日，市政府常务会议审议

① 参见张革文、韩慧芳：《严格依法行政　建设法治政府——湖北省武汉市法治政府建设取得成效》，《人民法治》2017 年第 8 期。

并原则通过《武汉市行政复议体制改革工作方案》。通过宣传行政复议相关法律法规知识，在武汉政府法制网上公开行政复议决定书，鼓励群众积极参与“城市留言板”、行风连线上线工作，升级网上受理行政复议通道，实行网上受理行政复议申请等方式拓宽公众参与渠道。2017 年，市政府本级共收到行政复议申请 1655 件，受理 1430 件，审结 1768 件（含上年结转及中止案件恢复审理案件 467 件）。其中，驳回申请 57 件，维持 1603 件，确认违法 24 件，撤销 30 件，变更具体行政行为 1 件，责令履行 6 件，终止审理 47 件，行政复议案件按时办结率 100%。①

（三）施行《武汉市行政机关负责人出庭应诉暂行规定》

行政机关负责人出庭应诉制度是行政机关和行政相对人进行平等交流沟通的法治平台，为维护行政诉讼原告的合法权益和矛盾纠纷的实质性化解发挥了重要作用。2014 年 11 月，第十二届全国人大常委会第十一次会议通过修订的《中华人民共和国行政诉讼法》明确规定了这一制度。2015 年 4 月，武汉市制定实施《行政机关负责人出庭应诉暂行规定》，明确规定本年度有行政诉讼案件的单位，正职负责人出庭应诉不得少于 1 次；将应诉机关正职负责人应当出庭应诉的情形，行政机关负责人出庭应诉工作纳入年度依法行政工作考核范围。该规定出台后，显著提升了行政机关依法行政能力。2017 年，全市行政机关负责人出庭应诉率达到 84. 4%。②

## 第四节　筑牢国家安全和社会稳定的防线

2012—2017 年，武汉市深化对维护安全稳定工作的认识，紧紧抓住威胁国家政治安全、干扰社会和谐稳定、影响群众安全感的突出问题，持续加大维稳工作的群防群控、联防联控力度，以市民群众“人人都是信息员、情报员、战斗员”为目标，探索建立预知预警的主动维稳模式，强化江南、江北维稳备勤警力，完善市区联动、区域驻勤机制，依法妥善处置群体性事件，有效遏制各类非法活动，为维护国家安全和社会稳定作出了突出贡献。

① 参见武汉市法学会：《武汉法治建设年度报告（2017）》，武汉出版社 2018 年版。

② 参见武汉市法学会：《武汉法治建设年度报告（2017）》，武汉出版社 2018 年版。

## 一、全力抓好维护安全稳定工作

（一）破获危害国家安全大案

2016年1月，武汉市国家安全机关在国家安全部统一部署下，成功打掉了瑞典人彼得以“中国维权紧急救援组”名义成立的“法律援助站”。该援助站负责人接受境外机构经费资助，资助和培训无照“律师”、少数访民，利用他们搜集我国各类负面情况，加以歪曲、扩大甚至凭空捏造，向境外提供所谓“中国人权报告”。国家安全机关通过侦察控制，全面掌握其内外勾联铁证，有效打击、消除危害政治安全的重大隐患，相关敌情获央视等媒体播放，在全国产生广泛影响。

（二）加大反恐维稳工作力度

立足武汉实际，不断创新反恐维稳的组织领导机制、快速反应机制、协调联动机制和后勤保障机制。2014年，市公安局在三大火车站等重点区域设立“反恐防范联勤办公室”，在全国率先建立“地方—铁路”联勤机制，加强地铁联手，区域协作，巡逻联勤，防控联动，演练联合，处置协同，全力保障市内三大火车站稳定平安，受到公安部领导肯定。在全省率先出台最高奖励50万元的《群众举报涉恐涉暴线索奖励办法》，发动全民参与反恐斗争。围绕全市反恐重点目标和人流密集区域，组织特警、武警开展常态化武装巡控，敏感时期梯次增加警力投入，实现重点部位“一分钟”、社会面“三分钟”快速反应。以“防事故、防破坏、防袭击”为目标，落实重点目标硬隔离，轨道交通站点逐人安检，在中小学、幼儿园落实重点防范举措，安装“一键报警”，筑牢校园安全防线。

（三）防范化解重大风险

2013年，武汉市出台《加强社会稳定风险评估工作的实施细则》，健全重大决策社会稳定风险评估机制。全年完成稳定风险评估重大事项124项，其中作出暂缓和停止实施决定9项。2015年，全市公安机关以深入贯彻落实总体国家安全观为指引，坚持底线思维，以防范化解重大风险为目标，牢固树立纪律、执法、稳定、反恐防控、治安舆情、公共安全“六条底线”，多项工作成绩斐然，进入全国第一方阵。推进反恐重点目标单位标准化建设，轨道交通、轮渡安检全覆盖管理，固化地方铁路联勤、警企联动、警民联防机制，构建了全市大反恐工作格局。推进“全警三员”“全民三员”，深化“情报信息大收集、问题隐患大排查、矛盾纠纷大化解”三大行动，化解缓解矛盾纠纷6425起。组建“猛士突击队”，特警、刑侦、消防支队临危受命，出色完成“东方之星”号客轮翻沉救援和天津特大爆炸事故救援等多项国家任务。

## 二、严厉打击刑事犯罪

### （一）深入推进“打黑除恶”专项行动

开展“打黑除恶”专项行动，强化命案、涉枪案件攻坚和源头防范，是党的十八大以来平安中国建设的重点任务。2013年，全市共打掉黑社会性质组织9个、恶势力犯罪团伙46个，“打黑除恶”综合成绩位居全国第一。建立完善“日分析、周研判、月会商、季行动”和“专业打职业”的“破小案”机制，有力维护全市社会治安稳定。2016年，全市违法犯罪警情比上年下降2.8%，刑事警情下降18.5%，抢劫案件下降61.0%，抢夺案件下降48.0%，入室盗窃案件下降28.1%，盗窃机动车案件下降25.6%，盗窃电动车案件下降18.2%。

### （二）围绕“命案必破”建立联动快速反应机制

实现“命案必破”，是人民公安对法治武汉建设的庄严承诺。围绕这一目标，市公安局建立诸警联动快速反应机制，增强打击力度，提高了命案侦破效率。积极发挥刑侦综合信息系统的作用，建成逃犯数据库、指纹数据库、无名尸体数据库、失踪人员数据库、犯罪嫌疑人员数据库等信息系统，实现资源共享，为命案侦破提供了强大的技术支撑。2013年全年发生命案113件，破案113件，首次实现命案全破，命案发案数比上年减少12件。至2016年，命案连续三年控制在100件以内，继续达成命案必破的工作目标，在全国副省级城市中继续领跑。

### （三）实施扫黄禁赌专项行动

针对娱乐服务场所存在的治安突出问题，实施专项行动。2013年，以洪山区某迪吧附近发生伤害致死案件为切入点，全市治安部门举一反三，迅速组织开展了娱乐场所清查整治行动，对存在“黄赌”问题、突出治安问题、吸食新型毒品等问题的迪吧、酒吧、夜总会、歌舞场所等采取依法责令停业整顿、整改违规硬件设施等措施，并现场对场所业主和从业人员开展法治教育。2014年，开展扫黄打赌“无声风暴”“削峰”“斩草”“秋风”“秋冬攻势”五大行动，严打涉黄涉赌违法犯罪，对查处存在赌博、营利性陪侍的，依法责令两家场所停业整顿6个月，并商请市文化局依法吊销因赌博问题被多次查处的5家场所文化经营许可证。2016年，对黄赌活动组织者、经营者、获利者的打击查处力度进一步提高，在全省治安战线主要工作考核中位居第一。2017年，以推进娱乐场所信息系统建设为重点，通过录入全市娱乐场所治安管理信息系统，查处营利性陪侍及不按规定应用娱乐场所信息系统等重点问题，坚持现场和幕后、线下和线上同步打击，取得显著成效。

（四）开展“三打击两整治一提升”专项行动

经过多年持续努力，武汉市治安状况总体趋于平稳，但仍然面临风险隐患，离满足人民群众对更高安全保障的需求尚有差距。2017年6月1日至11月30日，按照公安部、省公安厅和市委、市政府统一部署，市公安局在全市范围内组织开展“三打击两整治一提升”[①] 的专项行动。全市两万民警严厉打击“盗抢骗”、黑恶犯罪、网络贩枪犯罪，整治毒品犯罪以及公共安全隐患。结合“打击农村黑恶势力”专项行动，打掉蔡甸永安街等涉恶犯罪集团44个。深入开展“万名警察进社区”活动，立足基层，积极发动群众，创建一批平安小区，既培养锻炼干部队伍，又确保武汉社会治安大局的持续稳定。

## 三、推行警力下沉夯实基层治安体系

（一）全面启动街面警务综合服务站建设

2012年，武汉市公安机关全面启动“街面警务综合服务站”建设，在繁华商业区、交通枢纽等核心部位，统一建设一批警务综合服务站，主要担负巡逻防控、接处警、设卡盘查、应急围堵、交通管理、便民服务、宣传提示等职责，重点负责街面区域巡控和道路交通管理。每个服务站配备35至65名巡警、交警、协警，实行交、巡警综合警务，联勤联动。市公安局、各区分局指挥调度部门按照分级指挥处置原则，对街面警务综合服务站实行“点对点”扁平化指挥调度；遇重大紧急情况，各服务站在市局、分局统一指挥下，整合警力、合成作战，第一时间形成街面防控圈，及时精确打击现行违法犯罪。[②] 2012年，全市建成并启用52个警务综合服务站，24小时全天候接处警、社会面巡逻防控和服务群众，有力保障了“三降三升”[③] 工作

① 即打击“盗抢骗”犯罪、黑恶犯罪和网络贩枪犯罪，集中整治毒品犯罪、公共安全隐患，着力提升群众“一感两度两率”。

② 参见秦千桥：《武汉将建52个街面警务综合服务站》，《人民公安报》2012年8月10日。

③ “三降”是指社会面110警情、刑事警情、重复报警率下降；“三升”是指现场处警率、现行抓获率、群众满意率上升。

目标顺利实现，全年全市“110”日均报警量比上年下降16.7%。

（二）不断强化基层派出所职能

2013年，武汉市公安机关着力打造以快速反应和有效处置为目标的基层派出所指挥调度体系，推动社会治安防控网络高效运转。全市1239个社区警务室全部接入公安网，为社区民警配齐移动警务通，提高信息化水平；创建警务机制改革示范派出所62个、社区警务室230个，实现派出所警务工作标准化，初步形成民警上街面、下社区、进企业、到学校的工作格局，见警率明显提高。全市入室盗窃、抢劫、抢夺、机动车被盗等多发性警情分别比上年下降8.2%、34.1%、23.9%和31%，群众安全感和满意度明显提升，全市各区均被授予省级市级平安区。武汉市派出所警务机制改革成功经验受到公安部多次推介，并号召全国公安机关学习借鉴。2014年，市公安局边设计、边实施、边完善，扎实推进深化警务机制改革8项重点任务，取得明显成效，警务机制改革经验在全国公安厅局长座谈会上作典型经验发言。

（三）构建立体化综治体系

2012年，武汉市努力构建从市、区、街（乡镇）综治办，到社区（村）、企事业单位、物业小区、单元、门栋的“纵到底、横到边”的综治网络体系，加强群防群治力量建设。全市共设置首席调解员2100余人，农村治安中心户2300余个，机关、团体、企事业单位、“两新组织”[①] 内保人员以及社区（村）治保会、民调会、门栋关照、治安志愿者、物业小区保安力量共10余万人。2013年，继续加强综合治理队伍建设，构建从市、区、街综合治理办公室，到社区（村）、企事业单位、物业小区、单元门栋的综合治理组织体系，加强社区群防群治队伍配备，织密“社区防控网”，建立以社区民警、社区网格员、安保服务队员、治保会、治安志愿者为主的治安防范队伍，全市社区防范力量达10万人；设置封闭院落门岗400个，更换修缮门栋单元门1万个，安装防攀爬套8万个，新建电动车地锁1万个，新建非机动车停车棚500个。进一步加强学校、企事业单位内部安全防控体系建设，织密“内部防控网”。研究出台《社区视频监控系统建设总体方案》，建立三级视频侦查队伍。以街面警务综合服务站为依托，派出所民警、路面交警、巡警、特警联勤联动，实现全时空网格化街面防控。连通1326个社区警

① 即新经济组织和新社会组织。

务室的公安专网和政务外网，建立社区民警、刑侦民警、治安民警信息化工作平台，使社区防控、街面防控、单位内部防控等重点工作实现网上部署、网下联动。同时，建立健全市、区、街（乡、镇）综治机构和社区综合治理组织，拓展工作职能，加大人员和经费投入，坚持将综治经费全额纳入财政预算。2014 年，完善立体化社会治安防控体系。开展“金牌保安服务公司”评选活动，严格保安服务公司的审核、审批；优化警务综合服务站勤务机制，推进以“110、122、119 三台合一”为核心的扁平化指挥调度体系建设。2015 年，进一步织密街面巡逻防控网、城乡社区村庄防控网、单位和行业场所防控网、区域警务协作网、技术视频防控网、“虚拟社会”防控网等治安防控网络，组建全国首支视频侦查支队。2017 年，武汉被列为全国“雪亮工程”建设示范城市，[①] 积极推进以“天网”工程为核心的视频监控系统建设，建成集监控、情报、研判、指挥、调度等功能于一体的市、区、派出所三级视频监控实战平台，发动社会力量和广大群众共同监看视频监控，共同参与治安防范，从而真正实现治安防控“全覆盖、无死角”，警务效能大幅提升。

（四）健全完善社会治安综合治理工作机制，两夺“长安杯”

2013 年 6 月，武汉首夺全国综治领域最高奖项“长安杯”。为加强对“平安武汉”“法治武汉”建设工作的领导，全面推进“平安武汉”“法治武汉”建设，2013 年 10 月 11 日，市委办公厅、市人民政府办公厅发出通知，成立平安法治武汉建设领导小组。[②] 制定《法治区、法治单位创建考评工作实施细则》，进一步规范考评原则、标准和流程，为再次争创“长安杯”持续发力。市综治办强化考核导向作用，同时全面改革综治考评办法，出台了被称为“史上最严”的考评指标，以高标准、严要求彰显建设更高水平“平安武汉”的决心。考评指标包括：对因重视不够，防范措施不落实，导致违法犯罪高发、治安秩序混乱或发生重特大案（事）件的，坚决实行“一票否决”，并严肃追责问责；将省、市、区级综治目标同步考核，加大安全感满意度测评结果运用；对“一感两度两率”[③] 核心指标和达标指

① 参见姚传龙、杨槐柳：《武汉推进“雪亮工程”，全市视频监控探头将增至 150 万个》，《长江日报》2018 年 7 月 17 日。

② 参见《平安法治武汉建设领导小组成立》，《武汉市人民政府公报》2013 年第 21 期。

③ “一感”是指群众安全感；“两度”是指群众对社会治安满意度和对政法机关公正执法满意度；“两率”是指群众对平安创建的知晓率和参与率。

标排在全省后10位的区，综治考评不予合格。严格执行《武汉市健全落实社会治安综合治理领导责任制实施细则》，将日常指导和重点督办相结合，专项检查和抽检互查相结合，每季度对各区平安建设情况进行排名通报，加强平安建设工作的检查督导和跟踪指导。2017年9月19日，武汉再次获得“长安杯”，社会治安综合治理水平保持全国领先。

### 四、推进警务机制改革

（一）建立现代警务运行机制

2012年，武汉市公安机关按照先基层后机关、先实战后综合、先易后难的步骤，稳步实施开门改革，逐步建立现代警务运行机制。将市公安局公交分局改为全国第一支专业视频侦查支队，实现城市视频监控“天网”与社会面打击“地网”的有机整合；将市公安局重点工程分局更名为市公安局轨道交通管理分局，进一步加强城市轻轨、地铁交通的治安管理；将武汉市公安局钢城分局与市公安局青山区分局合署办公，实行治安属地管理；建立市公安局、区公安分局和派出所三级指挥调度平台，强化对各类警情的先期处置。2013年，积极推行公安机关“大部制”改革，建立精干高效的综合管理体系和反应灵敏的执法勤务体系，将4679名警察充实到一线，最大限度推进警力上街面、下社区、进企业、到学校；建立派出所“三队一室”（社区警务队、刑事侦查队、治安巡防队和内勤综合室）新型勤务模式，新增派出所警力1200余人，全市派出所警力占全市总警力比重达40.9%。2014年，将7个中心城区（含开发区）交通大队和东西湖区交通大队划归所在区公安分局管理，将市公安局、区公安分局和派出所三级巡逻调整为区公安分局、派出所两级巡逻；赋予市公安局治安检查站交通管理职能；将市公安局直管的3230名交警、巡警、特警下放到各区公安分局统一指挥、统一调度、统一勤务、统一管理、统一考核。通过改革，市公安局直属单位警力编制减少，区级公安机关警力编制增加，夯实基层平安建设，实现了“发案少、秩序好、社会稳定、群众满意”的工作目标。

（二）健全完善超前预警机制

2015年，为推动风险隐患源头治理，武汉市公安机关不断健全超前预警机制，建成市局指挥调度中心、情报中心、接警中心，成立情报委员会，健全三级研判体系，开展“日分析、周研判、月会商、季讲评”；强化高危人员动态管控，建立安全风险评估机制，对重大活动安全保卫提前介入、提前谋划、提前防范，确保了2300余场次大型活动、215批次重大警卫任务的安全。

（三）开展“万名警察进社区”活动

2017年3月10日，武汉正式启动“万名警察进社区”活动，将其打造成为创建“平安武汉”的品牌，将全市公安机关1.25万名民警与1287个社区、1883个村湾“配对”，[①] 采取信息采集、警民恳谈、结对帮扶、重点整治、矛盾化解、排查隐患、法治宣传、平安创建等方式，积极收集社情民意，整治治安环境，最大程度联系群众、汇集民意、做好服务、发动群众。“万名警察进社区”活动取得了良好成效。2017年，打掉社区内“黄赌”团伙109个，“黄赌”警情比上年下降59.0%；收戒吸毒人员3585人，强制医疗肇事肇祸精神病人123人。全市刑事警情、违法犯罪警情分别比上年下降21.6%、13.3%。[②]

（四）建设具有武汉特色的基层“综治中心”

通过聚力推动“大数据”应用，全面启动“161”工程，组建联合研创中心，构建大数据智能实战应用体系，引领警务模式转型升级。在全国率先推行交管、户政、出入境业务“非接触式”办证进社区，推广张文昌社区警务室做法；聚力破解特殊人群管控难、收治难问题。综治牵头、公安主力、部门配合的肇事肇祸精神障碍患者管控经验被中央综治办等六部委推介。2017年，共创建50个中心戒毒社区，7000余名吸毒人员纳入社区戒毒康复，位居全国同类城市第一；重点推进全市综治中心全覆盖工作，“平安建设服务中心”由同级综治、信访、维稳、防范邪教、法治、实有人口、特殊人群、重点青少年、非公有制经济组织和社会组织、社会治安、矛盾纠纷排查化解、校园及周边安全、护路护线等工作的对应部门组成，根据辖区情况增加协作参与部门，统筹做好人员、场所、平台、工作内容“四项整合”，加强突发事件应急反应速度和现场调度力度，打造具有武汉特色的基层“平安建设服务中心”。

## 第五节　政法领域全面深化改革成效显著

党的十八届四中全会对司法改革进行了全面部署。武汉作为全国首批司

---

① 参见武汉年鉴编纂委员会：《2018年武汉年鉴》，武汉年鉴社2019年版，第67页。

② 参见武汉年鉴编纂委员会：《2018年武汉年鉴》，武汉年鉴社2019年版，第67页。

法改革试点城市，创新发展的责任重大。作为人民利益的保护神、权力运行的监督者、公平正义的维护者，全市司法机关和司法行政机关充分发挥在司法改革中的中流砥柱作用，克难攻坚，开拓创新，确保各项司法改革目标如期完成。

## 一、深化市委政法委机构改革

2018 年 2 月，党的十九届三中全会作出了深化党和国家机构改革的重大决策。作为深化党和国家机构改革和政法事业改革的重要内容，按照武汉市委、市政府统一部署，2019 年 3—5 月市委政法委实施机构改革工作，对市委政法委职能做出重大调整：1. 不再设立市社会治安综合治理委员会及其办公室。有关职责交由市政法委员会承担。2. 不再设立市维护稳定工作领导小组及其办公室。有关职责交由市政法委员会承担。3. 将市委防范和处理邪教问题领导小组及其办公室职责划归市政法委员会、市公安局。4. 不再设立市委法治建设领导小组及其办公室。有关职责交由市依法治市委员会及其办公室承担，并入市司法局。职能调整后市委政法委的主要职责是：深入贯彻习近平新时代中国特色社会主义思想，坚持党对政法工作的绝对领导，坚决执行党的路线方针政策和党中央重大决策部署，在履行职责中坚持和加强党对政法工作的集中统一领导，统一政法单位思想和行动；深入贯彻市委决定，对全市政法工作研究提出全局性部署，加强对政法工作的督查；统筹推进平安建设、法治建设，加强过硬政法队伍建设，深化智能化建设，坚决维护国家政治安全、确保社会大局稳定、促进社会公平正义、保障人民安居乐业；代管武汉市法学会。依据新的工作职能，市委政法委内设机构有：办公室、政策研究室、干部处（政法队伍建设指导处）、宣传教育处、执法监督处、政治安全处、维稳指导处、反邪教协调处、综治督导处（专项行动办公室）、基层社会治理处（市铁路护路联防办公室）、法治处（市司法体制改革办公室）、政法智能化建设工作处、政治部、机关党委，行政编制 72 名。

改革后的市委政法委机关，进一步健全完善政法工作权力运行监督和制约机制，认真贯彻落实《中国共产党政法工作条例》，建立健全政法机关相关工作机制。出台《关于进一步加强形势下全市政法队伍建设的实施意见》《武汉市政法机关党组织向党委请示报告重大事项规定》等 26 份文件，建立健全市委政法委全委会等 12 项制度，对政法机关的班子建设、队伍管理、工作机制、重大事项报告等制度进行明确规定，确保政法工作有规可循、有据可依。

## 二、顺应司法改革趋势，把握检察工作重点

2012—2017年，武汉市检察机关积极构建以抗诉为中心刑事审判监督格局，一方面是为了适应以审判为中心的刑事诉讼制度改革的需要，另一方面也是为了适应人民群众对司法公正新期待的需求，同时也是落实检察机关法律监督职能的现实需要。

### （一）深化检察工作机制改革

根据中央和上级检察机关新一轮司法改革的总体部署，全市检察机关认真落实各项改革措施，着力解决影响和制约检察工作科学发展的突出问题。2013年，贯彻落实中央《关于依法处理涉法涉诉信访问题的意见》，深入推进涉检信访改革，建立健全审查受理、监督纠错、终结退出和司法救助机制，依法妥善办理群众信访2346件；[①] 完善检察管理机制，加快全国检察机关统一业务应用系统建设，积极适应统一归口、全程监管的案件管理模式，推行主办检察官制度，在东西湖区等4个基层检察院试点推进内部整合改革工作；积极探索“捕、诉、监、防、护”五位一体的未成年人检察工作新模式，共附条件不起诉13人，通知法律援助38件，开展未成年人社会调查127件，未成年人犯罪记录依法全部封存。

### （二）确立首批司法改革试点

2014年12月，武汉市检察院和汉阳区检察院、青山区检察院被确定为全省首批司法体制改革试点单位。改革主要内容包括完善司法人员分类管理制度、完善司法责任制、健全法官检察官及司法辅助人员职业保障制度、建立省以下法院法官和检察院检察官省级统一管理体制、建立省以下法院和检察院财物省级统一管理体制。自2015年7月开始，按照修改完善的试点方案全面推进司法改革试点工作。在完善司法人员分类管理方面，将法院、检察院工作人员分为法官和检察官、司法辅助人员、司法行政人员三大类；从改革之日起，各级法院、检察院不再任命助理审判员、助理检察员。在完善司法责任制方面，完善检察官办案责任制，以主任检察官为负责人，检察官助理等辅助人员协助，组成基本办案组织；严格实施检察官员额制，严守员

① 参见武汉年鉴编纂委员会：《2014年武汉年鉴》，武汉年鉴社2015年版，第57页。

额检察官能岗相适、一线办案等改革政策底线，坚持“以案定额”“以职能定额”相结合，确保入额检察官有独立办案能力。坚持能进能出，探索建立员额动态管理和退出机制，着眼于提升员额检察官在岗办案的质量与效率。

（三）将刑事抗诉作为刑事审判监督工作改革的中心

2014 年，全市市、区两级检察机关将刑事抗诉作为刑事审判监督工作的中心，将法律监督调查、纠正审判活动违法、量刑建议、检察长列席审判委员会、职务犯罪案件两级法院同步审查等作为刑事审判监督工作的重点和推手，构建刑事审判监督工作的多元化格局。刑事执行检察改革进一步深入推进，武汉市检察机关审查刑罚执行机关提请减刑、假释、暂予监外执行案件并提出书面纠正意见。

（四）检察机关提起公益诉讼改革试点

扎实推进检察机关提起公益诉讼试点工作，既是对党中央重大战略决策部署的贯彻落实，也是对党和人民赋予检察机关重大政治责任的严格履行。2017 年，武汉市检察机关完成检察机关提起公益诉讼改革试点。对 117 件公益诉讼案件启动诉前程序，诉前建议发出后相关行政机关整改到位 97 件；对经建议仍不履行职责的 20 件案件依法提起公益诉讼，法院全部支持检察机关的诉讼请求。[①] 2017 年 1 月 18 日，武汉市黄陂区人民检察院诉武汉市黄陂区人民防空办公室（以下简称黄陂区人防办）不依法充分有效履行职责一案在黄陂区人民法院公开开庭审理，黄陂区人民检察院首次作为公益诉讼人出庭诉讼，引发社会广泛关注。

（五）刑事案件速裁程序试点

2014 年 6 月，全国人大常委会审议通过《关于授权在部分地区开展刑事案件速裁程序试点工作的决定（草案）》，授权最高人民法院、最高人民检察院在武汉、北京等 18 个地区开展刑事案件速裁程序试点工作。此次试点是全国人大常委会首次在司法领域进行“试验性立法”，武汉承担了“改革试验田”的重点任务。2015 年，市检察院重点抓好刑事案件速裁程序试点工作，探索认罪认罚从宽制度，完善繁简分流办案模式，统一文书，建立速裁案件备案、月度排名和工作通报等制度，会同市法院、市公安局、市司

① 参见武汉年鉴编纂委员会：《2018 年武汉年鉴》，武汉年鉴社 2019 年版，第 54 页。

法局联合制发系列工作规范，明确规范公、检、法、司的衔接与配合机制。2016 年，市检察院通过简化文书、减少流程、优先移送、集中办理等工作机制，准确把握认罪认罚从宽制度的要求，推动案件办理全程提速，该类案件的平均办案周期由原来的 15 天减少为 8 天。加强与法院的沟通协作，构建精准量刑标尺，提出量刑建议 6314 人，法院接受量刑建议 5100 人，采纳率 80. 8%，[①] 在提升办案效率，保障当事人合法权益，优化司法资源配置等方面取得积极成效。

（六）开展国际国内追逃追赃

党的十八大以来，以习近平同志为核心的党中央在国内重拳反腐的同时，大力推进反腐败国际追逃追赃工作。武汉市检察机关按照上级统一部署，深入开展“天网行动”，推进个案攻坚。一方面，坚持境外境内毫不松懈。2017 年，实施“天网行动”成功追逃到案 20 人，其中包括全国“百名红通人员”1 人，红通人员 3 人，境外在逃人员 7 人，促使潜逃达 21 年之久的红通人员张某某回国投案，有力震慑了腐败分子。另一方面，坚持追逃追赃两手硬，依法追缴赃款 2100 万元，国际国内追逃追赃工作取得初步成效。

## 三、持续推进以审判为中心的诉讼制度改革

（一）明确司法改革重点任务

2012 年，全市各级审判机关坚持能动司法、为民司法、和谐司法的理念，全面推进社会矛盾化解、社会管理创新、公正廉洁执法三项重点工作，共受理 14566 件，结案 96293 件，年上升 23. 2%和 14. 2%。其中，市中级人民法院受理 17646 件，结案 16595 件。[②] 申诉再审收案和当事人申请强制执行的下降 13. 5%和 4. 8%，总体呈现“办案数上升、服判息诉率上升、司法公开度上升，调解撤诉率上升，申诉再审收案下降”的“四升一降”良好态势。

（二）开展“三合一”改革试点

2013 年，全市各级审判机关积极开展调审适度分离、案件繁简分流和小额速裁“三合一”改革试点，加强立案窗口建设，健全首问负责、服务

① 参见《武汉市人民检察院工作报告》，《武汉人大》2018 年 1 月 12 日。

② 参见武汉年鉴编纂委员会：《2013 年武汉年鉴》，武汉年鉴社 2014 年版，第 58 页。

承诺、办事公开、文明接待等制度，完善各项便民利民措施，在市、区两级法院组建医疗纠纷和劳动争议案件合议庭，探索设立交通事故案件巡回法庭，促进矛盾纠纷的及时化解。

（三）启动“员额制”改革试点

司法改革的关键在于“让审理者裁判，由裁判者负责”，创新审判管理机制。2014 年初，武汉市中级人民法院及汉阳区、青山区法院被湖北省委确定为司法体制改革的试点，全年市、区两级人民法院迅速行动，分别成立了司法改革工作领导小组。[①] 在制定相关工作方案时学习借鉴外地司法改革的成功经验，首先在试点法院干警中广泛开展了摸底调查，摸清了试点法院人财物底数，为推进法官员额制改革做好了充分的准备工作。完善法官业绩评价机制，取消不合理的考核指标和绩效排名，更加注重考评标准的精细化和科学化，并将评价结果作为择优遴选法官的重要依据，“员额制”改革初见成效。

（四）开展轻微刑事案件速裁试点

2014 年 6 月 27 日，十二届全国人大常委会第九次会议作出决定，授权最高人民法院、最高人民检察院在武汉等 18 个地区开展刑事案件速裁程序试点。与检察机关的改革相区别，武汉市审判机关开展刑事案件速裁试点工作，主要针对不涉及重大犯罪的轻微刑事案件。对事实清楚，证据充分，被告人自愿认罪，当事人对适用法律没有争议的危险驾驶、交通肇事、盗窃、诈骗、抢夺、伤害、寻衅滋事等情节较轻，依法可能判处一年以下有期徒刑、拘役、管制的案件，或者依法单处罚金的案件，进一步简化刑事诉讼法规定的相关诉讼程序。如 2014 年 11 月 15 日，汉阳区法院对被告人杜某等人犯贩卖毒品罪、盗窃罪、危险驾驶罪等 12 件轻微刑事案件，采用速裁程序审理。上述案件庭审完毕仅耗时 55 分钟，被告人均表示服判、不上诉。[②] 这些轻微刑事案件实施速裁，不仅节省大量的司法资源，提高刑事司法效率，同时也是在实现实体正义的同时彰显程序公正的价值，有利于保障犯罪嫌疑人和被告人的合法权益。

---

① 参见王田甜：《武汉市举行首批入额法官宣誓仪式》，《中国审判》2015 年第 8 期。

② 参见杨然、曾琳、黄文娟：《武汉试点刑事案件速裁程序 55 分钟审理 12 起轻微刑事案件》，《湖北日报》2014 年 11 月 15 日。

（五）建立以法官为核心的人员分类管理制度

自进行司法改革以来，武汉市法院依法先行先试，有序推进司法体制改革，建立以法官为核心的人员分类管理制度。将法院工作人员划分为法官、审判辅助人员和司法行政人员三类，原有审判人员经过遴选，计入法官员额，实行单独职务序列管理。截至 2016 年 4 月，全市法院共确定首批员额内法官 939 人。其中，市法院 197 名员额法官，具有硕士以上学位的 106 人，占 53.8%；年龄 45 周岁以下的 89 人，占 45.2%。① 法官队伍素质明显提高。

（六）全面落实司法责任制

司法责任制改革是新一轮司法改革的重点任务。2015 年以来，武汉市全面落实司法责任制，探索构建科学的审判权力运行机制，明晰审判组织权限，健全合议庭、法官办案责任制，改革审委会制度，限缩审委会讨论案件范围，落实领导干部干预司法活动、插手具体案件的记录与通报制度，强化法官、法官助理在职责范围内对办案质量终身负责制，制定院、庭长司法权力“正面清单”和“负面清单”，要求院、庭长带头承办大要案件，实现让审理者裁判、由裁判者负责。2016 年，市中级人民法院院、庭长作为审判长承办案件 3903 件，占全院收案数的 11%。

（七）开展认罪认罚从宽和扩大量刑规范化试点

根据全国人大常委会授权，武汉市在两级法院全面推开刑事案件认罪认罚从宽制度试点。坚持从宽处理与保障人权并重，落实法律援助值班律师制度。2017 年，全市法院共审结认罪认罚案件 6789 件，案件 10 日内审结率 92.4%，非监禁刑适用率 32.1%，服判息诉率 94.5%。② 进一步深化量刑规范化改革，将适用量刑规范化的罪名由 15 个增加到 28 个，刑种扩大至非监禁刑和罚金刑，涵盖基层法院 92%的刑事案件。武汉市法院系统规范化试点经验得到最高人民法院充分肯定，多次受邀参与全国量刑规范化指导案例编撰、常见犯罪量刑指导意见制定，多个案例入选全国量刑规范化典型案例。

## 四、拓展司法职能服务经济发展

受国际政治经济大环境影响，2011 年前后，部分企业经营活动出现不

① 参见《武汉市中级人民法院工作报告》，《武汉人大》2017 年 2 月 17 日。

② 参见《武汉市中级人民法院工作报告》，《武汉人大》2018 年 1 月 12 日。

稳定因素，涉企的商事案件大量增加。为有效解决上述问题，2012 年市法院主动发挥司法能动性，不断降低企业诉讼成本，保障企业合法权益，出台了《服务经济发展的实施意见》，助力企业发展。2013 年开通服务企业热线，组建涉企纠纷合议庭，在武汉经济技术开发区设立全国首个“产业经济巡回法庭”，积极探索司法服务辖区经济发展的新路子。该法庭位于辖区核心骨干企业东风汽车公司附近，就近为企业提供从立案到审判的便捷诉讼服务，大幅减轻企业往返法院与当事人之间的诉累。2016 年，为加大金融债权保护力度，积极应对房地产调控给楼市带来的影响，市法院出台《关于依法妥善处置“僵尸企业” 为全市供给侧结构性改革提供司法保障的实施意见》，审慎处置“僵尸企业”，依法保障经济转型升级。其中，市法院审结的武汉市首例上市公司破产重组案“长航凤凰破产重整案”被评为 2016 年“全国法院推进供给侧结构性改革十大典型案例”第一位。

长期以来，武汉市知识产权审判工作一直走在全国前列。武汉市中级人民法院知识产权审判庭是全国法院中较早设置的专业审判庭，精心审判和调处各类知识产权案件，取得了多个全国领先和第一：审理了全国第一起植物新品系成果权权属纠纷案、第一起司法认定驰名商标案、第一起网络实名侵犯注册商标专用权案，作出全国第一份适用诉前临时措施的裁定等。2012—2017 年，不断拓宽知识产权审判领域，积极审理了植物新品种权、网络域名权、计算机软件著作权和职务科技成果完成人奖励、报酬纠纷等新类型纠纷，基本覆盖了《与贸易有关的知识产权协议》（TRIPS 协议）涉及的领域。2017 年 2 月 22 日，可跨行政区域审判、管辖湖北全省知识产权案件的武汉知识产权审判庭在光谷揭牌，进一步巩固了武汉作为华中地区知识产权保护的标杆地位。

**五、着力破解“执行难”问题**

执行难问题是司法体制改革克难攻坚的关键一环。为落实党的十八届四中全会关于审判权与执行权相分离的改革精神，2015 年 9 月 1 日，武汉市中级人民法院率先打破原先“一人包案到底”的旧模式，采取以法官为主导，执行员、书记员为辅助的执行团队新模式：一个办案团队由 1 名执行法官、4 名执行员和 4 名书记员组成。执行法官为入选员额法官，行使执行命令权，签署各类执行决定、命令和裁定等法律文书，审查决定是否采取执行措施或采取何种措施；执行员以司法辅助人员身份，遵照执行法官指令，负责执行行动的实施；书记员负责录入案件信息，及时更新执行进展等司法公开信息以及编案、记录等工作。执行新模式运行后，2015 年，全市法院共执结案件 21431 件，执结标的额 217 亿元，同比分别上升 48%和 89%。在执行收案大幅增长的同时，实际执结率、标的额到位率稳步提升，涉执信访总量同比下降 38.4%。① 一批困扰多年的历史积案，在执行法官与执行员通力配合下得以圆满化解。

## 六、深化司法行政改革

司法行政改革事关民生福祉、事关法治社会建设、事关社会公平正义。全市司法行政机关深入学习贯彻习近平总书记关于司法行政工作重要指示精神，按照中央部署要求，坚持把改革作为司法行政发展的根本动力，积极推动律师制度、法律援助制度、法律顾问制度、社区矫正制度等一系列改革举措。

### （一）建立健全律师工作机制

2012 年，武汉市司法局率先在全国建立社区律师工作机制，延伸司法服务领域，抓好检查督导，加强舆论宣传，确保社区律师工作落实。2013 年，启动法律援助“两年倍增”计划，成立 189 人的楚天公益律师团，建成 200 个社区受援点，进一步提高法律援助案件的补贴标准，强化经费保障力度。2013 年，全市 1088 个社区基本实现“一社区一律师”全覆盖。② 2014 年，市司法局专门制订了《关于开展社区律师办理典型案例评比活动的方案》，全市律师进社区达到千人左右，共开展法律咨询 6.72 万人次，法治宣传讲座 5666 场次，参与调解纠纷和办理法律援助案件 7932 件，③ 解决了社区居民生活中遇到的各类法律难题。对群众特别关心的案例，经当事人同意，在各社区的法治宣传展板上进行宣传展示。通过评比典型案例，进一步提高了社区律师法律服务水平和质量。2014 年底，全市千名律师与 1 万多家企业签订法律服务协议，服务内容涉及公司资产并购、破产，知识产权保护、公司股权结构治理及风险防范、公司投融资、“新三板”等专业法律领域，特别注重为深化国企改革、防范金融风险、鼓励创新创业等热点难点

---

① 参见《武汉市中级人民法院工作报告》，《武汉人大》2016 年 1 月 22 日。

② 参见武汉年鉴编纂委员会：《2014 年武汉年鉴》，武汉年鉴社 2015 年版，第 65 页。

③ 参见武汉年鉴编纂委员会：《2016 年武汉年鉴》，武汉年鉴社 2017 年版，第 87 页。

问题提供法律服务，围绕为中小微民营企业提供优质高效的法律服务开展工作，针对企业发展、运营的薄弱环节，建设风险评估机制，预防和消除各类法律风险，为企业提供法律保障。

（二）推进法律援助基金会和工作站建设

2012 年，武汉市成立法律援助工作协调领导小组，出台了《关于进一步加强和改进法律援助工作的意见》，在全国副省级城市中率先成立法律援助基金会。先后建立江汉大学、长江日报社等多个定点法律援助工作站，建立流动人口法律援助工作站 79 个。2013 年，武汉市在全国率先打造中心城区“10 分钟法律援助便民服务圈”，进一步降低了法律援助门槛，扩大法律援助工作覆盖面和社会影响力。

（三）在全市普遍建立法律顾问制度

2013 年，武汉市司法局根据党的十八届三中全会关于“普遍建立法律顾问制度”要求，出台《关于在全市社区、村建立法律顾问制度的实施方案》，对人员配置、工作职责、工作机制、责任分工、推进步骤、组织领导等工作作了全面部署，按照“普遍、有偿、刚性、实务”的工作思路，要求合伙人律师、骨干律师、党员律师充分发挥传帮带及引领示范作用。市司法局还与市财政局制定下发《关于加强公共法律服务体系建设经费保障的意见》，建立了社区、村法律顾问律师工作补贴的动态增长机制，明确了经费支出的标准、方式、法律顾问工作开展的模式。同时，结合武汉市现有社区、行政村以及行政村分布情况和律师不足的工作实际，确定了中心城区调配律师支援新城区、推进村法律顾问全覆盖的工作模式。此外，还通过《长江日报》《武汉晨报》等媒体平台加大对法律顾问工作的宣传，使法律顾问工作能得到更广泛的支持。

（四）建成覆盖市、区两级的公共法律服务体系

公共法律服务体系作为“民心工程”，发挥着服务性、基础性、保障性的作用。2015 年，武汉市下发《关于推进全市公共法律服务体系建设的实施意见》，在原法律援助中心的基础上改造升级，建立市、区两级 14 个“公共法律服务中心”；依托司法所或街道政务中心，全市 159 个街道（乡镇）均挂牌设立“公共法律服务工作站”；依托社区“法务工作室”，设立“公共法律服务点”。整合 86 个群团组织法律援助工作站、160 余家律师事务所受援点、815 个中心城区大型社区法律受援点等资源，形成中心城区法

律援助 10 分钟便民服务圈。[1] 将“12348”法律援助热线升级为“公共法律服务热线”，整合升级市、区司法行政门户网、普法网、微博微信以及行业协会网络资源，推进形成覆盖城乡、便捷高效、均等普惠的现代公共法律服务体系，完善市、区、街、社区四级法律援助网络，法援服务网络进一步向乡村延伸，全市法律援助机构全年累计办理法律援助案件 8219 件。

（五）社区矫正和强制隔离戒毒工作

2012 年，武汉市劳动教养部门大力整治各类安全隐患，健全完善安全管理制度，不断提高劳动教养管理质量，确保了劳教场所的安全稳定。2013 年，根据中央政法委、国家司法部关于废止劳教制度的有关工作部署要求，武汉市认真组织开展 1408 名劳教人员的清理解散工作。是年 9 月，武汉市最后一批劳教学员全部解除，劳教场所顺利转为强制隔离戒毒场所，收治了 3000 名强制戒毒人员，顺利实现了由劳教工作向强戒工作的平稳过渡。2014 年，武汉市劳动教养部门制定《强戒人员诊断评估标准》，认真履行强制戒毒职能，积极探索戒毒医疗、教育矫治和康复训练新机制，进一步规范了基层执法标准和强戒人员行为养成，进一步夯实了强制隔离戒毒工作的制度基础。

2012 年，市委办公厅、市政府办公厅制发了《关于新形势下深入推进社区矫正工作的意见》，公安、检察、法院、司法机关联合制定了《武汉市社区矫正实施细则（试行）》，对社区矫正工作者全员培训进一步强化，审前调查、入矫宣告、动态监测、教育管理等机制进一步完善。2013 年，联合市检察院对《刑法》《刑事诉讼法》和《社区矫正实施办法》等法律法规贯彻落实情况进行专项督促检查，进一步完善工作运行和协调配合机制。

（六）公证事业

2012 年，武汉市司法行政机关大力开展“公证质量建设年”活动，扎实推进公证质量管理，实施信息化管理办公，公证投诉大幅度减少，社会公信力进一步增强。2013 年，武汉市各级公证机关公证系统信息化平台实现全覆盖，公证机构全年办理各类公证案件数量再创新高。2018 年 6 月，司法部发布第三批公证指导案例（7—8 号），用于指导全国公证行业办理现场监督业务。其中 8 号案例“民办学校入学电脑派位现场监督公证”，是武汉市

---

① 参见武汉年鉴编纂委员会:《2016 年武汉年鉴》，武汉年鉴社 2017 年版，第 69 页。

在全国率先创新推出的一项贴近民生的公证服务，形成了可复制、可推广的成熟经验。

（七）“六五”“七五”普法工作成绩斐然

1. “六五”普法

为进一步提高全民法律素质，落实依法治国基本方略，推进武汉法治政府建设，2011 年 8 月，武汉市委、市政府印发了《2011—2015 年法治建设暨第六个五年法治宣传教育工作规划》，将“六五”普法纳入武汉市经济和社会发展“十二五”总体规划。市十二届人大常委会第三十四次会议作出了《关于进一步加强法治宣传教育的决议》。各区、市直部门也分别制定了本区本部门的“六五”普法规划，各区人大常委会作出了决议。

“六五”普法以领导干部、公务员、青少年、企事业单位经营管理人员和农民为重点对象，通过开展一系列法治宣传教育和法治实践活动，进一步提高市民法律素质，为全面推进武汉市经济、政治、文化、社会和生态文明建设提供法治保障，在全市形成崇尚法治、自觉学法、用法、守法的社会环境。2012 年，武汉市深入开展“万名干部普法行”活动，先后被《人民日报》《法治日报》等中央媒体报道。2013 年，全市司法行政机关不断增强普法依法治理工作的针对性和实效性，推动普法依法治理工作逐步实现常态化、制度化。抓好法治文化阵地建设，兴建法治文化浮雕园、法治长廊、法治文化示范社区等一批法治文化新阵地，集中展示全市普法和法治建设成果，营造良好法治氛围。2014 年，武汉市司法系统在全市实施了“1+3”普法先行计划，多形式、全方位地开展普法宣传，提升了市民的知晓率、参与率、满意率。普法宣讲重点服务农民、青少年、社区“三个面”，带动全市法治氛围的提升。注重深入开展首个“宪法日”宣传活动，全年累计开展法制讲座 4709 场、法律培训 2973 场，全市累计普法人数达 221.1 万人次。[①]

2. “七五”普法

武汉市“七五”普法从 2016 年开始。“七五”普法期间，武汉正处在加快建设国家中心城市的关键阶段和攻坚时期，法治精神和法治理念是推动实现经济、城市、民生“三个升级版”战略部署的基本保障。全市上下紧

① 参见武汉年鉴编纂委员会：《2015 年武汉年鉴》，武汉年鉴社 2016 年版，第 58 页。

跟时代，在针对性和实效性上下功夫，落实“谁执法谁普法”普法责任制，组织开展“落实普法职责法治文明共享”主题活动，以“普法社区行”“普法垄上行”“普法机关行”“普法校园行”“普法企业行”“普法单位行”等系列活动。通过开展全市“普法行”、新媒体普法平台集中展示、“我们与法治同行”演讲比赛和主题征文等活动，进一步强化普法工作部门责任。加强青少年法治宣传教育，进一步完善校园法务室建设，对全市856所中小学实现全覆盖。联合团市委举办青少年暑期法治宣传教育活动，组织公安、卫计委、教育部门有计划地开展青少年法治文艺演出、社区模拟法庭、法律知识有奖竞猜等活动，共举办各类活动239场，相关经验做法被司法部重点推介经验。

## 第六节　开创法治社会共建共治共享的新局面

党的十八届三中全会通过的《中共中央关于全面深化改革若干重大问题的决定》明确提出“创新社会治理体制”。从“社会管理”到“社会治理”，一字之变代表着治理思路的创新与深度变革，由治标转向标本兼治，重在治本，更加突出了党委领导和政府主导下的多元社会主体共同参与、良性互动。在此背景下，武汉市委、市政府相继开展“平安武汉”“和谐武汉”“幸福武汉”建设，努力推动社会治理重心向基层下移，发挥社会组织作用，实现政府治理和社会调节、居民自治良性互动，加强社会治理体系建设。

### 一、出台《武汉市建设平安城市规划》

2013年，市委、市政府分别印发《武汉市建设平安城市规划》和《关于构建立体化社会治安防控体系的意见》，建立健全“平安武汉”建设领导体制，成立市、区两级平安建设指挥部，不断完善建设“群众最满意的平安城市”的工作任务。[①] 通过实施“平安细胞”工程，深化基层平安创建和行业平安创建，以基层平安托起整体平安。深入开展平安铁路、平安工地、平安市场、平安家庭等系列平安建设，建立平安创建工作体系，形成条块结

① 参见《中共武汉市委、武汉市人民政府关于印发〈武汉市建设平安城市规划〉的通知》，《武汉市人民政府公报》2013年第13期。

合、全社会参与的工作格局。为提升公众安全感知度，武汉市社会管理综合治理委员会每半年对全市群众安全感、满意度进行随机问卷调查，针对测评反映出的治安防控存在薄弱环节等问题，采取召开专题会议、通报测评情况等方式进行整治。2013 年全市抢劫、抢夺、入室盗窃、机动车被盗、诈骗等多发性警情分别比上年下降 33.1%、23.3%、32.9%、6.9% 和 15.9%，公众安全感和社会治安群众满意度均达到 90% 以上。[①] 全市 13 个行政区均被评为省级平安区。

## 二、深化"平安中国"建设会议在武汉召开

开展"平安中国"建设，是推动新时期社会治理创新的核心任务。2014 年 11 月 3 日，中央政法委在武汉召开深化"平安中国"建设会议。会议强调，全国政法综治部门要深入学习贯彻党的十八大和十八届二中全会、三中全会、四中全会精神，深入学习贯彻习近平总书记系列重要讲话精神，紧紧围绕推进国家治理体系和治理能力现代化的总目标，牢牢把握全面推进依法治国的总要求，充分发挥社会主义制度优势，发挥法治的引领和保障作用，坚持系统治理、依法治理、综合治理、源头治理，坚持问题导向、法治思维、改革创新，进一步加强基础建设，完善立体化社会治安防控体系，提升平安中国建设能力和水平，努力使影响社会安定的问题得到有效防范、化解、管控，群众安全感和满意度进一步提升，确保人民安居乐业、社会安定有序、国家长治久安。[②] 法治为平安建设提供重要保障，因此要把政法综治工作放在全面推进依法治国大局中来谋划，深入推进平安中国建设，发挥法治的引领和保障作用，坚持运用法治思维和法治方式解决矛盾和问题，加强基础建设，加快创新立体化社会治安防控体系，提高平安建设现代化水平，努力为建设中国特色社会主义法治体系、社会主义法治国家作出更大贡献。

## 三、出台创新社会治理加强基层建设"1+10"文件

2015 年 11 月 25 日，武汉市委、市政府出台彰显武汉特色的创新社会治理加强基层建设"1+10"文件，通过制定一系列规章和规范性法律文件，为打造城市治理升级提供指南本，在全国产生了深远影响。所谓"1"，是指《市委市政府关于进一步创新社会治理加强基层建设的意见》，提出构建

① 参见武汉年鉴编纂委员会：《2015 年武汉年鉴》，武汉年鉴社 2016 年版，第 76 页。

② 参见周斌：《发挥法治引领和保障作用 深入推进平安中国建设》，《法制日报》2014 年 12 月 30 日。

党委领导、政府主导、社会协同、公众参与、法治保障的基层社会治理新格局。所谓“10”，是指与《意见》相配套的10个子文件，包括深化中心城区街道行政管理体制改革、完善社区治理体系、完善村级治理体系、组织引导社会力量参与社区治理、深化拓展网格化服务管理、完善区街乡镇行政执法体制机制、社区工作者管理办法、加强村干部队伍建设、加强街道社区精神文明建设、加强住宅小区综合管理10项内容。“1+10”系列文件部署的很多改革创新举措均走在全国前列，如取消中心城区街道招商引资职能及经济考核指标，厘清街道与区直部门之间的职责边界，中心城区街道主要精力转向优化公共服务，奠定基层平安的坚实基础；将公安、工商、城管、食药监等执法力量下沉到街道并成立综合执法办公室，将综合执法权赋予街道，减少条线干扰，实现街道对于违法行为的迅速反应，提高基层治理效率；重申“全面落实社区减负九项规定”，实行社区工作准入制度，防止有些职能部门随意下放本该自己承担的职能；加大面向优秀社区（村）干部招录公务员和事业单位工作人员的力度；赋予街道对区直部门及其派出（派驻）机构的考评权力，推动区直部门“向下负责”。“1+10”系列文件的出台，对武汉市依法推动社会治理创新具有重要意义，从制度层面打通了基层社会治理创新的“最后一公里”。

### 四、“红色引擎工程”引领基层社会治理创新

2017年，武汉市委在推进城市基层党建工作中，全力打造“红色引擎工程”，强化党组织政治功能，强化街道社区党组织领导核心地位，夯实党在城市的执政根基。全市街道政务服务中心直接办理的公共服务事项从27项增至165项，[①] 既实现了资源下沉，又着力破解社区“上面千条线，下面一根针”、复杂繁琐的多重压力。武汉市、区每年整合各类资金近10亿元，采取配建、共建、调剂等方式加大建设社区力度，全市83%的社区党群服务中心超过1000平方米，有效满足了社区党员和群众的党建和活动需求。全市有1283名社区“两委”成员兼任物业服务总监，[②]“红色物业”妥善解决了诸多老旧小区“市场失灵”“政府失灵”的弊端。江岸区百步亭社区在全国首开先河，将房地产的开发建设、政府对社区的职能管理和社区的物业

---

① 参见宋磊：《武汉“八个红色”强化基层治理》，《领导决策信息》2017年第44期。

② 参见范昊天：《以党建为抓手，替基层解难题，武汉——发动红色引擎　治理更显温情》，《当代兵团》2019年第4期。

服务三者结合起来，打造建设、管理、服务“三位一体”的管理模式，创办全国第一个不设街道办事处的新型社区。青山区青和居社区把党的领导贯穿社区自治、法治、德治和服务群众全过程，调动居民自治的积极性，培养居民法治意识的自觉性，提高居民德治的新风尚，以有温度的党建引领有成效的治理。东西湖区常青花园社区通过建立社区大党委，构建“党工委—社区‘大党委’—网格党组织—楼栋党小组—党员”互联互通互动的组织和工作体系，推动社会治理重心向基层下移。“四联四对接”“三事分流”在内的多项工作制度，将企业、学校、社区、社会组织等基层党组织，建设成坚强战斗堡垒。居民自发形成的志愿服务队伍，遍布社区各角落，常青花园每五个居民中，就有一人是志愿者。汉阳区江欣苑社区构建了“社区党委—网格党支部—党小组—党员—楼栋长—单元长”的“六级组织管理体系”，社区推出政务服务、生活服务、法律服务、文体服务、关爱服务、党员服务加特色服务的“6+1”服务体系，有效破解了新时期城乡社区治理系列难题。

### 五、健全基层社会治理工作机制

#### （一）全面推进网格化服务管理

2012 年，武汉市着力建立健全网格化服务管理信息系统，不断深化拓展网格化建设。[①] 全市 16 个区建立了网格化指挥中心，189 个街道（乡镇）建立了网格化综合管理中心，3224 个社区（村）建立了网格化管理工作站（其中社区 1296 个，村 1928 个），实现网格化管理系统中心城区、新城区全覆盖。全市共划分网格 16868 个，其中，社区网格 8953 个，农村网格 7915 个。按照“一格一员”标准，全市配备网格管理员 16868 人，网格信息管理员 2174 人。通过打造完整的网格员成长链条，实现了网格员队伍建设的规范化。

#### （二）加快推进政府向社会力量购买服务

2014 年，武汉市发布《关于政府向社会力量购买服务的实施意见（试行）》《加快推进政府向社会力量购买服务的意见（试行）》，标志着政府购买社会服务从“探索尝试”走向“规范操作”。武汉也成为继广东省和上海

① 网格化建设，是加强基层社会治理的有效途径，依托统一的城市管理以及数字化的平台，将城市管理辖区按照一定的标准划分成为单元网格。通过加强对单元网格的部件和事件巡查，建立一种监督和处置互相分离的形式。

市之后，第三个以规范性文件全面规范政府购买公共服务的地方。这两份文件对政府购买公共服务的流程作出了详细规定，明确列举了社会组织、机构和企业可以承担的公共服务事项100多项，其中大多数是居家服务、社保服务、残疾人服务等民生性服务工作。此外，还对购买双方应具备的资质、购买的服务内容、购买的资金预算等作出明确规定，特别规定服务的承接方要通过公开招投标、竞争性谈判、价格对比等正当程序进行，确保过程透明，为社会组织通过公平、公正的竞争方式成为政府的合作对象拓宽了渠道。

（三）完善“大调解”联动工作机制

2015年，武汉市进一步规范人民调解组织建设，完善大调解联动工作机制，运行更加顺畅，社会矛盾排查化解工作的作用和地位更加凸显。全市各级人民调解组织累计调解矛盾纠纷53186件，调解成功率99.89%，其中，调处重大矛盾纠纷1176件，较好维护了社会和谐稳定。[①] 继续加强人民调解组织建设。在街乡镇、社区、村建立人民调解组织3450个，通过政府购买服务，为各司法所聘请了首席人民调解员，整合社区律师及法律服务志愿者等社会力量参与基层纠纷化解工作。推动行业性专业性调解组织向医疗卫生、交通事故、征地拆迁、劳动争议、环境保护、食品药品安全、物业管理等领域延伸；健全社会矛盾纠纷预防化解机制，完善人民调解、行政调解、司法调解等有机衔接的联动工作体系。

（四）以“互联网+”推进智慧社会管理

2016年，武汉市尝试运用“互联网+”的思维推进智慧社会管理，有效提升城市精细化管理水平。运用网络信息技术实现对特殊人群、重点人群和涉及国家安全、社会稳定的场所、人员基础重点动态全掌控；充分发动全市1.6万名网格员，实时更新社会管理各要素信息，与整合各部门的信息进行关联比对形成“大数据”，实现要素信息全覆盖；通过大数据搜索引擎，自动抽取全市敏感事件，并迅速将敏感事件推送到市级和区级决策支持端，为各类案（事）件的预报与防范提供实时情况通报，将重大敏感事件控制在萌芽状态，实现服务管理手段实时共享，极大地提升了社会服务管理效能。

---

① 参见武汉年鉴编纂委员会：《2016年武汉年鉴》，武汉年鉴社2017年版，第83页。

### （五）设立“网上群众工作部”

习近平总书记指出：“网民来自老百姓，老百姓上了网，民意也就上了网。群众在哪儿，我们的领导干部就要到哪儿去”。[①] 2017 年 5 月 11 日，武汉市在全国率先成立“网上群众工作部”，[②] 作为通过网络走群众路线的重大机制创新，让老百姓足不出户、轻点鼠标，就可以表达诉求，“网来网去”解决民生问题。“网上群众工作部”以信息化和大数据为载体，通过对“12345”市长热线、武汉市阳光信访平台、长江网“城市留言板”（网民意见平台）、110 联动服务等网上服务职能整合，纳入同一个平台渠道办理，推动网上民情收集、网民诉求办理等举措，建立起“网上察民情、网下解民忧”的网上网下联动对接机制，实现“民有所呼，我有所应”。“网上群众工作部”还设置了完整的督查考评工作机制。每周在《长江日报》全媒体平台上公布上一周 100 多家单位办理群众诉求情况排名，督查考评组依据每周排名，约谈按期办结率低于 80%、满意率排名末位的单位负责人，并通过明察暗访、上门督办，对久诉不办，虚假、敷衍办理等情况进行重点督办，督促整改。截至 2017 年 12 月 20 日，“网上群众工作部”已约谈办理单位相关负责人 170 人次。对于多次被约谈的 5 家单位，上门进行专题督办调研；对于 27 家被约谈单位，督促制定整改措施，反馈整改情况，累计下发督办单 103 件。通过持续的督查，群众满意率达到 86.6%。[③]

---

① 《习近平谈治国理政》第二卷，外文出版社 2017 年版，第 336 页。

② 参见廖君、李劲峰：《武汉率先成立“网上群众工作部”》，载《新华每日电讯》2017 年 5 月 24 日。

③ 参见朱曦东：《武汉创设网上群众工作部“信访局”24 小时不下班》，《人民日报》2018 年 1 月 5 日。

# >>第十章　武汉地区法学教育与理论研究的繁荣发展<<

作为社会主义法治文化的重要组成部分，法学教育与理论研究发挥着举足轻重的作用，是一项筑基固本的系统工程，对依法治国具有战略性、基础性重要作用。古语有云：惟楚有才。武汉地区的法学教育与理论研究源远流长。新中国成立以来，武汉地区哲学社会科学阵地始终高举社会主义法治旗帜，坚持将马克思主义法学原理作为浇灌社会主义法治文化的源头活水，积极参与推动马克思主义法学中国化的伟大实践。尤其是党的十八大以来，在习近平法治思想指引下，武汉地区法学教育与理论研究事业得到了空前繁荣，为全面推进依法治国、全面建设法治城市提供了坚强的思想保证、有力的人才支撑和强大的精神动力。

## 第一节　新中国成立以来武汉地区法学教育发展概况

人是法治的主体，而法学教育则是培养法律人才的专门教育，是社会主义法治体系的重要组成部分。武汉地区法学教育具有丰厚的历史底蕴，学科优势彰显，教学成果丰硕，优秀人才辈出，是全国公认的法学教育重镇，为持续繁荣社会主义法学教育事业作出了重要贡献。

### 一、法学高等教育

早在 1908 年，清政府就在湖北设立了湖北法政学堂。辛亥革命以后，改建为湖北公立法政专门学校。新中国成立后，随着国民党“六法全书”和一切反动法律被废除，旧的法学教育体系也随之终结，新的以马克思主义法学理论为指导的法学教育与理论研究迅速兴起。1951 年，教育部制定了

《法学院法律系课程草案》，明确规定："讲授课程有法令者根据法令、无法令者根据政策…… 如无具体材料可资根据参照，则以马列主义、毛泽东思想为指导原则，并以苏联法学教材及著述为讲授的主要参考资料"。① 1952年，全国高等院校进行了院系调整，中央决定在大部分行政区单独设立政法学院培训政法干部，全国设有法学院系的综合大学共有 11 所。1953 年，教育部再次对政法院校进行调整，在武汉成立了中南政法学院；4 所综合性大学设有法律系，其中就包括历史悠久的武汉大学法律系。综合性大学法律系如武汉大学，重点是培养教学与科研人员。专业型单科院校重点培养应用型人才，主要是公、检、法三机关的工作人员。1954 年，全国政法教育会议决定恢复北京大学和复旦大学的法律系，并建立西北大学法律系。至此新中国高等法学教育"五院四系"的体系基本形成。② 而武汉在当时"五院四系"的格局中独占一院（中南政法学院）、一系（武汉大学法律系），法学教育学科基础得天独厚，优势专业独树一帜，具有很高的学术声誉和教育影响力。从教学内容上看，当时全面引入苏联法学教育模式，③ 开设的专业课程包括："马列主义关于国家与法权理论""苏维埃国家与法权史""苏维埃国家法""苏维埃民法""苏维埃刑法"以及"人民民主国家法"和"中国国家与法权史"等。1954 年，又增加了"中国宪法""国际法""国际私法"和"中国法院组织法"。

1958 年以后，受到"左"倾错误思潮干扰，武汉地区的法学教育开始滑坡。尤其是在"文化大革命"时期，法学教育受到极大冲击。到 1970 年代中期，我国高等学校的法学专业只剩下 2 个本科和 1 个专科，即北京大学法律系、吉林大学法律系和当时的湖北财经专科学校法律系，直到 1977 年才恢复招生。④

① 《中国教育年鉴 1949—1981》，中国大百科全书出版社 1984 年版，第 266 页。

② "五院四系"，是中华人民共和国建立初期的五所政法院校以及四所大学的法律系的简称，这几所高校的法律学科在中国法学教育界具有重要地位，对中国法治建设具有重大影响。"五院"是：北京政法学院（现中国政法大学）、西南政法学院（现西南政法大学）、西北政法学院（现西北政法大学）、中南政法学院（现中南财经政法大学）和华东政法学院（现华东政法大学）。"四系"是：北京大学法律系、人民大学法律系、吉林大学法律系、武汉大学法律系，现在均已改为法学院。

③ 参见李龙、邝少明：《中国法学教育百年回眸》，《现代法学》1999 年第 6 期。

④ 参见李龙、邝少明、刘青：《改革开放四十年中国法学教育的回顾与展望》，《武汉科技大学学报（社会科学版）》2018 年第 6 期。

“文化大革命”结束后，武汉地区法学教育工作得到迅速恢复。以专门政法院校和综合大学法学院系学位教育为主的多层次、多途径、多形式的法学教育体系初步建立。改革开放以来，武汉地区法学教育机构如雨后春笋般不断涌现。除资历深厚的“一院一系”外，华中师范大学、华中科技大学、武汉理工大学、华中农业大学、中南民族大学、湖北大学、江汉大学等高校先后建立了法学院系，形成了多渠道、多层次的法学高等教育体系，为社会主义法治建设培养了大批亟须的法律专业人才。

党的十八大以来，法学教育事业进入了高速发展的黄金时期。一方面，武汉地区各高校抓住机遇，加快发展法学高等教育和法学职业教育，挖掘现有大学资源与潜力，扩大法学专业的招生规模，制定法学学科发展战略和发展目标。另一方面，随着社会主义法治理念日益深入人心，法学专业的学科地位、在招生就业方面的吸引力也日益提升，报考法学专业的学生也越来越多，很多高校都创建了法律硕士专业，满足社会对高层次复合型、实践型法律人才的需要。目前，武汉市已有近 20 所高校开设了法学专业，[①] 形成了多个在全国具有一定影响力的法学高等教育优势学科，包括武汉大学法学院的国际法学、刑法学、宪法与行政法学、法理学、环境法学；中南财经政法大学法学院的民商法学、宪法与行政法学、法律史、经济法学、知识产权法；华中科技大学法学院的科技法学等特色专业。各高校法学院系始终坚持立德树人、德法兼修，践行明法笃行、知行合一，主动适应法治国家、法治政府、法治社会建设新任务新要求，找准人才培养和行业需求的结合点，深化法学教育教学改革，强化法学实践教育，完善协同育人机制，做强一流法学专业，培育一流法治人才，为全面推进新时代法治中国建设提供有力的人才智力保障。

## 二、法学职业教育

与法学高等教育不同，法学职业教育更加侧重于培养法律职业技能和打造政法专业队伍。在这一领域武汉起步较早，职业教育体系齐备，立足武汉，依托湖北，辐射全国，为国家培养锻造了大批政治过硬、素质优异、能力突出的政法“铁军”。

---

① 参见王晨光：《法学教育的宗旨——兼论案例教学模式和实践性法律教学模式在法学教育中的地位、作用和关系》，《法制与社会发展》2002 年第 6 期。

早在1950年初，武汉市人民政府成立“武汉市行政干部学校”，校内设公安大队。[①] 第一期、第二期培训班共为全市公安机关培养人才996人。1951年3月，经中共武汉市委员会批准，武汉市行政干部学校第一部改为“武汉市公安学校”，隶属市公安总局领导。同年6月，中南公安部决定，武汉市公安学校与中南公安干部学校合并为“中南公安干部学校”，代为培训武汉市公安机关干警。1955年6月，经中共武汉市委员会批准，成立“武汉市公安学校”，以训练在职干警为主要任务。基本科目为：马列主义基础理论、中共党史、户籍、治安、消防、交通、刑侦、内保以及军体等基本知识。截至1966年，共举办训练班、读书班19期，轮训1900多人次。

在“文化大革命”时期，法学职业教育培养陷于停滞。拨乱反正后，1981年根据中央召开的京、津、沪、穗、汉五城市治安座谈会精神，为了加强对干警的学习培训，武汉市在原来只有一所公安学校的基础上，相继成立武汉市警官学校、金口警察学校和武汉市司法学校，为全市公安机关、人民检察院、法院及司法行政系统培养输送司法、审判、检察、律师、公证人员。其中，武汉市司法学校是经湖北省人民政府批准成立的省部级重点中职学校，也是湖北地区唯一的法律类中职学校。

此外，从1981年开始，市检察院、市法院系统定期举办法律专科培训班，根据湖北省高等自学考试办公室的教学课程安排，法律专业设有哲学、政治经济学、普通逻辑、司法文书、法学基础理论、中国法制史、宪法学、刑法学、民法原理、刑事诉讼法、民事诉讼法、婚姻法、经济法、国际法14门课程，由武汉大学法律系、中南政法学院、水运工程学院等院校的教授讲课，由法律自修指导办公室负责组织教学和学籍管理。

### 三、党员干部法治教育培训

党员领导干部带头学法用法是社会主义法治建设的必然要求。1998年，中共湖北省委副书记、武汉市委书记钱运录提出：“市委领导干部要带头，各级都要抓好领导干部法律知识的学习，使之成为制度。”市委进一步作出决定，将全市党政机关干部学法用法的相关内容纳入到党政机关干部现代必备知识六门课之中，实行统一命题考试，作为干部考核、任用、晋级的依据。仅在1997年至2001年五年间，武汉市就举办了7次由市五大家领导和

① 后改为“武汉市行政干部学校第一部”。

市直部、委、办、局等直属单位和直属部门的主要负责同志参加的法治讲座，对全市处级以上干部开展了分期分批的法治轮训工作，系统学习了依法治国理论以及社会主义市场经济、对外开放、国际关系等方面的法律知识。同时，把各级司法、行政执法人员的法治教育作为提高执法人员的整体素质、加强队伍建设、落实执法责任制的基础性工作来抓，分期分批脱产培训，实行闭卷考试，成绩合格者领取统一制作的执法证件，持证上岗执法。

中共武汉市委党校（武汉行政学院）作为培训轮训党员领导干部的主渠道、主阵地，1997 年专门成立法学教研部，积极开展面向党员领导干部的法学理论和法治能力培训。党的十九届五中全会以来，专门开设“学习贯彻习近平法治思想”等骨干课程，每年培训、轮训党员领导干部数千人次，重点抓好“关键少数”，教育广大党员干部认真学法、严格守法、依法决策、依法办事，帮助广大党员干部树立法治思维，增强法治自觉，提升法治素养，为武汉建设法治城市贡献力量。

## 第二节　新中国成立以来武汉地区法学理论研究发展概况

不断丰富中国特色社会主义法学理论是坚持走中国特色社会主义法治道路的题中之义。新中国成立前夕，中共中央明令废除国民党“六法全书”。随着旧法被彻底废除，以旧法观点概括的法学知识体系也荡然涤除。在新的历史起点上，武汉地区的法学理论研究也随着社会主义法治文化的进步而新植初发，理论界百花齐放，学术名家辈出，研究硕果累累，为繁荣社会主义法治文化作出了重大贡献。时至今日，在党的正确领导下，依托武汉地区高校、科研院所、学术组织和优秀法学理论工作者，武汉地区法学理论界已然跻身全国第一方阵，形成一大批政治站位高、理论内涵丰富、时代特色鲜明、理论联系实际、彰显武汉特色的学术成果，以法治理论为法治城市赋能，筑牢全民法治理念，厚植城市法治素养，涵养城市法治精神。回顾新中国成立以来武汉地区法学理论研究发展的过程，既有对马克思主义法学理论贯穿始终、居中不变的本质探究，也有对全面依法治国、建设法治城市因势而为、应时而用的时代表达，充分体现出与武汉法治建设同质同构、同频共振的发展脉络。

## 一、法学理论研究的发展历程

新中国成立后的30年，武汉地区的社会主义法学理论研究是在批判旧法学旧法制、构建新法学新法制的历史条件下起步的。一是倡导确立马克思主义法学的主导地位。以董必武、李达、燕树棠等老一辈革命家、理论家为代表，将马克思主义法学原理同新中国成立后社会主义建设的实践相结合，较为系统地梳理和构建了马克思主义法学关于法的本质、作用、起源、历史类型、发展规律、法与社会现象的关系等方面的理论观点，深刻地剖析了中国马克思主义法学的基本品性。二是探索建立新中国最早的法学学科体系。在借鉴苏联法学成果的基础上，中南政法学院、武汉大学法律系等高校逐步建立了国家与法的理论、宪法、行政法、刑法、民法、国际法等学科，初步确立了各学科的基本论题、基本范畴和基本观点。三是从制度设计层面，深入研究社会主义国家基本法律体系。蒋碧昆、马克昌等老一辈法学家参与起草了《宪法》《刑法》《刑事诉讼法》等重大立法，为新中国法治进程作出了突出贡献。

改革开放以来，社会主义法学理论研究进入高速发展期。武汉地区法学理论界坚持解放思想、实事求是，不断创新理论体系，积极参与国家的立法工作，法学学科建设和理论研究得到长足发展，实现了学术大繁荣、队伍大发展、成果大增长、影响大提升。1997—2011年，武汉地区主持承担了400余项法学类国家社科基金课题及最高人民法院、最高人民检察院、司法部、中国法学会等省部级重点课题，数量位居全国前列。仅2015年，武汉地区法学理论工作者在法学界公认的16种高水平期刊上发表论文124篇，其中在权威期刊《中国社会科学》《法学研究》和《中国法学》上发表论文15篇，发表论文数和质量均居于全国副省级城市第一。从学科自身建设看，这一时期，随着武汉地区高校和科研院所进一步发展壮大，着力建立健全现代化的法学学科体系、范畴体系、理论体系、方法体系，逐步打造独具特色的“武汉造”法学学科品牌。从与法治实践的关系看，武汉地区法学理论界积极参与实践、引领实践、服务实践，在“真理标准大讨论”“贯彻落实依法治国方略”“推进依法治市”等重大领域，积极推动法治观念变革、法律制度创新、法治体制改革、法治文化建设，成为社会主义法治文化建设的一支“生力军”。从与世界法学的关系看，广泛吸收借鉴世界各国的先进法学理论成果，在国际公法、国际私法、国际经济法、知识产权法、环境法等领域迅速融入全球法学话语体系，紧跟世界法学文化时代潮流。

## 二、法学理论研究的重点领域

### （一）早期法学理论界代表及其法学思想

1. 李达及其法学思想

李达（1890—1966），字永锡，湖南零陵人，中国共产党主要创始人之一，中共一大、二大和八大代表，中国著名的马克思主义启蒙思想家，卓越的哲学家、经济学家、教育家和法学家，知名的马克思主义理论家。新中国成立初期，曾在武汉工作较长时间，担任武汉大学校长。李达法学思想是时代的产物。十月革命的胜利和无产阶级法律的颁布给历经多次失败、不断探索救国救民出路的中国人以指引，中国的先进知识分子在关注列宁无产阶级法制建设过程中，开始用马克思主义观点分析法律问题。马克思主义经典著作对李达法学思想的形成产生了直接而又深刻的影响。[①] 李达法学思想主要由法理学思想、宪法思想和法学教育思想三部分所构成，三者构成了一个逻辑严密的整体。李达运用马克思主义基本原理分析法律现象，开拓了马克思主义法学新领域。他是马克思主义法学中国化的开拓者，中国马克思主义法理学的奠基者和新中国第一部宪法的杰出宣传家。在传播马克思主义法学基本理论的过程中，他悉心从事法学理论研究，形成了丰富的马克思主义法学思想，为马克思主义法学中国化提供了一条现实路径。他的法学思想始终坚持马克思主义的指导，推崇法律的独立性，内容丰富且极具批判性和战斗力，是我国法治建设重要历史资源，对今天的法治中国建设仍具现实启示和价值。

2. 燕树棠及其法学思想

燕树棠（1891—1984），字召亭，河北定县人，中国近代杰出的法学家和法律教育家。1914 年毕业于北洋大学，1915 年赴美，入哥伦比亚大学、哈佛大学、耶鲁大学学习，1920 年获耶鲁大学法学博士学位；1921 年回国，任北京大学法律学系教授暨主任，武汉大学法律系教授暨主任，清华大学法律学系、政治学系教授暨法律学系主任，西南联合大学法律学系教授暨主任，兼任宪政实施协进会会员、监察院监察委员、第一届司法院大法官、联合国教科文组织中国委员会第一届委员、中华民国法学会编辑委员等职。

① 参见蔡诗敏：《李达法学思想研究》，博士学位论文，武汉大学，2015 年。

1949年中华人民共和国成立后，任武汉大学法律系教授，后在武汉大学法律系编译室、武汉大学图书馆工作。

燕树棠在对旧中国的法制进行深入总结，形成的法学思想是：国家的根本应该是法治对于民众的管理，对社会的管理；每个人都应该享有法律带来的保护，社会秩序和进步必须依靠法律来进行维持；执法者就是社会稳定的主要因素；法律的普及以及法学人才的培养是最为重要的。[①] 在燕树棠教育思想中，学生在学习法律的同时，也要对法律在社会中应该起到什么样的作用进行深刻研究，必须对社会有着非常全面的了解。法律只是一种工具，而人才是主导者，一切的是非辨别都要从实际的意义出发。他倡导学生对法律要了解参透，在学习法律的同时，也要学习别的学科，丰富自己的视野。尤其要学习社会学，了解社会基本结构是如何形成的，从而达到适用法律的能力。燕树棠的法律教育思想有很高的前瞻性，即使在今天的中国法律进程中仍然有很大的启示和借鉴意义。

（二）法理学领域

武汉大学何华辉教授（1925—1996）是我国著名宪法法学家，曾任中国法学会宪法学研究会副总干事，是新中国宪法学科的奠基人之一。《实践是检验真理的唯一标准》发表后，思想上的正本清源得到全面展开，武汉地区法学界聚焦“人治”与“法治”这一基本的学理问题，引发热烈讨论，引起巨大反响。1980年，何华辉与马克昌、张泉林三位学者旗帜鲜明地指出，“法治与人治是互相对立的”，“实行法治就要摈弃人治，实行人治就会废弃法治”。[②] 何华辉教授发表的《论宪法监督》《浅论三权分立》《建立新的比较宪法学刍议》《中国宪法之特色》等论文具有广泛影响。他的代表作《比较宪法学》在体系和内容方面创新开拓而卓然一家，被学界誉为我国比较宪法学研究成果的代表性成果，填补了我国宪法学界的空白。

武汉大学李龙教授（1937—2020）是中国法学会“全国杰出资深法学家”、湖北省“荆楚社科名家”，是当代中国特色社会主义法治理论和法理学的重要奠基人。他在马克思主义法学中国化、法理学学科体系构建、宪法基础理论、人权理论与实践等领域作出了重大原创性贡献，在全国首次对法

① 参见高晓琛：《近代法学家燕树棠的法律思想研究》，《兰台世界》2014年第8期。
② 参见何华辉、马克昌、张泉林：《实行法治就要摒弃人治》，《法学研究》1980年第4期。

理学课程进行了系统化、体系化设计，提出了“六论”的法理学新体系。他撰写的《法理学》《宪法基础理论》《人权的理论与实践》《人本法律观研究》《西方宪法思想史》等著作，对我国的法理学学科发展具有重要意义。[①]

（三）宪法学领域

中南财经政法大学蒋碧昆教授（1927—2016）是我国著名宪法学家，曾任中国法学会宪法学研究会顾问、湖北省宪法学会会长。蒋碧昆教授一生致力于宪法学的教学与研究，学术成果丰硕，培养了大批宪法学人才，在学界享有很高的声誉，曾两次参与《中华人民共和国宪法》的起草和修订工作，在中南海宪法草案办公室参加新中国第一部宪法制定的具体工作，见证了“五四宪法”诞生，为我国法学研究和法治发展作出了卓越贡献。

（四）刑法领域

武汉大学马克昌教授（1926—2011）是新中国刑法学的开拓者和奠基人之一，曾任中国法学会刑法学研究会名誉会长。1980 年 10 月，他受全国人大常委会法制委员会的邀请，参加对林彪、江青反革命集团案起诉书的讨论，并受司法部委派担任该案被告人吴法宪的辩护人。马克昌教授参与了 1980 年以来的历次刑法修改活动，提出过许多刑法及其关系法的修订意见。他所提倡的理念，如“慎用死刑”“国家刑法向市民刑法的转向”等，影响着我国刑事法制的走向。[②] 此外，马克昌教授也是我国刑法学界率先提出谦抑原则的学者之一。

（五）国际法领域

武汉大学韩德培教授（1911—2009）创立了具有中国特色的现代国际私法学理论体系，被公认为是国际私法领域的一代宗师，在国内外法学界久负盛名。曾担任中国国际法学会副会长、名誉会长，中国国际私法学会首任会长、名誉会长，中国环境与资源法学研究会首任会长、名誉会长等职。在我国建立社会主义市场经济的初期，韩德培教授首先提出“建立中国特色的国际私法立法体系”，认为国际私法正是引导我国企业进入国际市场的规

① 参见李龙等：《法学家眼中的社会主义法治理念》，《光明日报》2009 年 9 月 10 日。

② 参见莫洪宪：《马克昌：献身法制终不悔　且将暮年作青春》，《中国社会科学报》2012 年 6 月 18 日。

则，也是维护它们在海外的合法权益的有力工具，[①] 这一理论构建了中国国际私法学的新体系。

## 三、武汉市法学会的成立与发展

### （一）武汉市法学会概况

武汉市法学会成立于 1985 年 3 月 13 日，是武汉市法学界、法律界的全市性人民团体、群众团体和学术团体，是武汉市政法战线的重要组成部分，是法治武汉建设的重要力量。自成立之日起，学会坚持团结、引领、组织、推动全市法学、法律工作者，“立足武汉，研究武汉，服务武汉”，积极开展法学研究和法律服务活动。

武汉市法学会的前身是 1953 年成立的中国政法学会武汉分会。首批入会的 100 名会员来自武汉地区高等院校和政法部门。截至 2023 年 11 月共召开六次会员代表大会，历任会长分别是邓波、谢滋群、李岩、胡绪鹍。2013 年至 2016 年，武汉市 13 个行政区先后成立区法学会，实现区级法学会全覆盖。截至 2020 年底，武汉市法学会有个人会员 6543 人，团体会员单位 120 个（含区法学会团体会员），会员小组 24 个……

武汉市法学会以“繁荣法学研究，推进依法治国”为宗旨，着重应用法学与法律对策的研究，主要任务是：坚持党的领导，确保党的路线方针政策和规章制度的贯彻落实。组织法学法律工作者学习和贯彻党的基本理论、基本路线、基本方略，认真学习习近平法治思想，学习宪法法律和党内法规，不断提高政治素质、法律素质和业务素质；引领、繁荣法学研究，推进法学理论创新、法律制度创新和法治文化创新，促进法学研究成果的推广和应用，为社会主义民主法治建设提供理论支持和智力服务；参加政治协商、科学决策和民主监督，对社会主义法治建设中的重大理论问题和实践问题，进行学术研讨，提出对策和建议；组织法学法律工作者深入实际进行调查研究，总结新经验，反映新情况，研究新问题；参与国家和地方立法规划的研究以及法律、法规、法律解释等的咨询、论证、草拟、修改等工作；组织法学法律工作者参与共建共治共享社会治理，开展多种形式的法律服务，参与立法、执法、司法改革、法治政府建设、法治经济和法治社会建设等评估工

---

① 参见韩德培、肖永平：《市场经济的建立与国际私法立法的重构》，《法学评论》1994 年第 5 期。

作；组织评选和表彰优秀法学法律人才和优秀法学成果等活动；开展同国内外的学术交流与合作；参与法治宣传，主办法学会刊物、网站，编辑出版法学法律图书、资料；参与法学教育，培养法治人才；反映会员和法学界、法律界的意见和要求，维护会员的合法权益。2019 年 3 月，在习近平总书记出席的中国法学会第八次全国会员代表大会上，武汉市法学会荣获全国法学会系统先进集体。

（二）武汉市法学会开展的主要工作

1. 举办论坛、召开理论研讨会

定期召开理论研讨会和学术年会是武汉市法学会组织推动法学研究的重要形式和基本制度。通过组织广大法学法律工作者开展理论研究，形成大量优秀的法学研究成果，为立法、司法、行政执法、法律监督等实务工作和法学学科建设提供理论支持。2006 年起，围绕服务市委、市政府中心工作，已举办 11 届武汉法治论坛。例如，2013 年发起并举办首届长江中游城市群法治论坛，2017 年成功举办第五届长江中游城市群法治论坛，2020 年成功举办第三十二届全国副省级城市法治论坛。

2. 开展专项课题研究

学会每年均组织课题组，完成中国法学会或省、市有关部门下发的法学调研课题。同时根据经济建设和法治建设新情况、新问题、新要求，结合武汉市实际，确定重点调研课题，组织开展专题研究和交流。一批重要研究成果受到市委、市政府采纳，如市法学会专题研究提出的《关于建议制定武汉市 1996—2010 年法制建设目标的报告》《关于武汉市文明执法若干问题的法律对策和建议》《区域治理法治化的深圳前海探索》《“武汉模式”基层社会治理创新调研报告》等重要成果，参与编制武汉首个法治建设五年规划《“法治武汉”建设规划（2016—2020）》，提出“法治建设项目化”等建议，受到市委主要领导重视并被采纳。2014 年起，学会建立年度法学研究课题工作机制，每年发布课题研究指南，委托或招标课题组开展定向研究。

3. 组织立法研究和疑难案件研讨

学会依托地方立法研究会每年都要组织专家教授参与立法研究，对国家法律、法规草案和地方性法规草案进行咨询论证，提出立法建议，参与或接受市人大委托起草地方性法规，形成法学研究成果在立法实践中的转化。在经济建设和司法实践中，学会组织专家学者对“骗取国家出口退税案”“侵犯著作权和名誉权案”“企业破产案”等重要案件进行研讨，形成专家意见供司法机关和有关部门参考。

4. 开展法学交流培训

学会与全国50多个法学研究机构、大专院校以及法学社团保持着经常性的学术刊物、信息交流往来，与14个副省级城市法学会和长沙、合肥、南昌、黄石、岳阳、安庆、九江7个长江中游城市群城市法学会建立了密切的合作关系，促成签订“长江中游城市群法学交流战略合作协议”。组织武汉地区优秀中青年法学法律工作者参加中国法学会组织的赴德国、法国等国家的专题培训班。随中国法学会代表团赴台湾地区开展法学交流，赴欧洲和南美参加“中国亚欧法律论坛”“第七届中国拉美国家法律论坛”“首届金砖国家法律论坛”。同时，学会每年组织数十位作者携论文参加“中国法学家论坛”“中国法学青年论坛”“全国董必武法治思想研讨会”“全国副省级城市法治论坛”“中部崛起法治论坛”“长江中游城市群法治论坛”等全国性和区域性的法学论坛。

5. 开展法治宣传教育

积极组织推动“双百”法治报告会进党委理论学习中心组，提高领导干部运用法治思维和法治方式深化改革、推动发展、化解矛盾、维护稳定的能力。开展“青年普法志愿者法治文化基层行”活动，联合市司法局、团市委举办法治讲座、“法律六进”巡回宣讲、法治文艺巡回演出、开展12355青少年法律援助志愿服务活动，广泛宣传以宪法为核心的中国特色社会主义法律体系。举办“武汉市优秀法学成果评奖”“武汉市优秀法律文书评选”“马克昌杯优秀刑事法律文书评选”等活动。

6. 出版学术刊物

1986年出版发行《法在生活中》；1987年受市教委和市司法局委托，主持编写、审定高中、初中及小学法律教材，如湖北省少年出版社出版的《小学生法律知识读本》；1992年编印出版《群防群治》一书，获得武汉市政府奖；1999年为宣传党的十五大确定的依法治国的基本方略，公开出版《法治理论与实务》一书；2013年，胡绪鹍同志主持编著的《转型期社会管理研究》《城市智慧管理》分别由中国社会科学出版社、湖北人民出版社出版。

2012年起公开出版发行法学、法律类综合书刊《武汉法治》，以立足武汉，面向全国，注重应用研究为宗旨，多角度、多侧面地展现、推广武汉地区的法学研究成果和执法实践经验。2016年3月，《武汉法治》更名为《武汉法治丛书》。2016年始每年组织编撰《武汉法治建设年度报告》（法治白皮书），客观记录武汉法治建设的探索和实践，使其成为了解认识武汉法治环境的窗口。2017年起，每年组织评选武汉年度法治建设十大法治事件和十大典型案例随法治白皮书一同公布，受到国内权威媒体的关注。2014年起，启动《武汉地方法治发展史》丛书编纂工作，系统总结回顾武汉城市法治发展历程，填补了我国城市法治史研究的空白，丛书由人民出版社陆续出版。

# >>结语：法治武汉建设的未来之路<<

法治长河奔腾不息。武汉法治发展的历程漫长曲折，早在青铜时代，城市法制的萌芽就已在夏汭、鄂渚之地显现，从最初的礼、法和习惯，至君主专制时代法律规制的发端，到近现代民主法制的曲折探索，再到沿着中国特色社会主义法治道路砥砺奋进，历经数千年辗转相承，从未中断，沿革清晰，日臻完善，形成了历史底蕴深厚、地域特色鲜明、时代精神浓郁、洋溢着中华民族智慧与创造力的“汉派”城市法治特色，在新中国法制史波澜壮阔的画卷中留下了浓墨重彩的一笔。

新中国成立以来，在党的领导下，武汉法治建设与城市经济社会发展和国家法治进步同频共振、同音共律，经历新中国成立初期的起步与探索、“文化大革命”的冲击与破坏、改革开放后的恢复与发展，进入了中国特色社会主义新时代。从武汉解放初期市委迅速开展稳定金融物价斗争，到1954年市人民代表大会正式成立；从市政府在全国首次开展“合法性审查”，到掀起“治庸问责”“电视问政”风暴；从“百湖之市”出台全国首个《湖泊保护条例》，到掀起“城管革命”实现城市面貌脱胎换骨……武汉作为发展中的国家中心城市、长江经济带核心城市和国际化大都市，法治建设取得了巨大成就。

## 一、新中国成立以来武汉法治发展的经验启示

全面总结新中国成立以来武汉法治发展的历史规律，汇聚法史凝思，给我们带来诸多经验和启示。

### （一）始终坚持党的领导

习近平总书记旗帜鲜明地把坚持党的领导列为全面依法治国的首要原则，多次强调：“社会主义法治必须坚持党的领导，党的领导必须依靠社会主义法治。”[①]

---

① 习近平：《加强党对全面依法治国的领导》，《求是》2019年第2期。

综观新中国成立以来武汉法治发展的七十余年，也是武汉市委、市政府坚决维护党中央权威，坚定执行党的路线方针政策，坚持加强党对法治工作绝对领导的七十余年。解放初期，市委就专门成立了政法部，贯彻落实党中央、省委决策部署，带领和发动武汉人民与反革命分子作斗争，打击贪污腐败分子，进行社会主义改造。“文化大革命”结束后，武汉市委严格遵循中央要求，全面落实党的各项政策，妥善解决了大量党内和人民内部的矛盾。为加强对全市政法工作的领导，1980 年市委设立政法办公室，1982 年更名为市委政法委。1997 年成立依法治市（普法）领导小组及其办公室，推动依法治市工作在全市范围内形成合力。党的十八大以来，市委深入推进依法执政与全面从严治党，成立以市委主要领导任组长的法治城市建设领导小组，将法治绩效考核纳入全市绩效考核内容。以史为鉴，展望未来，要保持坚如磐石的政治定力，牢固树立“四个意识”，坚定“四个自信”，坚决做到“两个维护”，推动党中央决策部署落地见效，将党的政治优势、组织优势更好转化为法治武汉建设的原生动力。

（二）始终坚持以人为本、法治为民的价值追求

习近平总书记指出：“全面依法治国最广泛、最深厚的基础是人民”。[①] 武汉市委、市政府坚持将以人民为中心的法治理念融入到法治实践中。武汉解放后，市政府迅速颁布《码头管理暂行办法》，引导工人开展反霸斗争；建立劳资政策委员会，依法调整劳资关系；深入贯彻《婚姻法》《工会法》，为人民提供平等保护。粉碎“四人帮”后，积极为“文化大革命”中被迫害的干部平反昭雪。改革开放以来，不断加强社会治安综合治理，积极推进社区建设“883 行动计划”，让群众有更多获得感、幸福感、安全感。党的十八大以来，在地方立法中进一步体现民意，出台创新基层社会治理“1+10”系列文件保障和改善民生；在行政执法、司法与审判工作中维护法律尊严和平等，让群众在每个案件中感受到公平正义；在全民守法工作中增强公民法律意识，积极服务弱势群体。以史为鉴，展望未来，要时刻牢记“法治城市人民建，法治城市为人民”，充分体现人民意志、回应人民期盼、彰显人文关怀，形成人人参与法治建设、人人信仰法治权威、人人获得平等

① 习近平：《坚定不移走中国特色社会主义法治道路，为全面建设社会主义现代化国家提供有力法治保障》，《求是》2021 年第 5 期。

保护、人人感受公平正义、人人共享法治成果的生动局面。

（三）始终坚持创新体制机制，推动改革与法治双轮驱动

改革是发展的强大动力，法治是发展的有力保障。两者如同车之两轮、鸟之双翼，缺一不可。回顾改革开放之初，武汉在市场经济体制改革中坚持奉行法治，率先打破计划经济束缚，依法促进个体经济“破冰”发展，开创了闻名天下的“汉正街模式”。在行政管理体制改革中，武汉在全国率先实施“执法责任制”，首创“政府合法性审查”，出台“权力清单”，推广“三办”改革，显著提升了政府治理能力和依法行政水平。无论是厘清改革思路、聚焦改革重点、破解体制瓶颈，还是制订改革方案、出台配套措施、巩固改革成效，都离不开法治保障。以史为鉴，展望未来，“每天不一样”的武汉正处在改革攻坚期，面临不少新问题新挑战，更需要正确处理好改革与法治的关系。要坚持在法治轨道下推进改革，在改革进程中完善法治，让法治动能在城市改革浪潮中更加激越澎湃。

（四）始终坚持立足武汉实际，彰显城市特色

坚持一切从实际出发，是马克思主义法学最重要的理论品质。必须坚持因地制宜、因势利导，积极回应城市发展对法治建设的时代需求。例如，武汉是新中国第一批老工业基地，但国企改制以后面临转型升级的巨大压力。市人大常委会紧紧围绕城市发展需要，出台《武汉市外商投资企业管理条例》《武汉市科技创新促进条例》《武汉市民营科技企业条例》等一大批地方性经济法规，为城市经济发展提供了坚实的立法保障。又如，“大江大湖大武汉”是武汉的地理“名片”。《武汉市湖泊保护条例》《武汉市基本生态控制线管理条例》《武汉市水资源保护条例》等一系列江城“水法”坚持依法治水，开创了水生态文明和城市共生的环境资源法治新格局。以史为鉴，展望未来，必须立足武汉经济社会发展实际，持续增强城市法治底蕴，充分发挥法治在超大城市治理中培根固本、统筹协调的功能，既要全面贯彻落实中央、省委的法治决策部署，又要善于讲好“武汉法治故事”，打造独具城市特色的法治品牌。

（五）始终坚持繁荣法治文化，弘扬法治精神

源远流长、博大精深的法治文化始终培育和滋养着江城人民，是法治武汉建设的“根”和“魂”。武汉是新中国法治文化建设的前沿阵地，为繁荣社会主义法治文明作出了重大贡献。改革开放以来，武汉地区法学教育事业

和理论研究与时俱进，综合实力位居全国第一方阵。全体市民的法律意识普遍增强，法律权威和法治信仰普遍树立。展望未来，应深入学习宣传贯彻习近平法治思想，不断深化思想认识、筑牢理论根基。充分发掘武汉法学教育与理论研究的本土资源优势，聚焦法治中国、法治武汉建设中的重大理论问题，推动优秀传统法律文化在武汉创造性转化、创新性发展，引导全体市民成为社会主义法治的忠实崇尚者、自觉遵守者、坚定捍卫者，为全面依法治市提供坚强思想保证和强大精神动力。

## 二、武汉市“十四五”规划和2035远景目标描绘的法治蓝图

从人类法治文明的演进史来看，是城市缔造了更具现代意味的法律。2020年10月，《中共中央关于制定国民经济和社会发展第十四个五年规划和二〇三五年远景目标的建议》明确提出“基本建成法治国家、法治政府、法治社会”的战略目标。为贯彻落实全面依法治国方略，截至2021年10月，全国已有180多个城市明确提出“法治城市”创建目标。将法治作为城市长治久安基础战略工程，坚持城市发展决策于法有据、城市治理过程有法必依、城市利益关系依法调整、城市文化价值遵法为荣。由此可见，法治是引领城市未来发展的核心竞争力，是实现超大城市治理体系和治理能力现代化的“关键一招”。

迈入全面建设社会主义现代化国家的新发展阶段，习近平总书记和党中央对武汉寄予厚望，湖北省委旗帜鲜明支持武汉做大做强，新发展格局下武汉区位、交通、科教、产业等优势更加凸显，全市人民同心同德、空前团结，法治武汉建设迎来了千载难逢的发展机遇期。2021年4月28日，武汉市第十四届人民代表大会第六次会议表决通过了《武汉市国民经济和社会发展第十四个五年规划和2035年远景目标纲要》（以下简称《纲要》），系统完整、清晰明确地展现出法治对超大城市治理现代化的关键性作用，是“十四五”时期武汉法治发展的路线图、施工图。首先，在指导思想上，《纲要》明确提出：贯彻落实习近平法治思想，实施高效能治理战略，补短板、强弱项、堵漏洞，完善城市治理体系和城乡基层治理体系，全面提升超大城市治理现代化水平。其次，在任务目标上，《纲要》提出“加快建设全国一流法治城市”的目标，将“依法治市示范工程”作为超大城市治理现代化“八大工程”之一。再次，在具体内容上，《纲要》提出五方面举措：一是完善社会主义民主政治，强化人民当家作主、多元力量并肩奋进的制度

保障，以更扎实的民主法治基础推动实现更高效能的城市治理；二是提升依法治市能力，维护宪法法律权威，提高地方立法质量和效率，提升依法行政水平；三是坚持和完善监督制度体系，强化权力运行制约和监督；四是加强和创新基层社会治理，推进全国市域社会治理现代化试点建设，提升城乡基层治理社会化、法治化、智能化、专业化水平；五是统筹发展和安全，织密城市应急处置网，筑牢城市安全屏障，创造和谐稳定的发展环境。

法治蓝图已绘就，扬帆起航正当时。《纲要》提出打造“五个中心”、建设现代化大武汉的战略定位，坚持立法为先把握新阶段、循法而行贯彻新理念、依法而治服务新格局，对全面推进依法治市作出了战略部署和制度设计，明确了宏伟愿景和行动方案，在法治武汉建设中具有全局性、战略性、引领性意义。

## 三、法治武汉发展的未来之路

用法治之光照亮大武汉前行之路，既要有一以贯之的历史传承，也要有守正出新的时代创造；既要有与众不同的“汉派”个性，也要有兼收并蓄的开放融合，坚持以习近平法治思想引领超大城市发展，善于运用法治方式破解市域治理难题，加强组织领导，坚持统筹推进，厚植法治沃土，举全市之力建设更高质量、更高水平的法治武汉。

### （一）坚持以习近平法治思想为引领，加强党对全面依法治市的领导

贯彻落实习近平法治思想，归根到底要把高瞻远瞩的思想观点转化为依法治市的强大动力，把宏伟壮阔的愿景构想转化为法治武汉的生动实践，把科学系统的规划部署转化为鲜活可感的成效亮点。牢记习近平总书记“武汉一定能够创造新时代更加辉煌的业绩”的殷切期望，坚决扛起“一主引领”的使命担当，树立英雄城市的雄心壮志，更好发挥法治在超大城市治理体系中固根本、稳预期、利长远的保障作用。推动市委领导全面依法治市工作的体制机制更加成熟，健全党委统一领导，人大、政府、政协、监察以及司法机关各司其职、各负其责，社会各界协同，人民群众广泛参与的“大法治”工作格局。到 2035 年，基本实现超大城市治理体系和治理能力现代化，基本建成法治武汉、法治政府、法治社会，与国家中心城市、长江经济带核心城市、国际化大都市相适应的法治武汉制度体系基本确立，法治建设在中部地区领跑，在全国走在前列。

（二）践行社会主义民主政治，以民主法治驱动城市高效能治理

不断丰富社会主义民主政治建设的“武汉实践”，充分体现人民意志、保障人民权益、激发人民创造力，强化人民当家作主、多元力量并肩奋进的制度保障。完善人大主导地方立法工作机制，全面推动地方性法规进入执法、融入司法、列入普法，依法促进城市治理方式转变、治理能力提升。坚持和完善中国共产党领导的多党合作和政治协商制度，巩固和发展最广泛的爱国统一战线，紧扣打赢疫后重振经济发展战、优化营商环境、构建“965”现代产业体系等中心工作，加强对党外知识分子、民营经济人士、新的社会阶层人士的团结引导工作。

（三）全面提升依法治市能力，加快建设全国一流法治城市

锚定《纲要》提出的远景目标，全方位、立体化打造“依法治市示范工程”。坚持立法、执法、司法、守法、普法等各环节共同发力，提高运用法治思维和法治方式深化改革、推动发展、化解矛盾、维护稳定的能力，加快建设全国一流法治城市。积极探索彰显武汉特色的自主性、先行性立法途径，加强数字武汉、战略性新兴产业倍增计划、长江大保护、建设世界滨水生态名城等重点领域立法。充分发挥武汉在集聚法治资源方面的辐射带动作用，精准对接和主动服务武汉城市圈同城化发展、长江中游城市群一体化发展、长江经济带高质量发展等国家重大战略，构建“武汉城市圈法治共同体”。

（四）强化权力运行制约和监督，构建严密的法治监督体系

健全党统一领导、全面覆盖、权威高效的权力运行制约和监督机制，做到决策科学、执行坚决、监督有力。将法治建设情况纳入党委巡察范围，实现党内监督全覆盖，形成法治监督合力，增强监督整体效能，保证行政权、监察权、审判权、检察权得到依法正确行使，公民、法人和其他组织合法权益得到切实保障。

（五）全面推进市域治理现代化，加强和创新基层社会治理

牢固树立“全周期管理”意识，构建党委领导、政府负责、民主协商、社会协同、公众参与、法治保障、科技支撑的社会治理体系。切实把“韧性城市”要求融入城市规划建设之中，以“绣花功夫”完善城市精细化管理，深入开展全国市域社会治理现代化试点建设，织密基层社会治理网，着力提升城乡基层治理社会化、法治化、智能化、专业化水平，不断提升人民

群众的法治获得感、幸福感、安全感。

（六）统筹发展和安全，建设更高水平的平安武汉

坚持总体国家安全观，把安全发展贯穿武汉经济社会发展的各领域和全过程，针对超大城市治理中存在的短板和弱项，切实增强忧患意识，强化底线思维，织密城市应急处置网，筑牢城市安全屏障，确保政治大局稳定、社会长治久安、人民安居乐业。

一座大城的崛起，与法治建设休戚相关，与法治进步气脉贯通，与法治发展如影随形。回顾新中国成立以来武汉法治发展七十余年的历程，既有激情燃烧的奋斗，也有履险如夷的欣喜；既有百折不挠的探索，也有气吞山河的行进，深刻昭示了在党的领导下坚持法治建设与城市发展相互促进、相辅相成、相得益彰，对实现超大城市治理现代化的重要意义。

历史照亮未来，征程未有穷期。站在“两个一百年”奋斗目标的时代交汇点，在中共武汉市委、市政府的正确领导下，一千二百万江城儿女奋发踔厉，锐意进取，开拓创新，紧紧围绕打造“五个中心”、建设现代化大武汉的战略目标，坚持将法治作为驱动城市未来发展的核心竞争优势，书写更加灿烂辉煌的法治篇章！

# >>参考文献<<

## 一、资料汇编

《习近平谈治国理政》第一卷，外文出版社 2018 年版。

《习近平谈治国理政》第二卷，外文出版社 2017 年版。

《习近平谈治国理政》第三卷，外文出版社 2020 年版。

中共中央文献研究室编:《习近平关于全面依法治国论述摘编》，中央文献出版社 2015 年版。

《毛泽东选集》第四卷，人民出版社 1991 年版。

《邓小平文选》第三卷，人民出版社 1993 年版。

胡锦涛:《坚定不移沿着中国特色社会主义道路前进　为全面建成小康社会而奋斗——在中国共产党第十八次全国代表大会上的报告》，人民出版社 2012 年版。

中共中央文献研究室编:《建国以来重要文献选编》第三册，中央文献出版社 1992 年版。

中共中央文献研究室编:《十三大以来重要文献选编》(中)，人民出版社 1991 年版。

中共中央文献研究室编:《十六大以来重要文献选编》(中)，中央文献出版社 2006 年版。

中共中央文献研究室编:《十七大以来重要文献选编》(上)，中央文献出版社 2009 年版。

全国人民代表大会常务委员会办公厅编:《中华人民共和国第八届全国人民代表大会第一次会议文件汇编》，人民出版社 1993 年版。

《中国共产党第十一届中央委员会第三次全体会议公报》，人民出版社 1978 年版。

《中国共产党第十三次全国代表大会文件汇编》，人民出版社 1987 年版。

《中国共产党第十四次全国代表大会文件汇编》，人民出版社 1992 年版。

《中国共产党中央委员会关于建国以来党的若干历史问题的决议》，人民出版社 1981 年版。

《中共中央关于建立社会主义市场经济体制若干问题的决定》，人民出版社 1993 年版。

中共中央文献研究室编：《毛泽东传》第三册，中央文献出版社 2011 年版。

中共中央党史研究室：《中国共产党历史》第二卷（1949—1978）上册，中共党史出版社 2011 年版。

《中华人民共和国宪法》，人民出版社 1982 年版。

《中华人民共和国宪法》，人民出版社 1988 年版。

《中华人民共和国宪法》，人民出版社 1993 年版。

《中华人民共和国刑法·中华人民共和国刑事诉讼法》，人民出版社 1979 年版。

《中华人民共和国立法法》，人民出版社 2015 年版。

《中国教育年鉴 1949—1981》，中国大百科全书出版社 1984 年版。

武汉市档案馆：《武汉解放》，武汉出版社 1996 年版。

武汉地方志编纂委员会：《武汉市志·政法志（1840—1985）》，武汉大学出版社 1998 年版。

中共武汉市委党史研究室：《中国共产党武汉历史（1949—1978）》，中共党史出版社 2009 年版。

中共武汉市委党史办公室：《中共武汉党史大事记（1919—1987）》，武汉大学出版社 1989 年版。

《武汉市人民代表大会志》编纂委员会主编：《武汉市人民代表大会志（1949. 9—2003. 1）》，内部资料，2003 年编印。

政协武汉市委员会：《武汉市政协 70 年大事记（1949—2019）》，内部资料，2020 年编印。

中共武汉市委政法委：《武汉政法志》，武汉出版社 2011 年版。

中共武汉市委党史资料征集编研委员会办公室：《中共武汉地方党史社

会主义时期专题资料选编》（第一辑），内部资料，1985 年编印。

陈芳国、涂天向主编：《武汉通史·中华人民共和国卷》，武汉出版社 2006 年版。

武汉市人民政府法制办公室编：《武汉市法规规章汇编（1949—1987）》，武汉出版社 1988 年版。

武汉市人民政府法制办公室编：《武汉市法规规章汇编（1988—1993）》，武汉出版社 1994 年版。

李正华、张金才主编：《中华人民共和国政治史（1949—2012）》，当代中国出版社 2016 年版。

李龙：《宪法基础理论》，武汉大学出版社 1999 年版。

李龙：《良法论》，武汉大学出版社 2001 年版。

周叶中：《宪法》（第 2 版），高等教育出版社、北京大学出版社 2008 年版。

李步云、汪永清：《中国立法的基本理论和制度》，中国法制出版社 1998 年版。

陈晓枫：《中国法制史新编》，武汉大学出版社 2007 年版。

陈晓枫：《中国法律文化研究》，河南人民出版社 1993 年版。

蒋传光：《新中国法治建设 70 年》，中国法制出版社 2019 年版。

黄进：《中国特色社会主义法治体系研究》，中国政法大学出版社 2017 年版。

公丕祥：《新中国 70 年法治发展的历程、成就与经验》，法律出版社 2020 年版。

张文显：《法治的中国实践和中国道路》，人民出版社 2017 年版。

蒋晓伟：《城市治理法治化研究》，人民出版社 2016 年版。

傅伦博：《法治城市建设的理论与实践》，人民出版社 2017 年版。

舒扬：《现代城市法治研究》，人民出版社 2008 年版。

汪世荣：《枫桥经验：基层社会治理的实践》，法律出版社 2014 年版。

瞿同祖：《中国法律与中国社会》，中华书局 2003 年版。

**二、报刊论文**

习近平：《加强党对全面依法治国的领导》，《求是》2019 年第 2 期。

习近平：《坚定不移走中国特色社会主义法治道路，为全面建设社会主义现代化国家提供有力法治保障》，《求是》2021 年第 5 期。

吴官正：《谈谈武汉经济体制综合改革的几个问题》，《理论探索》1984 年第 3 期。

陈丕显：《回忆为武汉“七二〇”事彻底平反的经过》，《湖北文史》1999 年第 1 期。

费孝通：《居民自治：中国城市社会建设的新目标》，《江海学刊》2002 年第 3 期。

王东京：《习近平法治思想脉络：从“法治浙江”到“法治中国”》，《理论导报》2015 年第 4 期。

张文显：《习近平法治思想研究》（上、中、下），《法制与社会发展》2016 年第 2—4 期。

张恒山：《十八大以来习近平法治思想梳理与阐释》，《人民论坛》2014 年第 10 期。

卓泽渊：《全面推进依法治国的总体思路——习近平总书记相关论述的学理阐释》，《法学杂志》2016 年第 1 期。

何华辉、马克昌、张泉林：《实行法治就要摒弃人治》，《法学研究》1980 年第 4 期。

李龙等：《法学家眼中的社会主义法治理念》，《光明日报》2009 年 9 月 10 日，第 11 版。

韩德培、肖永平：《市场经济的建立与国际私法立法的重构》，《法学评论》1994 年第 5 期。

李林：《习近平全面依法治国思想的理论逻辑与创新发展》，《法学研究》2016 年第 3 期。

杨小军：《习近平法治思想研究》，《行政管理改革》2015 年第 1 期。

公丕祥：《习近平立法思想论要》，《法律科学（西北政法大学学报）》2017 年第 6 期。

袁曙宏：《党的十八大以来全面依法治国的重大成就和基本经验》，《求是》2017 年第 11 期。

付子堂、池通：《新中国法治话语之变迁：1949—2019》，《上海政法学院学报》2020 年第 5 期。

韩大元：《论 1954 年宪法的历史地位与时代精神》，《中国法学》2014

年第 4 期。

汪习根、武小川：《社会治理的法治实践模式构建——以武汉为样本的实证分析》，《法学论坛》2014 年第 5 期。

郝铁川：《新中国七十年法治发展的阶段、经验与展望》，《中国法律评论》2019 年第 10 期。

莫洪宪：《马克昌：献身法制终不悔且将暮年作青春》，《中国社会科学报》2012 年第 318 期。

徐汉明：《习近平社会治理法治思想研究》，《法学杂志》2017 年第 10 期。

朱新力：《习近平法治思维新突破与新特征》，《人民论坛》2014 年第 11 期。

涂文学：《春江水暖鸭先知——20 世纪七八十年代武汉商业经济发展》，《武汉文史资料》2019 年第 2 期。

湖北省司法厅：《70 年法治政府建设的湖北加速度》，《政策》2019 年第 10 期。

周昕、冯玥：《新中国成立以来武汉法治发展的主要历程及经验启示》，《党政干部论坛》2020 年第 10 期。

周昕：《武汉建设"法治城市"的路径探析》，《长江论坛》2016 年第 2 期。

周昕：《新经济时代的地方法治环境研究——以武汉和重庆为例》，《重庆邮电大学学报（社会科学版）》2013 年第 6 期。

冯玥：《论实现法治与改革的有效互动——以改革开放后武汉法治发展史为视角》，《现代商贸工业》2019 年第 7 期。

陈卫东：《习近平司法体制改革思想研究》，《法学研究》2017 年第 9 期。

陈金钊：《论真诚对待法治——以新中国中国特色社会主义法治的实现为视角》，《法学杂志》2017 年第 11 期。

王立民：《中国法制史研究 70 年若干重要问题》，《南京社会科学》2019 年第 9 期。

田飞龙：《新中国 70 年的宪制秩序变迁：从革命法制到全面依法治国》，《党政研究》2019 年第 6 期。

方彦明：《新中国70年法治建设的基本经验及启示》，《科学社会主义》2019年第6期。

曲芳艾：《新中国成立70年来我国法治建设研究》，《行政与法》2019年第10期。

王宝明：《新中国政府法治60年》，《国家行政学院学报》2009年第10期。

曾宪义：《新中国法治50年论略》，《中国人民大学学报》1999年第11期。

孙大力：《关于拨乱反正的历史回顾》，《党史研究与教学》1990年第4期。

王海光：《平反冤假错案的历史进程和历史意义》，《当代中国史研究》1999年第5—6期。

郑焕清：《拨乱反正获新生继往开来开新局》，《武汉文史资料》2009年第9期。

钟金燕：《中共政法委制度的历史考察》，《中共党史研究》2014年第4期。

冯向辉：《当代中国检察制度改革的历史回顾》，《江海学刊》2009年第3期。

刘崇顺：《社会转型与城市发展——写在武汉解放60周年》，《武汉学刊》2009年第3期。

杨凯：《武汉市人民代表大会制度建设三十年》，中共武汉市委党史研究室：《中共武汉地方党史改革开放新时期专题资料选编》（第四辑），内部资料，2011年编印。

胡照洲：《市政协建议案工作的六个“第一次”》，《武汉文史资料》2013年第6期。

王炳炎：《市政协建议案的诞生》，《武汉文史资料》2019年第8—9期。

赵信国：《我所经历的政协提案工作》，《武汉文史资料》2019年第8—9期。

杨光：《我所了解的武汉政协民主评议活动》，《武汉文史资料》2019年第8—9期。

张革文、韩慧芳：《严格依法行政建设法治政府——湖北省武汉市法治政府建设取得成效》，《人民法治》2017 年第 8 期。

项安波、王念：《国企改革四十年的经验与启示》，《中国发展观察》2018 年第 18 期。

何利平：《农村经济体制改革铸就活力武汉——三十年武汉农村经济体制改革之路》，《武汉学刊》2011 年第 4 期。

张绍春等：《“两级政府、三级管理”——武汉城市行政体制研究》，《长江论坛》1998 年第 6 期。

刘建平：《武汉市依法行政的成就、问题及对策》，《长江论坛》2004 年第 4 期。

IUD 中国政务舆情监测中心：《武汉治庸问责四年六大看点》，《领导决策信息》2015 年第 19 期。

胡敬文：《中国特色社会主义法治文化建设探析》，《文化学刊》2019 年第 2 期。

沈既滋、桂幼南、杨洋：《把握结合点推进武汉依法治市工作》，《学习与实践》1997 年第 5 期。

万玲英：《武汉市新洲区将现行文件报送纳入政务公开考核内容》，《湖北档案》2013 年第 5 期。

杨洋、刘松：《加强依法治村工作推进农村法制建设——武汉市依法治村工作的现状及对策研究》，《学习与实践》2000 年第 1 期。

高晓琛：《近代法学家燕树棠的法律思想研究》，《兰台世界》2014 年第 8 期。

高鹤君：《破产中的观念冲撞——关于武汉 38 家企业破产的调查与思考》，《瞭望新闻周刊》1995 年第 20 期。

张滢：《地方政府治庸问责机制优化研究》，湘潭大学硕士学位论文，2018 年。

朱磊：《新中国宪法史上的重要里程碑》，《法制日报》2014 年 12 月 3 日，第 3 版。

周斌：《发挥法治引领和保障作用深入推进平安中国建设》，《法制日报》2014 年 12 月 30 日，第 2 版。

廖君、李劲峰：《武汉率先成立“网上群众工作部”》，《新华每日电讯》2017 年 5 月 24 日，第 3 版。

范国栋、潘国祥、程一方：《我市计划生育地方性法规出台前后》，《长江日报》1991 年 3 月 22 日，第 2 版。

杨新华、刘立民：《普及法律常识实现长治久安》，《长江日报》1985 年 9 月 28 日，第 5 版。

易笑：《七百多名“浪子”幡然悔悟》，《长江日报》1986 年 8 月 9 日，第 5 版。

刘立民、蒋艳萍：《我市全面普法工作取得成效》，《长江日报》1989 年 12 月 14 日，第 3 版。

容根明：《律师、公证人员的活动扩展到社会生活的各个领域》，《长江日报》1987 年 10 月 22 日，第 3 版。

刘先海：《武汉金融市场管而不死活而不乱》，《长江日报》1995 年 2 月 17 日，第 4 版。

杨于泽、王继明：《我市释解人员安置帮教工作成绩显著》，《长江日报》1996 年 5 月 2 日，第 3 版。

吴冬三：《我市部署今年“二五”普法工作》，《长江日报》1993 年 5 月 17 日，第 4 版。

吴冬三：《我市成人普法过半》，《长江日报》1993 年 12 月 4 日，第 4 版。

李开荣、张知汇：《课内课外结合搞活法制教育》，《长江日报》1994 年 7 月 21 日，第 4 版。

王继明：《万名干部参加法律知识考试》，《长江日报》1997 年 11 月 19 日，第 2 版。

周敬：《武汉政法系统实行“收支两条线”解读》，《长江日报》2004 年 3 月 19 日，第 2 版。

陈凌墨：《武汉大部制改革缩减 4 千人　56 政府机构减为 46 个》，《楚天都市报》2009 年 7 月 31 日，第 2 版。

李晓萌：《工业项目行政审批新流程下月试行》，《长江日报》2011 年 7 月 29 日，第 3 版。

李晓萌：《“治庸问责”首批十大问题整改承诺下周公布》，《长江日报》2011 年 5 月 27 日，第 3 版。

吴睿：《武汉治庸月考成绩：问责 109 名干部》，《长江商报》2011 年 5 月 10 日，第 2 版。

# >>后　　记<<

《武汉地方法治发展史（新中国卷）》是《武汉地方法治发展史》丛书的重要组成部分。本卷全面梳理、深入研究新中国成立以来武汉地方法治发展的历史脉络，汇聚法史凝思，提炼经验启示，对武汉加快建设全国一流法治城市具有积极的意义。

本卷的面世，得到了武汉市委党校校委会的高度重视，时任常务副校长杨学文、李超，现任常务副校长涂亚平同志全力加强领导，指导组织成立了课题组，校科研处和有关部门给予了大力支持帮助。

本卷的编写在《武汉地方法治发展史》编委会统筹下进行，由武汉市委党校法学教研部（法治武汉研究中心）承担，从课题立项到定稿历时五年。编委会胡绪鹍、涂文学、李卫东、周玉等同志在大纲拟订、资料收集、内容撰写、专家咨询、组织修改等方面，给予精心指导，协调帮助解决编纂中的大量具体问题，为本卷的顺利完成倾注了大量精力。

书稿各章的撰写分工如下：第一、二章由刘鸿斌执笔；第三章由李强执笔；第四、五、六章由冯玥执笔；第七、八章由周昕、左文君、易君执笔；第九章及结语由周昕执笔。编委会胡绪鹍、周玉、周罡、唐巍等同志分别参与了第七章第五节、第八章第五节、第九章第二节部分内容的撰写工作。武汉市国家安全局、武警部队武汉市支队参与了第七章第五节部分内容的撰写工作。全书由周昕负责主持编写、修改和定稿。冯玥参与了书稿的修改、定稿和校对工作。武汉市委党史研究室陈芳国同志参与了书稿的修改、审订等工作。《武汉地方法治发展史》编委会编务组万洪源、孙剑华，学术组王耀、童旭等同志也做了大量工作。

本卷在修改过程中，得到了中央党校、中国社会科学院、武汉大学、中南财经政法大学、湖北省委党校、湖北省社会科学院、江汉大学、武汉市社会科学院等教学科研机构的法学、历史学、中共党史专家学者悉心指导。倪子林、阮学国、郑祝君、张秋实、张晓燕、张晓玲、王立峰、王伟、李勇、张金才、项焱、李腊生、龚维城、宋健、涂天向、吴明堂、张笃勤、陶维兵等领导和专家学者对本卷的修改提出了诸多中肯意见建议。

对以上领导、专家学者和单位的大力支持表示最衷心的感谢！向所有给本卷提供借鉴的学人致以最诚挚的敬意！

编　者

2021 年 10 月

策划编辑：李春生　鲁　静
责任编辑：刘松弢　彭代琪格

**图书在版编目（CIP）数据**

武汉地方法治发展史. 新中国卷 / 胡绪鹍主编 ；周昕编，冯玥副主编. -- 北京 ：人民出版社，2024. 10. -- ISBN 978－7－01－026710－4

Ⅰ. D927.631

中国国家版本馆 CIP 数据核字第 20244KC355 号

**武汉地方法治发展史**
WUHAN DIFANG FAZHI FAZHANSHI
（新中国卷）

胡绪鹍 主编　周　昕 编　冯　玥 副主编

人民出版社 出版发行
（100706　北京市东城区隆福寺街 99 号）

中煤（北京）印务有限公司印刷　新华书店经销

2024 年 10 月第 1 版　2024 年 10 月北京第 1 次印刷
开本：710 毫米×1000 毫米 1/16　印张：27
字数：460 千字

ISBN 978－7－01－026710－4　定价：120.00 元

邮购地址 100706　北京市东城区隆福寺街 99 号
人民东方图书销售中心　电话（010）65250042　65289539